DANIEL STEIN, INTERPRÈTE

LUDMILA OULITSKAÏA

DANIEL STEIN, INTERPRÈTE

*Traduit du russe
par Sophie Benech*

GALLIMARD

Titre original :

**ДАНИЭЛЬ
ШТАЙН,
ПЕРЕВОДЧИК**

DANIEL STEIN, PÉRÉVODTCHIK

© *Ludmila Oulitskaïa, 2006.*
Published by arrangement with Elena Kostioukovitch
International Literary Agency.
© *Éditions Gallimard, 2008, pour la traduction française.*

Je loue mon Dieu de ce que je parle toutes les langues que vous parlez ; mais j'aimerais mieux ne dire dans l'Église que cinq paroles dont j'aurais l'intelligence, pour en instruire aussi les autres, que d'en dire dix mille en une langue *inconnue*[1].

I Co 14, 18-19

---

1. Traduction de Louis-Isaac Lemaître de Sacy, Éditions Robert Laffont, collection Bouquins.

PREMIÈRE PARTIE

1. DÉCEMBRE 1985, BOSTON

Ewa Manoukian

Je suis tout le temps gelée. Même l'été sur la plage, sous un soleil brûlant, cette sensation de froid dans la colonne vertébrale ne me quitte pas. Sans doute parce que je suis née dans une forêt, en hiver, et que j'ai passé les premiers mois de mon existence à l'intérieur d'une manche que ma mère avait décousue de sa pelisse. En fait, je n'aurais pas dû survivre, alors s'il y a quelqu'un pour qui la vie est un cadeau, c'est bien moi. Seulement je ne sais pas si j'en avais besoin, de ce cadeau.

Chez certaines personnes, la mémoire s'enclenche très tôt. Mes premières impressions remontent à l'âge de deux ans, à l'époque de l'orphelinat catholique. J'ai toujours trouvé très important de savoir ce qui nous était arrivé, à mes parents et à moi, durant les années dont je ne garde aucun souvenir. J'ai bien appris plusieurs choses par mon frère aîné Witek. Mais il était trop petit en ce temps-là, et les souvenirs qu'il m'a légués ne constituent pas un ensemble cohérent. Il avait rempli la moitié d'un cahier d'écolier à l'hôpital, il m'avait raconté tout ce dont il se souvenait. À ce moment-là, nous ne savions pas que notre mère était vivante. Mon frère est mort de septicémie à l'âge de seize ans, avant qu'elle revienne des camps.

Sur mes papiers, mon lieu de naissance est la ville d'Emsk. En réalité, c'est le lieu de ma conception. Ma mère s'est enfuie du

13

ghetto d'Emsk en août 1942, alors qu'elle était enceinte de six mois. Elle avait avec elle mon frère Witek âgé de six ans. Je suis née à une centaine de kilomètres d'Emsk, au fond d'une forêt impénétrable, dans une colonie clandestine de Juifs qui s'étaient évadés du ghetto et qui sont restés cachés là jusqu'à la libération de la Biélorussie, en août 1944. C'était un détachement de partisans, même si, en réalité, cela n'avait rien d'un détachement — juste trois cents Juifs essayant de survivre dans une région occupée par les Allemands. J'imagine que les hommes armés étaient là moins pour combattre les Allemands que pour protéger cette ville creusée dans la terre, peuplée de femmes, de vieillards et des quelques enfants qui avaient survécu.

Mon père, d'après ce que ma mère m'a raconté bien des années plus tard, était resté dans le ghetto, et il est mort là-bas : quelques jours après l'évasion, tous les habitants du ghetto ont été abattus. Elle m'a dit qu'il avait refusé de s'en aller, il estimait qu'une évasion ne ferait que provoquer la fureur des Allemands et précipiter le massacre. Alors ma mère enceinte avait pris Witek et elle était partie. Sur les huit cents habitants du ghetto, seuls trois cents s'étaient décidés à fuir.

On avait rassemblé dans ce ghetto les Juifs d'Emsk et ceux des villages environnants. Ma mère n'était pas de la région, mais elle ne se trouvait pas là par hasard, elle avait été envoyée de Lvov en tant qu'agent de liaison. C'était une communiste forcenée. Elle avait accouché de Witek dans une prison de Lvov en 1936, il était le fils d'un camarade du Parti ; moi, j'étais la fille d'un autre homme qu'elle avait rencontré dans le ghetto. De ma vie, je n'ai jamais connu de femme aussi peu maternelle que ma mère. Je pense que mon frère et moi nous sommes nés uniquement à cause de l'absence de contraceptifs et de l'impossibilité d'avorter. Quand j'étais adolescente, je la haïssais, ensuite je m'en suis détachée et pendant des années, elle m'a effarée. Même maintenant, c'est tout juste si je peux supporter les rapports avec elle. Dieu merci, je la vois très rarement.

Chaque fois que je l'interroge sur le passé, elle se braque et se met à hurler. À ses yeux, j'ai toujours été une petite-bourgeoise dénuée de sens politique. Ce que je suis effectivement. Mais j'ai eu un enfant, et il y a une chose que je sais : quand un enfant arrive, la vie d'une femme devient tributaire de ce fait. Plus ou moins. Mais pas la sienne. Elle, c'est une obsédée du Parti.

Il y a un mois, j'ai fait la connaissance d'Esther Hantman. Une charmante vieille dame diaphane, très blanche, avec des cheveux d'un gris bleuté. C'est une amie de Karine, elles ont travaillé ensemble dans une organisation caritative et Karine me parlait d'elle depuis longtemps, mais cela ne m'intéressait absolument pas. Un peu avant Noël, Karine a donné une réception pour ses cinquante ans, et Esther a tout de suite attiré mon attention. Quelque chose la distinguait parmi cette foule de gens que je connaissais vaguement. La soirée était beaucoup plus chaleureuse que ce n'est le cas d'habitude chez les Américains. Il faut dire qu'il y avait beaucoup de Polonais, quelques Russes, et un couple de Yougoslaves. Bref, la présence slave se faisait agréablement sentir dans cette petite fête américaine. On entendait de temps en temps du polonais.

Je parle aussi couramment le polonais que le russe, mais en anglais, j'ai un accent polonais, et Esther l'a remarqué lorsque nous avons échangé quelques répliques anodines dans le cadre d'une conversation mondaine.

« Vous êtes polonaise ? » a-t-elle demandé.

Cette question me pose toujours un problème : il m'est difficile d'y répondre de façon laconique, et je ne peux tout de même pas me lancer dans un récit prolixe pour expliquer que ma mère est née à Varsovie et moi en Biélorussie de père inconnu, que j'ai passé mon enfance en Russie, que je ne me suis retrouvée en Pologne qu'en 1954, puis que je suis retournée en Russie pour y faire mes études, et que je me suis ensuite installée en Allemagne de l'Est, d'où je suis partie pour l'Amérique.

Mais cette fois, je ne sais pas pourquoi, j'ai dit une chose que je ne dis jamais :

« Je suis née à Emsk. Ou plus exactement, à Czarna Puszcza[1]. »

La vieille dame a étouffé un petit cri.

« Tu es née quand ?

— En 1942. »

Je ne cache pas mon âge, je sais que j'ai l'air très jeune, on ne me donne jamais mes quarante-trois ans.

---

1. Se prononce « Tcharna Pouchtcha ». *(Toutes les notes sont de la traductrice.)*

Elle m'a serrée entre ses bras légers et l'émotion a fait frémir sa chevelure bleutée.

« Mon Dieu, mon Dieu ! Alors comme ça, tu as survécu ! Cette folle avait accouché dans une hutte en terre, c'est mon mari qui t'a mise au monde... Ensuite, moins d'un mois après, je crois, je ne me souviens pas exactement, elle a pris ses enfants et elle est partie on ne sait où. Tout le monde avait essayé de la convaincre de rester, mais elle n'écoutait personne. Nous étions sûrs que vous alliez vous faire prendre sur la route ou dans le premier village... Mais Dieu soit loué ! tu as survécu ! »

Et nous nous sommes retrouvées toutes les deux dans le vestibule. Nous étions tout simplement incapables de nous arracher l'une à l'autre. Nous avons pris nos vêtements sur le porte-manteau, c'était drôle, nos pelisses se ressemblaient, des pelisses en renard, épaisses, presque inconvenantes pour l'Amérique. Par la suite, j'ai appris qu'Esther était frileuse, elle aussi...

Nous sommes allées chez elle. Elle habite dans le centre de Boston, avenue du Commonwealth, un quartier merveilleux, à dix minutes de chez moi. Tandis que nous roulions, moi au volant et elle à côté, j'éprouvais un sentiment étrange : toute ma vie, j'ai rêvé d'avoir auprès de moi quelqu'un de plus âgé, quelqu'un de sage qui pourrait me diriger, que je pourrais écouter, à qui je pourrais me soumettre avec joie... C'est une chose que je n'ai jamais connue. Oh, bien sûr, à l'orphelinat, la discipline était très stricte, mais c'est tout à fait différent. Dans ma vie, j'ai toujours été l'aînée, ni ma mère ni mes maris ni mes amis ne sont des adultes. Et il y avait chez cette vieille dame quelque chose qui donnait envie d'accepter d'avance tout ce qu'elle pourrait dire...

Nous sommes entrées chez elle. Elle a allumé la lumière : des armoires vitrées remplies de livres commençaient dans le vestibule et se perdaient dans les profondeurs de l'appartement. Elle a remarqué mon regard.

« C'est la bibliothèque de mon défunt mari. Il lisait cinq langues. Et il y a un monceau de livres d'art. Il faut que je trouve de bonnes mains entre lesquelles laisser tout cela... »

Là, je me suis souvenue de ce que m'avait dit Karine : Esther était une veuve sans enfant, assez riche et très seule. Presque toute sa famille avait péri pendant la guerre.

Voici ce que m'a raconté Esther : elle avait vu ma mère pour la première fois dans le ghetto d'Emsk, lorsqu'on avait commencé à y envoyer les Juifs de la région. Jusque-là, il n'y avait dans ce ghetto que des Juifs de la ville. Ils s'étaient installés là de leur plein gré, si l'on peut dire, car peu avant leur assignation à résidence, un terrible massacre de Juifs avait eu lieu en ville : on les avait rassemblés sur la place principale, entre l'église catholique et l'église orthodoxe, et on leur avait tiré dessus. On en avait tué mille cinq cents, et ceux qui étaient restés en vie s'étaient réfugiés dans le ghetto.

Ce n'était pas un ghetto ancien de type habituel, un ou plusieurs quartiers dans lesquels les Juifs vivaient depuis le Moyen Âge. À Emsk, au contraire, les gens avaient quitté leurs maisons en ville et s'étaient installés dans un château à moitié en ruine ayant appartenu à un prince. Le château avait été entouré de barbelés, et on avait placé des gardes devant. Au début, on ne comprenait même pas très bien qui gardait qui, et contre qui. Les policiers étaient des gens de la région, des Biélorusses, les Allemands considéraient cela comme au-dessous de leur dignité. Et avec les Biélorusses, on sait comment cela se passait : ils se faisaient payer. Pour tout. Contre de l'argent, ils fournissaient même des armes.

« Ta mère n'était pas de la région, a dit Esther. Elle était assez belle, mais très dure. Elle avait son fils avec elle, un petit garçon. Ah, je me souviens comment elle s'appelait ! Kowacz ! C'est bien ça ? »

Cela m'a fait tiquer. Je déteste ce nom. Je sais que ma mère en avait un autre, celui-là est un surnom que lui avait donné le Parti, ou celui qui figurait sur l'un de ces faux papiers d'identité avec lesquels elle a vécu la moitié de sa vie. D'ailleurs si je me suis mariée, c'est en partie parce que j'avais envie de me débarrasser de ce nom. Tout le monde avait été très choqué à l'époque : une Juive polonaise qui épousait un Allemand ! Il est vrai qu'Erich était communiste, lui aussi, il venait d'Allemagne de l'Est, autrement on ne l'aurait pas laissé faire ses études en Russie. C'est là-bas que nous nous sommes rencontrés.

J'étais devant Esther comme une petite fille devant un gâteau : c'est une femme comme elle, douce et calme, d'une élégance européenne (une blouse en soie, des chaussures italiennes, mais

17

rien de tape-à-l'œil, aucune trace de ce chic américain un peu simplet), que j'aurais aimé avoir pour mère, pour tante, pour grand-mère... Et elle s'adressait à moi en disant : « Mon petit... »

Voici ce qu'elle m'a raconté, sans que j'aie eu à exercer la moindre pression sur elle.

Le ghetto possédait une puissante organisation interne, il avait sa propre administration et sa propre autorité, le célèbre rabbin Schirman, un homme très savant et, à ce que l'on disait, un véritable juste. Esther et son mari étaient des Juifs polonais, tous les deux médecins, ils s'étaient installés dans la région quelques années avant la guerre. Isaac Hantman, son mari, était chirurgien, et elle dentiste. Autrement dit, pas tout à fait un vrai médecin, mais elle avait une bonne formation dans sa spécialité, elle était diplômée de l'école de stomatologie de Francfort. Ce n'étaient pas des libres penseurs, juste des Juifs ordinaires. Le samedi, ils pouvaient aussi bien allumer les cierges du shabbat qu'aller écouter un concert dans la ville voisine. Les Juifs de la région les considéraient comme des étrangers, mais ils venaient se faire soigner chez eux. Quand l'Allemagne avait annexé la Pologne, Isaac avait aussitôt déclaré à sa femme que c'était la fin et qu'il fallait partir, s'en aller n'importe où. Il pensait même à la Palestine. Mais tandis qu'ils réfléchissaient et tergiversaient, ils s'étaient retrouvés sous occupation allemande, dans un ghetto.

Nous étions assises dans le salon d'un très bel appartement aménagé à l'européenne, à l'ancienne mode et, à mes yeux, avec beaucoup de goût. Le niveau de culture des occupants était manifestement supérieur au mien, ça, c'est quelque chose que je sens toujours car je le rencontre assez rarement. Une maison riche. Des gravures, pas des affiches. Des meubles qui ne font pas partie d'un ensemble, mais ont visiblement été achetés un par un, et, sur une table basse, une grande merveille mexicaine en céramique, l'Arbre du Monde ou quelque chose de ce genre.

Esther était assise dans un fauteuil profond, les jambes repliées sous elle comme une jeune fille, elle avait enlevé ses chaussures, des souliers bleus en crocodile. Je remarque toujours ce genre de détails en mon for intérieur. Ce n'est pas pour rien que ma mère trouve que je suis une petite-bourgeoise. Le foyer d'accueil, l'orphelinat, mon dos gelé s'en souvient encore... Pour ma mère, ce dénuement épouvantable était parfaitement normal. Peut-être même qu'elle ne s'est pas sentie si mal que ça dans les camps staliniens. Mais moi, lorsque j'ai fini par échapper à la misère des orphelinats, j'étais prête à couvrir de baisers chaque tasse, chaque serviette, chaque bas. Dès la première année de notre vie à Berlin, à Prenzlauer Berg, Erich avait pris un travail en plus afin que je puisse m'acheter toutes sortes de choses : des vêtements, de la vaisselle, tout, absolument tout... Il savait que c'était pour moi une façon de me guérir du passé. Peu à peu, cette frénésie s'est calmée. Mais même ici, en Amérique, mes distractions préférées sont toujours les vide-greniers, les soldes, les marchés aux puces... Gricha, mon mari actuel, considère cela d'un œil indulgent : il vient de Russie, il a grandi parmi des gens affamés de tout. Mon fils Alex, qui est né en Amérique, adore acheter, lui aussi. Si bien que nous sommes de véritables consommateurs ! Je crois qu'Esther comprend tout cela.

« Les conditions de vie dans le ghetto nous paraissaient épouvantables. Nous n'avions pas encore vu le pire. À l'époque, nous ne savions rien des camps de concentration ni de l'envergure de cet immense massacre qui se déroulait dans toute l'Europe. »

Elle souriait en disant cela, et il y avait quelque chose de singulier dans l'expression de son visage — du détachement, du chagrin, et encore autre chose d'insaisissable, de la sagesse, sans doute. Ah oui, nous parlions polonais, et pour moi, c'était un vrai bonheur.

« Combien de temps avez-vous passé dans le ghetto ? ai-je demandé.

— Moins d'un an. Nous y sommes arrivés en automne 1941. Et nous en sommes partis le 11 août 1942. Ensuite, nous avons passé encore deux ans à Czarna Puszcza, dans un détachement de partisans. Nous avons vécu dans des abris en terre jusqu'à la libération. Un campement familial de résistants. À la fin, sur trois cents personnes, il est resté cent vingt survivants. Nous avions six enfants avec nous. Et deux qui sont nés dans la forêt. Toi, et encore un petit garçon, mais lui, il est mort. En revanche, tous ceux qui venaient du ghetto, nous avons réussi à les garder en vie jusqu'à la fin de la guerre.

— Pourquoi ma mère a-t-elle quitté Czarna Puszcza ? »

J'avais posé une question dont je connaissais la réponse d'après ma mère, mais je sais aussi que ma mère ment tout le temps. Non, elle ne ment pas. Simplement, je n'arrive pas à croire ce qu'elle dit. Aussi était-il important pour moi de savoir ce qu'allait répondre Esther. Elle est normale, elle.

« Nous avons essayé de l'en dissuader. Je me souviens combien Isaac était indigné qu'elle risque la vie de ses enfants en quittant notre refuge. Elle ne répondait même pas. De façon générale, la seule personne à laquelle elle adressait la parole dans le ghetto était Naum Bauch, l'électricien. »

C'est ainsi que j'ai appris le nom de mon père. Ma mère ne me l'avait jamais dit. Donc, si elle avait été une femme normale, je me serais appelée Ewa Bauch. Intéressant.

« Parlez-moi de lui, s'il vous plaît ! ai-je demandé à Esther.

— Je l'ai peu connu. Je crois qu'il avait commencé des études d'ingénieur. »

Elle était assise sans bouger, le dos bien droit, une vraie aristocrate ! Aucune de ces gesticulations typiquement juives...

« Isaac m'a raconté qu'il l'avait fait venir un jour à l'hôpital pour réparer un appareil, c'était avant la guerre. Bauch avait une situation privilégiée dans le ghetto. Comme Isaac, d'ailleurs. Certains Juifs pouvaient exercer leur métier en ville, ils avaient des autorisations. Isaac donnait des consultations dans un hôpital. Et Bauch aussi travaillait dehors.

« Dans le ghetto, Bauch et ta mère vivaient ensemble. Dans un cagibi de l'aile gauche. Le château était à moitié en ruine et au début, nous avions commencé à y faire des travaux. Nous avions même acheté des matériaux de construction. Nous étions dirigés par un *Judenrat*. Tout s'est terminé de façon atroce. En fait, le *Judenrat* versait régulièrement de l'argent à la police biélorusse. Il y avait là une canaille, je ne me souviens plus de son nom, un petit chef local, qui avait promis que les *Aktions* (tu vois ce que je veux dire) ne concerneraient pas les habitants du ghetto tant que nous le payerions. À cette époque, on avait commencé à exterminer tous les Juifs de la région qui vivaient dans les campagnes. Nous étions au courant. Le *Judenrat* avait acheté cet homme pour un certain temps. Mais quand bien même il l'aurait voulu, cette fripouille n'aurait rien pu faire. Il nous extorquait de l'argent, tout simplement. À ce moment-là, plus personne n'en avait. Les femmes sacrifiaient leur alliance, leurs derniers bijoux. J'ai donné mon alliance, moi aussi. Je ne connais pas les détails, d'ailleurs cela n'a plus d'importance maintenant. Certains pensaient que l'on pouvait acheter sa vie. Aussi, quand il a été question de s'évader, on a organisé une sorte d'assemblée générale, et cela a donné lieu à un schisme : une moitié était pour l'évasion, l'autre contre. Ceux qui étaient contre estimaient qu'après l'évasion de terribles représailles s'abattraient sur ceux qui seraient restés... Tu comprends bien qu'il ne s'agissait déjà plus de représailles... Parmi les organisateurs de l'évasion, il y avait de véritables combattants, des gens désespérés qui avaient envie de se battre. Quelqu'un les aidait depuis la ville, et ils étaient en relation avec des partisans. À l'époque, nous ne le savions pas. En fait, tout était organisé par un Juif, un jeune garçon nommé Dieter qui travaillait comme interprète à la Gestapo. Il avait réussi à cacher qu'il était juif. Il s'est fait prendre par la suite, mais il est parvenu à s'enfuir, lui aussi. Un jour, c'était déjà vers la fin de la guerre, il est arrivé dans notre campement. Il combattait dans un détachement de partisans russes. Ils avaient acheté une vache ou s'en étaient procuré une, et ils avaient demandé à l'un de nous, un boucher, de leur faire des saucisses. C'est Dieter qui a amené la vache. Nos gars l'ont reconnu, ils étaient tout contents de le voir et quelqu'un est allé chercher de l'eau-de-vie. Il s'est assis sur une souche et s'est mis à parler du Christ. Les gens se lançaient des coups d'œil : rien ne pouvait être plus stupide, en cet instant, que de parler du Christ ! Je crois qu'il avait l'esprit un peu dérangé. Figure-toi qu'entre-temps il s'était fait baptiser, il n'arrêtait pas de montrer des petites médailles à tout le monde... On avait du mal à croire que c'était lui qui avait organisé l'évasion. Au début de 1945, après la libération, il s'est retrouvé avec nous dans le premier train pour la Pologne. Plus tard, quelqu'un m'a dit qu'il était devenu prêtre après la guerre...

« Mais à ce moment-là, dans le ghetto, pendant la nuit qui a précédé l'évasion, le conflit a été si violent qu'il y a même eu une bagarre. Le rabbin Schirman, un vieillard très âgé qui avait largement dépassé les quatre-vingts ans, s'efforçait de calmer les gens. Il souffrait d'un cancer de la prostate, Isaac l'avait opéré dans le château. Enfin, opéré... Il lui avait posé une sonde. Le rabbin est monté sur une chaise, tout le monde a fait silence, et il a déclaré qu'il restait ici, qu'il ne partirait pas. Que ceux qui n'avaient pas la force de fuir n'avaient qu'à rester. Mais que ceux qui en avaient la force pouvaient partir. Isaac a dit : « On s'en va ! » Et nous sommes partis. Ta mère est partie avec son fils, et Naum est resté. Personne ne savait qu'elle était enceinte. Isaac était le seul à être au courant, car elle était venue le voir peu de temps auparavant pour se faire avorter, mais il avait refusé : la grossesse était déjà trop avancée. »

Esther a secoué sa tête impeccablement coiffée.

« Et tu vois, il avait bien raison : elle a eu une si jolie petite fille ! Et qui a survécu... »

Esther avait l'air épuisée, d'ailleurs il se faisait tard. Je suis partie. Nous avons décidé de nous revoir. J'éprouve une sensation étrange : j'ai toujours eu très envie de connaître toutes les circonstances de cette époque, de savoir des choses sur mon père. Et maintenant, brusquement, j'ai peur : mon envie de savoir est aussi forte que mon envie de ne pas savoir. Cela fait tant d'années que je trimbale mon passé ! Il ne s'est détaché de moi que ces derniers temps, avec Gricha, et la petite Ewa du foyer d'accueil de Zagorsk, l'adolescente de l'orphelinat soviétique, j'ai l'impression que ce n'est plus moi. Juste des images d'un film que j'ai vu il y a très longtemps. Et voilà que se présente l'occasion de savoir comment les choses se sont vraiment passées. Tout de même, je n'arrive pas à imaginer ce qui peut bien obliger une jeune femme, une mère, à mettre ses deux enfants dans un orphelinat... Il me semble toujours qu'il y a là quelque chose que j'ignore.

2. JANVIER 1986, BOSTON
Esther Hantman

On pourrait croire qu'à mon âge, on ne rencontre plus de gens nouveaux. Premièrement, toutes les places vacantes que l'on a dans son cœur sont occupées par les morts. Deuxièmement, ici, en

Amérique, s'il y a beaucoup de gens de très grande qualité, leur expérience de la vie extrêmement limitée en fait des êtres plats et un peu creux. En outre, je soupçonne également que l'âge sécrète une sorte de carapace, et nos réactions émotionnelles s'émoussent. La mort d'Isaac a aussi révélé à quel point j'étais dépendante de lui. Et le suis encore. Je ne souffre pas de la solitude, mais je remarque qu'elle m'enveloppe comme un brouillard. Et parmi ces impressions assez consternantes a soudain surgi Ewa. J'ai ressenti son apparition comme un cadeau du destin. Voilà une jeune femme qui pourrait être ma fille. Ce serait bien de pouvoir en parler avec Isaac ! Il savait toujours dire quelque chose de spirituel et d'inattendu, même pour moi, en dépit de notre parfaite osmose. Qu'aurait-il dit de cette petite ? Notre rencontre en soi est une chose surprenante. Et il est encore plus surprenant que la conversation soit tombée sur Czarna Puszcza. Sa mère, cette Kowacz, était un véritable monstre. Isaac pensait qu'elle était une espionne soviétique. Il disait toujours que les Juifs sont un peuple d'obsessionnels : pour lui, les Juifs fervents, surtout les *hassidim* avec leurs chapeaux en soie, leurs caftans ridicules et leurs bas cent fois rapiécés, et les Juifs commissaires du peuple, les communistes et les tchékistes zélés, relevaient d'un seul et même type psychologique.

Dès notre deuxième entrevue, Ewa a dit quelque chose d'analogue à propos de sa mère, bien que sous une autre forme. C'est étonnant, à côté de cela, aucun raffinement intellectuel, elle n'a même pas reçu une instruction décente ! Visiblement, c'est une nature très forte et foncièrement honnête : elle a envie de se dire la vérité à elle-même, et sur elle-même. Elle m'interroge avec avidité, un jour, elle est restée jusqu'à deux heures du matin, et j'ai appris par la suite que son mari l'avait soupçonnée d'infidélité ou quelque chose de ce genre. Elle en est à son troisième mariage, son dernier mari est un émigré russe qui a dix ans de moins qu'elle. Elle dit que c'est un mathématicien brillant.

Au cours de nos conversations, nous finissons invariablement par en revenir à ce qui était si important et si essentiel pour Isaac. Il plaisantait toujours là-dessus, il affirmait que pas un seul talmudiste au monde n'avait autant réfléchi sur Dieu que lui, un matérialiste non croyant.

Du point de vue âge, elle pourrait être notre fille. Nous aussi, nous étions dans la forêt à l'époque, mais ce n'est pas nous qui l'avons engendrée, ce sont d'autres parents. Isaac disait qu'au XXe siècle, pour les Juifs, l'absence d'enfant était un don du ciel, comme l'a été la fécondité au cours de leur histoire... Il n'a jamais voulu d'enfant. Peut-être parce que nous ne réussissions pas à en avoir ? Dans ma jeunesse, j'ai versé bien des larmes sur la stérilité de notre mariage, et il me consolait en disant : « La nature a fait de nous des élus, nous sommes délivrés de l'esclavage de l'enfantement ! » On aurait dit qu'il pressentait l'avenir qui nous attendait.

Lorsque nous sommes partis du ghetto et que nous nous sommes retrouvés dans la forêt, il m'a demandé : « Tu voudrais qu'on ait trois enfants, en ce moment ? » Je lui ai répondu honnêtement que non. Nous avons quitté l'Europe après le procès de Nuremberg. Isaac avait fait partie d'un groupe d'experts en tant que médecin, prisonnier d'un ghetto et résistant. Après le procès, nous avons eu la possibilité de partir pour la Palestine, un an avant la création d'Israël.

Ewa pose tellement de questions que je me suis décidée à lire les notes qu'Isaac prenait ces années-là. En fait, il écrivait un livre, mais par bribes, il remettait cela « à plus tard ». Il est mort à soixante-dix-neuf ans, pendant son sommeil. Ce n'était pas encore un vieillard, il était solide et plein d'énergie, il n'a pas eu le temps de prendre sa retraite. Et son livre est resté inachevé.

Ewa m'interroge sur son père, Bauch. « Il y a peut-être quelque chose sur lui dans les papiers de votre mari ? Et si j'avais des frères ou des sœurs ? Vous comprenez, Esther, je viens d'un orphelinat, et toute ma vie, j'ai rêvé d'avoir une famille ! »

Les papiers d'Isaac sont dans un ordre parfait, les notes sont classées par années. Cela me fait un peu peur d'y toucher. Ewa a dit qu'elle était prête à m'aider à les trier. Les notes prises après la guerre sont en polonais, mais à partir de la fin des années cinquante, il est passé à l'anglais. J'ai refusé. Il est impossible de mettre ses notes entre des mains étrangères. D'ailleurs, le récit des événements qui se rapportent aux années quarante a été rédigé des années plus tard. Même pas en Israël, mais alors que nous étions déjà en Amérique, c'est-à-dire après 1956, l'année où on lui a proposé un poste ici.

Il y a encore une chose qui m'a sidérée dans les récits d'Ewa : à trois mois, elle s'est retrouvée dans un orphelinat avec son frère. À ce moment-là, leur mère faisait partie de la *Gwardia Ludowa*[1], elle se battait, ensuite, elle a été envoyée dans les camps staliniens, et elle a été libérée en 1954, alors qu'Ewa avait onze ou douze ans. Son frère Witek n'avait pas survécu jusqu'au retour de leur mère. À cette époque, Ewa était déjà une petite catholique.

Elle est très belle. Physiquement, elle a plutôt le type séfarade : une lourde chevelure noire, un visage sec, sans chair superflue, des yeux très orientaux, mais sans rien de langoureux, des yeux brûlants. Comme ceux d'Isaac.

3. 1959-1983, BOSTON

Extrait des notes d'Isaac Hantman

La liberté individuelle est un thème qui m'a passionné toute ma vie. Cela m'a toujours paru être le bien suprême. Il est possible que, durant ma longue existence, j'aie réussi à faire quelques pas en direction de la liberté, mais s'il y a une chose que je ne suis pas arrivé à régler et dont je n'ai pas pu me libérer, c'est ma nationalité. Je n'ai pas réussi à cesser d'être juif. La judéité est quelque chose d'obsédant et d'impérieux, c'est une tare maudite et un don magnifique, elle impose une logique et une façon de penser, elle vous enchaîne et vous emmaillote. Elle est irrévocable, comme le sexe. La judéité restreint la liberté. J'ai toujours eu envie d'échapper à ses limites — j'en sortais, j'allais n'importe où, je suivais d'autres chemins pendant dix ans, vingt ans, trente ans, mais à un certain moment, je me rendais compte que je n'étais arrivé nulle part.

La judéité est plus vaste que le judaïsme, cela ne fait aucun doute. Le XXe siècle a connu toute une pléiade de savants juifs athées, mais on les a envoyés dans les chambres à gaz avec leurs congénères religieux. Il s'ensuit que, pour le monde extérieur, le

1. Organisation communiste armée créée en Pologne en 1942 par le parti polonais des Travailleurs, qui fut intégrée à l'armée Ludowa en 1944.

sang s'est avéré être un argument bien plus décisif. Quelle que soit la façon dont les Juifs se définissent eux-mêmes, en réalité, c'est de l'extérieur qu'on les définit : est juif celui que les non-Juifs considèrent comme tel. C'est pourquoi les Juifs baptisés n'ont eu droit à aucune ristourne : eux aussi étaient passibles d'extermination. Ma participation au procès de Nuremberg a été plus pénible que mon séjour dans le ghetto et chez les partisans. Le visionnage des films tournés dans les camps de concentration par les Allemands et par les Alliés après la libération a fait exploser ma conscience d'Européen : je n'avais plus envie d'être européen, et nous sommes partis pour la Palestine. Nous sommes allés là-bas afin d'être juifs. Seulement ma judéité n'était pas assez obsessionnelle pour cela.

La guerre de 1948 ne m'a pas laissé le temps de réfléchir, mais lorsqu'elle s'est terminée (provisoirement !), j'ai senti que les blessures par balles et par éclats d'obus, les amputations et la chirurgie plastique sur les grands brûlés, tout cela finissait par me plonger dans la dépression. Où étaient donc les résections de l'estomac, les extractions de calculs biliaires, les appendicites banales et les occlusions intestinales, toutes les paisibles maladies des temps de paix ? Je me suis consacré à la chirurgie cardiaque.

La Palestine était saisie de convulsions, l'État sioniste devenait un symbole religieux, les Juifs se transformaient en Israéliens et, en un certain sens, les Arabes se transformaient en Juifs. L'idée nationale, dans toutes ses interprétations, me donnait la nausée.

Qu'est-ce qui est essentiel dans la conscience juive ? L'activité intellectuelle en soi, dirigée vers elle-même. Quand je me suis retrouvé en Israël à l'âge adulte, moi, un agnostique et un athée, j'ai fait ce à quoi j'avais voulu échapper dans ma jeunesse lorsque j'avais renié les traditions familiales. À l'époque, ce rejet avait mené à une rupture avec ma famille. Mon père ne me l'a pas pardonné. Il m'a maudit, moi et ma médecine. Ensuite, toute ma famille a péri dans les chambres à gaz.

Mon père aurait été très satisfait d'apprendre qu'arrivé à l'âge mûr j'ai eu envie d'étudier ce que les enfants juifs étudient depuis deux mille ans dès l'âge de cinq ans : la Torah. Ce qui, dans mon enfance, m'inspirait de l'ennui et de l'aversion s'est avéré être extraordinairement intéressant.

Presque tout de suite après mon arrivée en Palestine, je me suis mis à fréquenter les séminaires sur l'histoire juive du professeur Neuhaus, à l'université de Jérusalem. C'étaient des cours passionnants. Neuhaus, un chercheur brillant, examinait l'histoire juive non comme un fragment de l'histoire mondiale, mais comme un modèle de tout le processus historique mondial. En dépit de ce que cette approche avait pour moi d'étranger, les cours en eux-mêmes étaient d'une grande richesse.

Je me suis rendu compte que, pour un professeur, la vivacité intellectuelle des élèves, leur aptitude à poser des questions, à les retourner et même à les neutraliser, étaient tout aussi importantes que la substance même de l'enseignement. J'ai alors compris que le noyau de la conscience juive est le polissage des cerveaux en tant que but de la vie, un travail permanent destiné à développer le processus de la pensée. C'est précisément cela qui a fini par donner les Marx, les Freud et les Einstein. Détachés du terreau religieux, ces cerveaux se sont mis à fonctionner encore mieux, de façon encore plus intensive.

C'est vrai, nous pouvons considérer l'histoire contemporaine (je veux dire l'histoire chrétienne) comme le prolongement logique (que Neuhaus suppose métaphysique) de l'idée du judaïsme dans le monde européen. Il est extraordinairement intéressant de constater que sur ce point les idées des sages chrétiens et des sages juifs se rejoignent. D'ailleurs pour un chirurgien, un cerveau bien affûté n'est pas moins nécessaire que des mains compétentes.

C'est précisément alors, influencé en partie par ces deux années de cours, que j'ai franchi un pas extrêmement important du point de vue professionnel : je suis passé à la chirurgie thoracique, un domaine qui m'intéressait déjà avant la guerre. À vrai dire, le cœur ne me passionnait pas uniquement en tant qu'objet médical... Dans « cet outil merveilleux créé par l'artiste suprême », selon l'expression de Léonard de Vinci, je voyais plutôt une sorte de mystère. Un mystère absolument impénétrable, comme l'origine du monde et de la vie... De fait, il est difficile de se représenter comment cet organe de dimensions modestes, constitué d'une chair qui, quoique relativement élastique et musclée, n'en est pas moins tendre et vulnérable, parvient à accomplir une tâche aussi complexe, pompant pendant des années des millions de litres de sang et leur conférant l'énergie nécessaire à la conservation de la vie dans toutes les plus infimes cellules du corps humain. C'est ce paradoxe qui recelait pour moi l'essence métaphysique de l'activité cardiaque dont je parle. Elle signifiait qu'un cœur, ce n'est pas une pompe, ou pas simplement une pompe, comparable à un piston, que sa fonction repose sur certaines lois suprêmes qui ne sont pas purement mécaniques. Ma vague hypothèse était aussi confirmée par le fait que je voyais distinctement les proportions du nombre d'or dans les rapports entre les structures du cœur et dans les modalités de son fonctionnement. Si bien que la chirurgie cardiaque, dans une mesure importante, représentait à mes yeux une tentative pour comprendre et expliquer ce mystère. Les observations menées sur un cœur malade procuraient des matériaux précieux pour comprendre comment la rupture de cette harmonie divine conduit à la faillite de l'activité cardiaque et au bout du compte, à la mort. J'en suis arrivé à la conclusion que l'intervention directe, chirurgicale, sur la structure et le fonctionnement d'un cœur devait avoir pour but de rétablir ces proportions, de reconstituer une certaine « courbure divine » si caractéristique des structures cardiaques saines, et que l'on constate dans toutes les créations de la nature sans exception, depuis les volutes des coquillages marins et des anciens mollusques fossilisés jusqu'aux constructions en spirale des galaxies. On la retrouve dans les travaux des architectes et des peintres, dans l'arrondi des vieilles places italiennes et dans la composition des tableaux célèbres. Du reste, comme l'a dit ce même Léonard de Vinci : « Plus tu en parleras [du cœur], plus tu sèmeras la confusion dans l'esprit de ton auditeur. »

En Israël, nous nous sommes tout de suite très bien débrouillés. Je suis devenu responsable du service de chirurgie cardiaque d'une superbe clinique. Esther a ouvert un cabinet de stomatologie privé. Nos affaires marchaient bien. Nous avons acheté une maison dans le merveilleux village arabe d'Ein Kerem abandonné par ses habitants en 1948. La vue que l'on avait sur les montagnes de Judée était un vrai bonheur pour les yeux.

Un jour, on a amené dans mon service un jeune Arabe avec une blessure au couteau dans la région du cœur. Nous avons réussi à le sauver. Un médecin éprouve toujours envers les malades désespérés qu'il a ramenés de l'autre monde autant d'affection qu'ils en ont pour lui. Nous avons sympathisé. Sa famille avait fui Ein Kerem juste après le début de la guerre d'Indépendance en abandonnant leur maison et leur vieux jardin. Je ne lui ai pas dit que j'habitais dans ce village. Je n'ai pas pu. D'ailleurs à quoi bon ?

Esther et moi, nous sommes allés un jour au couvent des sœurs de Sion à Ein Kerem. Les montagnes de Judée se déployaient à nos pieds comme un troupeau de chameaux endormis.

À l'époque, l'abbesse, âgée de quatre-vingt-dix ans, était encore vivante et se souvenait du fondateur de ce couvent, Théodore de Ratisbonne, un Juif baptisé venu de France. Elle s'est approchée de nous et nous a invités à partager son dîner. Un repas frugal constitué de légumes provenant du potager du monastère. Elle a demandé dans quelle maison nous habitions. Elle nous a dit qu'elle se souvenait des anciens propriétaires. Et de beaucoup d'autres. Il est vrai qu'elle n'avait aucun souvenir du jeune homme qui s'était retrouvé sur ma table d'opération, mais elle avait bien connu son grand-père, il avait aidé à créer le potager du monastère... À ce moment-là, nous avions déjà reconstruit la vieille maison. Pour Esther et moi, c'était la première maison de notre vie, et nous l'aimions beaucoup. Ce soir-là, quand nous sommes rentrés, Esther a pleuré. Et ma femme n'a pas la larme facile.

Dans ma jeunesse, je voulais être non juif, mais européen, ensuite, au contraire, je ne voulais pas être européen, mais juif. Ce jour-là, j'ai eu envie de n'être rien du tout. Alors quand j'ai reçu cette proposition pour l'Amérique au bout de dix années passées en Israël, j'ai fait encore une tentative pour me détacher sinon de la judéité, du moins du terreau juif, et j'ai déménagé à Boston. À l'époque, en 1956, c'était le début des opérations à cœur ouvert. Cela m'intéressait énormément, et j'avais des idées là-dessus.

L'Amérique m'a beaucoup plu par la quantité de liberté au mètre carré. Mais même ici, dans cette vieille maison de style anglais, dans le pays le plus libre qui soit, nous vivons sur une terre qui appartenait jadis aux Wampanoags ou aux Pequots.

Du reste, cela fait longtemps qu'il n'y a plus un seul endroit au monde où un Juif puisse se sentir chez lui au plein sens du terme.

Bien des années avaient passé, et j'ai compris que j'étais toujours aussi loin de la liberté individuelle que dans ma jeunesse. Dès lors, je me suis consacré corps et âme non seulement à l'exercice de la chirurgie au quotidien, mais aussi à des expériences, et je n'ai pas arrêté de transgresser l'un des commandements de Noé adressé non seulement aux Juifs, mais à l'humanité entière : ne pas être cruel envers les animaux. Mes pauvres primates... Ils n'y sont pour rien si leur système sanguin ressemble tant à celui de l'homme !

Cette capacité à « être possédé par une idée », c'est peut-être cela qui détermine la judéité ?

L'aptitude au paroxysme. J'ai pensé à cet étonnant jeune homme, ce Dieter Stein qui avait organisé l'évasion du ghetto d'Emsk. Il a commencé par travailler à la Gestapo par idéalisme, pour sauver des gens des griffes de l'enfer. Ensuite, il s'est fait baptiser, et là aussi, c'était pour sauver des gens des griffes de l'enfer. La dernière fois que je l'ai vu, nous étions dans un train délabré qui nous emmenait à Cracovie. Nous avons passé la nuit dans le couloir, et il m'a dit qu'il se rendait là-bas pour devenir moine. Je n'ai pas pu m'empêcher de lui demander :

« Tu veux sauver des gens ? »

Il avait l'air d'avoir dix-sept ans — un petit adolescent juif tout maigrichon. Comment les Allemands avaient-ils pu le prendre pour un Polonais ? Un sourire d'enfant.

« Presque, *pan* docteur. Vous m'avez sauvé pour que je puisse servir le Seigneur. »

Je me suis alors souvenu qu'un jour je m'étais porté garant de lui devant des partisans russes. La mémoire évacue ce qu'elle a du mal à intégrer. Comment pourrais-je vivre si je me souvenais de toutes les images que j'ai dû visionner pendant le procès de Nuremberg ?

4. JANVIER 1946, WROCŁAW

Éphraïm Tsvik à Avigdor Stein

Avigdor !

Est-ce que tu sais que j'ai fini par retrouver Dieter en août 1945 ? Il est vivant ! Mais il se trouve dans un monastère. Quand j'ai appris qu'il était devenu moine, je n'en ai pas cru mes oreilles ! On était ensemble à Akiva, on était des sionistes, on voulait partir s'installer en Israël, et vlan ! Un monastère ! On n'est pas nombreux à avoir survécu à la guerre, il a eu de la chance. Et tout ça pour se faire moine ? Dès que j'ai entendu dire qu'il était à Cracovie, j'y suis allé. J'étais certain — et aujourd'hui encore, je n'ai pas tout à fait changé d'avis — qu'on l'avait attiré là-bas par ruse. Je te dirai franchement que j'avais pris une arme, à tout hasard. J'ai un excellent Walter, une prise de guerre.

J'ai trouvé son couvent de carmes, c'est à une vingtaine de kilomètres de Cracovie.

On ne voulait pas me laisser entrer. Le portier, un vieux pépé, était intraitable. Je l'ai menacé avec mon pistolet. Il m'a laissé passer, et je suis allé directement chez le père supérieur. Il y avait encore un autre type qui faisait le pied de grue, cela ressemblait à une salle d'attente. J'ai ressorti mon pistolet. Bref, le prieur est arrivé, un grand gaillard, vieux, avec des cheveux blancs. Il m'a fait entrer dans son cabinet.

Je me suis assis, j'ai posé le pistolet sur la table et j'ai dit : « Rendez-moi mon ami Dieter Stein ! » Il m'a répondu : « Je vous en prie ! Seulement, rangez votre arme et attendez dix minutes. »

Effectivement, au bout de dix minutes, Dieter est arrivé. Pas de robe de moine, juste une blouse de travail, il avait les mains sales. On s'est embrassés.

« Je suis venu te chercher, j'ai dit. Allez, viens avec moi, on s'en va ! » Il a souri. « Non, Éphraïm, j'ai décidé de rester ici. — Tu as perdu la tête ou quoi ? »

Je vois le supérieur qui sourit, assis derrière son énorme bureau. J'ai été pris d'une rage ! On aurait dit qu'il se fichait de moi. Pourquoi était-il aussi sûr que je n'allais pas repartir avec Dieter ?

« Vous souriez ? j'ai crié. Vous avez mis le grappin sur un bon garçon, et ça vous fait rire ? Ah, pour embobiner les gens, vous êtes des as ! Pourquoi vous avez besoin de lui ? Vous n'avez pas eu assez de Juifs comme ça ? »

Et l'autre a dit : « Nous ne retenons personne, jeune homme. Nous n'avons pas recours à la violence. C'est vous qui êtes venu avec un pistolet. Si votre ami veut partir avec vous, qu'il parte ! »

Et Dieter restait planté là, à sourire comme un idiot. Oui, comme un vrai crétin ! Je lui ai crié : « Allez, va chercher tes frusques, on y va ! » Il a secoué la tête. Là, j'ai compris qu'ils lui avaient fait boire quelque chose ou qu'ils l'avaient ensorcelé. « Viens ! je lui dis. Personne ne te retient ici. Ce n'est pas un endroit pour un Juif. »

Et là, Avigdor, je les ai vus qui échangeaient un regard, le prieur et lui. Comme si c'était moi le dingue. Bref, qu'est-ce que je peux te dire ? J'ai passé trois jours là-bas. Dieter est fou, évidemment, mais pas au sens où on l'entend d'habitude. Il y a quelque chose de faussé dans son cerveau. Son comportement est tout à fait normal, il ne broute pas de l'herbe, mais question religion, il déraille complètement. C'était un garçon tellement normal ! Un bon camarade, un type intelligent, de façon générale, il n'y avait rien à dire sur lui, il était toujours prêt à aider tout le monde, les siens comme les autres, et puis surtout, il avait survécu ! Et il nous fait ce coup-là !

On s'est quittés au bout de trois jours. Il m'a déclaré qu'il avait décidé de consacrer le reste de sa vie à servir Dieu. Mais pourquoi LEUR Dieu ? Comme si on n'avait pas le nôtre ! Et je ne suis pas arrivé à le convaincre que Dieu, on peut le servir n'importe où, pas forcément dans un monastère catholique. Nous avons le même âge, vingt-trois ans. Il pourrait devenir médecin, enseignant, ce n'est pas ça qui manque, les moyens de servir !

Bref, il me fait de la peine, Avigdor. Va le voir, peut-être que, toi, il t'écoutera ? Apporte-lui des photos de Palestine, je ne sais pas, moi ! Peut-être que tu arriveras à le convaincre. En fin de compte, s'il aime tellement le peuple juif, pourquoi est-ce qu'il le quitte pour des étrangers ?

Je suis coincé à Wrocław, je ne sais pas comment les choses vont tourner, mais pour l'instant, j'ai renoncé à l'idée de m'installer en Palestine. Je veux bâtir une nouvelle Pologne. C'est un tel chaos, ici, une telle misère ! Il faut se battre et relever le pays. Je te salue ainsi que ta femme.

Bien à toi.

ÉPHRAÏM TSVIK

5. 1959, NAPLES, PORT DE MERGELLINA

Daniel Stein à Władysław Klech

... pas de bâton de pèlerin, juste une besace. J'ai passé huit jours à l'hôtellerie du monastère. Je me levais avec les autres à quatre heures pour la prière, puis j'allais au réfectoire avec les moines. Après le petit déjeuner, l'économe me confiait des tâches, et je les exécutais comme bon me semblait. J'ai vécu ainsi une semaine, tout le monde attendait l'évêque et moi aussi : on m'avait promis de l'argent pour aller jusqu'à Haïfa. Je n'avais pas un sou. Un matin, l'économe m'a dit : « Va donc visiter Pompéi. » Je suis allé à la gare routière, et je suis monté dans un autobus. La route est d'une beauté presque insoutenable : la baie de Naples, Capri, tout scintille... Ah, notre pauvre Pologne ! Elle, elle n'a pas eu droit à une mer chaude ni au soleil... La végétation est magnifique, ici. Et le marché aux poissons ! C'est une telle joie de voir la splendeur de ces poissons, de tous ces fruits de mer ! Il est vrai qu'il y en a aussi d'effrayants, mais dans l'ensemble, ils sont plutôt exotiques.

À Pompéi, au début, je n'ai pas eu de chance : on ne laissait entrer personne sur le territoire des fouilles, le musée était fermé, les employés étaient en grève. Je me suis dit : « Quel merveilleux pays, l'Italie ! J'aimerais bien voir une grève dans le château de Wawel à Cracovie, tiens ! » Si bien que je n'ai pas pu visiter la cité antique. Mais je me suis promené, j'ai vu les alentours de la ville détruite et le Vésuve, une montagne aux contours si tendres qu'elle n'inspire aucune crainte, impossible de le soupçonner de la perfidie dont il a fait preuve il y a deux mille ans ! J'avais juste de quoi acheter mon billet de retour et une *pizza bianca*, c'est-à-dire un morceau de pain. J'ai marché dans la ville, et je suis arrivé devant une église. Un bâtiment moderne, rien de particulier du point de vue architecture. Il était midi, il faisait une chaleur torride, et je me suis dit que j'allais entrer pour me reposer au frais. C'était l'église Santa Maria del Rosario.

Et là, Władek, commence une histoire que l'on dirait spécialement inventée pour moi : dans l'église, je vois une collection d'ex-voto. Ce sont des témoignages de gratitude pour des miracles qui se sont accomplis en réponse à des prières adressées à la Vierge. D'habitude, comme chacun sait, ce sont de petites sculptures en argent représentant des bras, des nez, des oreilles — les organes qui ont été guéris. Là, il n'y avait pas de nez ni d'oreilles, mais des dessins d'enfants et de parents, sur lesquels ces miracles étaient représentés par des mains maladroites et reconnaissantes. On voyait un enfant sauvé d'un incendie, dessiné par l'enfant, par son père, et par un pompier. Trois tableaux. Un soldat de la Première Guerre mondiale qui avait fait le serment, s'il revenait vivant, d'épouser une orpheline, et toute l'histoire était dessinée : voilà le soldat à la guerre qui prie au milieu des flammes, le voilà qui rentre chez lui, et l'abbesse d'un couvent lui présente une jeune fille. Puis cette jeune fille tombe malade, elle est sur le point de mourir, l'ancien soldat prie la Vierge pour sa guérison, et on les voit ensuite avec leur fils de cinq ans... Un chauffeur qui a réchappé d'un accident dans un col de montagne a fait cadeau à la Vierge de son permis de conduire, un autre lui a offert ses décorations. Que de miséricorde et que de gratitude !

Mais ce n'est pas tout. J'ai rencontré une religieuse qui m'a raconté que cet endroit célèbre devait son existence à un avoué nommé Bartolo Longo. Bien qu'issu d'une famille pauvre, il avait fait des études et gérait les affaires d'une riche veuve napolitaine. Ce Bartolo a eu une vision : la Vierge lui a ordonné de construire une église à cet endroit. Il lui a dit qu'il était pauvre, et la Vierge lui a demandé s'il possédait une lire. Il en avait une. Elle lui a alors déclaré que ce serait une église de pauvres, et qu'il devait rassembler de l'argent pour la construire à raison d'une lire par personne. Que les gens soient riches ou pauvres, peu importait : ils devaient donner une lire. Il a commencé à recueillir de l'argent, mais cela ne suffisait toujours pas, alors la veuve pour laquelle il travaillait a ajouté la somme qui manquait. Ils se sont mariés et ont fondé ici même un orphelinat, celui dans lequel le soldat reconnaissant a trouvé sa fiancée. Ensuite, ils ont également ouvert un hospice. Et de grandes forces bienfaisantes se sont alors manifestées dans ces lieux, beaucoup de gens ont été guéris de leurs maladies et ont reçu des grâces diverses. À présent, Bartolo Longo a été proclamé « serviteur de Dieu ». C'est la première étape de la canonisation.

Quand je suis sorti de l'église, il y avait des roulements de tonnerre et un orage très violent avait éclaté. Le tonnerre et les éclairs étaient impressionnants, et comme tout cela venait du côté du Vésuve, je me suis dit que c'était le volcan qui voulait se montrer tel qu'il était autrefois...

Je suis rentré à Naples. L'évêque est arrivé le lendemain matin et m'a donné de l'argent pour le voyage. Je suis allé sur le port et j'ai acheté un billet. Le bateau part pour Haïfa dans trois heures. Alors je suis là, et je t'écris. Tu te souviens, tu ne voulais pas que je parte, tu disais qu'il fallait rester là où l'on nous a placés. Tu as peut-être raison, mais j'ai la certitude que ma place à moi est précisément en Israël, et j'en veux pour preuve le fait que, depuis la première seconde de mon voyage, tout m'est favorable. On a toujours l'impression soit d'aller à l'encontre du destin, soit de répondre à un appel.

Que Dieu soit avec toi, Władek. Salue le père Kazimierz de ma part. Je t'écrirai dès mon arrivée.

DANIEL

6. 1959, NAPLES

Télégramme de Daniel Stein à Avigdor Stein

ARRIVE 12 JUIN PORT HAÏFA. STOP. DANIEL.

7.

Brochure touristique « Visitez Haïfa »

La ville d'Haïfa s'est développée sur les flancs et au pied du célèbre mont Carmel de la Bible. Comparée aux autres agglomérations du pays, c'est une ville jeune, elle a été fondée à l'époque romaine. Elle a connu un bref épanouissement au XIᵉ siècle, au temps des croisades, mais à la fin du xixe, ce n'était plus qu'un petit village arabe. À une certaine époque, Haïfa a été le centre de l'immigration clandestine, la plupart des rapatriés juifs du début du xxe siècle sont arrivés en Palestine par son port.

La parure de la ville est le mont Carmel, un massif montagneux d'une longueur de vingt-cinq kilomètres. Le sommet le plus élevé de la chaîne du Carmel atteint 546 mètres. Ses terres sont très fertiles et dans l'Antiquité, ses pentes étaient couvertes de vignes et de vergers.

À une époque très ancienne, la population païenne de ces lieux considérait le Carmel comme la demeure de Baal, et on a découvert sur les sommets des vestiges d'un culte païen. Les Phéniciens adoraient ici le dieu Hadad. L'empereur romain Vespasien célébrait sur ce mont des sacrifices à Jupiter, il y avait là un autel et un temple à Zeus du Carmel.

Le Carmel est vénéré par les croyants des trois religions monothéistes. On considère que c'est ici qu'a vécu le prophète Elie. Il est possible de visiter plusieurs grottes dans lesquelles il s'est réfugié. C'est de là que, selon la tradition, il est monté au ciel.

Le Carmel est un site monastique très ancien. On estime que les premiers monastères ont été fondés ici dès l'époque préchrétienne par les nazoréens juifs, précurseurs des ermites chrétiens.

Avec le triomphe du christianisme, tout un réseau de monastères s'est implanté. En 1150, les croisés ont trouvé ici des monastères byzantins qui existaient déjà depuis longtemps.

De nos jours, le plus important et le plus connu est celui des carmes déchaux. Cet ordre est présent sur le mont Carmel depuis le xiiie siècle. Le couvent a été maintes fois détruit et reconstruit. Il existe sous son aspect actuel depuis le début du xixe. Il est situé sur le flanc sud-ouest de la montagne, à une altitude de 230 mètres.

Non loin du monastère se trouve un bâtiment avec un phare. Au-dessus de l'entrée se dresse une statue de la Madone. Cet édifice s'appelle « Stella Maris » — l'étoile qui guide les marins.

En descendant la montagne à partir de la station de métro Gan Ha-Em, on arrive devant l'un des principaux monuments d'Haïfa, le sanctuaire baha'ï, situé sur un territoire appelé « les Jardins perses ». Ce temple est le centre mondial de la religion baha'ï. Le fondateur et prophète de cette religion, Siyyd Ali Muhammad, dit le Bab, fut déclaré apostat et exécuté par les autorités iraniennes en 1850. Sa dépouille repose dans le temple du Bab. La religion baha'ï compte aujourd'hui quelques centaines de milliers d'adeptes dans le monde.

Les baha'ï estiment que leur religion a intégré ce qu'il y a de meilleur dans le judaïsme, l'islam et le christianisme. L'essence de leur enseignement est exprimé par les paroles : « La terre forme un seul pays, et tous les hommes en sont les citoyens. » Certains de leurs préceptes fondamentaux présentent un grand intérêt : un Dieu unique, une seule religion, l'unité de l'humanité, la recherche incessante de la vérité, l'harmonie entre la religion et la science, le refus des préjugés, des dogmes et des superstitions.

Haïfa est la deuxième ville industrielle d'Israël après Tel-Aviv.

Le port d'Haïfa est le principal port du pays. Sa construction a débuté en 1929 et s'est terminée en 1933. Il possède un important chantier naval. En outre, avec le développement du réseau de voies ferrées à l'époque du mandat britannique, Haïfa est devenu le nœud ferroviaire de la Palestine.

À Haïfa fonctionne la seule ligne de métro du pays, inaugurée en 1959. Cette ligne ne compte que six stations, depuis le pied du mont Carmel jusqu'au terminus, Gan Ha-Em (le Jardin de la Mère), sur le massif du Carmel Central. Il y a près de la station de métro un parc magnifique dans lequel se trouvent le zoo local et le musée de la Préhistoire.

La ville abrite l'institut de technologie le plus ancien du pays, le Technion, fondé en 1912.

Elle possède également des musées historiques et des musées d'art. Le musée municipal comporte trois sections : art antique, ethnographie et art contemporain. On peut aussi visiter le musée de la Musique, le musée de l'Immigration clandestine et de la Marine israélienne.

Sur le promontoire du Carmel se trouve le chantier de fouilles archéologiques de Tel Shikmon (la Colline des sycomores). On y a découvert des vestiges de bâtiments et d'édifices datant de l'époque du roi Salomon jusqu'à la période des Séleucides (IIe siècle avant notre ère).

On peut s'y rendre en autobus (le 43, le 44 et le 47).

Pour visiter la ville, il est possible de réserver des excursions avec des guides expérimentés parlant un grand nombre de langues.

8. 1996, *MOCHAV* NOF HA-GALIL, GALILÉE

Extraits d'une conversation entre Ewa Manoukian et Avigdor Stein

Enregistrement sur magnétophone retranscrit par Ewa après sa visite dans la famille d'Avigdor et de Milka Stein.

PREMIÈRE CASSETTE

Avigdor : Oui, vas-y, tu peux mettre ton magnétophone en marche. Mais je ne vais rien dire de spécial, tu sais !

Ewa : Je n'ai pas une bonne mémoire et j'ai peur d'oublier quelque chose d'important. Quand je discutais avec Daniel à Emsk, je notais tout sur un cahier en rentrant à l'hôtel, pour ne pas perdre un seul mot.

Avigdor : Cela valait peut-être la peine de noter les paroles de mon frère. Mais les miennes ! À propos, il avait parlé de toi quand il était rentré de Biélorussie. La petite fille qu'on fourrait dans la manche d'une pelisse... Alors, qu'est-ce que tu veux savoir ?

Ewa : Tout. Où vous êtes nés, dans quelle famille, comment vous viviez avant la guerre... Et pourquoi il était comme ça...

Avigdor : Tu es venue d'Amérique pour me poser des questions sur notre famille ? Je vais te raconter, bien sûr. Mais pourquoi il était ce qu'il était, ça, je ne te le dirai pas. J'y ai beaucoup réfléchi moi-même. Déjà tout petit, il était différent. Avant, je pensais que c'était parce qu'il disait toujours oui. Quand on lui demandait quelque chose, qu'on voulait quelque chose de lui, il était toujours prêt à dire oui. Ensuite, lorsque nous nous sommes retrouvés ici, je me suis rendu compte qu'il savait parfois dire non. Donc, ce n'est pas cela. Pour être franc, je n'ai toujours pas compris. Il était le seul comme ça dans la famille. Tu sais, on était une famille tout ce qu'il y avait de plus ordi-

38

naire, on vivait dans le sud de la Pologne, sur une terre qui n'a pas arrêté de passer de mains en mains, elle a appartenu à l'Autriche-Hongrie, à la Pologne, et autrefois, elle faisait partie de la principauté de Galicie. Mon frère et moi, nous sommes nés dans une petite bourgade perdue peuplée de Polonais et de Juifs.

Notre père, Elias Stein, était un Juif militarisé comme on n'en trouvait qu'en Autriche-Hongrie. Il avait beau être de confession juive, aller à la synagogue et fréquenter ses coreligionnaires, il accordait une grande valeur à l'éducation laïque qu'il n'avait pas reçue lui-même, il parlait couramment l'allemand et pour lui, la culture était obligatoirement associée à l'Allemagne. Il avait été soldat, et cela lui avait beaucoup plu. Il avait servi huit ans dans l'armée austro-hongroise en commençant comme deuxième classe, et il avait terminé avec le grade de sous-officier. Il considérait ses années dans l'armée comme les plus belles de sa vie. Son dernier uniforme (celui de sous-officier), il le gardait dans une armoire comme une relique, et il l'a emporté avec lui le 2 septembre 1939, le jour où nous nous sommes tous retrouvés parmi une foule de réfugiés fuyant pour échapper à l'occupation allemande.

Nos parents se sont mariés en 1914, avant la Première Guerre mondiale, pendant un intermède dans la carrière militaire de notre père. Ils étaient des cousins éloignés. Ce genre de mariage arrangé, à l'intérieur d'une famille, était coutumier dans les milieux juifs. Ma mère était une jeune fille instruite, elle avait fait des études dans une école pour fonctionnaires.

Ils se sont mariés assez tard. Maintenant, avec le recul du temps, je pense qu'ils s'aimaient, mais ils avaient vraiment des caractères très différents. Ma mère avait deux ans de plus que lui, elle avait déjà trente ans, autrement dit, c'était une vieille fille — à l'époque, dans ces régions, on mariait généralement les filles avant seize ans. Elle apportait une dot, une maison avec une auberge qu'une tante lui avait léguée. Déjà avant son mariage, elle gérait elle-même sa petite entreprise. Il est vrai que cela ne lui rapportait pas grand-chose, le travail était pénible et elle avait du mal à joindre les deux bouts, mais elle a gardé toute sa vie des illusions un peu ridicules sur l'importance de sa fortune : la plupart des gens de son entourage étaient encore plus pauvres. En se mariant, elle avait compté sur son mari pour s'occuper de l'auberge. Elle ne savait pas encore qu'elle s'était choisi pour époux un homme totalement dénué de sens pratique !

Mon père n'aimait pas le travail à l'auberge. Il était attiré par les gens cultivés et intelligents, or là, tout ce qu'il voyait, c'étaient des paysans polonais complètement ivres. Mais il n'a pas eu à vendre de la vodka très longtemps : la Première Guerre mondiale a éclaté et il est parti se battre. Ma mère est retournée à son commerce, et mon père à ses canons. On possède une photo de lui datant de ces années-là : un soldat à l'air martial, avec des moustaches et un bel uniforme de parade. Le regard fier.

En 1918, tout a changé : la guerre avait été perdue et notre village natal a été annexé par la Pologne. C'était comme si nous avions tous quitté l'Autriche cultivée et germanophone pour nous retrouver dans une Pologne pauvre et arriérée. Jusqu'à la fin de sa vie, mon père est resté très allemand. Il passait toujours volontiers du polonais à l'allemand. Quant au yiddish, la principale langue des Juifs de Pologne, on ne le parlait pratiquement pas à la maison.

Mon frère est né en 1922. C'était un enfant tardif, mais pas le dernier. Je suis arrivé deux ans après. On nous a donné des prénoms juifs traditionnels : Daniel et Avigdor. Mais sur nos papiers figuraient des prénoms aryens distingués, Dieter et Wilfried. Ce sont les noms de notre enfance, c'est comme ça qu'on nous appelait à l'école. Mon frère a repris son nom ancestral quand il est devenu moine et moi quand je suis arrivé en Palestine.

La vie de notre famille était très dure. Notre mère se décarcassait pour tenir à la fois la maison et l'auberge. Puis notre père a acheté une boutique, il ne supportait pas l'auberge. Cette boutique a été le premier échec sur la liste de ses déboires commerciaux. Toutes ses entreprises se soldaient par des fiascos, mais les premières années, notre mère nourrissait sans doute encore certaines illusions sur les aptitudes commerciales de son mari. Par la suite, il est devenu évident que la seule chose qu'il réussissait, c'était à contracter des dettes.

À cette époque, nous adorions notre père et il nous consacrait beaucoup de temps. Il avait un passé guerrier et romantique, il parlait sans arrêt de son métier de soldat. Cela avait été l'un des plus beaux rôles de sa vie. Il avait servi autrefois dans l'armée austro-hongroise, mais la machine de guerre allemande lui paraissait le summum de la perfection, et, alors que nous étions encore tout petits, il nous débitait des tirades enthousiastes sur Bismarck et Clausewitz. Il n'a pas eu l'occasion d'assister à l'effondrement navrant du militarisme allemand, puisqu'il a été lui-même broyé par ce mécanisme parfait en même temps que six millions de ses congénères. Je crois qu'il n'a pas eu le temps de perdre sa dernière illusion, celle de la suprématie de la culture allemande. Il lisait Goethe et adorait Mozart.

Maintenant que j'ai moi-même dépassé depuis longtemps l'âge auquel mes parents sont morts dans les camps de concentration, je comprends beaucoup mieux leurs rapports émouvants et explosifs. Mon père relevait de ce type humain que Sholem Aleikhem appelle « le rêveur », « l'homme du vent ». Des centaines d'idées se bousculaient dans sa tête, mais aucune de ses entreprises n'aboutissait. Il bâtissait des châteaux en Espagne qui s'écroulaient les uns après les autres, cela le rendait hystérique et il se décourageait.

Notre mère avait un sacré caractère, et il y avait sans arrêt des conflits entre eux. Mon père exigeait qu'elle le tire d'embarras en empruntant de l'argent à des voisins plus riches ou à ses sœurs. Ils l'ont effectivement aidé de temps en temps à se sortir de mauvaises passes. Mes parents se disputaient souvent, mais ils n'en formaient pas moins un couple uni, leurs querelles tumultueuses étaient suivies de réconciliations, et je crois que ma mère avait pitié de mon père.

Nous n'avons jamais su comment ils ont fini. Dans un camp de la mort. Ça, c'est sûr.

Ewa : Quand avez-vous quitté vos parents ?

Avigdor : Le 3 septembre 1939. Nous nous sommes séparés sur une route parmi une foule de réfugiés. Nous pressentions tous que c'était pour toujours. Dieter avait dix-sept ans et moi quinze. Et nous aussi, nous allions bientôt être séparés, pour presque vingt ans.

J'adorais mon frère aîné, et il n'y a jamais eu entre nous l'ombre d'une rivalité. Peut-être parce qu'il m'a toujours traité comme un cadet : il jouait avec moi, il s'occupait de moi, il me protégeait. Bien qu'il y ait une différence d'environ deux ans entre nous, nous sommes entrés à l'école en même temps. Si on peut appeler cela comme ça. C'était une école polonaise pour les enfants de paysans. Des gamins de tous les âges étaient entassés dans la même pièce. Le niveau d'instruction était plus que médiocre, mais on nous apprenait à lire et à écrire. Nous n'avons pas reçu d'éducation religieuse, à l'époque, il n'y avait plus de *heder* dans le village. Nous n'étions pas plus d'une dizaine de familles juives dans la région, et les enfants n'étaient pas nombreux. Mais il y avait encore un cimetière juif et une synagogue. À présent, il n'en reste plus rien, je le sais.

Ewa : Vous y êtes allé ?

Avigdor : Qu'est-ce que tu veux que j'aille faire là-bas ? Il n'y a même pas de tombes. L'enfance, c'est l'enfance : la rivière, la forêt, les jeux... La vie des adultes était très dure, on était en pleine crise de l'après-guerre.

Ewa : Quels souvenirs avez-vous gardés de ces années-là ?

Avigdor : C'était une époque d'exode rural. Tout le monde allait s'installer dans les villes, les Polonais comme les Juifs. Les campagnes se vidaient. Et il y avait une grande vague d'émigration juive : les plus pragmatiques partaient pour l'Amérique, les autres, enthousiasmés par le sionisme, se rendaient en Palestine. Mais cela ne nous touchait guère. Ma mère se cramponnait à son auberge comme si c'était un château de famille.

Elle avait deux grandes idées : conserver ses biens, son auberge, et nous faire faire des études. Et il était évident que Dieter était extrêmement doué. Ses dons se sont révélés très tôt. Dans notre enfance, nous nous ressemblions beaucoup, comme deux jumeaux, mais mon frère se distinguait par de grands talents. Cela ne m'a jamais paru vexant, d'autant que moi aussi j'avais mon petit don personnel : des mains habiles. Je réussissais bien mieux que lui dans le domaine manuel — le travail du bois, du métal... Tu vois, ici, en Israël, bien que je n'aie pas fait d'études supérieures, j'ai toujours dirigé tout ce qui est technique agricole. Aujourd'hui encore, quand quelque chose tombe en panne, c'est moi qu'on vient chercher. Bien que je sois déjà à la retraite. Mais je connais tout, ici, je suis dans ce *mochav* depuis le début.

Ewa : Un *mochav*, c'est la même chose qu'un kibboutz ?

Avigdor : Un *mochav*, c'est une association de propriétaires de fermes privées, tandis qu'un kibboutz, c'est le socialisme absolu, tout est mis en commun, comme dans les kolkhozes soviétiques. Ne m'interromps pas, j'ai oublié où j'en étais... Ah, oui, je parlais de Dieter... Même si ça fait longtemps qu'on a oublié son prénom allemand, ici. C'est Daniel, voilà tout... Bref, quand il a eu sept ans, une tante l'a pris chez elle, dans la ville voisine, pour qu'il puisse aller dans une bonne école juive.

Cette école était une exception, il n'en existait aucune autre comme ça en Pologne orientale. C'était le dernier spécimen d'établissement pédagogique austro-hongrois. Premièrement, elle était laïque et non religieuse, deuxièmement, l'enseignement était en langue allemande. En fait, elle était considérée comme juive pour la bonne raison qu'elle était financée par des Juifs, et que la plupart des professeurs étaient juifs.

En ce temps-là, la langue dans laquelle on enseignait était extrêmement importante. Une instruction en allemand était considérée comme supérieure à une instruction en polonais, et je ne parle pas du yiddish ou de l'hébreu, langues dans lesquelles on enseignait dans les écoles juives. En dépit de son don pour les langues, Daniel parlait mal le yiddish. Le destin a dû mettre son nez là-dedans... Et surtout, il n'avait absolument aucun accent juif. Quand il parlait des langues étrangères, son accent était nettement polonais. Même l'hébreu, qu'il a appris très vite et qu'il parlait à merveille (il lisait des livres qui me tombent des mains, je n'arrive même pas à déchiffrer les titres), il le parlait avec un accent polonais. Tu ne me croiras pas, mais je le parle mieux que lui. Sans accent.

Mon frère a terminé l'école primaire en quatre ans. On le faisait rentrer à la maison seulement pour l'été, l'hiver, il ne venait pas souvent. Il n'y avait pas de chemin de fer à l'époque, et on ne pouvait pas faire quarante verstes à pied. Quant aux chevaux... Tantôt notre père était parti avec pour affaires, tantôt il les avait prêtés à son associé. Ces années-là, il s'était lancé dans le commerce du bois ou quelque chose de ce genre... Qui n'a pas marché non plus. L'été, quand mon frère rentrait à la maison, c'était une fête pour moi. Il me racontait tellement de choses ! Parfois, il me semble que, dans une certaine mesure, ces conversations ont comblé les lacunes de mon instruction. Il savait parler de choses compliquées de façon très simple et très compréhensible.

Ensuite, de nouveau, il a eu de la chance : il a été reçu à l'école d'État Joseph Piłsudski. Elle était considérée comme la meilleure de la ville. On y acceptait les enfants juifs. L'enseignement était en polonais, les catholiques et les Juifs étaient séparés uniquement pour les cours de religion.

Milka : Vous pourriez peut-être faire une pause ? Je vous servirais à manger. Tout est déjà prêt.

Avigdor : Bon, très bien. Tu veux que je t'aide ?

Milka : Ce n'est pas la peine, allez juste vous asseoir ailleurs, que je puisse mettre la nappe.

DEUXIÈME CASSETTE

Ewa : Oooh ! Des plats juifs ! Du bouillon avec des boulettes ! Du cou farci !

Milka : Les Juifs en mangent aussi en Amérique ?

Ewa : Seulement dans certaines familles. J'ai une vieille copine qui cuisine. Moi, ce n'est pas mon fort !

Avigdor : Tu ne fais pas du tout la cuisine ?

Ewa : Pratiquement pas. Mon mari est arménien, il a toujours aimé cuisiner et quand nous avons des invités, c'est lui qui fait le dîner, il prépare des plats arméniens.

Avigdor : La cuisine arménienne, c'est complètement différent ! Cela ressemble à la cuisine arabe.

Milka : Allez-y, mangez !

Ewa : Non, je vous assure que non. Ils ont des plats turcs, c'est vrai. Mais leur cuisine est beaucoup plus raffinée. Et délicieuse. Ah, ces plats juifs, cela sent bon l'odeur de chez nous... Ce doit être la mémoire génétique. J'ai grandi dans des orphelinats et quand j'étais petite, personne ne me préparait du bouillon...

Avigdor : Bon, où en étions-nous ?

Ewa : Vous aviez commencé à parler de l'école Piłsudski. Mais j'aimerais bien en savoir plus sur l'organisation Akiva dont vous faisiez partie.

Avigdor : Chaque chose en son temps, Ewa. Là-bas, dans cette école, il a encore appris des choses... Cela devrait t'intéresser parce que, par la suite, ces connaissances lui ont été très utiles. Alors écoute...

Dans cette école, les Juifs étaient une minorité, bien sûr, mais mon frère a eu de la chance, il s'est retrouvé dans la même classe qu'un de nos cousins. Les Juifs étaient traités tout à fait normalement. Je me fais peut-être des illusions, mais j'ai toujours eu l'impression que l'antisémitisme est inversement proportionnel au niveau culturel et intellectuel. Dans la classe de mon frère, il y avait des enfants venant des familles polonaises les plus cultivées de la ville. Quoi qu'il en soit, ni lui ni notre cousin n'ont jamais eu à se bagarrer pour défendre leur dignité. De façon générale, Daniel ne se battait pas, ce n'était pas dans son caractère. Pour être franc, moi non plus, je n'ai pas particulièrement remarqué de manifestations d'antisémitisme, bien que j'aie fait mes études dans un établissement professionnel, une sorte d'école d'artisanat, où les garçons étaient plus frustes.

Je crois que la première fois que Daniel s'est heurté à l'antisémitisme, c'est quand on a refusé de le prendre chez les scouts. À l'époque, cela l'avait bouleversé. Aujourd'hui encore, je ne sais pas si cela tenait aux règlements de l'organisation scoute ou bien si, tout simplement, leur animateur n'avait pas voulu d'un petit Juif. Toujours est-il qu'on ne l'a pas pris. Cela a été un coup pour lui. De façon générale, il avait beaucoup de camarades parmi les Polonais. Je ne peux pas dire que c'étaient des amis très proches, mais un de ces Polonais, le fils d'un officier de cavalerie, lui a rendu service sans le savoir. C'est l'histoire que je voulais raconter, justement. Le père de ce garçon, dont j'ai oublié le nom de famille, était colonel dans l'armée polonaise, il dirigeait un manège dans lequel Daniel faisait de l'équitation deux fois par semaine avec des camarades de classe. Ce sport aristocratique, qui n'a strictement rien de juif, lui plaisait énormément, et il l'a pratiqué pendant plusieurs années. Il est devenu un excellent cavalier et c'est peut-être ce qui lui a sauvé la vie plus tard.

L'été qui a précédé sa dernière année scolaire, Daniel est rentré à la maison pour les vacances, et nous sommes devenus particulièrement proches à ce moment-là. La différence d'âge ne se faisait plus du tout sentir. Nous avions de nouveaux centres d'in-

térêt communs, et un nouveau thème est apparu dans les conversations familiales : la Palestine. Nous sommes entrés à Akiva,
une organisation sioniste pour la jeunesse, et nous allions là-bas
presque tous les jours. C'était un peu comme chez les scouts : du
sport, des randonnées, des nuits à la belle étoile, une école d'en-
durance et de loyauté. Avec la différence qu'Akiva était une
organisation juive et politique, qui dispensait un enseignement
général. On nous apprenait l'hébreu, l'histoire et les traditions
juives. À Akiva, le sionisme n'avait rien de religieux : le judaïsme ne les intéressait pas. On nous initiait aux traditions
juives, autrement dit, à un mode de vie et aux principes d'un
comportement moral dont la base philosophique était l'altruisme,
le pacifisme, la tolérance, le mépris du profit, bref, des choses
pas très compliquées, mais très exaltantes. C'est devenu pour
nous une philosophie de la vie. En tout cas, il n'y avait à Akiva
ni chauvinisme ni anticommunisme. Il existait dans le sionisme
une forte tendance socialiste, elle est encore sensible aujourd'hui
en Israël. Ce n'est pas un hasard si je me suis retrouvé dans un
mochav, j'aimais bien cette idée des Juifs qui prennent possession d'une terre et vivent des fruits de leur travail. J'habite ici
depuis mon installation en Israël, en 1941. Maintenant, on n'arrive plus à faire venir les jeunes dans le coin. Pour mes enfants, il
n'était pas question de rester vivre ici. Dès qu'ils sont devenus
grands, ils sont partis. Quant au plus jeune, mon fils Alon, il a
carrément quitté la maison à l'âge de seize ans.

Akiva est devenu notre deuxième foyer. Mon frère et moi, on
partait le matin et on revenait le soir. On vivait une expérience
nouvelle : on faisait partie d'un groupe soudé par des valeurs
communes. Nos camarades religieux éprouvaient sans doute ce
sentiment de communion avec les autres à travers les offices
religieux, mais cela ne nous concernait pas. Même si à l'âge
requis, à treize ans, nous avions fait notre *bar-mitzva* (tu sais ce
que c'est, au moins ?), cet examen, cette fête de la majorité.
Mais cela n'avait pas produit une grande impression ni sur mon
frère ni sur moi. C'était une chose qui se faisait, voilà tout.
Notre mère tenait à ce que nous restions dans la tradition.

Nos activités à Akiva ont élargi notre horizon culturel. Les
façons de voir de nos parents nous semblaient désormais pro-

vinciales, leur seule préoccupation était le pain quotidien. Nos maîtres nous paraissaient porteurs de valeurs supérieures.

Mon frère et moi, nous rêvions de nous installer en Palestine, mais cette idée ne suscitait guère d'enthousiasme chez nos parents. À leur âge, ils ne se sentaient plus capables d'un exploit aussi héroïque que la conquête de nouvelles terres. D'ailleurs nous comprenions parfaitement nous-mêmes qu'ils étaient trop vieux pour de tels changements, et nous ne voulions pas les laisser seuls et sans soutien dans leur vieillesse. En outre, nous n'avions pas d'argent. À l'époque, les autorités britanniques autorisaient l'immigration des Juifs dans les limites d'un quota annuel, mais elles réclamaient une garantie financière à ceux qui s'installaient dans les territoires se trouvant sous leur mandat. Les jeunes de moins de dix-huit ans recevaient un certificat gratuit, si bien que les portes nous étaient ouvertes, à mon frère et à moi.

En 1938, nous avons mis au point le projet suivant : l'un de nous partirait, et l'autre resterait avec nos parents. Parmi les diverses variantes, nous avions envisagé d'inscrire Daniel à l'université de Jérusalem. Étant donné ses succès scolaires, l'idée n'était pas mauvaise. Mais elle nécessitait un investissement financier. Si les certificats pour les jeunes de moins de dix-huit ans étaient gratuits, le voyage coûtait cher, et il fallait aussi payer les études. De plus, mon frère avait encore une année d'école devant lui, or il avait déjà dix-sept ans. Les sœurs de ma mère ont alors décidé d'aider leur neveu et de rassembler l'argent nécessaire : on a fait circuler l'escarcelle familiale. Entre-temps, il a dû donner un coup de collier et passer les examens en externe. Il a reçu son attestation de fin d'études secondaires un an avant les garçons de sa classe.

Une vie se terminait, et une autre allait commencer. Mais pas du tout celle dont tout le monde avait rêvé. Le 1er septembre 1939, l'Allemagne a envahi la Pologne.

Milka : Vous ne pouvez pas manger et parler en même temps ?

Avigdor : Mais j'ai déjà tout mangé !

Milka : Toi, oui, mais l'assiette d'Ewa est encore pleine !

Ewa : Parlez-moi de vos retrouvailles, après tout ce temps. Cela faisait combien d'années que vous ne vous étiez pas vus ?

Avigdor : Dix-huit ans. De 1941 à 1959. Nos retrouvailles... Je suis arrivé sur le port tôt le matin. J'avais fait exprès de venir tout seul. Milka était sur le point d'accoucher de Noémi, et Shulamita était toute petite. Ruth avait demandé à m'accompagner, mais je l'avais chargée de veiller sur sa mère. C'est l'aînée, elle avait huit ans. En fait, je voulais que notre première entrevue se passe en tête à tête. Pour être franc, je n'étais pas très sûr de moi, j'avais peur de fondre en larmes... Il y avait longtemps qu'on s'écrivait, depuis 1946, et on s'était raconté beaucoup de choses dans nos lettres. Au début, mon frère ne savait même pas que nos parents avaient péri dès 1943. Bien des détails me paraissaient bizarres : pourquoi ne s'était-il pas mis à leur recherche tout de suite, dès son arrivée en Pologne ? Je ne comprends pas. Bien sûr, il pensait qu'ils n'étaient plus de ce monde et que s'ils l'étaient encore, ils allaient essayer de le détourner de son catholicisme. Or sa décision était prise. Et il n'a même pas essayé de les retrouver. Drôle de raisonnement ! Même moi, il ne s'est mis à ma recherche qu'au bout d'un an. À ce moment-là, un de nos amis avait déjà appris où il se trouvait et avait essayé de le faire sortir de là. Cela n'avait pas marché. Ensuite... Je ne suis pas allé en Pologne. Je ne voulais pas. Quant à lui, il ne pouvait tout simplement pas me rendre visite en Israël. Être moine, c'est pire qu'être soldat ! Les soldats ont des permissions, au moins, et leur service se termine un jour. Mais Daniel, son service n'avait pas de fin... Il courait, il courait avec sa croix... Je préfère ne pas y penser ! Je te montrerai le cimetière après, c'est toute une histoire.

Bon, alors j'étais là, à attendre le bateau. Il n'y avait pas beaucoup de monde, en ce temps-là, les Juifs arrivaient déjà par avion. Rares étaient ceux qui venaient par la mer.

Le bateau en provenance de Naples a accosté. Parmi les gens qui attendaient, j'avais remarqué un homme en soutane. J'avais tout de suite deviné que c'était mon frère qu'il venait chercher. On a enfin baissé la passerelle, et les gens sont descendus, des touristes, évidemment. Je ne le voyais toujours pas. Et puis il est apparu : mon frère ! En soutane. Avec une croix. Oh, je m'y attendais, cela faisait treize ans que je savais qu'il était moine. Mais tout de même, je n'y croyais pas. Il ne m'a pas vu tout de suite. Il scrutait la foule. Le moine s'est dirigé vers lui et je me suis précipité pour le devancer. Mon frère s'est approché du moine, ils se sont dit quelque chose, puis il s'est tourné vers moi : « Je vais passer la nuit chez toi, et j'irai au monastère demain ! » a-t-il dit.

Nous nous sommes embrassés... Ah ! La voix du sang ! Et cette odeur familière... C'était toujours la même ! Il portait une petite barbe, je ne l'avais jamais vu comme ça. Quand nous nous étions quittés, il avait dix-neuf ans, et maintenant c'était un adulte, un homme. Et puis j'ai eu l'impression qu'il était devenu très beau. Pourquoi tu ris, Ewa ? J'ai fondu en larmes, bien sûr. Je me suis dit : « Heureusement que je n'ai pas emmené ma femme ! Non, mais quel idiot ! Il peut bien être tout ce qu'il veut, prêtre ou un démon, qu'est-ce que j'en ai à faire ? L'essentiel, c'est que nous ayons survécu ! »

On est montés en voiture et on est partis. Il déchiffrait chaque panneau en s'exclamant. À un carrefour, il y avait un panneau indiquant Akko, et un autre Megiddo[1]. Il m'a dit : « Mon Dieu, mais où suis-je tombé ? Armageddon, 35 kilomètres... Tu te rends compte ? » Je lui ai répondu : « Je me rends parfaitement compte, Dieter. Milka a une amie qui y habite, on ira lui rendre visite. » Il a ri. « Megiddo ! Ce mot ne veut rien dire dans aucune langue, sauf en hébreu. Si on y allait ? »

Mais j'avais déjà rassemblé mes esprits, j'ai protesté : « Ah non ! Toute la famille t'attend à la maison, ça fait deux jours que Milka est à ses fourneaux ! » Il est resté un instant silencieux, puis il a dit : « Tu ne réalises pas ce que tu viens de dire... Tu as dit que la famille m'attendait... Je n'ai jamais pensé que je pouvais avoir une famille ! — Ah bon ? Et nous alors ? On est qui ? Tu n'as pas d'autre famille, c'est toi qui n'as pas voulu ! » Il a ri. « Bon, bon, d'accord ! Allons voir à quoi elle ressemble, cette famille ! »

Ce jour-là, je ne l'ai emmené nulle part, nous sommes allés directement chez moi. À l'époque, on n'habitait pas la maison où nous sommes aujourd'hui. Sur ce même terrain, il y avait une petite baraque sans aucun confort. Elle existe encore, elle nous sert de remise, juste derrière la maison. Tous nos enfants

1. Akko : Saint-Jean-d'Acre. Megiddo (Armageddon), à une vingtaine de kilomètres au sud de Nazareth. D'après l'Apocalypse, c'est là qu'aura lieu le dernier combat entre le Bien et le Mal.

ont grandi là. Dans les années cinquante, les affaires de la coopérative ne marchaient pas très bien, cela n'a commencé à démarrer vraiment qu'au début des années soixante. On avait l'une des meilleures coopératives de tout Israël...

Nous sommes arrivés à la maison. Milka et les enfants se sont précipités à sa rencontre, et notre petite fille lui a offert des fleurs. Qu'est-ce qu'on peut trouver ici en juillet ? Tout avait brûlé depuis longtemps. Le matin, Shlomo, notre voisin, était allé à seize kilomètres de là, chez un horticulteur. Il avait rapporté des tulipes, c'est notre fleur nationale. À ton avis, dans la Bible, c'est quoi, la fleur que le roi David chante dans son cantique ? Mes filles lui ont sauté au cou, et j'ai vu que tout se passait bien. Bon, il portait une croix, c'était bizarre, bien sûr, mais je pouvais supporter ça. À Akiva, on nous avait inculqué des notions de tolérance. Cela faisait des années que je vivais avec des Arabes, et eux aussi, ils sont chrétiens. Tu sais, ici, parmi les Arabes, il y a davantage de chrétiens que de musulmans. Maintenant, nos relations sont devenues tendues, mais avant, on avait beaucoup d'ouvriers arabes. Un petit Arabe, Ali, a même vécu chez nous, il était plus âgé que nos enfants. Il a quitté la région à présent...

Figure-toi qu'il est entré dans la maison en disant *Shalom*. Il s'est approché de la table, et il a prononcé une bénédiction en hébreu. Pas de signe de croix, rien de tout ça... Moi, je ne pensais qu'à une seule chose : ne pas fondre en larmes. Milka est sortie de la cuisine avec la soupière, et là, c'est Daniel qui a fondu en larmes. Alors du coup, j'ai pleuré, moi aussi. Puisque mon grand frère pleurait, je pouvais bien me le permettre, non ? Il n'avait pas changé du tout. Maintenant, au bout de tout ce temps, je peux vraiment le dire : il n'avait absolument pas changé.

Tu comprends, moi, je suis athée. La religion, Dieu, ça ne m'a jamais intéressé. Ni toutes ces discussions sur son existence. Certains ont des preuves qu'il existe, d'autres qu'il n'existe pas. Pour moi, les six millions de Juifs ensevelis dans la terre sont la principale preuve qu'il n'y a aucun dieu. Bon, admettons que c'est l'affaire personnelle de chacun, ce qu'il en pense. Mais mon frère, s'il avait tellement besoin d'un dieu, pourquoi est-il allé chercher celui des chrétiens ? D'ailleurs, ils en ont combien ? Un ? Deux ? Quatre ? Quitte à choisir, pour un Juif, il est logique de choisir le dieu juif. Mais franchement, si on pense à ce qui s'est passé, je ne vois pas très bien où est la différence entre Dieu et le diable.

Ah, mon frère ! C'était un homme extraordinaire ! Un juste. À propos, au début, il se promenait en soutane et puis après, il l'a enlevée, il s'habillait comme tout le monde. Il adorait porter mes vieux vêtements. Il n'aimait pas les vêtements neufs. Quand on lui en donnait, il en faisait toujours cadeau à quelqu'un. Tiens, regarde, c'est notre dernière photo. Un an avant sa mort. C'est ma fille aînée qui l'a prise. Non, ça, c'est moi, et là, c'est lui. On se ressemble, bien sûr, mais il y a une différence. Une très grande différence ! Assieds-toi, Milka va apporter le *strudel*.

Ewa : Et vos enfants, quels étaient leurs rapports avec un oncle aussi bizarre ?

Avigdor : Ils l'adoraient. Daniel jouait avec eux, il faisait le cheval, l'éléphant, le chien. Nous en avions quatre, alors le travail, les soucis... Tu comprends bien qu'on ne jouait pas beaucoup avec eux, et quand Daniel venait, c'était une fête pour eux. Lorsqu'il leur arrivait quelque chose d'important, ils allaient tout de suite le trouver, Milka en était même un peu vexée !

Milka : Absolument pas ! Je n'étais pas vexée du tout. Quand il y a eu cette histoire avec Alon, je lui ai même été reconnaissante.

Ewa : Quelle histoire ?

Avigdor : Milka, va chercher les lettres, je voudrais les montrer à Ewa. Alon, c'est notre petit dernier. Il a toujours eu un sacré caractère. À seize ans, il avait décidé de quitter la maison pour s'installer chez sa sœur. On a eu un mal fou à le faire revenir. Ensuite, il est parti faire ses études dans un endroit tellement spécial qu'on n'entend presque plus parler de lui. Cela fait quatre ans qu'on ne l'a pas vu. On ne sait pas où il vit ni ce qu'il fait. Juste qu'il est à l'étranger. Qu'il est vivant. Et que s'il meurt, on en sera informés par le ministère. Tiens, regarde, lis ça. Oui, oui, maintenant ! Je ne vais pas te laisser partir avec...

9. 1981, HAÏFA
Daniel à Alon

Je te félicite, mon cher Alon ! Tu as seize ans, et tu viens d'accomplir ton premier acte d'adulte : tu es parti de chez tes parents pour aller chez ta sœur. C'est une chose que tout le monde fait tôt ou tard, de quitter ses parents. Mais toi, tu l'as fait d'une manière particulière — non parce que tu t'es marié et que tu as décidé de fonder ta propre famille, ni pour faire des études ou travailler. Tu es parti parce que tes parents ne te comprennent pas et que, de façon générale, leurs idées ne sont pas à ton goût. Dans quelle situation as-tu mis ta sœur ? Elle t'aime, et elle va t'accueillir, évidemment, mais elle est mal à l'aise vis-à-vis de vos parents. C'est comme si elle t'approuvait.

Tu as raison, tu sais. Il est difficile de vivre dans une famille qui ne vous comprend pas. Mais l'ennui, mon cher Alon, c'est que c'est réciproque : s'ils ne te comprennent pas, toi non plus, tu ne les comprends pas. De façon générale, la compréhension pose de grands problèmes dans le monde : en gros, personne ne comprend personne. Je dirais même que, très souvent, les gens ne se comprennent pas eux-mêmes. Toi, par exemple, pourquoi as-tu dit à ta mère que la seule chose qu'elle était capable de comprendre, c'étaient les poulets de sa ferme ? Pourquoi as-tu dit à ton père que sa compréhension de la vie se situait à un niveau mécanique, qu'elle se limitait à la structure d'un carburateur et d'une boîte de transmission ? Comment peut-on dire des âneries pareilles ? Oui, Milka comprend ses poulets ! Elle sent de quoi ils ont besoin ! Quand il y a eu une épidémie et que tous les poulets des environs sont morts, les siens sont restés en vie. Pendant des siècles, on a considéré que seule la sorcellerie pouvait protéger les animaux de tels fléaux, et ta mère, rien que par sa faculté de compréhension, a sauvé ses cinq mille poulets. Une compréhension comme la sienne, c'est un don très rare !

Les carburateurs et les boîtes de vitesse ? Mais ce sont des mécanismes compliqués, et ton père les comprend à fond, il a même inventé plein de petits objets mécaniques, toutes ces drôles de machines qu'il accroche à ses tracteurs. S'il était un peu commerçant et avait su vendre ses inventions, cela fait belle lurette qu'il serait riche ! Il a un esprit technique d'une grande subtilité, et toi, tu as l'air de trouver que ce n'est pas important, que cela ne vaut rien ! C'est justement ce genre de compréhension qui relie l'homme au monde végétal et animal, et même au cosmos. C'est une compréhension d'un ordre supérieur, et non inférieur !

Pour être franc, tu touches un point sensible chez moi, j'y ai réfléchi toute ma vie : pourquoi le monde est-il rempli d'incompréhension ? À tous les niveaux ! Les vieux ne comprennent pas les jeunes, les jeunes ne comprennent pas les vieux, les voisins ne se comprennent pas entre eux, les enseignants ne comprennent pas leurs élèves ni chefs leurs subordonnés, les États ne comprennent pas leurs peuples, et les peuples ne comprennent pas leurs dirigeants. Il n'y a pas de compréhension entre les classes. C'est Marx qui a inventé que les unes devaient obligatoirement haïr les autres, en réalité, elles ne se comprennent pas. Et cela, même dans le cas où les gens parlent la même langue. Alors quand ils parlent des langues différentes ! Comment un peuple peut-il en comprendre un autre ? Et les gens se haïssent parce qu'ils ne se comprennent pas. Je ne vais pas te donner d'exemples, ce n'est pas cela qui manque !

L'homme ne comprend pas la nature (ta mère constitue une rare exception, elle comprend ses poulets !), il n'entend pas la langue dans laquelle elle lui montre de façon on ne peut plus claire qu'il cause du mal à la terre, qu'il la fait souffrir et qu'il est en passe de la détruire, tout simplement. Et surtout, surtout, l'homme ne comprend pas Dieu, ni ce qu'Il tente de lui inculquer à travers des textes archiconnus, à travers les miracles, les révélations, et les catastrophes naturelles qui s'abattent de temps à autre sur l'humanité.

Je ne sais pas pourquoi c'est comme ça. Peut-être parce que, pour l'homme moderne, le principal n'est pas de comprendre, mais de vaincre, de posséder, d'exploiter. Finalement, d'après la tradition, la séparation entre les langues s'est produite lorsque les hommes se sont rassemblés pour construire une tour allant jusqu'au ciel, autrement dit, ils n'avaient manifestement pas compris qu'ils s'étaient fixé une tâche illusoire, impossible et absurde...

Bon, où en étais-je ? Je te souhaite un bon anniversaire ! Si on se voyait ? Je t'ai préparé un petit cadeau. Appelle-moi à l'église, Hilda te dira où et quand me trouver. Ou bien fixe-moi un rendez-vous.

Ton oncle DANIEL

1983, HAÏFA
Daniel à Alon

Cher Alon,

Il y a deux ans, nous avons eu tous les deux une longue conversation sur l'incompréhension. Ce conflit familial avait alors été résolu très facilement et nous l'avons vite oublié. Cette fois, je te demande d'essayer de te mettre à la place de tes parents, surtout de ta mère, et de comprendre pourquoi ils n'arrivent pas à trouver en eux-mêmes la force de te soutenir, de se réjouir de ton choix et de ton admission dans cette école si spéciale qu'il est très difficile d'y entrer.

À ton âge, tous les trois, ton père, ta mère et moi, nous nous sommes retrouvés au cœur même d'une guerre abominable. Comme tu le sais, je suis devenu interprète à la Gestapo, ta mère a été agent de liaison dans le ghetto de Varsovie, et ton père a mis huit mois à gagner la Palestine en traversant un grand nombre de pays en proie à la guerre. Je voudrais te dire que, comme la prison et comme une grave maladie, la guerre est un immense malheur. Les gens souffrent, ils perdent des proches, ils perdent leurs bras, leurs jambes, et bien d'autres choses encore. Et, ce qui est le plus important, la guerre ne rend personne meilleur. N'écoute pas ceux qui te disent qu'elle forge le caractère et transforme les hommes dans le bon sens. Disons plutôt que les gens très bien ne deviennent pas moins bien, mais de façon générale, la guerre, comme la prison, fait perdre aux gens leur visage humain. Je te dis cela afin que tu comprennes pourquoi aucun d'entre nous n'a été ravi de te voir intégrer cette école spéciale où l'on forme non de simples militaires, mais des soldats d'un genre particulier, des espions ou des saboteurs, je ne sais pas comment appeler cela. Dans ma jeunesse, j'ai beaucoup fréquenté les militaires, toutes sortes de militaires, des Allemands, des Russes, des Polonais, et durant ces années, la seule chose qui m'a réjoui, c'est que j'étais interprète, que, quoi qu'on en dise, j'ai aidé des gens à s'entendre entre eux, et que je n'ai tiré sur personne.

Tes parents voulaient que tu aies une profession paisible, comme tu le souhaitais autrefois, ingénieur ou programmeur. Je les comprends. Mais je te comprends toi aussi, tu veux défendre ton pays. Israël ressemble à la Hollande : il y a là-bas une digue contenant la mer qui menace constamment de l'envahir, ou plutôt d'envahir les terres les plus basses, et chaque Hollandais, même les enfants, est prêt à boucher un trou de cette digue avec son doigt. C'est également ainsi qu'Israël existe, seulement ce n'est pas la mer, c'est l'immense monde arabe qui est prêt à déferler sur notre petit pays.

Tu t'attendais à ce que tes parents soient contents de ton admission dans cette école, mais ils en sont plutôt navrés. Parce qu'ils t'aiment beaucoup et qu'ils craignent pour ta vie.

En ce qui me concerne, Alon, je ferai ce que j'ai à faire : je prierai pour toi.

Je te salue !

Ton oncle DANIEL

1983, DÉSERT DU NÉGUEV

Alon à Daniel

Inscription sur une carte postale représentant le Néguev.

Mon oncle,

Je n'ai rien contre le fait que tu pries pour moi, mais ne t'y sens pas obligé. Étant donné que beaucoup de gens prétendent à tes prières, tu peux me mettre en fin de liste.

Ton neveu ALON

1983

Daniel à Alon

Inscription sur une carte postale représentant le plateau du Golan.

Alon !
Je t'ai mis en dernier, après le chat.

Ton oncle DANIEL

10. NOVEMBRE 1990, FRIBOURG

Extrait des entretiens du frère Daniel Stein avec des lycéens

Je suis né dans le sud de la Pologne et jusqu'à l'âge de dix-sept
ans, je ne me suis pas éloigné à plus de quarante kilomètres de
chez moi. En revanche, mon premier voyage, un voyage contraint
et forcé, a duré plusieurs années, il a débuté le jour de l'invasion
de la Pologne par les armées allemandes. Je vais vous raconter ces
pérégrinations. Elles ont représenté pour moi à peu près la même
chose que pour le peuple juif ses quarante années d'errance à travers le désert. J'ai quitté la Pologne au début du mois de septembre 1939, et je suis rentré en 1945. J'étais un enfant quand je
suis parti, et un homme adulte quand je suis revenu. Pendant la
guerre, sans faire de grands déplacements, je me suis retrouvé
d'abord en Ukraine occidentale, qui avait été jusque-là la Pologne
orientale et qui est devenue par la suite une région de l'URSS,
puis en Lituanie, une Lituanie indépendante qui allait être occupée
par les Russes puis par les Allemands, et enfin en Biélorussie, un
pays qui avait fait autrefois partie de la Pologne et qui a été lui
aussi occupé par les Allemands.

La bourgade du sud de la Pologne où je suis né n'est ni une
ville ni un village. Les habitants étaient des Polonais et des Juifs.
Le lendemain du début de la guerre, c'était la panique totale.

Il n'y avait qu'une centaine de kilomètres jusqu'à la frontière avec la Tchéquie et de l'autre côté, l'armée allemande approchait à toute allure. Une foule énorme de gens est alors partie en direction du nord. Notre famille a rassemblé ses affaires en catastrophe et les a chargées sur une charrette. Nous n'avions pas de chevaux. C'étaient mon frère et moi qui la tirions, et mon père poussait. Mes parents étaient âgés, en plus, ma mère était malade et nous l'avions installée dans la charrette, elle aussi. La vitesse à laquelle nous progressions était ridicule. Au bout de quelques kilomètres, nous avons été rattrapés par des cousins, et nous avons transporté nos affaires dans leur carriole tirée par des chevaux. Nous n'avons pris que le strict nécessaire.

J'ai encore cette image devant les yeux : une route couverte de voitures et une foule de gens à pied qui avançaient, la mort dans l'âme. On fuyait devant les Allemands, mais sans savoir où on allait. Vers le nord, vers l'est... Mon père, surtout, était très abattu. Il aurait préféré rester. Il avait servi dans l'armée autrichienne pendant la Première Guerre mondiale, et ses deux médailles se trouvaient dans la poche intérieure de son veston, enveloppées dans un mouchoir. Son uniforme fétiche, qu'il avait conservé pendant vingt ans dans une armoire, était resté parmi les affaires abandonnées sur la charrette. Il se taisait, l'air sombre, comme toujours quand il lui fallait se soumettre aux décisions de ma mère. C'était elle qui avait insisté pour fuir. Son plan était de parvenir à Cracovie, et ensuite d'aller vers l'est. Cette idée ne plaisait pas à notre père, il aurait préféré rester sous l'occupation allemande.

Les souvenirs que j'ai gardés de cette semaine sont surtout liés aux chevaux dont il fallait constamment s'occuper. Même pour l'eau, il y avait des problèmes. Les puits le long de la route étaient à sec, et les gens faisaient la queue pour faire boire les bêtes dans les ruisseaux que l'on rencontrait en chemin. On ne pouvait acheter de foin nulle part, et la vue de nos canassons épuisés me déchirait le cœur. Ces chevaux de labour n'avaient rien à voir avec les grands pur-sang bien soignés sur lesquels nous nous exercions dans le manège du régiment de cavalerie. Lorsque nous sommes arrivés à Cracovie, je les ai dételés et je leur ai dit adieu. Nous les avons laissés sur place, dans la rue, non loin de la gare, dans l'espoir qu'ils seraient recueillis par de bonnes âmes.

Il était très difficile de monter dans un train. Nous avons passé quarante-huit heures à la gare avant de réussir à grimper dans un wagon de marchandises. C'est le dernier train qui a quitté Cracovie, la gare a été bombardée quelques heures plus tard. Notre convoi, lui, a été bombardé deux jours après. Il n'a pas été touché mais les voies ont été détruites, et nous avons continué à pied. Je pense que nous n'avions pas fait plus de deux cents kilomètres. On ne voyait quasiment pas la population locale, les villages étaient abandonnés et beaucoup avaient été détruits.

Une foule interminable de réfugiés (on se demandait comment un seul train avait pu contenir autant de gens) s'étirait le long d'une route de campagne défoncée. Au bout de quelques heures, nous avons appris que la ville de V., vers laquelle nous nous dirigions, était déjà prise par les Allemands. Nous n'avions pas réussi à distancer l'armée allemande qui avançait toujours. Mon père marmonnait : « Je l'avais bien dit... Je l'avais bien dit... »

Nous avons décidé de contourner la ville : il n'y avait pas d'Allemands dans les villages, ils occupaient uniquement les grandes agglomérations. Nous avons quitté la route et nous avons fait halte dans un petit bois. Mon frère et moi, nous étions des randonneurs expérimentés (à Akiva, on nous avait préparés à conquérir de nouvelles terres). Nous avons installé un petit abri pour que nos parents puissent se reposer, nous avons allumé un feu et nous avons fait cuire nos dernières réserves de céréales.

Pendant que nous préparions à manger, nos parents ont dormi un peu, puis ils se sont réveillés et nous les avons entendus discuter à voix basse. Notre père disait : « Bien sûr, bien sûr, tu as raison... »

Maman a sorti d'un sac quatre cuillères en argent, le cadeau de mariage d'une tante, elle les a frottées avec son mouchoir et en a donné une à chacun de nous. Nous nous sommes assis par terre et nous avons mangé notre gruau avec des cuillères en argent dans des gamelles couvertes de suie. Cela a été notre dernier repas en famille. Une fois notre dîner terminé, maman a déclaré que le moment était venu de nous séparer. Ils étaient trop vieux pour continuer avec nous.

« Nous serons un fardeau pour vous, et nous avons pris la décision de rentrer à la maison.

— Les Allemands ne nous feront aucun mal, a ajouté mon

père. J'ai servi dans l'armée autrichienne, ils en tiendront compte. Ne vous inquiétez pas pour nous.

— Vous, essayez d'arriver jusqu'en Palestine, a dit ma mère. C'est ce qu'il y a de mieux à faire. Ici, vous serez sûrement obligés de travailler pour eux, ou bien ils inventeront quelque chose d'encore pire. »

Le bruit courait à ce moment-là que les Allemands allaient forcer les jeunes de la région à marcher devant les blindés pendant les offensives.

Mes parents étaient là, debout l'un à côté de l'autre, ils avaient l'air si petits, si vieux... Mais quelle dignité ! Pas une larme, pas une lamentation.

« Promettez-moi seulement de ne jamais vous séparer, quoi qu'il arrive ! » a ajouté ma mère.

Puis elle a soigneusement lavé les quatre cuillères dans un reste d'eau, elle en a sorti deux autres de son sac, les a frottées encore une fois avec son mouchoir, et les a contemplées. Elle aimait ces cuillères, elles la confortaient dans l'estime qu'elle avait d'elle-même.

« Prenez-les. Même dans les pires moments, on peut toujours échanger une cuillère en argent contre une miche de pain... »

Notre père a sorti solennellement son portefeuille. Lui aussi, comme maman, aimait les objets de bonne qualité, au-dessus de ses moyens. Il nous a donné de l'argent. Je pense que c'était tout ce qui leur restait. Puis il a enlevé sa montre et me l'a mise au poignet.

Plus tard, je me suis demandé pourquoi nous leur avions obéi aussi docilement. Nous étions déjà de grands garçons, j'avais dix-sept ans, mon frère quinze, et nous les aimions beaucoup. Je pense que nous avions l'habitude de nous soumettre, il ne nous venait pas à l'idée que l'on pouvait ne pas leur obéir, agir autrement.

Nous avons quitté nos parents le 11 septembre 1939. Quand ils sont repartis sur la route dans la direction d'où nous étions venus, je me suis allongé sur l'herbe et j'ai pleuré longtemps. Puis nous avons rassemblé nos affaires, mon frère et moi, j'ai enfilé le sac à dos (nous en avions un pour deux), il a pris le baluchon, et nous sommes partis en tournant le dos au soleil.

Nous avons erré sur les routes pendant quelques jours, nous

dormions dans les bois, nous n'avions rien à manger et nous contournions les villages car nous avions peur de tout le monde. Finalement, nous avons compris qu'il fallait trouver du travail. Nous avons été hébergés par une famille de paysans ukrainiens qui nous a engagés pour récolter des pommes de terre. Nous avons travaillé dans les champs pendant une semaine, pas pour de l'argent, pour le gîte et le couvert. Mais quand nous sommes partis, la fermière nous a donné quelques provisions, et nous nous sommes remis en marche en direction de l'est. Nous n'avions aucun plan, nous savions juste qu'il fallait fuir les Allemands.

Le lendemain, nous avons rencontré des soldats. C'étaient des Russes. Nous nous sommes alors rendu compte que nous étions sortis de la zone d'occupation allemande. Cela a été une surprise totale. À l'époque, nous ne comprenions rien à la politique. Aujourd'hui encore, je n'y comprends pas grand-chose. Nous étions au courant du pacte de non-agression entre l'Allemagne et l'URSS, mais nous ne connaissions pas la clause secrète de cet accord qui prévoyait le partage de l'Europe orientale, et selon laquelle la Lettonie, l'Estonie, la Pologne orientale (c'est-à-dire l'Ukraine occidentale et la Biélorussie occidentale), ainsi que la Bessarabie, avaient été cédées à la Russie, tandis que la Pologne occidentale et la Lituanie revenaient à l'Allemagne. Conformément à ce document, Lvov était devenue russe. Nous ne savions pas non plus que la Pologne avait capitulé et que la Russie, selon les accords entre Staline et Hitler, avait repoussé ses frontières, annexant de nouveau le territoire qu'elle avait obtenu jadis à la suite du partage de la Pologne en 1795.

Nous sommes allés à pied jusqu'à Lvov. Nous avons été émerveillés par cette ville : nous n'en avions jamais vu d'aussi grande, avec des immeubles aussi beaux et des rues aussi larges. Nous sommes arrivés sur la place du marché. Là, nous avons eu beaucoup de chance, nous sommes tombés sur Aaron Schtam, un ami et un membre d'Akiva. Il était plus âgé que nous, lui aussi faisait partie de ces garçons qui rêvaient d'aller en Palestine. Nous avons découvert que beaucoup de membres d'Akiva s'étaient retrouvés ici. Maintenant, ils espéraient réussir à gagner un des pays neutres à partir desquels il était encore possible de se rendre en Palestine. La Lituanie était toujours un État neutre, et nous avons décidé d'aller à Wilno. Mais cela allait prendre du temps : les leaders sionistes devaient d'abord organiser des points de transfert vers la Palestine, ce qui était très compliqué étant donné la guerre qui sévissait en Europe. On cherchait des chemins détournés et des itinéraires sans danger.

Tout un groupe de jeunes est donc resté à Lvov.

Nous avons aussitôt entrepris de chercher du travail. Des occasions de gagner un peu d'argent se présentaient de temps en temps. Mon frère avait plus de chance que moi, il trouvait des petits boulots tantôt dans un hôtel, tantôt dans une boulangerie. Maman avait raison : j'ai échangé une de ses cuillères en argent contre une miche de pain de campagne.

La situation était très compliquée à Lvov. À l'époque, elle nous paraissait tout simplement cauchemardesque car la ville était submergée de réfugiés venant de Pologne, surtout des Juifs. Par la suite, après toutes les tribulations de la guerre, la vie à Lvov ne nous paraissait plus si affreuse que cela : on ne se faisait pas arrêter dans la rue ni envoyer en prison ni fusiller...

Nous arrivions à vivoter tant bien que mal. Nous avions loué à cinq un baraquement en dehors de la ville, à Janov, non loin du cimetière juif. Le soir, nous nous retrouvions tous ensemble, nous rêvions à l'avenir, nous chantions des chansons. Nous étions très jeunes, nous manquions d'expérience et d'imagination pour prévoir ce qui nous attendait.

L'hiver a été précoce. Dès le mois de novembre, tout a été recouvert de neige. Les membres d'Akiva se sont alors divisés en petits groupes pour passer la frontière qui, à ce moment-là, séparait la Russie de la Lituanie. Au début, la surveillance n'était pas très stricte, mais l'hiver venu, la situation a changé et les gardes-frontières sont devenus féroces. Nos groupes étaient interceptés, plusieurs de mes camarades ont été arrêtés et envoyés en Sibérie.

J'étais à la tête d'un groupe qui devait franchir la frontière dans la région de la ville de Lida. Nous sommes arrivés là-bas en train et nous avons été accueillis par un passeur qui avait promis de nous faire traverser la frontière pendant la nuit. Nous avons marché à travers une forêt, hors des sentiers, en enfonçant dans la neige jusqu'aux genoux, nous étions complètement gelés car nous n'avions pas de vêtements chauds. Alors que nous étions à bout de forces et que nous avions l'impression d'avoir déjà franchi la frontière, nous avons été arrêtés et enfermés dans une petite prison locale. Nous n'avons été relâchés qu'au matin, après avoir donné tout notre argent. Le même passeur nous a retrouvés et, cette fois, il nous a fait passer la frontière par un sentier, sans la moindre complication. Par la suite, on m'a dit que c'était une ruse du passeur qui faisait ainsi gagner de l'argent à ses copains de la police locale. C'était un homme honnête à sa façon, il aurait très bien pu disparaître... Les cuillères de famille en argent qui me restaient sont passées aux mains des policiers. Bref, nous avons eu de la chance.

Mon frère aussi a eu de la chance : il a franchi la frontière avec un autre groupe, ils ont été arrêtés par des Lituaniens, mais quand ils ont vu leurs papiers polonais, ils les ont laissés partir : mon frère leur a dit qu'ils étaient des habitants de Wilno et comme ils ne savaient pas très bien lire, ils n'y ont vu que du feu.

Une fois en Lituanie, nous étions tout contents : il nous semblait qu'il n'y avait plus qu'un petit effort à faire pour gagner la Palestine. Nous étions heureux d'avoir réussi à quitter Lvov occupée par les Russes et de nous retrouver dans la ville lituanienne de Wilno. En fait, elle n'était lituanienne que d'un point de vue géographique, car plus de la moitié des habitants étaient des Juifs et des Polonais.

11. AOÛT 1986, PARIS
Paweł Kociński à Ewa Manoukian

Ma chère petite Ewa,

Ton refus de lire mon livre m'a laissé terriblement perplexe : au début, j'ai été un peu vexé, puis j'ai compris que tu fais partie des gens qui ne souhaitent pas connaître le passé afin de préserver leur équilibre dans le présent. J'ai déjà rencontré des gens comme ça. Mais si nous acceptons de rayer le passé de notre mémoire et de protéger celle de nos enfants des horreurs de ces années-là, nous serons coupables devant l'avenir. L'expérience de la Shoah doit pénétrer dans nos consciences, ne serait-ce qu'en souvenir de ceux qui ont péri. Les idéologies de masse affranchissent les gens des règles morales. Dans ma jeunesse, j'ai été moi-même porteur d'une idéologie de ce genre et plus tard, quand je me suis retrouvé dans un territoire occupé par les fascistes, j'en ai été la victime.

À cette époque, je faisais de la résistance dans les Carpates, et ta mère en Biélorussie. Je ne savais pas encore qu'une idéologie qui se place au-dessus de la morale devient forcément criminelle.

Après la guerre, j'ai recueilli l'histoire d'un pays qui n'a jamais figuré sur la carte de l'Europe, autrement dit, qui n'avait pas de frontières formelles : le Yiddishland. Le pays des gens qui parlaient le yiddish. J'ai rassemblé des documents concernant l'histoire de la résistance juive sur les territoires du Yiddishland — la Pologne, la Biélorussie, l'Ukraine, la Lituanie et la Lettonie. J'ai fait paraître tout cela dans diverses publications historiques. Ma thèse de doctorat, elle, était consacrée à l'histoire du mouvement ouvrier — il faut dire que je vivais dans la Pologne de l'après-guerre. Mais le livre dont je parle n'est pas un essai universitaire, ce sont mes souvenirs de ces années-là, et des témoignages de gens que j'ai connus personnellement.

Nous, les rares survivants de ce continent ravagé, nous nous connaissons tous sinon par nos prénoms, du moins par nos noms de famille. Ta mère et moi, nous sommes des amis d'enfance, nous sommes nés dans le même immeuble de cette rue Krochmalna célèbre dans le monde entier grâce à Janusz Korczak. Crois-moi, le nom de ta mère sera inscrit en lettres d'or dans l'histoire de notre temps.

Je ne peux pas t'obliger à lire tout mon livre, mais j'ai fait pour toi des photocopies de quelques pages que j'ai eu autrefois le plus grand mal à me procurer dans des archives. Il y est question d'événements qui se sont produits peu de temps avant ta naissance. Toi-même, tu t'es plainte un jour que ta mère ne voulait rien te raconter. Tu es sans pitié envers Rita, mais tu ignores ce qu'elle a dû subir. Je veux que tu le saches.

Je t'embrasse.

Bien à toi.

PAWEŁ

63

1956, LVOV

Photocopie de documents tirés des archives du NKVD

Cartothèque centrale, n° 4984.

DÉCRET N° 01/1 CONCERNANT
LA PRISON MUNICIPALE
DE LA VILLE DE LVOV (BRYGIDKI)
daté du 5 octobre 1939

Libérer tous les détenus condamnés selon des articles politiques et membres de partis et d'organisations socialistes polonais. Ci-joint une liste de 19 personnes.

A.M. RAKITINE, capitaine du NKVD
remplissant les fonctions
de directeur de la prison
Signature

AUTOBIOGRAPHIE

Moi, Rita Kowacz (Dvoïre Brinn), je suis née le 2 septembre 1908 à Varsovie dans une famille pauvre, de parents juifs. En 1925, je suis entrée à l'école supérieure de Mucha-Skoczewska pour y recevoir une formation d'éducatrice. Malheureusement, de nombreuses arrestations et peines de prison m'ont empêchée de mener à bien ces études.

En 1924, alors que j'étais dans cette école, je suis devenue membre de l'organisation de la jeunesse révolutionnaire *Grins*.

En 1926, je suis entrée au KSM (le komsomol polonais) et j'ai organisé un cercle d'instruction dans un hôpital de Varsovie.

En 1927, je suis devenue secrétaire du comité régional de Wola, un faubourg de Varsovie. Ayant été cooptée pour le poste de secrétaire de la cellule de la jeunesse, je participais aux réunions du Parti communiste polonais. Au moment des différends entre bolcheviks et mencheviks, j'ai soutenu les mencheviks.

En mars 1928, j'ai été arrêtée au cours d'une manifestation

d'ouvriers de l'usine Pocisk et condamnée à deux ans de prison. J'ai purgé ma peine dans la prison Serbia, à Varsovie, et dans une prison de la ville de Łomża.

J'ai été libérée en mars 1930. J'ai rejoint le comité régional du KSM, et je suis devenue secrétaire de la section anti-guerre.

En octobre 1930, j'ai déménagé à Lodz et j'ai fondé un cercle d'instruction dans un hôpital. À Lodz, j'étais secrétaire du comité régional et membre du comité de la province.

En janvier 1931, j'ai été de nouveau arrêtée et condamnée à une peine de trois ans. Je l'ai purgée dans une prison de la ville de Sieradz, où j'étais secrétaire de l'organisation communiste de la prison. Après ma libération en 1934, je suis devenue fonctionnaire du Parti en tant que secrétaire d'abord du comité de Czestochowa, puis de celui de Lodz.

En novembre 1934, j'ai été arrêtée, puis libérée au bout de deux mois.

En janvier 1935, je suis entrée au KPZOU (Parti communiste d'Ukraine occidentale). Je suis devenue secrétaire du KSM de Lvov et des régions avoisinantes (Drohobycz, Stanislav et Stryï).

En septembre 1936, j'ai été de nouveau arrêtée et condamnée à une peine de dix ans. En novembre 1936, j'ai accouché de mon fils Witold dans la prison de Brygidki.

En avril 1937, j'ai été transférée avec mon fils dans la prison de Fordon, près de Varsovie. Dans ces deux prisons, j'étais à la tête de l'organisation communiste.

En janvier 1939, j'ai été de nouveau transférée dans la prison de Brygidki à Lvov, et j'ai été libérée à l'arrivée de l'armée soviétique.

RITA KOWACZ

REQUÊTE ADRESSÉE À L'ORGANISATION
DU PARTI DE LA VILLE DE LVOV
PAR RITA KOWACZ

Compte tenu de la libération de la Pologne orientale et du transfert de ce territoire à l'URSS, et supposant que ses habitants acquièrent automatiquement la citoyenneté soviétique, moi, Rita

Kowacz, membre du KSM (komsomol polonais) depuis 1926, je demande à être admise dans le Parti communiste soviétique.

le 5 octobre 1939
Signature

Ci-joint une liste de personnes prêtes à confirmer mes affirmations et à me recommander en tant que vieux camarades du Parti :
1. Antek Wózek (Svinoboï)
2. Antek Elster
3. Marian Maszkowski
4. Julia Rustiger
5. Paweł Kociński

12. 1986, BOSTON
Extrait du journal d'Ewa Manoukian

En racontant mon enfance à Esther, j'ai eu la surprise de découvrir certaines choses sur moi-même. Esther est une personne étonnante : elle ne fait presque aucun commentaire, ne pose presque aucune question, mais sa présence est si compatissante et si intelligente que j'ai l'impression de devenir moi-même plus intelligente et plus subtile.

Avec Gricha, c'est exactement le contraire : il m'est tellement supérieur sur le plan intellectuel qu'en sa présence je deviens muette et j'ai peur de dire des bêtises. En revanche, avec lui, je règne de façon absolue au lit parce que là, c'est sûr, je suis bien plus intelligente que lui !

Ce que j'ai découvert grâce à mes conversations avec Esther, c'est que mes souvenirs sont finalement bien plus profonds que je ne le pensais et qu'ils changent de valeur. Donc, les souvenirs ne sont pas des constantes. Ils sont variables et changeants. C'est hallucinant !

Maintenant, oublions le caractère changeant des souvenirs et venons-en aux faits. Au fond, je ne sais pas tant de choses que cela : d'après les documents, c'est sœur Elżbieta qui nous amenés au foyer d'accueil, mon frère et moi. Ce foyer avait été fondé par Wanda Wasilewska, une favorite de Staline, pour les enfants des Polonais massacrés par ce même Staline (aujourd'hui, presque personne ne se souvient du nom de cette communiste-écrivain polonaise). Sans cette Wanda, il n'y aurait rien eu, même si le foyer était officiellement parrainé par la Croix-Rouge internationale, et officieusement par l'Église catholique polonaise. J'ignore comment nous nous étions retrouvés chez cette Elżbieta. Je sais seulement que ce n'était pas notre mère qui nous avait conduits chez elle, mais une autre femme, et que cela s'était passé en 1943. Je n'avais pas encore trois mois, et Witek avait six ans. J'ignore également comment on nous avait fait passer la frontière. Soit officiellement, avec des papiers de la Croix-Rouge, soit clandestinement. La dernière hypothèse est peu probable — avec deux enfants juifs ! Quoique d'un autre côté, depuis la nuit des temps, les paysans de la région franchissent la frontière par des sentiers secrets, à travers les bois et les marais.

Ce foyer se trouvait à Zagorsk. Pourquoi avait-on choisi d'installer un foyer d'accueil polonais dans cette petite ville, ce Vatican russe qui s'appelait autrefois la laure de la Sainte-Trinité-Saint-Serge, je n'en sais rien. Et maintenant, il n'y a plus personne à qui le demander. Peut-être que certaines des religieuses qui s'occupaient de nous à l'époque sont en train de finir leur vie quelque part en Pologne. Car après la guerre, en 1946, ce foyer d'accueil a été rapatrié à Varsovie où il existe encore aujourd'hui, je crois. Il se trouve que j'y ai fait un second séjour dans les années cinquante, une fois revenue à Varsovie avec ma mère.

Mes premiers souvenirs d'enfance, ce sont d'énormes coupoles d'églises, des sifflets de locomotives, du pain blanc, du cacao, et une sorte de pâte sucrée — des cadeaux américains. C'était la Croix-Rouge qui nous approvisionnait, et les religieuses ne savaient pas voler. J'étais la plus petite, les filles jouaient avec moi et me portaient dans leurs bras. Et surtout, il y avait mon frère, le premier amour de ma vie. Il était très beau. C'est dommage qu'il ne reste aucune photo de lui. Avant ma rencontre avec Esther, il était la seule personne que j'aie jamais considérée comme mon aînée. Il est mort en 1953, à l'âge de seize ans.

Lorsque le foyer d'accueil a été rapatrié en Pologne en 1947, Witek et moi, ainsi que quelques autres enfants, nous avons été placés dans un orphelinat en Union soviétique. Personne ne nous réclamait. Notre mère était encore dans les camps, et nous n'avions pas de famille qui aurait pu faire des démarches pour nous recueillir. C'est une chance que nous nous soyons retrouvés ensemble, Witek et moi, que l'on ne nous ait pas séparés. Nous sommes restés à Zagorsk. Witek me parlait toujours polonais. En chuchotant. C'était notre langage secret. Le plus drôle, c'est que plus tard, lorsque je me suis retrouvée en Pologne, j'ai longtemps parlé en chuchotant. Mon frère me disait toujours : on finira par rentrer en Pologne, c'est sûr et certain ! Jamais je n'ai aimé personne autant que lui. Lui aussi, il m'aimait plus que tout au monde. Les dernières années, quand j'allais en classe, il m'accompagnait jusqu'à l'école des filles avant d'aller à son lycée de garçons, à deux pâtés de maisons de là. Je me souviens parfaitement de mon premier jour d'école : on nous avait distribué des robes d'uniforme marron et des tabliers blancs, et il me tenait par la main. Les autres petites filles étaient avec leur maman ou leur grand-mère, mais moi j'étais avec mon frère, et j'en éprouvais un sentiment de supériorité incompréhensible. J'étais tellement fière !

Outre le polonais, nous avions encore un autre secret que Witek m'avait révélé alors que nous étions déjà à l'orphelinat soviétique. Il m'avait dit que nous étions juifs. Tout en ajoutant que lui, il croyait dans le Dieu des catholiques. Je ne sais pas s'il était baptisé. Mais il me répétait qu'il fallait prier, que la Vierge Marie était notre protectrice, qu'elle s'occupait des orphelins. Alors je lui adressais des prières, mais son fils ne m'intéressait absolument pas. Je pense que c'étaient les religieuses qui avaient inculqué cela à mon frère. Quand il est mort, j'ai prié pour qu'il ressuscite, mais cela n'a pas marché. C'est à ce moment-là, après sa mort, que mes relations avec la Vierge Marie se sont gâtées. J'ai cessé de prier. Par la suite, elle m'est apparue en rêve. Rien de spécial, elle m'a caressé la tête, et nous nous sommes réconciliées.

Pendant toutes ces années, ma mère ne savait rien de nous. Elle ne savait pas que Witek était vivant, et elle n'a pas su qu'il était mort. Elle était dans la résistance, ensuite elle a fait la guerre, puis elle s'est retrouvée dans les camps staliniens, et on ne l'a relâchée qu'en 1954, un an après la mort de Staline. Et après celle de Witek.

Ma première rencontre avec ma mère a eu lieu dans un hôpital : j'avais attrapé la scarlatine et j'avais été hospitalisée à Moscou. Elle est entrée dans la chambre. Laide. Mal habillée. Sèche. Il ne m'est pas venu à l'esprit qu'en cet instant elle avait surtout peur de fondre en larmes. Mais moi, j'ai pleuré — de déception. Elle s'est occupée des formalités, et nous sommes parties pour la Pologne. Cela a été affreux. La pire horreur de ma vie. Elle n'éprouvait aucune affection pour moi, et moi, je l'ai tout simplement détestée. Je ne savais rien des circonstances dans lesquelles elle nous avait abandonnés. C'était une étrangère. Même physiquement, elle n'était guère différente des éducatrices surmenées et des nourrices bourrues que j'avais connues en Russie. Moi qui m'étais imaginé ma mère comme une blonde vêtue d'une robe en soie à épaulettes, avec des boucles claires retenues par une jolie barrette...

N'ayez pas peur, Esther, je ne suis pas folle. J'ai suivi une psychanalyse. J'étais juste une petite fille qui avait besoin d'une maman. D'une maman normale. Mais elle, elle ne parlait que de politique. Du communisme. Elle vénérait Staline, elle considérait — après toutes ses années dans les camps staliniens ! — que sa mort était un coup énorme pour toute l'humanité progressiste. C'était comme ça qu'elle disait : « l'humanité progressiste ».

À Varsovie, j'ai fait la connaissance de cette humanité progressiste — quelques camarades rescapés du temps de la clandestinité communiste. Le plus sympathique d'entre eux était Paweł Kociński. Nous avons gardé de bonnes relations jusqu'à aujourd'hui. Il est gentil, pour moi, c'est quelqu'un de la famille. Lui aussi, il avait fait la guerre dans un détachement de partisans juifs, dans les Carpates. Sur les trois cents personnes de ce détachement, seules deux avaient survécu. Quand Gomułka a commencé à chasser les Juifs en 1968, il a quitté le Parti de lui-même.

Même les camps et les prisons n'ont rien changé aux convictions de ma mère, et elle y a passé plus de dix ans, d'abord en Pologne, puis en Russie. Elle n'arrêtait pas de m'exposer ses idées, mais mon organisme possède une incroyable faculté de résistance à tout ce qu'elle dit : je ne l'entends pas.

J'ai vécu avec elle à Varsovie pendant un an. Elle n'arrivait pas à s'en sortir avec moi. Je me comportais de façon épouvantable. J'avais treize ans, l'âge le plus affreux. Alors elle m'a remise dans un foyer d'accueil, celui-là même qui se trouvait autrefois à Zagorsk et qui avait été rapatrié à Varsovie. Cette année a été une année particulière pour moi, j'allais à l'église avec les autres filles. Nous étions entourées de religieuses, calmes, sévères, rien que leur vue suffisait à étouffer dans l'œuf toute protestation, sans parler de rébellion. J'étais en guerre contre ma mère, mais je me soumettais docilement aux religieuses. Très vite, j'ai commencé à aller à la messe et je me suis fait baptiser. C'est moi qui l'ai voulu, personne ne m'y a forcée. Je l'ai sans doute fait en partie par haine contre ma mère.

J'allais à toutes les messes, je priais à genoux pendant des heures. À l'époque, les catholiques étaient persécutés et j'étais animée d'un esprit de révolte contre la vulgarité du monde. Cet esprit qui m'a poussée vers l'Église était probablement le même que celui qui avait fait de ma mère une communiste. Je n'avais pas d'amies parmi mes condisciples : j'étais une sale Juive et par-dessus le marché, une fervente catholique. Dans un cerveau normal, les deux choses ne sont pas conciliables. Je passais beaucoup de temps dans l'immense cathédrale. Ce n'était pas une église ordinaire, mais une cathédrale véritablement immense avec une chaire, et à ce moment-là, tout le monde était occupé à préparer l'investiture d'un nouvel évêque. Il y avait dans la crypte des rangées de tombeaux d'évêques, de prêtres et de moines, toute une série de dates et de noms remontant au XVe siècle.

Je priais sur chaque tombe avec passion, je tombais littéralement en transes. La vie à la surface disparaissait complètement, je n'avais même plus envie de ressortir. Qu'est-ce que je demandais dans ces prières ? C'est une question intéressante. Aujourd'hui, je dirais que je priais « pour que la vie change ». En ce temps-là, du haut de mes treize ou quatorze ans, je priais pour que rien de tout ceci, rien du monde d'ici-bas, n'existe, pour que tout soit différent. J'étais probablement à deux doigts de la folie, mais je ne le savais pas. Ce sont peut-être ces tombeaux qui m'en ont préservée ?

Voyant ma ferveur, les religieuses m'avaient attribué un rôle

70

primordial dans la cérémonie qui allait avoir lieu : je devais porter le coussin sur lequel serait posée la couronne d'épines, *korona cierniowa...* Je me souviendrai toute ma vie de ce jour. L'église était remplie de monde, des milliers de cierges brûlaient, des moines agitaient des encensoirs d'où émanait une odeur délicieuse. Cette odeur évoque toujours pour moi cette courte période de foi désespérée. J'étais à genoux, et je tenais la couronne du Christ au bout de mes bras tendus. J'avais les mains engourdies et froides comme des glaçons. Je sentais sous mes genoux les nœuds du tapis en lin qui recouvrait le sol en pierre. Cela me faisait mal. Ensuite, j'ai cessé de sentir la douleur, j'ai cessé de sentir mes jambes, j'étais transportée dans les airs avec la couronne et je flottais vers l'autel. J'ai remis la couronne à l'évêque doré, et j'ai entendu des chants angéliques. J'étais très loin de tous, mais je ne faisais plus qu'un avec le monde entier. Un moine m'a prise tendrement par la main. La couronne était posée sur l'autel. Je ne sais pas ce qui m'est arrivé, je pense que c'était la foi.

Je l'ai perdue du jour au lendemain : on ne m'a pas laissée faire ma première communion. Je n'avais pas de robe blanche. Quand maman était venue me voir au foyer d'accueil, je l'avais suppliée de m'acheter cette malheureuse robe. Elle avait refusé catégoriquement. Et le prêtre ne m'a pas autorisée à communier avec une robe ordinaire. Les religieuses m'aimaient bien et elles m'auraient certainement trouvé une robe, mais je n'avais pas osé le leur demander. J'avais honte. Parce que je suis une petite orgueilleuse.

Toutes les filles ont eu le droit de communier. Mais pas moi. Alors je suis sortie, et mon Dieu est resté dans l'église avec ma foi.

J'ai passé une année dans ce foyer, puis ma mère m'a reprise, elle a fait encore une tentative pour constituer une famille avec moi. Elle aussi traversait alors des moments difficiles : à partir de 1956, la déstalinisation battait son plein dans les milieux communistes, et elle s'était brouillée avec tous ses amis. Seul Paweł Kociński, qui a un cœur d'or, lui rendait visite de temps en temps, mais cela se terminait toujours de la même façon : elle le flanquait à la porte en hurlant. Cette année-là, pour la première fois, j'ai éprouvé de la pitié pour elle : elle était très seule, et inébranlable comme un roc. Alors que moi, justement, je vivais mes premières amitiés. Ou plutôt, mes premières amours. Avec un guitariste, un vrai musicien de jazz. Cette période était compliquée en Pologne, mais 1958 est restée dans ma mémoire comme une année très heureuse. Je venais d'avoir seize ans. Si j'avais reçu une éducation quelconque, c'était une éducation catholique, et je me suis trouvée alors devant un dilemme que j'ai tranché sans la moindre hésitation : le choix entre la Vierge Marie et le guitariste a été fait en faveur de ce dernier. Cette liaison a été orageuse et brève, ensuite, j'ai eu encore plusieurs amants. Ma mère ne disait rien. Pendant ma dernière année scolaire, j'ai pris la décision de partir. Il n'y avait qu'une seule voie pour moi : la Russie. Pour la première et dernière fois de sa vie, ma mère m'a aidée. Elle a fait jouer ses relations, et on m'a envoyée à Moscou faire des études d'agriculture à l'Académie Timiriazev, cela s'appelait comme ça. Personne ne m'avait demandé ce que j'avais envie d'étudier. Il y avait de la place là-bas, et je suis partie.

Je vivais dans un foyer pour étudiants étrangers, ils venaient principalement des démocraties populaires. En deuxième année, j'ai épousé Erich. Je ne suis plus jamais retournée en Pologne. Ma mère y est restée jusqu'en 1968. Cette année-là, toute l'Europe a été secouée par de grands troubles qui ont aussi gagné la Pologne. Une fois ces désordres réprimés, les arrestations et les licenciements ont commencé, et il y a eu dans leur Parti toute une campagne contre les révisionnistes et les sionistes. Gomułka a chassé les Juifs (il en restait pas mal dans le Parti et si je comprends bien, ils étaient tous pro-soviétiques). Ma mère a été flanquée dehors en dépit de ses mérites qui, d'après elle, étaient immenses. Elle s'est battue jusqu'au bout, elle écrivait des réclamations, elle a fait appel. Et elle a eu une congestion cérébrale.

Elle est partie pour Israël qu'elle détestait alors de toute son âme. Cela fait dix-huit ans qu'elle vit à Haïfa, dans une maison de retraite. C'est une héroïne de guerre et une victime des répressions staliniennes, elle a une bonne pension et des conditions de vie convenables. Je vais la voir une fois par an. Une vieille femme toute desséchée qui traîne la jambe, ses yeux sont toujours aussi brûlants. Je serre les dents et je passe trois jours là-bas. J'ai cessé de la haïr, mais je n'ai pas appris à l'aimer. C'est bien dommage.

Elle ne pose jamais aucune question sur son petit-fils. Un jour, alors qu'Alex avait six ans (l'âge de Witek quand elle l'a abandonné entre des mains étrangères), je l'ai amené là-bas, j'ai pensé que cela allait la dégeler un peu. Elle s'est mise à lui raconter qu'elle avait fait la guerre. Il lui a demandé de lui montrer son fusil. Elle a répondu qu'elle avait rendu ses armes à la fin de la guerre. Et il a perdu tout intérêt pour elle. De façon générale, c'est un garçon adorable et très câlin, il aime beaucoup les animaux.

À la même époque, en 1968, Paweł Kociński s'est installé à Paris. Il travaille à la Sorbonne, dans un institut qui étudie les Juifs. Lui, il a quitté le Parti. Mais ma mère, elle, n'a pas voulu. Elle en a été exclue. Même là-bas, en Israël, elle a trouvé moyen d'écrire pour demander qu'on la réintègre. Une vraie folle...

J'ai revu Paweł il y a cinq ans, à Paris. Il était en train d'écrire un livre sur l'histoire contemporaine et se plaignait que son fils soit devenu trotskiste. C'est rigolo !

13. JANVIER 1986, HAÏFA
Rita Kowacz à Paweł Kociński

Paweł !

Je tiens quand même à t'informer de mon changement d'adresse. Le numéro de ma chambre n'est plus le 201, mais le 507. Le reste n'a pas changé. Je vis toujours dans le même hospice. Au cas où tu aurais brusquement envie de m'écrire. Même si, bien sûr, je ne vois pas très bien ce que nous pourrions nous dire. Étant donné que lorsque tu es venu en Israël en 1971, tu n'as pas estimé nécessaire de m'en informer — je ne parle même pas de venir me voir. Il est vrai qu'il n'y a rien à voir. Une boiteuse grimaçante et hargneuse. Ma fille n'arrête pas de le souligner, c'est ce qu'elle dit : pourquoi es-tu si hargneuse ?

La semaine dernière, une demoiselle du personnel, au réfectoire, m'a dit elle aussi que j'étais hargneuse (elle a été renvoyée séance tenante !). J'ai réfléchi, et j'ai décidé que j'étais effectivement hargneuse. C'est vrai, il faut le reconnaître. Bien sûr, j'ai accumulé beaucoup d'exaspération, mais dis-moi, Paweł, toi qui es un témoin de ma vie, nous nous connaissons depuis toujours, aussi loin que remontent mes souvenirs : tu trouves que la vie a été juste envers moi ? Tu es la seule personne qui se souvienne de ma mère. Elle avait donné tout son amour à mon frère, moi, elle ne pouvait pas me souffrir. Tu en es témoin, toute la rue était au courant. J'étais une jolie fille, et le premier homme que j'ai connu, que j'ai aimé de toute mon âme, m'a trahie, il m'a quittée pour mon ex-amie Helenka qui m'avait déjà prise en grippe avant. Si tu savais combien cela m'a écœurée que ce soit pour elle, mon ennemie, qu'il me quitte... Tu ne te souviens pas ? Les trahisons se sont enchaînées les unes après les autres. La première fois que j'ai été envoyée en prison à Lvov en 1928, tu crois que je ne sais pas qui nous avait tous dénoncés ? Après la guerre, quand j'ai travaillé au département spécial, on m'a montré des documents : c'était Scwarzman qui avait donné tout le monde, c'était un indic, et il avait rédigé un rapport spécial sur moi, il m'avait tout mis sur le dos. J'avais participé à des manifestations, mais d'après le tableau qu'il avait fait, j'étais la principale communiste. C'était sans doute vrai, d'ailleurs.

Maintenant que tant d'années ont passé et que tant des nôtres ont péri, réfléchis un peu : qui est resté fidèle ? Uniquement ceux qui sont morts, et moi. Toi, je ne te compte pas, tu as quitté le Parti, tu as trahi, tu as changé. Tu es bien au chaud dans ta Sorbonne et tu décris le caractère erroné des idées communistes, au lieu de parler des erreurs commises par les dirigeants d'alors. Moi, je suis restée la même, et rien ne me fera changer. À mes yeux, tu es un traître, comme les autres. Mais tu es le seul qui puisses me comprendre. Même ma fille n'a jamais rien compris. C'est tout simplement ahurissant, parfois, elle me dit exactement la même chose que ma mère ! Elle ne l'a jamais connue, mais elle aussi, elle m'accuse d'égoïsme et de dureté. Elle emploie les mêmes mots ! Ai-je jamais voulu quelque chose pour moi-même ? Je n'ai jamais rien possédé, je n'ai jamais eu besoin de rien. J'ai vécu toute ma vie avec une seule paire de chaussures, quand elles étaient usées, j'en achetais une autre. J'avais une seule robe, et deux ou trois culottes. Et on me reproche d'être égoïste ! Quand nous vivions à Varsovie, Ewa me disait que j'étais une mère épouvantable, qu'aucune femme au monde n'aurait agi comme je l'ai fait, tout ça parce que je les ai mis dans un orphelinat... Sur le moment, cela m'a brisé le cœur, mais je l'ai fait pour leur avenir. Pour qu'ils vivent dans une société plus juste. Si j'ai envoyé mes enfants là-bas, c'était pour les sauver, parce que je savais que je ne pouvais que causer leur perte.

Pendant longtemps, je n'ai rien su d'eux, je n'ai appris qu'ils étaient en vie qu'après la guerre, mais à ce moment-là, je n'ai pas eu le temps d'aller les chercher, d'abord parce que je travaillais dans un département spécial du NKVD, à un poste secret, et ensuite, parce que l'on m'a de nouveau envoyée en prison. Une fois de plus, j'ai été trahie. C'est le malheur de ma vie, ça : j'ai toujours été entourée de traîtres. Et toi aussi, tu es un traître. Quand tu m'as quittée pour Helenka, cela a été la plus grande tragédie de mon existence. Après, jamais plus je n'ai donné mon cœur à personne. Mais toi, tu es deux fois traître, parce que Helenka aussi, tu l'as quittée, et je ne sais pas combien d'autres encore tu as abandonnées. Dans ce sens, de façon générale, tous les hommes sont des traîtres, mais après toi, cela ne m'intéressait plus. J'ai séparé les deux choses une bonne fois pour toutes : d'un côté l'amour, et de l'autre la physiologie. Les hommes ne valent pas la peine d'être aimés. Les femmes non plus, d'ailleurs. Mon amour, je l'ai donné non à des hommes, mais à la cause. Le Parti non plus n'est pas irréprochable, maintenant, je comprends qu'il a commis des erreurs, lui aussi. Mais de deux choses l'une : soit il prend conscience de ses erreurs et se corrige, soit il cesse d'être le Parti auquel j'ai donné mon cœur, mon amour et ma vie. Et jamais je ne regretterai d'avoir dit oui.

Je trouve cela comique de regarder Ewa : elle vit comme un papillon sans cervelle, elle batifole d'un homme à l'autre... Chaque fois, elle est heureuse, puis malheureuse, et elle ne s'en lasse pas. Quand elle s'ennuie, elle part en vacances, elle déménage, ou bien elle fait les magasins. Lorsqu'elle vient me rendre visite, elle ne porte jamais deux fois la même tenue. Elle débarque pour trois jours avec deux valises !

Dès que j'essaye de lui parler, elle se met à hurler, cela fait longtemps que je ne lui dis plus rien. Je suis coupable de tout, même de la mort de Witek ! Mais j'étais dans un camp à ce moment-là ! Qu'est-ce que je pouvais faire pour lui ? Qu'est-ce que je pouvais faire pour eux pendant que je franchissais la ligne du front avec un fusil, une boîte de corned-beef et des allumettes ? Qu'est-ce que je pouvais faire pour eux quand je passais trois jours de suite cachée dans la neige à attendre un convoi militaire pour le faire dérailler ? Elle ne comprend rien, avec ses deux valises de chiffons ! Quand elle vient en Israël, tu crois qu'elle passe du temps avec sa mère ? Non ! Tantôt elle va sur le Kinneret, tantôt elle a envie d'aller visiter je ne sais trop quel monastère ! Elle a besoin d'aller voir la Vierge Marie, tu comprends, alors que sa propre mère se morfond toute seule pendant des mois !

Bien entendu, tu penses que je ne sais pas m'y prendre avec les gens et que c'est pour cela que je n'ai personne autour de moi. Mais il faut que tu comprennes que cette maison de retraite est la plus huppée d'Israël, il n'y a que des bourgeois ici, des richards, des banquiers... Ceux que j'ai toujours détestés ! C'est à cause des Juifs comme eux que l'antisémitisme existe ! Le monde entier les déteste, et il a bien raison ! Toutes ces belles dames et ces beaux messieurs ! Il n'y a presque pas de gens normaux ici. Seules quelques chambres sont attribuées à des personnes normales, c'est l'État qui paie. Quelques rescapés de la guerre, des invalides de leurs guerres à eux, et des héros de la résistance. Mais pourquoi est-ce Israël qui me paie tout cela ? C'est la Pologne qui devrait le faire ! C'est à elle que j'ai donné toutes mes forces, pour elle que j'ai combattu, c'est pour son avenir que j'ai vécu, et elle m'a flanquée dehors ! Elle m'a trahie.

Bref, Paweł, tu comprends de quoi je parle. Je veux te voir. Cela n'a pas grande importance, mais cette année, je vais avoir soixante-dix-huit ans, et nous sommes nés dans le même immeuble, toi et moi, nous nous connaissons depuis notre naissance. Je vais encore râler quelque temps, mais pas très longtemps. Alors si tu veux me dire adieu, viens.

Une fois par an, j'ai droit à un séjour dans un sanatorium, des bains de boue sur la mer Morte. Donc, si tu décides de venir, ne viens pas en décembre. Je serai dans ce sanatorium. On nous envoie là-bas hors saison, bien sûr. Et évidemment, le séjour est gratuit. Ou alors, au contraire, viens en décembre, et je te réserverai une chambre dans le sanatorium, à mes frais, bien entendu, et on discutera de tout. Tu auras juste le billet à payer. Il est vrai que le spectacle n'est pas des plus folichons là-bas : cela grouille de fauteuils roulants, d'ailleurs moi aussi, je suis dans un fauteuil roulant. Au printemps, à la belle saison, il n'y a que des gens bourrés de fric qui viennent du monde entier se faire soigner ici. Les invalides, les héros et tous les vieux machins, on les fiche dehors pour qu'ils ne déparent pas le paysage.

J'ai vécu une vie entière, Paweł, et le monde n'est pas devenu meilleur. Enfin, tu vois ce que je veux dire.

Écris-moi avant de venir. Ewa a l'intention de me rendre visite, et je ne veux pas que cela tombe au même moment. Porte-toi bien.

RITA

14. JUIN 1986, PARIS
Paweł Kociński à Ewa Manoukian

Ma chère Ewa,
Je viens de rentrer d'Israël où je suis allé rendre visite à Rita. J'ai honte de ne pas l'avoir fait plus tôt et d'avoir attendu de recevoir sa lettre désespérée. Connaissant son caractère, j'imagine ce qu'il a dû lui en coûter d'écrire une lettre pareille.

Tout d'abord, je dois te tranquilliser : ta mère ne va pas trop mal. Elle vieillit, comme nous tous, mais elle est toujours aussi acerbe et intransigeante, toujours aussi loyale et intègre. D'une intégrité qui confine à la stupidité. Je n'ai jamais rencontré de ma vie quelqu'un comme elle, capable de se dépouiller sur-le-champ de sa dernière chemise pour la donner au premier venu. C'est compliqué de l'avoir pour mère, pour amie aussi d'ailleurs, en tout cas dans les conditions d'une vie à peu près normale. Mais dans une situation extrême, face à la mort, il n'y a pas mieux qu'elle. Elle a trimbalé sur son dos un coéquipier blessé pendant deux jours, il agonisait et la suppliait de l'achever, mais elle l'a

77

porté jusqu'à la base, où du reste il est mort une heure plus tard. Qui est capable d'une chose pareille ?

Ewa, tu es vraiment vache ! Trouve le temps d'aller voir ta vieille mère. Elle est dure comme du fer, bien sûr, mais prends le temps de le câliner un peu, ce satané bout de fer ! Ne règle pas tes comptes avec elle. Elle est comme elle est. Une horrible Juive, pure et dure, qui brandit ses petits poings chaque fois qu'elle voit une injustice. Elle est intolérante et inflexible, comme nos ancêtres, elle monterait sur le bûcher pour ses idées (elle l'a fait, d'ailleurs). Et elle méprise tous ceux qui n'ont pas envie d'y monter.

Comme moi, par exemple. J'ai eu la bêtise de me vanter d'avoir reçu un prix pour mon livre sur les résistants du Yiddishland. Du coup, elle a déversé sur moi tout un seau d'immondices. Il paraît que je vends notre passé sacro-saint pour de l'argent... Mon livre est déjà traduit en anglais et en allemand. Tu as tort de refuser de le lire, il y a un passage sur ta mère. Je vais quand même te l'envoyer. Peut-être que cela t'intéressera un jour. Quelle langue préfères-tu, l'anglais ou l'allemand ? Il ne sera sûrement jamais publié en polonais.

Comme toujours, Israël a produit sur moi une très forte impression. Je n'étais jamais allé à Haïfa, et cette ville m'a beaucoup plu. Davantage que Tel-Aviv. Tel-Aviv est une ville plate, sans histoire particulière, tandis que Haïfa a de multiples strates, presque autant que Jérusalem.

Rita a emménagé dans une nouvelle chambre. De son balcon, on a une vue superbe sur toute la baie de Haïfa, et on voit le Qishon. C'est une zone industrielle avec des stations de graduation, des entrepôts, et l'endroit est plutôt moche. Mais d'en haut, on ne voit pas les entrepôts. J'y suis allé — par curiosité historique. Étant donné que tu es une fille absolument inculte au sens juif du terme, tu ne connais pas *mamé lochén*, autrement dit le yiddish, et tu n'as sans doute jamais ouvert la Bible, mais moi qui ai eu le temps d'aller au *heder* et de recevoir des rudiments d'éducation juive, je peux te dire qu'ici même, près du cours d'eau Qishon, au IXe siècle avant notre ère, pendant le règne du roi Achab et de la reine Jézabel qui avait encouragé le culte de Baal et d'Asher, il s'est produit quelque chose de particulier. Le prophète Élie, fervent défenseur de la foi en un Dieu unique, a organisé une sorte de compétition. Il a proposé aux prêtres de Baal de faire descendre le feu du ciel afin de brûler les victimes qu'ils avaient déposées sur leurs autels. Ils ont longuement imploré leurs dieux, mais il ne s'est rien passé. Élie a alors posé un animal à sacrifier sur l'autel du Dieu unique, par trois fois il a arrosé d'eau l'autel, la victime et le bois, il a prié, et aussitôt du feu est descendu du ciel. C'est nous qui avons gagné ! Élie a ordonné de tuer sur-le-champ tous les prêtres, les quatre cents prophètes de Baal et les quatre cent cinquante prophètes d'Asher. Ce qui fut fait sur-le-champ, ici même. Le peuple est revenu à Dieu, et le cadavre de Jézabel a été jeté aux chiens.

Voilà comment nos ancêtres comprenaient la justice !

Ensuite, je suis monté sur le mont Carmel. La nuit tombait déjà quand je me suis retrouvé devant le portail du couvent de carmes Stella Maris. Je suis descendu de voiture. J'étais venu avec un homme charmant, un docteur, un émigré russe qui travaille dans la maison de retraite. Et nous avons vu arriver une vieille guimbarde dont il est sorti un petit bonhomme avec un pull distendu et un chapeau de paille aux bords avachis. C'était un moine du monastère. Avec un grand sourire, il s'est mis à nous parler des sites célèbres que l'on pouvait voir d'ici en plein jour. Nous l'avons remercié, nous sommes repartis et, une fois en route, le docteur m'a raconté que ce moine était un homme très connu en Israël, le frère Daniel Stein. C'est seulement le lendemain matin, alors que j'étais à l'aéroport en train d'attendre le vol pour Paris, que j'ai réalisé qu'il s'agissait de ce même Dieter Stein dont je parle dans mon livre sur la résistance. C'est lui qui a fait sortir des gens du ghetto d'Emsk. Y compris ta mère enceinte. Tu n'arrêtes pas de demander qui est ton père. Eh bien, cet homme a fait pour ta vie davantage qu'un père. C'est grâce à lui que tu es née. Car s'il n'avait pas organisé cette évasion, tout le monde aurait été massacré.

Et voilà qu'à cause de mon esprit d'escalier, j'ai laissé passer l'occasion de serrer la main à un véritable héros du peuple juif.

Quand tu iras voir ta mère, essaye de le retrouver. Tu es catholique, vous aurez des sujets de conversation.

Mirka te salue et t'invite chez nous, à Paris. Nous avons déménagé et nous habitons à présent dans un appartement très bien situé, non loin de la rue Mouffetard, à un quart d'heure du jardin du Luxembourg. On vous trouvera bien une chambre. Seulement, prévenez à l'avance, car nous avons souvent des invités.

Je t'embrasse, ma chère Ewa.

Bien à toi.

PAWEŁ

15. AVRIL 1986, SANTORIN
Ewa Manoukian à Esther Hantman

Ma chère Esther,

Nos plans ont été un peu chamboulés car lorsque nous sommes arrivés à Athènes, Gricha a rencontré dans l'hôtel son ami Sioma, un ancien Moscovite et un mathématicien, lui aussi. Il nous a convaincus de changer notre itinéraire et, au lieu d'aller en Crète, de prendre le bateau pour l'île Santorin. Au début, je n'étais pas particulièrement ravie parce que la Crète, au moins, cela me dit quelque chose, alors que c'était la première fois que j'entendais parler de ce Santorin. Et là, Alex m'a étonnée : il a été emballé, il a dit qu'il avait lu des bouquins sur cette île et que c'était un vestige de l'Atlantide disparue. Deux jours plus tard, après nous être baladés dans Athènes, nous avons pris un bateau et au bout de sept heures, nous sommes arrivés sur l'île Santorin. Je dois dire qu'Athènes ne m'a pas fait grande impression et m'a plutôt déçue. Ici, l'histoire antique et la vie moderne sont totalement dissociées : des fragments de constructions antiques se dressent ici et là (il y avait quelques colonnes de ce genre juste sous les fenêtres de notre hôtel), mais ils sont perdus au milieu d'immeubles à quatre étages assez miteux — mon amie Zoïa habite exactement le même à Moscou, près de l'académie Timiriazev. Et je trouve que les gens n'ont absolument rien de commun avec les Grecs anciens dont parle Homère. Un peuple oriental qui fait plutôt penser aux Turcs qu'aux Européens. En Israël, à la différence de la

80

Grèce, on sent que c'est toujours la vie d'autrefois qui continue, qu'elle n'a pas disparu, et les gens sont toujours les mêmes : le nez, les yeux, la voix... En tout cas, c'est l'impression qu'on a.

Mais lorsque le bateau s'est approché de Santorin, j'en ai eu le souffle coupé... Une île en forme de serpe au milieu d'une immense baie — ce sont les restes du cratère d'un volcan, on dit qu'il n'est pas complètement éteint et qu'il crache encore quelque chose de temps en temps. Une fois tous les cent ans... Nous sommes arrivés devant une falaise de quatre cents mètres avec, tout en haut, la ville de Fira, des petites maisons blanches. Ce mur à pic descend à une profondeur immense sous la mer. Tu te rends compte, c'est l'intérieur du cratère d'un volcan dont l'éruption s'est produite il y a trois mille cinq cents ans ! L'île est constituée de vestiges du volcan et des restes d'une île, ils se sont pour ainsi dire confondus. Nous sommes ici depuis deux jours, et je suis toujours sous le choc. L'île est toute petite, nous avons loué une voiture et nous en avons fait le tour dès le premier jour.

Une fois de plus, j'ai eu l'occasion d'apprécier Gricha : il sait absolument tout. Il nous raconte des tas de choses, il nous montre des strates géologiques, la façon dont elles se superposent... Il a passé une demi-journée à faire des calculs sur un papier, il était furieux de ne pas avoir pris son ordinateur. Il a déclaré que le raz de marée avait parfaitement pu atteindre la Crète et détruire le palais de Cnossos. Il est vrai que je ne vois pas très bien pourquoi il lui a fallu faire tous ces calculs, puisque c'est écrit dans tous les guides. Tu sais que j'ai toujours été une adepte des voyages, mais, maintenant, je suis profondément convaincue qu'il n'existe pas de meilleure occupation au monde. Je regrette beaucoup que tu n'aies pas pu venir avec nous. Il faut ABSOLUMENT que tu voies cet endroit.

Tu sais également que je préfère arpenter les magasins plutôt que les bois ou les montagnes, mais il y a quelque chose de spécial ici : pour la première fois, j'ai senti la majesté du Créateur, je l'ai tout simplement vue de mes propres yeux. Dans la vie ordinaire, on ne la perçoit pas, mais ici, c'est comme si on avait les yeux qui s'ouvraient. Même en Israël, je n'ai pas éprouvé une chose pareille. Il est vrai que, là-bas, tout ce que l'on découvre concerne l'Histoire, on se met à la voir comme un fleuve dont les rives changent constamment tandis qu'elle, elle s'écoule comme si de rien n'était. Mais ici, la nature est tellement grandiose que cela exclut tout simplement la possibilité que Dieu n'existe pas. C'est idiot ce que j'écris, mais tu comprends ce que je veux dire. On voit la main de Dieu ici, on ne peut pas ne pas la voir. La main du Créateur, qui se moque bien des querelles mesquines entre les petits humains sur la façon correcte de croire. Dommage que ton mari ne puisse plus voir cela.

Je suis aussi impressionnée par mes hommes, Gricha et Alex. Ils examinent chaque pierre sous toutes les coutures. Moi, je passe surtout mon temps assise sur le balcon à regarder autour de moi. Ou bien sur la plage. Le sable est d'origine volcanique, presque noir. Mais sur une autre plage, il y en a aussi du rouge et du blanc. C'est magique ! Les garçons ont acheté tout un tas de livres et ils apprennent le grec. Alex dit qu'il veut aussi étudier le grec ancien.

Et puis, pour Gricha et moi, c'est une sorte de lune de miel. Tout cela me rend heureuse comme jamais je ne l'ai été dans ma vie. Moi aussi, j'ai acheté des tonnes de livres et de cartes postales, Alex n'arrête pas de faire des photos avec son nouvel appareil si bien que, d'ici peu, tu vas recevoir un rapport complet ! Je reste allongée sous le soleil de midi, au moment où tous les gens normaux s'en vont, mais j'ai quand même mis trois jours à me débarrasser de cette éternelle sensation de froid dans le dos.

Je t'embrasse. Je regrette terriblement que tu ne sois pas venue avec nous. Je suis sûre que si tu étais là ce serait encore mieux.

Bien à toi.

EWA

P.-S. Quand je pense qu'au lieu de faire ce voyage enchanté, je devrais être auprès de ma mère à Haïfa, à écouter ses malédictions, j'ai un peu honte... Mais en même temps, je ne regrette rien !

16. 1960, AKKO (SAINT-JEAN-D'ACRE)

Extrait du journal de Julien Sommier

Hier soir, un homme m'a téléphoné et m'a demandé si je pouvais lui donner des leçons d'arabe. De toute urgence. Cela m'a beaucoup amusé : apprendre l'arabe de toute urgence... Il voulait commencer le plus vite possible, sur-le-champ. Je lui ai tout de même demandé de venir non tout de suite, mais plutôt le lendemain. Ce matin très tôt, une heure avant l'heure fixée, on a frappé à ma porte. Sur le seuil, je vois un moine vêtu de la robe brune des carmes, pas très grand, avec des yeux bruns tout ronds et un sourire radieux. Il s'est présenté — frère Daniel. Et il s'est aussitôt répandu en remerciements : c'était tellement merveilleux que je n'aie pas refusé !

Je n'avais pas encore pris mon café. Je lui ai proposé de remettre la leçon de quelques instants et de commencer par boire un café. Oui, oui, bien sûr ! Nous parlions en hébreu. Il m'a raconté qu'il était arrivé en Israël il y a près d'un an, qu'il venait de Pologne et qu'il s'occupait d'un petit groupe de catholiques, c'est pour eux qu'il est venu. Leur communauté n'a pas de local, mais des chrétiens arabes ont accepté de mettre leur église à leur disposition afin qu'ils puissent y célébrer la messe à certaines heures.

« Ce sont de si braves gens, ces Arabes ! Je me suis dit qu'en vivant à Haïfa, où il y a tellement de chrétiens arabes, c'était un peu gênant de ne pas parler l'arabe. J'ai toujours appris les langues sur le tas, oralement ou avec un manuel, mais l'arabe demande tout de même une certaine initiation — six à huit leçons. »

Il parlait vite, d'une voix gaie et énergique.

Je l'ai considéré avec ahurissement : c'était de la naïveté, de la suffisance ou de la bêtise ? Moi qui ai étudié l'arabe de façon intensive, je n'ai commencé à le comprendre qu'au bout de deux ans. Et lui, il me parlait de six à huit leçons ! Mais je n'ai rien dit.

Au début, il m'a paru assez bavard, mais ensuite, j'ai deviné qu'il souffrait d'une forme bénigne du syndrome de Jérusalem, cette excitation qui s'empare de chaque croyant, indépendamment de sa confession, quand il se retrouve pour la première fois en

Israël. Lorsque je suis arrivé ici en 1947, j'avais la sensation très nette de marcher sur des charbons ardents. La plante des pieds me brûlait littéralement. Si, chez moi qui suis français, cette exaltation a duré plusieurs mois, j'imagine ce que cela doit être pour un Juif...

Je lui ai donné deux cours d'affilée. Il assimile assez vite les sons, j'ai l'impression qu'il est très doué pour les langues. En partant, il m'a dit que, pour l'instant, il n'avait pas d'argent pour me payer, mais qu'il me réglerait dès qu'il le pourrait. C'est le plus original des rares élèves particuliers que j'ai eus ces dernières années. Ah, oui ! Il a vu les fiches sur ma table, et il a posé des questions. Je lui ai dit que j'étais en train de mettre au point un dictionnaire hébreu-arabe et que je m'intéressais tout particulièrement au dialecte palestinien. Il a levé les bras au ciel et s'est jeté à mon cou. Il est tout petit, il m'arrive à peine à l'épaule. C'est quelqu'un de très expansif ! Mais il est perspicace. En sortant, il m'a demandé : « Tu n'es pas moine ? » Je lui ai répondu que j'étais professeur de français dans une école catholique arabe pour filles, mais je n'ai pas dit que je faisais partie de la communauté des Petits Frères.

« Professeur de français ! s'est-il exclamé, tout content. Mais c'est magnifique ! On fera aussi un peu de français ! »

Cela se voit donc tant que cela, que je suis moine ? Cela ne m'était jamais venu à l'esprit.

17. 1963, HAÏFA

Daniel Stein à Władysław Klech

Mon cher Władek,

Je vais essayer de t'expliquer ce qui m'arrive. Les idées que je me faisais sur ce pays que j'aimais tant de loin ne correspondaient à la réalité sur aucun point. Je n'ai trouvé ici rien de ce que je pensais y trouver, mais ce que j'y ai vu a dépassé de très loin mes attentes. Je suis venu en Israël en tant que Juif et en tant que chrétien. Israël m'a accueilli en héros de la guerre, mais ne m'a pas reconnu comme juif. Mon christianisme s'est avéré être une pierre d'achoppement pour mon peuple. Pendant toutes ces années, je n'ai pas voulu te parler de cette interminable histoire de procès. Maintenant que c'est fini, je vais te résumer ce qui s'est passé.

Mes problèmes avec le service d'immigration ont commencé dès le port d'Haïfa. Je considérais que j'avais le droit de venir en Israël d'après la loi du Retour, qui a été faite pour les Juifs souhaitant s'installer définitivement ici après avoir vécu dans n'importe quel pays du monde avant la création de cet État. Dans ce cas, est considérée comme juive toute personne née d'une mère juive et se considérant elle-même comme juive. En voyant ma soutane et ma croix, un jeune fonctionnaire a froncé les sourcils et a réalisé que j'étais chrétien. J'ai confirmé cet affreux soupçon, et je lui ai porté le coup de grâce en lui apprenant que ma profession était prêtre, et ma nationalité juive. Toute une foule de sages du service des douanes et de l'immigration s'est alors rassemblée, ils ont longuement délibéré et, dans la colonne « appartenance ethnique », ils ont tracé un petit trait.

Cela a été le début d'une longue histoire qui s'est transformée en un interminable procès de trois ans, et qui s'est achevée il y a un mois. J'ai perdu ce procès. Cela a été un cirque épouvantable : j'ai d'abord demandé l'accord de la direction du Stella Maris, ils ont consulté leurs supérieurs, et j'ai été autorisé à porter l'affaire devant la Cour suprême d'Israël, mais il a encore fallu trouver de l'argent pour ce procès. Tout le monde a essayé de me dissuader, mais tu sais combien je suis têtu ! Ils ont pourtant été encore plus têtus que moi. Ils ne m'ont pas accordé la citoyenneté en tant que Juif. En revanche, ils me l'ont promise « par naturalisation ». Si bien que je vais bientôt devenir citoyen israélien, mais sans avoir le droit de me dire juif en Israël. Si je vais en Pologne ou en Allemagne, là-bas, je suis juif, je le suis pour tout le monde sauf pour l'État d'Israël. Sur mes papiers, il est écrit : « nationalité non déterminée ». Alors on peut considérer que si j'ai remporté une certaine victoire dans ma lutte contre la Gestapo et le NKVD, les fonctionnaires israéliens, eux, m'ont infligé une défaite totale.

Naturellement, tu vas me demander pourquoi j'avais besoin de tout ça. Tu sais, Władek, j'ai pensé aux Juifs chrétiens qui viendront dans ce pays après moi. Tu ne peux pas imaginer le tapage qu'il y a eu autour de ce procès, des juges et des rabbins se sont crêpé le chignon... Ce n'était pas le but que je m'étais fixé.

J'aurais voulu que les Juifs chrétiens (il y en a un certain nombre dans le monde) puissent revenir en Israël, et que soit rétablie l'Église de Jacob, la communauté de Jérusalem dont l'origine remonte à ce dernier repas du Maître avec ses Disciples que vénèrent tous les chrétiens du monde. Pour l'instant, cela n'a pas abouti. Mais il existe malgré tout ici un petit groupe de catholiques, pour la plupart des Polonais, et il y a parmi eux des Juifs baptisés. Nous nous réunissons dans une église arabe où nos frères nous laissent célébrer la messe le dimanche soir, après leur messe à eux.

Je te suis très reconnaissant de m'avoir envoyé les revues. J'avoue que tu es pour moi la seule source de nouvelles concernant l'Église. Dans notre monastère, on vit hors du temps, et il est rare que les dernières publications catholiques parviennent jusqu'à nous. En revanche, notre bibliothèque est remplie à craquer d'une littérature dont je ne suis pas grand amateur. Même si c'est parfois intéressant.

Tu n'écris pas comment va la santé de l'abbé. Est-ce qu'il a été opéré ?

Je t'envoie mon salut fraternel.

DANIEL

18. 1959-1983, BOSTON
Extrait des notes d'Isaac Hantman

Je suis tombé dans un journal sur un article qui a réveillé en moi le souvenir d'événements vieux de vingt ans. Au printemps 1945, lorsque Esther et moi nous avons quitté la Biélorussie par le premier train à destination de la Pologne, nous avons fait le voyage avec un jeune Juif, Dieter Stein, qui avait joué un rôle décisif dans l'évasion d'une partie des gens du ghetto d'Emsk. En fait, c'était l'homme qui nous avait sauvé la vie. Au début, nous ignorions tout de lui. Nous savions juste que ce Stein nous avait aidés, que les Allemands l'avaient arrêté et condamné à être fusillé, mais qu'il s'était enfui. On nous avait raconté que son portrait était affiché dans toutes les villes : il était recherché... Une somme importante était promise pour sa capture.

C'est plus tard que nous avons fait sa connaissance, quand il est arrivé un jour dans le détachement de Dourov. Ils ont bien failli le fusiller. Heureusement que j'étais là, on était allé me chercher pour opérer un blessé, et je me suis porté garant pour lui. Si bien que j'ai pu sauver la vie de mon sauveur.

Les détails de la conversation que nous avons eue dans ce train, deux ans plus tard, se sont effacés de ma mémoire. Ce jeune homme m'avait fait l'impression d'être un exalté : il parlait d'entrer dans un monastère catholique. Mais à cette époque, le déséquilibre était chose courante... Les gens normaux étaient les premiers à périr. Les rares individus qui survivaient étaient dotés d'une force psychique particulière et d'une certaine insensibilité. Cette épreuve n'était pas faite pour les gens trop délicats. Si j'étais psychiatre, j'écrirais une étude sur les transformations psychologiques qui se produisent dans les conditions extrêmes d'un camp de partisans. Ce ne serait du reste qu'une petite partie d'un gros ouvrage sur les prisons et les camps. Un tel ouvrage est nécessaire, et il est encore à écrire. Pas par moi. J'espère qu'il le sera par d'autres.

Les mutations psychologiques que j'ai observées chez ce jeune homme étaient orientées vers un but « noble », et s'expliquaient sans doute par un refus des formes d'action qu'il avait observées. Ce rejet l'avait incité à entrer au monastère... C'était une échappatoire.

Durant les années qui ont suivi, j'ai perdu Dieter Stein de vue. Je suis resté en contact avec certaines personnes, mais de façon sporadique. La plupart des « partisans » juifs qui avaient survécu ont fini par se retrouver en Israël, et quelques-uns en Amérique, mais c'étaient des *am-aaretz*, des gens très simples, et je ne suis pas assez sentimental pour les revoir plus d'une fois tous les dix ans.

Je reviens au moine Dieter Stein. Une fois en Amérique, je parcourais régulièrement la presse israélienne et, en 1960, j'ai vu sa photo dans tous les journaux. En fait, Dieter Stein était allé vivre en Israël. Il était entré au monastère Stella Maris, sur le mont Carmel. Et il avait intenté une action en justice contre l'État d'Israël en réclamant la citoyenneté israélienne en vertu de la loi du Retour.

Dans les journaux d'alors, cette nouvelle donnait lieu à des controverses assez surprenantes. J'ai senti que tout cela trahissait une tension cachée. Stein était un cas bizarre : d'un côté, c'était un héros de la guerre qui avait accompli un exploit, et de l'autre, il fallait qu'il se justifie d'avoir travaillé pour la Gestapo, car ce travail est considéré en soi comme un crime.

Et par-dessus le marché, Stein était un prêtre catholique. Un chrétien. Quand je vivais en Israël, j'ai bien senti à quel point l'unité et la vie de ce pays sont déterminées par la résistance unanime au monde arabe qui l'entoure. Dans ces articles transparaissait encore une autre idée que l'on préfère d'habitude ne pas formuler à voix haute : l'existence même d'Israël n'est garantie que par une opposition permanente à la menace que constitue le monde arabe. À cela s'ajoute encore une chose que l'on passe sous silence car elle n'est pas « politiquement correcte » : il existe chez les Juifs la profonde conviction que la Shoah a mûri dans les tréfonds de la civilisation chrétienne et a été perpétrée par les chrétiens. Même si le gouvernement nazi s'était démarqué de l'Église et même si bien des chrétiens, non seulement n'approuvaient pas le massacre des Juifs, mais en ont même sauvé, on ne peut nier le fait que depuis deux mille ans le christianisme officiel, bien que guidé par les préceptes de la charité chrétienne, porte en lui-même une haine irréductible envers les Juifs. C'est pourquoi Stein, pour s'être converti au christianisme, est considéré par beaucoup de Juifs comme un traître à la religion nationale : il est passé à l'ennemi.

Lui, de son côté, avait réclamé la citoyenneté israélienne en vertu de la loi du Retour. Cette loi accorde ce droit à toute personne se considérant comme juive et née d'une mère juive. Il avait essuyé un refus, sans aucune explication, et c'est à la suite de cela qu'il avait porté l'affaire devant la Cour suprême.

Ce qu'il y avait d'original dans son cas, c'est qu'on lui a

accordé la citoyenneté, mais par naturalisation, et non selon la loi du Retour. Or il exigeait la reconnaissance formelle de sa judéité, autrement dit, il exigeait que l'on inscrive le mot « juif » dans la rubrique « appartenance ethnique », ce qui est parfaitement en accord avec la jurisprudence juive, la Halakhah.

Tout cela fait réfléchir sur le fait qu'il doit exister une séparation plus nette entre les lois civiles et les lois religieuses, et qu'il ne saurait y avoir d'amalgame entre des idéaux théocratiques et les structures d'un État moderne.

Nous avons quitté Israël avant le début du procès de Stein, et il s'est déroulé pour ainsi dire hors de mon champ de vision. Ce procès a duré plusieurs années et j'ai lu hier dans un journal israélien que Stein avait fini par le perdre. Cela me paraît être le summum de la stupidité : si on a réussi à trouver un catholique qui a envie d'être juif, pourquoi ne pas l'y autoriser ?

J'aimerais bien savoir si c'est la même chose du côté chrétien, et si Stein est le bienvenu dans les milieux catholiques.

19. FÉVRIER 1964, JÉRUSALEM
Hilda Engel au prêtre Daniel Stein

Cher père Daniel,
Vous ne vous souvenez sans doute pas de moi. Je m'appelle Hilda Engel. Nous nous sommes rencontrés dans un kibboutz de la vallée de Jezréel, où j'étais venue travailler et apprendre l'hébreu. Vous êtes arrivé avec un groupe et vous avez passé la nuit à l'hôtellerie du kibboutz. C'est moi qui servais à manger à votre groupe, d'habitude, on me remarque parce que je suis plus grande que tout le monde. Je vous préviens tout de suite que je vous écris parce que je voudrais travailler avec vous. J'ai beaucoup réfléchi à ce que vous avez dit après le dîner, quand nous étions réunis dans le réfectoire, et c'est exactement ce que je cherche. Je ne vous ai pas écrit immédiatement parce que j'ai compris que si je n'avais pas une formation appropriée, je ne vous serais pas d'une

grande aide. J'ai donc suivi à Munich des cours pour devenir auxiliaire pastorale (on y forme les assistants des prêtres et les travailleurs sociaux auprès des paroisses) et je suis revenue en Israël. Pour l'instant, je suis dans une mission à Jérusalem, je travaille dans un bureau mais bien entendu, ce n'est pas pour cela que j'avais tellement envie de venir ici.

Il se trouve que je sais beaucoup de choses sur vous, alors que vous, vous ne savez rien de moi. Étant donné que nous allons travailler ensemble, je vais tout vous raconter, c'est important.

Ma famille est originaire de l'est de l'Allemagne. Aujourd'hui, le domaine de mon arrière-grand-père tombe en ruine quelque part près de la ville de Schwedt, non loin de la frontière avec la Pologne. Cet arrière-grand-père était un homme fortuné, un notable qui avait fait carrière dans la politique. Mon grand-père était général et membre du parti nazi pendant le Reich. C'était un spécialiste dans le domaine militaire, et même un savant. En tout cas, je sais qu'il avait quelque chose à voir avec les missiles de guerre allemands. Je porte le nom de mon père et pendant très longtemps, je ne connaissais même pas le nom de mon grand-père. Ma mère n'en parlait jamais. Mon père est mort sur le front de l'Est en 1944. Après la guerre, ma mère est partie en Allemagne de l'Ouest, elle a épousé mon beau-père, et j'ai trois demi-frères. J'ai de bonnes relations avec l'un d'eux, les deux autres sont pour moi de parfaits étrangers. Comme mon beau-père. Je ne sais rien de son passé, c'est un commerçant et un homme assez borné. J'ai vécu toute mon enfance dans le silence. Dans ma famille, on ne parlait pas. On avait peur des questions, on avait peur des réponses. Le silence était ce qu'il y avait de plus commode. Le dimanche, on nous emmenait à l'église, mais, là aussi, nous n'avions de relations avec personne. Dans cette petite ville au bord du lac de Starnberg, près de Munich, où mon beau-père a acheté une maison au début des années cinquante, beaucoup de gens ne voulaient pas parler de leur passé. À l'âge de quatorze ans, je suis tombée sur le journal d'Anne Frank. J'étais déjà au courant de l'extermination des Juifs. C'est-à-dire que j'en avais vaguement entendu parler, mais cela ne m'avait pas touchée. Ce livre m'a brisé le cœur. Je sentais que je ne devais pas poser de questions à ma mère. Alors je me suis mise à lire.

Plus tard, je lui ai quand même demandé ce que notre famille avait fait pour sauver les Juifs. Elle m'a répondu que la vie était si dure pendant la guerre qu'on n'avait pas le temps de penser aux Juifs. Et que de façon générale, à l'époque, elle ne savait rien des camps de concentration ni des chambres à gaz. Je suis allée à la bibliothèque municipale, et j'y ai trouvé une multitude de livres et de films. Mieux encore : j'ai découvert que l'énorme camp d'extermination de Dachau se trouvait non loin de Munich. Ce qui m'a le plus bouleversée, c'est que, là-bas, il y a des gens qui vivent, qui dorment, qui mangent, qui rient... Et cela ne leur fait rien !

Ensuite, la cousine de ma mère est venue de Schwedt, et elle m'a raconté que mon grand-père s'était suicidé une semaine avant la capitulation de l'Allemagne. C'est aussi elle qui m'a appris son nom. S'il ne s'était pas tiré une balle dans la tête, il aurait sans doute été pendu comme criminel de guerre. Alors j'ai compris que je voulais consacrer ma vie à aider les Juifs. La culpabilité historique des Allemands est immense et en tant qu'Allemande, je la partage. Je voudrais à présent travailler pour l'État d'Israël.

Je suis catholique, j'ai fait partie d'une association de jeunes dans ma paroisse, et quand j'ai demandé à suivre cette formation d'auxiliaire pastorale, on m'a tout de suite donné une recommandation. Maintenant, j'ai terminé cette formation, j'ai fait un stage pratique avec des enfants difficiles et j'ai travaillé trois mois dans une maison de retraite. Je n'ai pas beaucoup d'expérience, mais je suis prête à apprendre. Je possède également quelques notions de comptabilité et je parle déjà convenablement l'hébreu. Je n'ai pas osé vous écrire dans cette langue parce que je ne voulais pas que vous receviez une lettre bourrée de fautes, et puis il est quand même beaucoup plus simple pour moi de m'exprimer en allemand.

J'ai vingt ans. Je suis robuste. Je peux travailler avec des enfants et avec des vieillards. Je n'ai pas fait d'études supérieures. À un moment, j'ai pensé m'inscrire à l'université. Mais à présent, il me semble que ce n'est pas indispensable.

J'attends votre réponse et je suis prête à venir immédiatement à Haïfa pour commencer à travailler avec vous.

Respectueusement.

HILDA ENGEL

MARS 1964, HAÏFA
Daniel Stein à Hilda Engel

Chère Hilda,

Tu t'es adressée à moi en allemand, mais je te réponds en hébreu, cela te fera un peu d'exercice. Tu m'as écrit une excellente lettre, j'ai tout compris. Je serais heureux de travailler avec toi, mais notre paroisse est toute petite et nous n'avons pas de quoi te verser un salaire. Or comment vivrais-tu ici sans salaire ? Moi, j'habite dans le monastère, mais toi, il faudrait que tu loues un appartement. Alors voici ce que je propose : si tu as du temps libre à la mission, tu peux toujours venir à Haïfa pour assister à la messe, rencontrer nos paroissiens et discuter avec eux. Généralement, après la liturgie, nous passons quelques heures ensemble, nous partageons un petit repas, parfois, nous lisons l'Évangile et nous bavardons de choses et d'autres. Téléphone-moi quand tu auras l'intention de venir et j'irai te chercher à la gare routière. Autrement tu ne nous trouveras pas, ce n'est pas si facile.

Le Seigneur soit avec toi !

Frère DANIEL

(Si tu n'as rien contre, je préfère qu'on m'appelle comme ça.)

MAI 1964, JÉRUSALEM
Hilda Engel à Daniel Stein

Cher frère Daniel,

Ma mère dit toujours que mon obstination est capable de faire des trous dans les murs... J'ai écrit à notre direction à Munich, puis je leur ai téléphoné trois fois, et ils ont promis qu'ils allaient essayer de s'arranger pour que mon poste d'assistante pastorale soit transféré de Jérusalem à Haïfa. Je leur ai dit que j'avais appris l'hébreu mais que je ne parlais pas l'arabe, et que cela allait poser des problèmes dans les rapports avec les catholiques d'ici, qui

92

sont exclusivement des Arabes. Ils ont promis de donner une réponse sans trop tarder, mais ils réclament une lettre de toi déclarant que tu as vraiment besoin de moi dans ton église. Tu trouveras ci-dessous l'adresse à laquelle tu dois écrire. Comme ça, dans un mois, je serai à Haïfa. Hourra !

HILDA

Ah oui ! J'ai téléphoné à ma mère, je lui ai annoncé que j'allais travailler comme assistante d'un prêtre dans une église juive, et elle a dit que j'étais folle ! Elle a compris que j'allais travailler dans une synagogue. Je ne l'ai pas détrompée et ne lui ai rien expliqué. Elle n'a qu'à croire ça.

JUIN 1964, HAÏFA
Frère Daniel à Hilda Engel

Mon enfant !

Tu as oublié la moitié de tes affaires : un pull, une chaussure (je me demande si tu avais l'autre au pied, ou si tu en avais une paire de rechange), ton manuel d'hébreu, et aussi un roman policier en anglais épouvantablement mauvais. J'ai fait un tas de tout ça, et j'ai décidé qu'être assistante d'un prêtre était ta véritable vocation !

Affectueusement.

Frère DANIEL

20. NOVEMBRE 1990, FRIBOURG
Extrait des entretiens du frère Daniel avec des lycéens

Nous savons que beaucoup de chrétiens ne célèbrent pas la liturgie ensemble parce qu'ils se sont séparés au cours de l'histoire en raison de divergences théologiques. L'Église unique s'est divisée autrefois en trois Églises principales : catholique, orthodoxe et protestante. Mais il existe aussi une multitude de petites Églises, dont certaines ne comptent que quelques centaines de membres. Ils n'ont pas de relations liturgiques avec les autres chrétiens, ils ne prient pas ensemble et ne célèbrent pas d'offices ensemble. Ces schismes entre chrétiens ont pris parfois des formes très violentes et ont même conduit à des guerres de religion.

Les Juifs aussi ont connu un schisme à la fin du XVIIIe siècle. Deux courants sont alors apparus : celui des *hassidim* et celui des traditionalistes, les *mitnagdim*. Ils ne se reconnaissaient pas mutuellement, même s'ils n'ont jamais été jusqu'à l'affrontement. Les Juifs de Pologne appartenaient en majorité au monde hassidique, mais Wilno (c'était ainsi que s'appelait Vilnius à l'époque) était la ville des traditionalistes. Les *hassidim* étaient des mystiques, ils tombaient en extase pendant leurs prières, ils accordaient une grande importance à l'étude de la Kabbale et attendaient la venue imminente du Messie. Ce dernier point les apparente à certaines sectes chrétiennes.

Durant les deux derniers siècles, Wilno a été la capitale des Juifs du courant traditionaliste. Aujourd'hui encore, ces divergences ne concernent que les Juifs religieux. Mais les nazis, eux, ne s'intéressaient absolument pas à ces subtilités : ils s'étaient donné pour tâche d'exterminer tous les Juifs, les *hassidim*, les *mitnagdim*, et ceux qui n'étaient pas croyants. C'était un génocide ethnique.

Pour nous, de jeunes Juifs venus du fin fond de la campagne polonaise, la ville de Wilno, dans laquelle nous nous sommes retrouvés en 1939, était non seulement une grande cité d'un État européen, mais également la capitale du judaïsme occidental. À cette époque, on l'appelait souvent « la Jérusalem lituanienne ». Presque la moitié des habitants étaient des Juifs.

Au moment où nous sommes arrivés là-bas, Wilno venait d'être cédée à la Lituanie d'après le pacte Molotov-Ribbentrop, et les Lituaniens avaient commencé à persécuter les Polonais. Ce fut une brève période d'indépendance pour la Lituanie, et nous avions l'impression que notre rêve allait se réaliser, que nous allions bientôt nous retrouver en Palestine. Nous ne comprenions pas que nous étions tombés dans un piège qui était sur le point de se refermer sur nous. En juin 1940, la Lituanie a été occupée par l'Armée rouge, et un mois et demi plus tard, elle était annexée par l'Union soviétique. Par la suite, en juin 1941, Wilno serait prise par les troupes de la Wehrmacht. Mais nous ne pouvions pas prévoir le cours des événements.

Wilno nous a beaucoup plu, nous sommes montés sur le mont Gediminas, nous nous sommes promenés dans les quartiers juifs et nous avons longé les quais. La ville avait une odeur particulière, elle sentait le feu de bois. Il n'y avait presque pas de charbon et tout le monde se chauffait au bois. C'est d'ailleurs grâce à cela que nous avons trouvé du travail : durant le premier hiver, nous avons gagné notre vie en fendant des bûches et en les livrant dans les appartements des étages les plus élevés des immeubles de la ville.

Il y avait à Wilno diverses organisations juives, dont des organisations sionistes, et nous sommes tout de suite entrés en contact avec elles. Pour se rendre en Palestine, il fallait obtenir un certificat spécial. Ils étaient délivrés gratuitement aux moins de dix-huit ans. Si mon frère avait de grandes chances d'en obtenir un, pour moi, en revanche, c'était moins sûr. Il avait seize ans, mais j'en avais plus de dix-huit.

Il fallait trouver un moyen de survivre en attendant ces certificats. Nous avons organisé un kibboutz, une communauté dans laquelle tout le monde travaille et personne ne dispose de revenus personnels. Comme dans un monastère. Nous nous sommes installés dans une demeure assez spacieuse, chaque groupe avait sa chambre, la seule fille de notre bande s'occupait de tenir la maison, tous les autres travaillaient et le travail était parfois très dur. Au début, j'ai coupé du bois comme tout le monde, puis on m'a proposé de devenir apprenti chez un cordonnier. Ce cordonnier était très pauvre, il avait une ribambelle d'enfants, et je passais presque toute la journée chez lui : après le travail, je gardais ses enfants et je les aidais à faire leurs devoirs. Mais j'ai appris le métier de cordonnier, et aujourd'hui encore je répare mes sandales moi-même.

Nous avons pris contact avec nos parents par l'intermédiaire de la Croix-Rouge. Nous correspondions avec eux. Après notre séparation, ils étaient rentrés chez eux, mais on les avait aussitôt transférés dans une autre région de Pologne. La Croix-Rouge transmettait les lettres. Nos cousins sont les derniers à les avoir vus vivants, ils ont vécu quelque temps tous ensemble dans un petit village. Ensuite, nous n'avons plus reçu aucune nouvelle. Nous ne savons pas exactement dans quel camp de la mort ils ont péri.

Dans la dernière lettre qui nous soit parvenue, ma mère nous suppliait de ne nous séparer sous aucun prétexte.

Mais nous nous sommes séparés. Mon frère a reçu son certificat pour la Palestine, et il est parti en empruntant un itinéraire très dangereux, par Moscou et Istanbul. C'était en janvier 1941. La séparation a été dure, personne ne savait si on se reverrait un jour.

Après le départ de mon frère, les événements ont pris un tour dramatique : le 22 juin 1941, la Russie et l'Allemagne sont entrées en guerre. Une heure après la déclaration de guerre, les bombardements ont commencé. Au bout de trois jours, les Russes ont abandonné Wilno.

Mais nous n'étions plus là, nous avions décidé de partir. Nous nous trouvions déjà à une soixantaine de kilomètres de la ville quand nous nous sommes rendu compte que nous étions en territoire allemand.

Nous sommes revenus à Wilno. Et nous avons appris une nouvelle accablante : le jour où l'Armée rouge avait quitté Wilno, des bandes de Lituaniens s'étaient formées spontanément et s'étaient mises à massacrer les Juifs avant même la prise de la ville par les Allemands. Par la suite, un grand nombre de Lituaniens ont fait partie des détachements punitifs allemands.

Les lois contre les Juifs sont entrées en vigueur : confiscation des biens, interdiction de fréquenter les lieux publics, de marcher sur les trottoirs. Pour finir, on a exigé le port obligatoire d'un signe distinctif, l'étoile de David. Les arrestations ont commencé.

À cette époque, j'étais si naïf que je ne pouvais pas croire que les Allemands avaient un système d'extermination des Juifs parfaitement élaboré. J'ai été élevé dans le respect de la culture allemande, et je me disputais avec mes amis, je leur soutenais que ces actes de violence, ces humiliations, étaient des phénomènes isolés, des conséquences du désordre qui régnait. Je n'arrivais tout simplement pas à y croire. Ce qui se passait avait l'air d'une aberration et d'une erreur. Je répétais : « Ce n'est pas possible ! Ne croyez pas ces calomnies ! Les Allemands vont bientôt rétablir l'ordre ! »

De fait, nous n'avions pas encore vu le véritable ordre allemand !

Les rafles de Juifs dans la rue ont commencé, les gens disparaissaient. Le bruit courait qu'on les exécutait. Je continuais à nier l'évidence.

Toutes les organisations sionistes qui restaient encore en ville avaient été dissoutes. On pouvait dire adieu à la Palestine. J'ai décidé de rechercher mes parents par l'intermédiaire de la Croix-Rouge et de les rejoindre. Alors que je me rendais au siège de la Croix-Rouge, j'ai été pris dans une rafle de Juifs et arrêté.

À dater de cette première arrestation, le 13 juillet 1941, et jusqu'à la fin de la guerre, j'aurais pu être tué chaque jour. On peut même dire que j'aurais dû mourir bien des fois. Chaque fois, j'ai été sauvé de façon miraculeuse. Si on peut s'habituer aux miracles, alors pendant la guerre, je m'y suis habitué. Mais à ce moment-là, les miracles ne faisaient que commencer dans ma vie.

Qu'est-ce que c'est qu'un miracle, d'ailleurs ? Ce que personne n'a jamais vu jusque-là, ce qui n'est jamais arrivé ? Ce qui sort des limites de notre expérience ? Ce qui va à l'encontre du bon sens ? Ce qui est peu vraisemblable ou se produit si rarement que personne n'en a jamais été témoin ? S'il neigeait à Wilno en plein mois de juillet, par exemple, ce serait un miracle ?

En me fondant sur mon expérience, je peux dire qu'on reconnaît un miracle au fait que c'est Dieu qui l'accomplit. Cela veut-il dire que les miracles ne se produisent jamais avec les gens qui n'ont pas la foi ? Non, pas du tout. Parce que l'esprit d'un homme qui n'a pas la foi s'arrangera pour expliquer le miracle par des raisons naturelles, par la théorie de la vraisemblance ou par une exception aux règles. Pour un croyant, un miracle, c'est l'intervention de Dieu dans le cours naturel des événements, et son esprit se réjouit, il déborde de gratitude lorsqu'un miracle se produit.

Je n'ai jamais été athée. J'ai commencé à prier consciemment à l'âge de huit ans, je demandais à Dieu de m'envoyer un maître qui m'enseignerait la vérité. Je me représentais ce maître beau, cultivé, avec de longues moustaches, comme le président de la Pologne dans ces années-là.

Je n'ai pas rencontré ce maître moustachu, mais Celui que j'ai rencontré et que j'appelle mon Maître a longtemps parlé avec moi dans la langue des miracles.

Seulement, avant de savoir déchiffrer cette langue, il me fallait apprendre l'alphabet. Je me suis mis à réfléchir là-dessus après cette première rafle, quand j'ai été arrêté dans la rue avec un ami.

Le groupe de Juifs appréhendés a été conduit au poste de police, puis on nous a envoyés travailler, couper du bois dans une boulangerie allemande. Pour la première fois, j'ai vu de mes yeux deux soldats allemands battre presque à mort un jeune homme qui ne fendait pas bien les bûches. Mon ami et moi, nous avons eu toutes les peines du monde à le traîner jusqu'à la cour de la prison de Łukiszki, où l'on nous a amenés après une longue journée de travail. La cour était remplie de Juifs, uniquement des hommes. Ensuite, on nous a confisqué nos effets personnels et nos papiers, et nous avons subi un interrogatoire. Quand on m'a demandé mon métier, j'ai hésité entre bûcheron et cordonnier. Après réflexion, j'ai décidé que j'étais meilleur cordonnier que bûcheron. C'est ce que j'ai dit. Et là, il s'est produit un miracle. Un officier a crié : « Rendez ses affaires et ses papiers à ce Stein ! »

On m'a conduit sur le palier. Puis on a encore amené quelques personnes. C'étaient tous des cordonniers. Nous avons compris par la suite que la Gestapo avait besoin de cordonniers parce qu'un important stock de cuir avait été confisqué chez des commerçants juifs et, au lieu de l'expédier en Allemagne, les officiers allemands avaient décidé de répartir ce cuir entre eux et de se faire faire des bottes avec. Parmi le millier de personnes arrêtées au cours de cette rafle, il n'y avait que douze cordonniers. Plus tard, on m'a dit que tous les autres avaient été fusillés. Je ne l'ai pas cru.

Il y avait tellement de cuir que le travail n'en finissait pas. Les six premières semaines, on nous a gardés en prison, ensuite, on nous a délivré des laissez-passer avec le cachet de la Gestapo, et on nous a laissés rentrer chez nous. Nous devions venir travailler tous les jours dans l'atelier de cordonnerie de la prison.

Un soir, alors que je rentrais chez moi, un paysan m'a proposé de monter dans sa carriole. Je ne me doutais pas alors que ma rencontre avec cet homme (il s'appelait Bolesław Rokicki) était un miracle. Nous savons combien sont nombreux les gens qui ont des morts sur la conscience. Lui, il faisait partie de ceux qui sauvaient des vies. Mais à ce moment-là, je ne comprenais pas grand-chose.

Bolesław vivait dans un hameau à deux kilomètres de Ponar. Il m'a dit que près de trente mille Juifs étaient déjà ensevelis dans les tranchées antichars que l'Armée rouge avait creusées avant de battre en retraite. Des exécutions avaient lieu jour et nuit. Là encore, je n'y ai pas cru.

Bolesław m'a proposé de m'installer chez lui, dans sa propriété. Selon lui, c'était un endroit sûr.

« Tu ne ressembles pas à un Juif, et tu parles polonais comme un Polonais. Ce n'est pas écrit sur ta figure que tu es juif... Tu n'as qu'à déclarer que tu es polonais ! »

J'ai refusé. J'avais un certificat allemand attestant que je travaillais comme cordonnier pour la Gestapo, et j'estimais que cela me protégerait.

Quelques jours plus tard, en revenant de mon travail, j'ai été de nouveau pris dans une rafle. La rue était bloquée. Tous les Juifs qui passaient étaient arrêtés et parqués dans une cour intérieure fermée, une boîte en pierre avec une seule issue, un lourd portail en métal. La rafle était opérée par des gardes lituaniens en uniforme nazi. Ils se distinguaient par une cruauté particulière. En guise d'armes, ils avaient des gourdins en bois dont ils se servaient à merveille. Je me suis approché d'un officier lituanien et je lui ai montré mon papier. Je lui ai expliqué pour qui je travaillais. Il a déchiré mon précieux laissez-passer et m'a flanqué une gifle.

Ils ont fait entrer tous les Juifs dans la cour et ils ont fermé le portail à clé. Les immeubles qui entouraient cette cour étaient vides, tous les occupants avaient déjà été expulsés. Certains ont essayé de se cacher dans des appartements déserts, d'autres sont descendus dans la cave. J'ai décidé de me cacher, moi aussi, et je me suis glissé dans la cave. Comme dans beaucoup de maisons de Wilno, cette cave servait de remise pour conserver les légumes, et elle était divisée en celliers. En tâtonnant dans l'obscurité, j'ai trouvé une porte, mais elle était fermée. J'ai écarté des planches et je me suis faufilé à l'intérieur. Il n'y avait pas de légumes dans ce cellier, il était rempli de vieux meubles. Je me suis caché là.

Au bout de quelques heures, des camions sont arrivés, et j'ai entendu crier des ordres en allemand. Puis des Allemands sont descendus avec des lampes torches, et ils ont commencé à fouiller. Cela faisait penser à un jeu de cache-cache, seulement le perdant n'avait aucune chance de s'en sortir. Un rai de lumière m'a éclaboussé à travers la fente. Je les ai entendus parler. « Il y a un cadenas, ici. Viens, il n'y a plus personne ! » Et le rayon de lumière a disparu. « Eh, regarde, il y a une fente entre les planches ! » a répondu le deuxième.

Jamais encore je n'avais prié Dieu avec autant de ferveur.

« Tu rigoles ? Même un enfant ne pourrait pas passer par là. »

Ils sont partis. Je suis resté là, dans un silence absolu. Une heure, deux heures. Je comprenais qu'il fallait que je trouve le moyen de sortir. Le laissez-passer allemand que l'on m'avait remis à la Gestapo avait été déchiré par l'officier lituanien. Je n'avais plus que ma carte de lycéen délivrée en 1939. Ma nationalité ne figurait pas sur cette carte, juste mon nom, Dieter Stein. Un nom allemand ordinaire. J'ai arraché l'étoile jaune de ma manche. J'avais pris une décision : le Juif allait rester dans cette cave. Celui qui remonterait à la surface serait allemand. Il fallait que je me comporte comme un Allemand. Non, comme un Polonais. Mon père était allemand et ma mère polonaise, ce serait mieux comme ça. Et ils étaient morts...

Je suis sorti dans la cour. Il faisait déjà jour. Rasant les murs comme un chat, je me suis dirigé vers le portail. Il était fermé. Et les battants s'ajustaient si bien aux chambranles de pierre qu'il était impossible de se faufiler par l'interstice. Les pierres étaient parfaitement emboîtées les unes dans les autres, impossible de les écarter sans instrument. Mais justement, j'en avais un, un petit marteau de cordonnier muni d'un arrache-clou. Nous avions tous été fouillés en entrant dans la cour, mais ils n'avaient pas trouvé le marteau dans ma botte. « C'est un miracle ! me suis-je dit. Encore un. »

Au bout d'un quart d'heure, j'avais descellé deux pierres. Le passage était étroit, mais suffisant pour moi. Même aujourd'hui, comme vous voyez, je ne suis pas très gros, mais à l'époque, je pesais moins de cinquante kilos. Je me suis faufilé par le trou, et je me suis retrouvé dans la rue.

C'était le petit matin. Au coin de la rue a surgi un soldat allemand complètement saoul suivi par une bande de gamins qui se moquaient de lui. Je lui ai demandé en allemand où il allait. Il m'a montré un papier avec l'adresse d'un hôtel. J'ai chassé les gamins et j'ai traîné l'Allemand jusqu'à l'adresse indiquée. Il marmonnait des mots incohérents, mais il s'ensuivait de son récit confus qu'il avait participé cette nuit-là à une extermination de Juifs.

Je devais me comporter comme un Allemand. Non, comme un Polonais. Et je n'ai pas bronché.

« Mille cinq cents, tu comprends... Mille cinq cents... » Il s'est arrêté et s'est mis à vomir. « Je me fiche de ces gens-là, mais pourquoi je dois faire ça ? Je suis imprimeur, tu comprends, imprimeur... Qu'est-ce que j'en ai à faire, des Juifs ? »

Il n'avait pas l'air d'un homme qui prend plaisir à tuer.

Nous avons fini par arriver à son hôtel. Personne ne pouvait imaginer que ce soldat allemand saoul était ramené par un Juif.

Le soir même, j'ai trouvé la ferme de Bolesław. Il m'a accueilli très chaleureusement. Il cachait déjà dans sa propriété deux prisonniers de guerre russes qui s'étaient évadés d'un camp et une Juive avec son enfant.

Cette nuit-là, couché dans un cagibi, le ventre plein, revêtu d'habits propres et surtout, me sentant enfin en sécurité, je débordais de gratitude envers Dieu qui avait perdu tant de temps à me sortir de ce piège à rats.

Je me suis endormi très vite, mais au bout de quelques heures, j'ai été réveillé par des rafales de mitraillette. Elles venaient du côté de Ponar. Cette fois, je n'avais plus aucun doute sur ce qui se passait là-bas. Bien des choses auxquelles j'allais être confronté sont impossibles à accepter pour une conscience humaine normale. Ce qui était en train de se passer à quelques kilomètres de moi était encore plus inconcevable que n'importe quel miracle. J'avais fait personnellement l'expérience du miracle en tant que bien surnaturel. À présent, j'éprouvais le sentiment douloureux que les lois suprêmes de la vie étaient transgressées, que le mal perpétré était surnaturel, qu'il était contraire à l'ordre de l'univers.

J'ai vécu plusieurs mois dans la ferme de Bolesław, je travaillais dans les champs avec d'autres ouvriers agricoles. Vers la mi-octobre, les Allemands ont promulgué une loi punissant de mort tous ceux qui cachaient des Juifs.

Je ne voulais pas faire courir de risque à Bolesław et j'ai décidé de partir. Une occasion n'a pas tardé à se présenter : le vétérinaire du village, venu aider une vache à mettre bas, m'a suggéré d'aller en Biélorussie, où son frère vivait dans un endroit tellement perdu que les Allemands n'y mettaient jamais les pieds.

Et un beau jour, je suis sorti sur la route. J'avais très peur. Tout en marchant, je me disais que si je n'arrivais pas à vaincre cette peur, je ne survivrais pas. Ma peur me trahirait. C'était une peur juive, la peur d'être juif, d'avoir l'air juif. Je me suis dit que je ne pourrais survivre que si je cessais d'être juif. Je devais devenir comme les Polonais ou les Biélorusses. Mon aspect physique était assez neutre, d'ailleurs, de toute façon je ne pouvais pas le changer. La seule chose que je pouvais changer, c'était mon comportement. Il fallait que je me comporte comme tout le monde.

La route était sillonnée par des voitures et des camions allemands. De temps en temps, des hommes faisaient du stop et il arrivait qu'ils soient pris. Les femmes, elles, marchaient. Elles redoutaient de monter dans une voiture. J'ai surmonté ma peur et j'ai levé le pouce. Un camion allemand s'est arrêté.

Deux jours plus tard, j'ai atteint ma destination, un village perdu de Biélorussie.

Mais il n'avait pas été oublié par les Allemands : une semaine avant mon arrivée, tous les Juifs avaient été abattus. Le bâtiment le plus important du village était l'école, et une partie de ses locaux avaient été réquisitionnés pour y installer un commissariat de police. Une des pièces servait à entreposer des vêtements. Ceux qu'on avait confisqués aux Juifs encore vivants, et qu'on avait pris sur les Juifs morts.

Les policiers étaient principalement des Biélorusses. Les Polonais étaient moins nombreux car, en 1940 et au début de l'année 1941, près d'un million et demi de Polonais des régions orientales avaient été déportés en Russie.

Dans le commissariat de police où je me suis rendu le lendemain pour recevoir l'autorisation de vivre dans le village, j'ai été reçu par un secrétaire polonais, et mon histoire sur mes parents n'a pas éveillé de soupçons. Ma carte de lycéen, l'unique pièce d'identité que je possédais, était irréprochable, et ma nationalité n'y était pas précisée. Le polonais était vraiment ma langue maternelle. J'ai reçu de nouveaux papiers sur lesquels il était stipulé que mon père était allemand et ma mère polonaise. J'avais même le droit, maintenant, de devenir *Volksdeutsche*, c'est-à-dire ethniquement allemand. Mais je n'ai pas usé de ce privilège. Mon privilège, c'était ma connaissance de l'allemand.

C'est ainsi que j'ai acquis un statut légal. Au début, j'ai vécu grâce à mon métier de cordonnier. On ne me payait pas en argent, mais en nourriture. Au bout de quelque temps, on m'a proposé un emploi de concierge à l'école, ainsi qu'une chambre à l'intérieur de l'école. La pièce voisine était occupée par le chef de la police. Ma fonction était de faire le ménage, de couper le bois et d'entretenir les poêles. Très vite, j'ai dû également enseigner l'allemand aux écoliers.

Le froid est arrivé. Je n'avais pas de vêtements chauds. Un jour, le secrétaire, qui était responsable de l'entrepôt, m'a proposé de m'équiper, et il m'a ouvert la porte de la pièce remplie de vêtements. J'ai éprouvé une impression atroce : c'étaient les affaires des Juifs tués par les Allemands. Cela me faisait horreur d'y toucher. Que devais-je faire ? J'ai prié, j'ai remercié en pensée mes congénères assassinés, et j'ai pris une pelisse en mouton usagée ainsi que quelques autres vêtements. Je ne savais pas s'il me serait donné de les porter longtemps.

Quand les autorités allemandes passaient, on me faisait venir pour servir d'interprète. J'étais très angoissé, je comprenais que je devais avoir le moins de contact possible avec les Allemands. Un jour, le chef de la police régionale, Ivan Sémionovitch, est arrivé au commissariat. Cette police était une organisation biélorusse subordonnée aux Allemands baptisée « police biélorusse auxiliaire de la gendarmerie allemande en territoire occupé », et des bruits inquiétants couraient sur son chef, il était réputé pour ses beuveries et sa cruauté. Il était venu avec un fonctionnaire allemand, et on m'a demandé de traduire. Le soir même, ce Sémionovitch m'a convoqué, il m'a proposé de devenir son interprète personnel et de lui enseigner l'allemand.

Je n'avais aucune envie de travailler pour la police. J'avais une nuit pour prendre ma décision. C'était affreux de penser que moi, un Juif, j'allais collaborer avec la police... Mais déjà à ce moment-là, il m'était venu à l'idée qu'en travaillant avec Sémionovitch je pourrais peut-être sauver certains de ceux que la police traquait. Faire au moins quelque chose pour des gens qui avaient besoin d'aide. La population biélorusse était misérable et terrorisée, ils avaient peur des autorités, et même un emploi aussi insignifiant qu'interprète auprès de la police biélorusse était important à leurs yeux. Cette fonction permettait d'avoir une certaine influence.

J'ai donc pris la décision de travailler pour Sémionovitch et, chose étrange, je me suis senti soulagé : même à ce poste insignifiant, je pourrais être utile aux habitants de la région, à ceux qui avaient besoin d'aide. Beaucoup ne comprenaient tout simplement pas ce qu'on leur demandait et se faisaient punir pour cette raison. La possibilité de les aider me rendait ma dignité. Faire quelque chose pour les autres était la seule façon de préserver ma conscience, ma personnalité. Dès la première seconde, j'ai compris que le moindre faux pas me serait fatal.

J'ai donc commencé à remplir la fonction d'interprète entre la gendarmerie allemande, la police biélorusse et la population locale. Je me suis débarrassé de mon dernier « héritage » juif — les vêtements des Juifs fusillés provenant de l'entrepôt de la police. Je portais à présent un uniforme noir de policier, avec des manchettes et un col de couleur grise, une culotte bouffante, des bottes et une casquette noire, mais sans tête de mort. On m'a même donné une arme. Cet uniforme ne se distinguait de celui des SS que par la couleur grise des manchettes et du col.

C'est ainsi que je suis devenu pratiquement un policier allemand, avec le grade de sous-officier. Je suis entré dans l'armée avec le même grade que celui qu'avait mon père en la quittant. Personne n'aurait pu prévoir que le destin prendrait un tel tour. On était en décembre 1941. J'avais dix-neuf ans. J'étais vivant, et c'était un miracle.

21. JUIN 1965, HAÏFA

Panneau d'affichage de la paroisse catholique arabe de l'Assomption à Haïfa

Les annonces sont en hébreu et en polonais.

Chers paroissiens !

Le 15 juin à 7 heures du soir aura lieu une rencontre avec des représentants de l'organisation américaine « Les Juifs suivent Jésus ».

HILDA

Chers paroissiens !

Une excursion en famille à destination de Tabgha est organisée le jour de la fête de saint Pierre et saint Paul. Rassemblement devant l'église à 7 heures du matin.

HILDA

Chers paroissiens !

Pour la maison de retraite qui vient de réouvrir, nous avons besoin d'un radiateur, d'un lit pliant et de plusieurs faitouts.

HILDA

Chers paroissiens !

Les cours, ainsi que les lectures des Saintes Écritures, sont annulés en raison du départ de frère Daniel. À la place, un professeur de l'université de Jérusalem, Haïm Artman, viendra nous parler d'archéologie biblique. Ce sera très intéressant !

HILDA

Nous avons un lit à étage pour enfants, si quelqu'un en a besoin, s'adresser à Hilda.
Aujourd'hui, atelier de dessin pour les enfants.

HILDA

22. 1964, HAÏFA
Daniel Stein à Władysław Klech

Cher frère,

J'ai mis longtemps à répondre à ta lettre, et je ne t'ai pas encore remercié pour les revues. Je t'en suis très reconnaissant ! Malheureusement, pour l'instant, je ne les ai pas encore lues. Tu comprends, je me trouve ici confronté à des problèmes d'un genre tout à fait autre, très éloignés de la théorie et de la théologie. Du reste, nous savons déjà depuis longtemps que les problèmes théologiques reflètent toujours les situations concrètes dans lesquelles se trouvent l'Église et les gens qui la constituent.

Les personnes qui m'entourent (il est difficile d'appeler cela une paroisse au sens habituel du terme) me placent devant des questions totalement nouvelles. Quand je travaillais en Pologne, j'avais à faire à des catholiques polonais élevés dans une tradition déterminée, dans le cadre d'une culture nationale. Ce que je vois ici est complètement différent. Nous savons bien que l'Église est universelle, mais nous ne sommes pas toujours conscients que, sur un plan pratique, nous avons à faire à des religions à caractère ethnique. Le milieu chrétien tel qu'il existe en Israël est extrêmement diversifié, il est constitué d'une multitude d'Églises, chacune a ses propres traditions, ses propres conceptions. Même les catholiques sont ici représentés avec une grande variété. Outre mes frères carmes, je suis amené à fréquenter des maronites, des melkites, et bien d'autres courants présents ici à travers différentes organisations chrétiennes, y compris un grand nombre de communautés monastiques comme les Petites Sœurs et les Petits Frères de Jésus, et chacune de ces branches possède ses propres caractéristiques, sa propre vision des choses. Parmi les Petits Frères et les Petites Sœurs, par exemple, il y a les pro-palestiniens et les pro-israéliens, ils ont leurs divergences internes. On a même fermé récemment une Fraternité de Jérusalem : il est trop difficile de vivre avec les Arabes quand on ne partage pas leur haine envers les Juifs. Et je ne parle pas des orthodoxes divers et variés qui ne s'entendent pas non plus entre eux : l'Église du Patriarcat de Moscou est en profond conflit avec l'Église Hors-frontières, et ainsi de suite jusqu'à l'infini. Je n'essaie même pas de faire le tour de la situation.

Pour ma part, en tant que prêtre d'une paroisse, je me heurte sans arrêt à des problèmes à l'intérieur de ma petite communauté. Ces Polonaises et leurs enfants, ces Hongrois, ces Roumains et ces gens isolés, qui n'arrivaient pas à trouver leur place dans leurs « patries » respectives, mais qui s'accrochent encore aux traditions « de chez eux », ont beaucoup de mal à s'intégrer dans leur nouveau pays. Quant aux Juifs catholiques, en règle générale, même dans le reste du monde, ils ne se sentent pas vraiment à l'aise. Mais les miens se sentent particulièrement mal.

C'est seulement ici, en Israël, dans cette tour de Babel des peuples, que j'ai vraiment compris dans ma chair qu'en pratique un prêtre travaille toujours non avec des gens abstraits, mais avec les représentants d'un peuple particulier. Or chaque peuple possède apparemment son chemin bien à lui, un chemin « national », pour rejoindre le Christ, si bien qu'il existe dans les consciences populaires un Christ italien, un Christ polonais, un Christ grec, un Christ russe...

Ma tâche à moi est de chercher le Christ juif sur cette terre, au milieu du peuple auquel j'appartiens. Je n'ai pas besoin de rappeler que Celui au nom duquel l'apôtre Paul a déclaré que la nationalité terrestre, les différences sociales et même le sexe ne comptaient pas, était lui-même un Juif, c'est un fait historique.

J'ai eu l'occasion de rencontrer un jeune évêque éthiopien. Il disait des choses importantes : « Les Africains ne peuvent pas accepter le christianisme européen. Une Église vit dans son *ethnos*, et on ne peut pas obliger tout le monde à adopter l'interprétation latine. Le roi Salomon dansait devant l'autel. Et les Africains aussi sont prêts à danser. Notre Église est plus ancienne que l'Église de Rome. Nous voulons être tels que nous sommes. J'ai fait mes études à Rome, j'ai prié pendant des années dans les églises romaines. Mais mes paroissiens noirs n'ont pas cette expérience, pourquoi devrais-je exiger d'eux qu'ils renoncent à leur nature et les forcer à devenir une Église romaine ? L'Église ne doit pas être aussi centralisée. L'universalité, c'est la liberté de chaque Église ! »

Je suis bien d'accord avec lui sur ce point. L'Église éthiopienne s'est constituée avant le schisme entre la chrétienté orientale et occidentale, en quoi les problèmes qui sont apparus par la suite la concernent-ils ?

Je suis prêt à partager ce point de vue, non en tant qu'Éthiopien, mais en tant que Juif. En Pologne, cela ne me serait tout simplement jamais venu à l'esprit. Tu sais, en Biélorussie, avec les Allemands, je voulais avoir l'air allemand, en Pologne, j'étais presque polonais, mais ici, en Israël, il est absolument évident que je suis juif.

Autre chose : alors que je faisais visiter le mont Carmel à deux séminaristes venus de Rome, nous sommes arrivés par hasard dans un village de druzes, et un peu plus haut dans la montagne, nous avons trouvé une église abandonnée. Autrefois, deux moines vivaient à côté, dans un ermitage, mais maintenant, il n'y a plus personne. On ne sait même pas à qui demander l'autorisation de s'y installer. Je suis revenu avec mes paroissiens, et nous avons commencé à déblayer : nous avons nettoyé les détritus et enlevé tout un bric-à-brac. Nous avons empilé douze pierres pour faire un autel. Bien sûr, il faudra beaucoup d'argent pour rendre tout cela présentable afin d'y célébrer la messe. Pour l'instant, j'ai écrit aux autorités locales en leur demandant l'autorisation de restaurer l'église.

À propos, j'ai reçu la citoyenneté israélienne, mais pas du tout comme je le voulais. On m'a accordé la naturalisation parce que je vis ici, mais je ne suis pas formellement reconnu comme juif. Je crois que je te l'avais déjà dit. Après que j'ai perdu mon procès, la loi a été amendée : à présent, sont juifs ceux qui sont nés de mère juive, qui se considèrent comme juifs, et qui ne se sont pas convertis à une autre religion. Autrement dit, c'est encore pire qu'avant. En arrivant en Israël, un immigrant doit maintenant déclarer quelle est sa religion, et selon cette nouvelle loi, les Juifs chrétiens peuvent se voir refuser la citoyenneté. Voilà à quoi je suis arrivé !

Sur mes papiers d'identité, il est écrit « nationalité non déterminée »...

Mon cher Władek ! Il y a beaucoup de travail ici, tellement de travail que, parfois, je n'ai même pas le temps de réfléchir. Pourquoi le Seigneur a-t-il arrangé ma vie de cette façon ? Quand j'étais jeune, pour échapper aux Allemands, je suis resté caché chez des religieuses dans un couvent pendant six mois sans oser mettre le nez dehors et, à l'époque, j'avais plus de temps qu'il n'en fallait pour réfléchir. Tandis que, maintenant, j'ai l'impression de manquer de temps « libre ». Et je n'ai pas une seconde pour lire.

À propos de lectures, j'ai quelque chose à te demander : si tu tombes sur des ouvrages du spécialiste anglais de la Bible Harold Rowley, pas ses livres sur l'Apocalypse, mais son vieux bouquin sur la foi d'Israël, envoie-le-moi, s'il te plaît. J'ai trouvé des allusions à ce texte, mais sans références bibliographiques.

On sait depuis longtemps que la question de Pilate : « Qu'est-ce que la vérité ? » est purement rhétorique. Mais la question : « Qu'est-ce que la foi ? », elle, n'a rien de rhétorique, c'est une nécessité vitale. Il y a trop de gens sur terre qui croient dans des règlements, dans les cierges, dans des sculptures et autres bibelots, qui croient en des gens intéressants et en des idées bizarres. Mais peut-être que, ici, chercher un contenu est aussi stupide que chercher la vérité ? Je voudrais pourtant que la foi, qui est pour chaque être humain un mystère personnel, soit débarrassée de sa coquille et de ses scories. Pour parvenir à la graine une et indivisible. C'est une chose de croire, et c'en est une autre de savoir, mais il est essentiel de savoir en quoi on croit.

Ton frère en Christ.

DANIEL

23. JANVIER 1964

Extraits de la presse israélienne

Le 4 décembre 1963, le pape Paul VI a annoncé son intention d'accomplir un pèlerinage en Terre sainte. Il n'a pas parlé de

« l'État d'Israël », il a utilisé le mot « Palestine ». Ce seul fait suffit à montrer clairement son attitude envers le peuple juif et son État. À Jérusalem, la décision du pape a suscité une certaine perplexité. Les concertations préalables qui sont d'usage lors des visites de chefs d'État n'ont pas eu lieu. La presse a été sensible à l'insulte et a réagi violemment. Dans l'éditorial du quotidien *Yediot Aharonot,* le docteur Herzl Rosenberg écrit : « Que l'on n'ait pas estimé nécessaire de nous informer de quoi que ce soit, que notre ambassadeur à Rome ait appris la décision du Saint-Siège par les journaux et les membres du gouvernement par la radio, voilà qui est surprenant ! »

L'agence de presse italienne a déclaré au nom du Vatican que cette visite avait un caractère purement religieux et ne signifiait nullement la reconnaissance de l'État d'Israël.

Le Vatican a annoncé que l'avion de Paul VI atterrirait sur l'aéroport de Rabat Ammon le 4 janvier 1964. Depuis la capitale de la Jordanie, « Sa Sainteté » se rendra dans la Vieille Ville (à Jérusalem) à bord de sa limousine personnelle. Là, elle passera la nuit dans la Mission du Vatican. Le lendemain, Paul VI franchira la frontière et pénétrera en Israël. Il se rendra en Galilée et à Nazareth, visitera la partie juive de Jérusalem et montera sur le mont Sion, après quoi il retournera dans la Vieille Ville par la porte Mandelbaum.

Le troisième jour, le pape se rendra à Bethléem, puis regagnera Rabat Ammon d'où il s'envolera pour le Vatican.

Un tronçon de route abandonnée entre Djenin et Megiddo a été choisi comme lieu de la rencontre du chef de l'Église catholique avec les dirigeants de l'État d'Israël. Un petit point insignifiant sur la carte, qui témoigne avec évidence de l'état de guerre dans lequel se trouve notre pays.

Le journal *Maariv* a écrit que ce n'était pas un hasard si Paul VI avait choisi Megiddo comme lieu de rencontre : « N'y a-t-il donc chez nous personne qui connaisse l'Apocalypse de Jean ? Il y est écrit clairement qu'à la fin des temps c'est à Megiddo qu'aura lieu l'ultime combat entre le Bien et le Mal (les forces de l'Antéchrist). Et c'est là que nous devons rencontrer le pape ? Et qui plus est, représentés par notre équipe dirigeante au complet ? Ces dernières semaines, le Vatican n'a cessé de déclarer que l'État d'Israël n'existait pas pour lui. Et c'est précisément là que Paul VI a décidé de rencontrer les dirigeants de l'État israélien : sur une route détruite que personne n'emprunte plus depuis 1948 ! »

La commission ministérielle a proposé de ne pas s'opposer au désir du souverain pontife et d'organiser une réception solennelle à Megiddo. Il a été décidé que le président Zalman Shazar, le grand rabbin Itzak Nissim et plusieurs ministres se rendraient là-bas. Cette décision n'a pas soulevé l'enthousiasme de l'opinion.

Un membre de la commission, Zerah Vahrhaftig, a émis l'avis que, puisque la visite avait un caractère purement religieux, il ne fallait pas que le président ainsi qu'une délégation de dirigeants s'empressent de témoigner leur respect à « Sa Sainteté ». Des fonctionnaires du ministère des Affaires religieuses seraient amplement suffisants.

Au beau milieu des préparatifs de cet événement capital, le grand rabbin d'Israël Itzak Nissim a déclaré qu'il ne se rendrait pas à Megiddo. Cela a provoqué un terrible scandale. Tout le monde a aussitôt oublié les controverses concernant le voyage du président. Le grand rabbin refuse de se plier à la décision du gouvernement, et personne ne peut le faire changer d'avis. Son refus fait la une des médias du monde entier. Le pèlerinage du pape est passé au second plan. À présent, toute la presse parle du différend entre le chef de l'Église catholique et le grand rabbin, qui est bien sûr interprété comme le différend qui oppose catholicisme et judaïsme.

RAPHAËL PINES
Correspondant spécial

COMPTE RENDU DE LA VISITE
DU PAPE PAUL VI EN ISRAËL

Le 5 janvier 1964, le pape a passé onze heures sur le territoire d'Israël, de neuf heures quarante du matin à vingt heures cinquante du soir. Le souverain pontife est entré en Israël par la route Djenin-Megiddo, et il en est ressorti par la porte Mandelbaum à Jérusalem. Il était arrivé de Rome la veille, et son avion avait atterri à Rabat Ammon, c'est de là qu'il s'est rendu à Jérusalem. Les Jordaniens ont profité de cette visite pour organiser une violente campagne antisémite. Dans la Vieille Ville, le pape a été accueilli par une foule que la police a eu du mal à contenir. Le souverain pontife a failli être écrasé. En Israël, en revanche, l'accueil a été assez froid. À Nazareth, trente mille personnes s'étaient rassemblées dans les rues de la ville. À Jérusalem, il n'y avait aucune animation particulière.

La délégation qui s'était déplacée pour la rencontre solennelle de Megiddo était constituée du président israélien Zalman Shazar, du Premier ministre Lévi Eshkol, de son assistant Abba Eban, du ministre des Affaires religieuses Zerah Vahrhaftig, du président de la Knesset Kaddish Luz, et du ministre de la Sécurité intérieure Shalom Shitrit. Golda Meïr s'était cassé la jambe la veille, aussi n'a-t-elle pu rencontrer le pontife qu'elle « adore ». Ceux qui s'attendaient à ce que le pape mentionne l'État d'Israël se sont cruellement trompés. Bien que les représentants du gouvernement n'aient cessé de répéter que cette visite avait un caractère purement religieux, ils soulignaient qu'elle revêtait néanmoins une signification politique importante. Onze heures après son arrivée, le pape a prononcé un discours d'adieu. Il a commencé par remercier « les autorités » et a déclaré qu'il n'oublierait jamais sa visite des lieux saints. Il a également signalé que l'Église « aimait tout le monde ». C'est alors qu'un coup de tonnerre a soudain éclaté dans ce ciel sans nuages : le pape a évoqué Pie XII. « Mon prédécesseur le grand Pie XII a fait tout son possible durant la dernière guerre pour venir en aide aux persécutés, indépendamment de leurs origines. Aujourd'hui, des voix s'élèvent pour accuser ce saint homme. Nous déclarons qu'il n'y a rien de plus injuste que ces accusations. Sa mémoire est pour nous sacrée. » (Qui est Pie XII ? C'est en grande partie grâce à la complaisance de ce « saint homme » qu'ont péri six millions de Juifs, il n'a même pas levé le petit doigt pour les sauver. Or il aurait suffi de dire un mot, et combien de vies auraient été épargnées !) Même les catholiques ont été indignés par les déclarations de Paul VI. Le seul fait d'évoquer ce pape antisémite à Jérusalem était pour le moins dénué de tact. Une fois à bord de son avion, le souverain pontife a envoyé des télégrammes de remerciement à tous ceux qui l'avaient reçu. Il s'est adressé au roi Hussein en énumérant tous ses titres et a même ajouté des remerciements à son « bien-aimé peuple de Jordanie ». Le pèlerin n'a pas traité le gouvernement d'Israël de la même façon. Le télégramme commençait par les mots : « À monsieur le président Shazar, Tel-Aviv. » Et non Jérusalem, Dieu nous en préserve !

ARIEL GUIVATÏ
Correspondant spécial

24. JUILLET 1964, HAÏFA

Lettre du prieur du monastère Notre-Dame-du-Mont-Carmel adressée au supérieur des carmes déchaux de la province du Liban

Très Révérend Père,

Je vous informe que le mois dernier, j'ai reçu une information affligeante concernant la réaction d'un frère de notre couvent à propos de l'entrevue que le souverain pontife a eue avec une délégation d'hommes politiques à Megiddo. Il s'agit du frère Daniel Stein, qui a été transféré de Pologne dans notre monastère en 1959. À l'époque, nous avions grand besoin d'un prêtre parlant polonais pour célébrer la messe et assumer la charge de pasteur auprès des fidèles d'Haïfa d'expression polonaise. Le frère Daniel s'acquitte à merveille de ses obligations, tous les échos que nous en avons de la part de ses paroissiens sont on ne peut plus positifs, ce qui n'était pas le cas pour son prédécesseur.

À la suite d'un avertissement émis par l'un de nos frères, j'ai convoqué le frère Daniel afin de le sermonner. Il m'a exposé, sur certaines questions de la politique de l'Église, des points de vue qui peuvent être résumés de la façon suivante :

1. Le frère Daniel estime qu'il faut rétablir une communauté juive chrétienne (!) sur la terre d'Israël.

2. Le frère Daniel estime que, pour avoir rompu avec la tradition judaïque, l'Église catholique d'aujourd'hui s'est coupée de ses racines et qu'elle se porte mal.

3. Le frère Daniel estime que pour guérir cette « maladie », il est nécessaire de « délatiniser » l'Église en adaptant le christianisme aux cultures locales.

113

Je lui ai rappelé qu'il était tenu de respecter la discipline de l'Église dans son sacerdoce, ce sur quoi il est tombé d'accord avec moi seulement dans une certaine mesure, et il a déclaré que la célébration des offices en hébreu, qu'il s'efforce de réaliser, ne contrevient à aucun règlement de l'Église.

Ne me sentant pas suffisamment compétent pour prendre une décision quelle qu'elle soit, j'ai estimé de mon devoir de vous exposer la teneur de notre entretien. Je joins à ma lettre le document qui a été à l'origine de cette conversation.

Avec mon profond respect.

Frère N. SARIMENTE
Prieur du monastère Stella Maris

Lettre adressée au prieur du monastère Stella Maris en juin 1964

Révérend Père,

Je considère comme un devoir relevant de mon vœu d'obéissance monastique de vous tenir informé des déclarations intolérables que le frère Daniel Stein, qui vit avec nous, se permet depuis longtemps à l'égard des positions du Saint-Siège.

Déjà auparavant, ses discours exprimaient un désaccord avec la politique de l'Église au Moyen-Orient. Il a déclaré que la non-reconnaissance de l'État d'Israël par le Vatican était une erreur et se situait dans le prolongement de la politique antisémite de l'Église. Il s'est permis toute une série de remarques précises condamnant la position du pape Pie XII durant la période nazie, il lui reproche de ne pas s'être opposé à l'extermination des Juifs pendant la guerre. Il a également déclaré que le Vatican menait une politique d'intrigues en faveur des Arabes par peur du monde arabe. Frère Daniel est juif et soutient un point de vue pro-israélien. Je mets cela sur le compte de ses origines, qui expliquent en partie sa position.

Néanmoins, ses commentaires sur de récents événements très importants (la visite de Sa Sainteté au Moyen-Orient et sa rencontre historique avec les dirigeants d'Israël sur la route Djenin-

Megiddo) expriment une condamnation de la position de l'Église que je trouve affligeante, et je me sens contraint de vous en tenir informé. Ses opinions ne correspondent pas tout à fait aux idées qui sont de mise dans notre ordre.

Frère ÉLIE

AOÛT 1964

Lettre du supérieur des carmes déchaux de la province du Liban adressée au général de l'ordre

Très Révérend Père Général,

Je vous envoie une série de documents concernant la présence et l'activité du père Daniel au monastère Stella Maris. Ne vous semblerait-il pas judicieux de transmettre ces documents au département concerné de la Curie romaine ?

J'ai eu un entretien avec le prêtre Stein, et je lui ai suggéré d'exposer par écrit ses idées sur la célébration des offices en hébreu. Je ne prendrai aucune décision sans votre aval.

Supérieur des carmes déchaux
de la province du Liban

25. 1996, *MOCHAV* NOF HA-GALIL, GALILÉE

Enregistrement sur magnétophone d'une conversation entre Ewa Manoukian et Avigdor Stein

TROISIÈME CASSETTE

Avigdor : Qu'est-ce que tu veux que je te dise sur la vie de Daniel au monastère, Ewa ? Pour commencer, je n'ai jamais mis les pieds là-bas. Toi, tu y es allée, tu sais mieux que moi comment cela se passe, chez eux.

Ewa : Je n'ai pas vu grand-chose. On ne m'a pas permis de franchir le seuil. Ils ne laissent pas entrer les femmes, Golda Meïr

115

est la seule qu'ils aient reçue une fois. Personne n'a voulu me parler. On m'a dit que le supérieur n'était pas là. Et son secrétaire, un Grec, ne parlait pas l'anglais, il se contentait d'agiter les bras en répétant : Non, non !

Avigdor : Tu me feras penser à te montrer une lettre que j'ai reçue d'un de nos amis d'Akiva peu après la guerre. Je l'ai gardée. Elle parle des débuts de sa vie au monastère, quand il était encore en Pologne. Mais pourquoi tu ne l'as pas interrogé toi-même là-dessus ?

Ewa : C'est plutôt lui qui posait des questions... Et puis, nous avons parlé d'autre chose.

Avigdor : Oui, il n'aimait pas parler de lui-même. Comme les partisans : s'ils estiment qu'il n'est pas nécessaire de dire quelque chose, ils se taisent. C'est seulement au bout de cinq ans que j'ai compris à quel point la vie au monastère était difficile pour lui. Tu sais, là-bas, beaucoup de choses dépendaient du supérieur. Si c'était un homme tolérant à l'esprit large, ils avaient de bons rapports. Mais chez eux, les supérieurs changent tous les trois ans, je crois. Et durant les années qu'il a passées au Stella Maris, il y en a eu beaucoup... Il a vécu presque quarante ans là-bas.

Je me souviens qu'un des supérieurs le détestait, tout simplement. Je ne sais pas ce que font les autres moines là-bas, quelle est leur vie. Mais ils habitent tous à l'intérieur du monastère et n'en sortent presque jamais. Personne ne parle hébreu. Quand un des moines tombait malade et devait aller à l'hôpital, c'était toujours Daniel qui l'accompagnait pour faire l'interprète. Rien de ce qui était lié au monde extérieur ne pouvait se faire sans lui. Et puis il avait une voiture. Peu après son arrivée, il avait acheté une Vespa et s'était mis à sillonner le pays avec. Ensuite, il a acheté une voiture. Ça, c'était déjà quand il avait commencé à gagner de l'argent en faisant le guide. Il a eu d'abord une Mazda complètement déglinguée, puis une petite Ford antédiluvienne.

Tu sais, voici comment je voyais les choses de l'extérieur : il y avait là une douzaine ou une quinzaine de moines. Daniel se levait à quatre heures pour la prière. Je ne sais pas très bien ce qu'ils font là-dedans. Ils doivent travailler dans leur jardin, ils ont un jardin merveilleux, avec une petite vigne. Daniel, lui, n'y travaillait jamais. Après la prière du matin, il s'en allait. Dès le début, il a été une sorte de travailleur social. Prêtre, c'était juste un titre comme un autre ! En fait, il aurait dû être médecin ou enseignant. Il aurait fait un excellent médecin. Et il était sans doute un très bon moine. De façon générale, tout ce qu'il faisait, il le faisait très bien, très consciencieusement.

Mais les moines de là-bas, c'était autre chose. À leurs yeux, Daniel était un original. Pour commencer, il était juif. Il y avait même un moine qui ne lui disait jamais bonjour. Ils ont vécu toute leur vie dans le même monastère et, jusqu'à sa mort, il ne lui a pas adressé la parole une seule fois ! Daniel, cela le faisait rire. Quand il l'emmenait chez le médecin, l'autre n'ouvrait pas la bouche, il regardait ailleurs. Sa position était très délicate. Mais tu as bien vu quel caractère il avait : il ne se plaignait jamais, il se contentait de tout tourner en plaisanterie.

Sa paroisse ? C'était quoi, sa paroisse ? Des gens qui ne trouvaient de place nulle part, arrachés à leur pays natal, pour la plupart des catholiques mariées à des Juifs, des malades, des folles, avec des enfants complètement déboussolés. Oh, tu sais, ne va pas croire que je ne comprends pas combien il est difficile de vivre en Israël quand on n'est pas juif. C'est très compliqué ! Avant Daniel, il y avait eu un prêtre irlandais, les paroissiens n'avaient pas voulu de lui parce qu'il était carrément antisémite. Or les catholiques d'ici sont tous liés aux Juifs par des liens de sang. Une des paroissiennes de Daniel avait sauvé la vie de son mari, il avait vécu un an et demi dans une cave, et chaque nuit, elle lui apportait à manger, elle vidait son pot de chambre, tout cela sous le nez des Allemands. Et ce prêtre irlandais disait à cette femme : « Tu as pondu une portée de petits youpins ! » Bref, il a été muté sur une île grecque où personne n'a jamais entendu parler des Juifs, comme ça tout le monde est content. Et on a envoyé Daniel ici, à Haïfa, chez nos catholiques. Les premières années, il disait la messe en polonais. Ensuite, il y a eu des Hongrois qui sont arrivés, des Russes, des Roumains, il y avait de tout. Toutes les langues. Tous ces gens apprenaient l'hébreu, pour demander leur chemin, pour acheter du pain. Et petit à petit, l'hébreu est devenu la langue dans laquelle ils communiquaient entre eux. Au bout de quelques années, Daniel s'est mis à dire la messe en hébreu. Ses paroissiens étaient presque tous des gens pauvres, ils ne travaillaient pas vraiment, ils faisaient des enfants et vivaient d'allocations.

Moi, je suis arrivé en Israël en 1941, et au bout de trois jours, je travaillais. Ici même, à l'endroit où je me trouve aujourd'hui. Bien sûr, au début, j'ai fait des petits boulots. Les allocations, on n'y pensait même pas ! Mais tous ces gens, ils sont complètement démunis, désemparés. Mon frère leur servait d'assistante sociale, il leur remplissait leurs papiers. Il les envoyait faire des études. Les enfants aussi, d'ailleurs.

Après, il y a eu son travail de guide. Au début, il accompagnait des délégations de l'Église, des catholiques italiens, allemands. Il leur faisait tout visiter. Ensuite sont arrivés des groupes qui n'étaient plus des catholiques, simplement des touristes qui lui demandaient de leur montrer les lieux saints. Il connaissait Israël bien mieux que moi. Moi, je n'ai pas beaucoup voyagé à travers le pays, où aurais-je trouvé le temps ? Avec le travail, les enfants... Mais lui, il connaissait chaque buisson, chaque sentier. Surtout en Galilée. Il gagnait de l'argent comme ça. Il en donnait une partie au monastère et le reste, il le dépensait pour ses paroissiens. Ma fille aînée disait toujours : « Notre oncle, c'est un vrai manager ! Il est capable d'organiser n'importe quoi. » Il a fondé une école pour les enfants des immigrants, un orphelinat et un hospice. Et il a acheté une maison pour sa paroisse.

Ewa : Pourquoi n'a-t-il pas quitté le monastère ?

Avigdor : Je crois que c'était un soldat ! Il était comme un soldat qui reste à son poste. La discipline est très stricte, chez eux. Il rentrait toujours dormir au monastère. Il partait le matin et revenait vers minuit. Je ne sais pas pourquoi il avait besoin de ce monastère. Cela faisait longtemps que je lui avais dit de venir s'installer chez nous. Surtout les dernières années, après le départ des enfants. Nous avions déjà cette maison, elle est grande, et nous nous sommes retrouvés seuls, Milka et moi. Au moins, il aurait mangé la soupe de Milka ! Mais c'était non, voilà tout.

On écrivait des dénonciations sur lui. J'ai gardé longtemps un papier qu'il m'avait apporté. Son supérieur l'avait fait appeler et lui avait remis une convocation au Secrétariat du Premier ministre. Daniel est venu nous voir, il nous l'a montré : qu'est-ce que cela pouvait bien vouloir dire ? C'était après le procès, on pensait que tout ce scandale, dans les journaux, était retombé. J'ai examiné la lettre : ce n'était pas du tout l'adresse du Premier ministre, c'était celle de la Sécurité nationale. Le Shin Bet. C'est comme votre CIA. Je lui ai dit de ne pas y aller. Il était là, à se gratter l'oreille. C'était une habitude qu'il avait, quand il réfléchissait, il se grattait toujours derrière l'oreille.

« Non, a-t-il dit, je vais y aller. J'ai déjà eu à faire à ce genre de services, j'ai travaillé dans la police, j'ai été résistant. D'ailleurs j'ai deux médailles, une avec Lénine et une avec Staline... J'ai même travaillé pendant deux mois au NKVD avant de m'enfuir. »

J'ai été très étonné, il ne m'avait jamais parlé du NKVD. C'est alors qu'il m'a raconté : quand les Russes étaient entrés en Biélorussie, on avait commencé par lui donner une médaille et ensuite, on l'avait convoqué au NKVD. Il y en avait un qui l'interrogeait, un autre qui prenait des notes, et un troisième qui écoutait. Date et lieu de naissance, profession des parents, des grands-parents, avec qui il était sur les bancs de l'école, qui était son voisin de droite, son voisin de gauche... Il a répondu. Ils lui ont reposé les mêmes questions. Et c'est reparti pour un tour : date et lieu de naissance, profession du père, profession de la mère... Ensuite, ils lui ont dit : « Aide-nous, et nous t'aiderons. » Il a répondu : « Je n'ai pas besoin de votre aide, et je ne vois pas ce que je pourrais faire pour vous. » « Tu vas nous aider à trier les papiers du secrétariat dans lequel tu as travaillé à Emsk. Tout est en allemand et il faut qu'on vérifie ça, qu'on trouve leurs agents. »

Lui ne rêvait que d'une chose : s'en aller le plus vite possible loin de tout, il avait déjà pris sa décision. Mais il comprenait qu'on ne le laisserait pas partir comme ça, et il a accepté de faire ces traductions, de leur remettre tous les documents de la Gestapo. On l'a ramené à Emsk, dans la maison d'où il s'était enfui, et il s'est retrouvé dans le même bureau. Seulement, au lieu d'un capitaine allemand, c'était un capitaine russe. Et deux lieutenants, un Russe et un Biélorusse. De nouveau, on lui a donné un uniforme, on lui servait à manger dans le même réfectoire où il avait pris ses repas avec les *polizei*. C'était le même travail : tout ce qu'il avait autrefois traduit du biélorusse en allemand, il le traduisait à présent en russe. Et il comprenait que, dès qu'il aurait terminé, il serait aussitôt arrêté. Un beau jour, au bout de deux mois, le capitaine a été convoqué à Minsk, et le lieutenant russe est parti avec lui. C'est le Biélorusse qui a pris le commandement. Mon frère était un petit malin ! Il a bien réfléchi, et il est allé trouver le lieutenant pour lui demander une permission, il lui a dit : « J'ai terminé tout le travail, comme convenu. J'ai de la famille à Rodno, je voudrais leur rendre visite. Donnez-moi un congé de quelques jours. » Or le lieutenant biélorusse voyait en lui un rival, il avait peur qu'on donne son poste à Daniel parce qu'il parlait plusieurs langues. Il a réfléchi, et il a déclaré : « Je ne peux pas te laisser partir, je n'en ai pas le pouvoir. Mais si tu vas voir ta famille, je peux très bien ne pas le savoir... » Autrement dit, il ne lui a pas dit : « Sauve-toi sans autorisation », mais il le lui a fait comprendre. C'est comme ça que Daniel avait échappé à des services secrets, pour la dernière fois de sa vie, croyait-il. Et voilà que maintenant, c'étaient les services secrets israéliens, nos services à nous, qui le convoquaient. Que devait-il faire ? Je lui ai dit de ne pas y aller. « Tu es libre, et en plus, tu es moine. N'y va pas, c'est tout ! »

Mais Daniel s'est gratté l'oreille et a répondu : « Non, je vais y aller. C'est mon pays. Je suis citoyen d'Israël. » Et il y est allé. Quand il est revenu trois jours plus tard, je lui ai demandé : « Alors ? »

Il a éclaté de rire.

« Pour commencer, a-t-il dit, entre ce capitaine et l'autre, il n'y a aucune différence ! Leurs questions étaient exactement les mêmes : date et lieu de naissance, profession des parents, des grands-parents, avec qui j'étais sur les bancs de l'école, qui était mon voisin de gauche, mon voisin de droite... J'ai répondu. Il m'a reposé les mêmes questions. Et c'était reparti pour un tour, on dirait qu'ils sont tous passés par la même école ! » C'était tellement drôle, la façon dont il racontait ça, Ewa ! Même si cela n'avait absolument rien de drôle... Ensuite, ils lui ont demandé s'il ne voulait pas aider son pays. Il a répondu qu'il était toujours heureux de servir son pays. Le visage de l'autre s'est illuminé, et il lui a proposé de fournir des informations sur ses paroissiens. Il a déclaré qu'il y avait sans doute parmi eux un ou plusieurs agents envoyés par les Russes.

Ewa : Qu'est-ce que tu racontes, Avigdor ! C'est impossible !

Avigdor : Qu'est-ce qui est impossible ? Tout est possible ! Tu
crois peut-être qu'il n'y avait pas d'espions ? Oh, ce n'est pas
ça qui manquait ! Ici, il y avait des agents de là-bas, là-bas, des
agents de chez nous, et partout, des agents de chez vous. Quand
aux espions anglais, cela pullulait, tout le monde sait ça ! Nous
sommes au Moyen-Orient ! Tu crois que, parce que je vis dans
un trou perdu, je ne comprends rien à la politique ? Je sais parfaitement ce qui se passe, aussi bien que Daniel, même si, lui, il
lisait tous les journaux étrangers.

Bref, il a refusé. « Non, a-t-il dit, mon métier m'impose certains devoirs et je suis tenu au secret professionnel. Si je sens
un jour une menace pour le gouvernement, je réfléchirai à la
façon d'agir, mais pour l'instant, je ne me suis jamais trouvé
dans ce genre de situation. »

Alors le capitaine a dit : « Peut-être pouvons-nous vous être
utiles en quelque chose ? Nous avons beaucoup d'estime pour
vous, nous sommes au courant de votre passé de combattant, de
vos décorations. Vous avez peut-être des problèmes que nous
pourrions vous aider à résoudre ?

« Oui, a-t-il répondu. J'ai garé ma voiture à une place de sta-
tionnement payant et cela va me coûter trois lires. Vous pourriez me les rembourser. »

Voilà l'histoire !

Ewa : C'était en quelle année ?

Avigdor : Je ne sais plus exactement. Je me souviens qu'il avait
parlé de lires. Cela devait donc se passer avant 1980.

26. AOÛT 1965, HAÏFA

Daniel Stein à Władysław Klech

Cher frère,

Merci pour les livres. Je viens juste de recevoir ton colis. Malheureusement, je n'ai absolument pas le temps de lire en ce
moment. Je n'ai même pas le temps de te répondre. C'est pourquoi je te promets de t'écrire plus tard une longue lettre avec des

« explications ». Ton intuition ne te trompe pas : dès mon arrivée en Israël a débuté en moi une sorte d'évolution intérieure, et un grand nombre des idées que j'avais autrefois ont été ébranlées. La vie est d'une incroyable intensité dans ce pays, la vie sociale, politique, spirituelle, bien que je n'aime pas ce mot car je n'accepte pas cette distinction entre ce qui est supérieur et ce qui est inférieur, entre l'esprit et la chair. La question qui est devenue pour moi cruciale dès mon arrivée en Israël peut être formulée ainsi : en quoi croyait notre Maître ? Le problème n'est pas de savoir ce qu'Il professait, mais en quoi précisément Il croyait. Cela m'intéresse plus que tout. Je ne te promets pas de t'écrire mes réflexions sur ce sujet dans un proche avenir, mais je le ferai certainement un jour.

Je te souhaite une bonne fête de la Transfiguration ! Hier, j'ai célébré une messe en haut du mont Thabor. Il y a là deux églises, une catholique et une orthodoxe, séparées de grilles. Nous avons trouvé un endroit à flanc de montagne, un peu en contrebas. Je pense que c'est là que les apôtres sont tombés à terre, éblouis par la vision. Et c'est là que nous avons prié. Outre mes paroissiens habituels, il y avait avec nous quelques orthodoxes et deux anglicans. Une joie immense.

Cette grille rouillée qui sépare les deux églises, j'en ai même rêvé. La grille qui sépare Pierre et Paul ! Et en un tel lieu ! Je n'arrête pas d'y penser. Mais comme il n'est pas dans ma nature frivole de réfléchir longtemps, j'ai déjà écrit au Patriarche de l'Église latine pour demander l'autorisation de créer ici, à Haïfa, une union des chrétiens de toutes les obédiences afin de prier ensemble. Je suis également en train de réfléchir à la possibilité de célébrer la liturgie tous ensemble. Si l'on travaille dans ce sens, on pourrait peut-être assister à cela de notre vivant. Je ne suis pas fou, et je vois bien le nombre d'obstacles qui se dressent sur ce chemin, mais si Dieu le veut, cela se fera.

Je t'envoie mon baiser fraternel.

Bien à toi.

DANIEL

FIN DE LA PREMIÈRE PARTIE

1er MARS 2006, MOSCOU

Ludmila Oulitskaïa à Éléna Kostioukovitch

Ma chère Éléna,

J'ai une nouvelle inattendue à t'annoncer : en novembre, alors que je me retrouvais à Vollenzele avec un téléphone coupé, un ordinateur en panne et une hôtesse parlant exclusivement le flamand, dans une chambre pourvue d'un tapa indonésien en guise de tapis de méditation, je me suis rendu compte que ce que je désirais le plus au monde, c'était écrire un livre sur Daniel. Pas un conte mythique et divertissant ni un livre comme ma future *Tente verte* qui existe déjà en partie, non, rien de tout cela. Juste quelque chose sur Daniel. Mais j'ai totalement renoncé à l'approche documentaire, même si j'ai appris par cœur tous les livres, brochures, documents, publications et Mémoires de centaines de gens, ainsi qu'il convient à une esclave des documents. J'ai commencé à écrire un roman, ou je ne sais trop comment appeler ça, sur un homme placé aujourd'hui dans les mêmes circonstances et confronté aux mêmes problèmes. Toute sa vie, il a trimbalé un monceau de questions non résolues, jamais formulées, et extrêmement inconfortables pour tout le monde. Sur la valeur de la vie qui se transforme en boue visqueuse sous nos pieds, sur la liberté dont si peu de gens ont besoin, sur Dieu qui est de moins en moins présent dans notre existence, sur les efforts pour l'extirper de paroles usées jusqu'à la corde, des déchets accumulés par les Églises, et de la vie qui se replie sur elle-même. Pas trop mal tourné, non ?

Je tournicote autour de cela depuis le jour où j'ai rencontré Daniel, et tu sais combien de tentatives j'ai faites pour aborder ce thème. En voici encore une. Cette fois, je vais essayer d'échapper à la pression des documents, aux noms et prénoms des gens réels que l'on peut toujours blesser et à qui l'on peut porter préjudice, tout en gardant ce qui a une signification « non privée ». Je transforme les noms, j'introduis des personnages à moi, imaginaires ou à moitié inventés, je change tantôt le lieu de l'action, tantôt les dates, mais je tiens fermement les rênes, je m'efforce de ne pas partir dans tous les sens. C'est-à-dire que la seule chose qui m'intéresse, c'est la véracité absolue du récit. Je me réserve le droit à l'échec (comme toujours). C'est du reste le plus grand luxe que puisse se permettre un auteur en ces temps d'économie de marché.

Bref, je t'envoie la première partie de ce que j'ai écrit. J'ai peur de ne pas m'en sortir sans ta collaboration tant amicale que professionnelle. Je t'ai déjà raconté beaucoup de choses, mais tu vas aussi rencontrer des personnages qui te sont complètement inconnus, qui viennent d'être inventés, encore tout mous et tout chauds, comme des œufs fraîchement pondus. Sais-tu que la coquille d'un œuf est bien plus molle à l'intérieur de la poule qu'après sa sortie du cloaque ? Car les oiseaux, ma chère, n'ont pas un derrière, mais un cloaque. Ça, c'est une des rares choses qui me restent de mes études de biologie.

Comment vont les petits ? Et ton Andreï ? Le mien s'est envolé pour Zurich avec ses tableaux. Les enfants vont bien, ils ne me cassent pas trop les pieds. J'ai une grande nouvelle à t'annoncer : cet été, je vais avoir un deuxième petit-fils !

Je t'embrasse.

L.

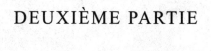

DEUXIÈME PARTIE

1. SEPTEMBRE 1965, HAÏFA

Hilda Engel à sa mère

Ma chère maman,

Je te souhaite un bon anniversaire ! Malheureusement, je n'ai pas pu te téléphoner car j'étais allée passer quelques jours à Jérusalem avec Daniel, nous avons fait là-bas le tour de diverses instances : le conseil des Affaires religieuses, le Patriarcat latin, nous avons même dû demander audience à un archimandrite russe ! Tout cela est lié à un projet sensationnel. Je ne sais pas si ça va marcher, mais on aimerait beaucoup y arriver. Je te raconterai en détail plus tard. Mais parlons d'abord de toi.

Je sais par ta lettre que tes dernières analyses sont normales. Dieu soit loué ! Bien sûr, c'est affreux que tu aies été aussi malade, mais je trouve que cela a quand même du bon : jamais nous n'avons eu des rapports aussi affectueux, toi et moi. Pendant le mois que nous avons passé ensemble, j'ai commencé à mieux te comprendre. Et je sens que, toi aussi, tu me comprends mieux. Faut-il vraiment payer un tel prix pour cela ?

Tu me demandes de te donner plus de détails sur ce que je fais. Il est difficile de te répondre. Je m'agite énormément, mais c'est loin d'être toujours efficace. Le frère Daniel (plus on en sait sur lui, plus on a envie d'en parler !) n'arrête pas de se moquer de moi et de me taquiner. Il dit que je brasse de l'air comme un moulin à vent mais que, au lieu de produire de la farine, je

127

sème à tous vents des mouchoirs, des porte-monnaie et des stylos...

C'est vrai, la semaine dernière, j'ai encore perdu mon porte-monnaie, mais il n'y avait que quinze lires dedans. Heureusement, ce matin-là, justement, je venais d'apporter trois cents lires à une famille dans le besoin et d'en envoyer huit cents pour payer les études d'une jeune fille. Le mois dernier, nous avons reçu une donation d'Allemagne et nous avons pu régler notre note d'électricité en retard. Tu comprends, c'est nous qui payons l'électricité dans l'église arabe. Eux, ils célèbrent leur messe le matin et n'allument pas la lumière, tandis que nous la disons le soir, et ce n'est pas possible sans lumière. Depuis qu'ils ont mis leur église à notre disposition, leur note d'électricité a quadruplé.

Maintenant, parlons de notre projet. Il y a quelque temps, nous avons fait une excursion sur le mont Carmel. Daniel avait emmené une dizaine de nos jeunes paroissiens et je les ai accompagnés, bien entendu. L'endroit est magnifique, il y a un vieux village druze. Tu n'as sans doute jamais entendu parler des druzes. C'est un peuple assez exceptionnel qui ne ressemble à aucun autre. Daniel dit qu'ils sont d'origine musulmane, mais ils vénèrent un saint inconnu des musulmans, Al-Hâkim, qui fait beaucoup penser au Christ, et comme les chrétiens, ils attendent le second avènement du Messie. Ils gardent leur foi secrète. Ils vénèrent la Torah, le Nouveau Testament et le Coran, mais ils ont aussi d'autres livres à eux, des livres secrets. Ils ont même un principe spécial, j'ai oublié comment cela s'appelle, qui leur prescrit de dissimuler leurs véritables opinions et de s'adapter extérieurement aux mœurs et à la religion de ceux qui les entourent. Comme toujours, Daniel raconte tout ça de façon passionnante. Nous ne sommes pas allés dans ce village, nous sommes montés plus haut sur la montagne.

Dans cette région, où que l'on creuse, on peut être sûr qu'il y avait déjà quelque chose dans l'Antiquité. Non loin du village, Daniel nous a montré les ruines d'une vieille église qui tient encore debout, et nous nous sommes dit que ce serait bien de l'aménager, car si nous avons une communauté, en revanche, nous n'avons pas de local. On la restaurerait nous-mêmes. Il est vrai qu'il n'y a ni eau ni électricité. La source la plus proche se trouve

128

chez les druzes, et les lignes électriques se terminent chez eux. Sans électricité, on peut encore vivre tant bien que mal, mais sans eau, c'est impossible. Daniel a dit qu'il allait essayer d'en parler avec le doyen du village, ils nous donneront peut-être l'autorisation de faire une dérivation. Si cette idée aboutissait, ce serait formidable ! Nous pourrions quitter Haïfa et vivre ici de façon autonome, Daniel serait à cinq kilomètres à pied de son monastère, c'est une promenade agréable. Alors qu'en voiture il faut faire un détour de presque trente kilomètres.

Ah, oui ! Daniel dit aussi qu'il sera plus simple d'obtenir l'accord des druzes pour l'eau que la permission des autorités de l'Église... C'est pour ça que nous sommes allés à Jérusalem. Il va voir le doyen du village ces jours-ci. Je voulais l'accompagner, mais il m'a dit qu'il valait mieux qu'il y aille seul, et qu'il me raconterait tout après.

En écrivant, je me rends compte que j'ai oublié de t'annoncer une nouvelle importante : Daniel m'a dit qu'avec mon hébreu tout à fait convenable je pourrais faire des études à l'université ! Il a promis de chercher de l'argent pour ça. Ils ont là-bas une sorte de département préparatoire, cela s'appelle une *mehina*. L'enseignement se fait en partie par correspondance, il faut assister à des cours une fois par mois pendant quelques jours, et le reste du temps, on travaille seul. Après cette année préparatoire, on entre en première année d'études du judaïsme. Cela me plairait beaucoup !

Bon, il faut que j'aille me coucher, demain, je me lève à cinq heures. Je t'embrasse. Un grand bonjour à toute la famille.

HILDA

Je n'ai pas encore envoyé ma lettre et Daniel vient justement de rentrer de chez les druzes. Il est très satisfait.

Le plus important, c'est qu'ils nous ont permis de faire une dérivation pour l'eau. Ce qu'il raconte sur eux est extrêmement intéressant. Leur village est assez grand, avec des maisons modernes, tout est très propre. Un vieillard était assis sous un auvent dans une cour, occupé à coudre quelque chose avec une grande aiguille, sans doute un bourrelier. Daniel a dit à un passant qu'il voulait parler au doyen et l'homme l'a aussitôt invité chez lui. En fait, le doyen est l'instituteur du village, et il était en train de faire la classe. Pendant qu'ils bavardaient, son hôte a préparé du café. On entendait un vague remue-ménage dans la cour, derrière la maison. Daniel a compris par la suite qu'on était en train d'égorger un agneau pour faire du *plov*. Après le café, Salim, le maître de maison, l'a emmené visiter le village. Le premier endroit qu'il lui a montré était le cimetière. Douze habitants de ce village ont été tués, un colonel, quelques officiers et des soldats. Il a montré cela avec fierté : « Nous sommes un peuple de guerriers ! » C'est bizarre parce que, en apparence, ce sont des gens très pacifiques, des paysans. Ils ont de beaux vergers, des vignes. Puis ils ont continué leur chemin, et Daniel a demandé pourquoi il n'y avait pas de mosquée ni rien de ce genre... Ils n'ont pas de mosquée, mais ils ont une *halva*, une maison de prière. Les musulmans ne considèrent pas les druzes comme étant des leurs car, en plus du Coran et de la Bible, ils ont aussi d'autres livres saints qui leur sont propres et qu'ils gardent secrets. Ils ont une doctrine particulière étonnante, cela s'appelle la *Taqiyah*. Un enseignement qui n'est destiné qu'aux druzes. Leur doyen est initié à cette doctrine secrète et la transmet par oral uniquement à ceux qui en sont dignes. Mais leur principe le plus important est qu'ils vivent en paix avec la religion du pays dans lequel ils habitent. Ils n'ont pas de patrie, leur patrie, c'est leur doctrine. Et Daniel m'a dit avec une certaine tristesse : « Tu vois, Hilda, pour les chrétiens aussi, cela devrait être comme ça, c'était ce qu'ils voulaient. Seulement cela n'a pas marché. Tandis que les druzes, eux, y sont parvenus. Ils acceptent les lois extérieures et changeantes du monde, mais vivent selon leurs règles à eux, qui sont immuables. »

Ils considèrent aussi que Dieu s'est incarné sept fois : en Adam, en Noé, en Abraham, en Moïse, en Jésus, en Mahomet, et dans leur saint calife fatimide Al-Hâkim... Ils ont répandu leur doctrine jusqu'au XIe siècle, puis il y a eu ce qu'on appelle « la Fermeture des Portes » et depuis, personne ne peut plus devenir druze. Ils se donnent le nom de *Muwahiddum*. Pour être druze, il faut être né druze. C'est une religion fermée. On peut seulement en sortir, pas y entrer. Ils ne font aucun prosélytisme. La porte est close.

Puis est arrivé l'*ukkal*, leur doyen et instituteur. Un homme très âgé et très affable. Et ils ont mangé du *plov*.

Ils ne boivent pas de vin, juste de l'eau et des jus de fruits. Vers la fin, quand Daniel a dit qu'il voulait restaurer l'église sur la montagne mais qu'il n'y avait pas d'eau là-bas, le doyen a déclaré que si. Qu'il existait autrefois une source, qu'elle avait disparu, mais qu'on pouvait la retrouver. Il a ajouté que si cette source ne réapparaissait pas, ils nous donneraient de leur eau. Cette terre n'est pas une terre druze, mais une terre arabe. Les habitants du village arabe qui se trouvait là jusqu'en 1948 sont tous partis. Quant aux ruines, elles sont anciennes. La première église chrétienne a été construite par les croisés. D'après l'*ukkal*, le village druze était déjà là à l'époque. Daniel en doute un peu. Le doyen assure que lorsque les druzes sont arrivés d'Égypte, il n'y avait pas encore d'église. Qu'elle a été construite alors qu'ils étaient déjà là. Daniel, lui, dit qu'il est vraisemblable que les druzes sont venus d'Égypte, eux aussi, mais beaucoup plus tard que les Juifs. C'est vraiment drôle, il en parle comme s'il avait vu tout cela de ses propres yeux !

« Allez-y, construisez ! a dit leur doyen. Nous ne sommes les ennemis de personne, ni des Juifs ni des chrétiens ni des musulmans. Mais nous sommes citoyens de ce pays, et nous le défendons. »

Voilà comment sont ces gens, maman. Leur doyen s'appelle Kérim. Ces jours-ci, Daniel va me présenter à un constructeur druze qui nous aidera pour la restauration de l'église. Ce sont de bons bâtisseurs, comme les Arabes. Et devine qui va diriger le chantier ? Moi ! Tu te rends compte ? Je dois préparer un projet, établir un budget, trouver de l'argent et des ouvriers. Parles-en à mon beau-père, tu me décriras sa réaction.

Je t'embrasse.

HILDA

2. 1961, KFAR TABOR

Grażyna à Victoria

Ma chère Victoria,

Comme ta lettre m'a fait plaisir ! Tu étais ma meilleure amie de classe, nous avons passé quatre années côte à côte sur le même banc, et tu es liée à mes plus agréables souvenirs d'enfance. Tu te souviens du spectacle qu'on avait monté à l'école primaire ? Et la fois où on avait fait une fugue et où on s'était perdues ? Et mon petit frère qui était amoureux de toi ? J'étais persuadée que toute votre famille avait péri en Russie. Quel bonheur que vous vous en soyez sortis et que vous soyez revenus ! Quel bonheur que tu m'aies retrouvée ! Et que vous ayez reçu un appartement, après toutes ces années de souffrances... J'aimerais tellement te voir ! J'imagine ce que vous avez dû endurer quand vous avez été déportés en Russie. C'était fin 1944, non ? Ou bien en 1945 ? Nous, nous avons encore vécu à Kielce jusqu'à la fin de 1951.

Voilà maintenant plus de dix ans que nous avons émigré en Israël, et il me semble parfois que cela fait une éternité, mon ancienne vie paraît si loin ! Durant toutes ces années, je ne suis retournée qu'une seule fois en Pologne, quand maman est morte. Tu comprends toi-même quel genre de voyage c'était, rien que du chagrin et de l'amertume — elle ne m'avait jamais pardonné Mietek. J'ai le mal du pays. Il m'arrive de rêver que je suis chez grand-mère avec mon frère, à Zakopane. Je revois Cracovie que je suis allée visiter une fois avec l'école... Quant à Kielce, j'essaye de ne pas y penser, c'est trop pénible.

Bien entendu, j'ai transmis ton invitation à Mietek, mais il a juste dit : « Je ne remettrai jamais les pieds là-bas, Grażyna ! Vas-y toute seule si tu veux. »

Ses sentiments envers la Pologne sont compliqués, tu sais. Culturellement, il est polonais, il connaît la poésie polonaise sur le bout des doigts et Chopin est un dieu pour lui. Mais il ne peut pas leur pardonner le pogrom de Kielce. Il dit que les six millions de Juifs qui ont péri pendant la guerre, c'était une catastrophe cosmique, un crime dû à des conjonctions planétaires, mais que les quarante-deux Juifs qui sont morts à Kielce après la guerre en juillet 1946, eux, ce sont les Polonais qui les ont sur la conscience. As-tu entendu parler de ces événements ? Cela n'est peut-être pas parvenu jusqu'à vous, en Russie.

On dit que ce pogrom a été organisé par le KGB, polonais ou soviétique, cela n'a pas d'importance. La milice et l'armée ont été impliquées. Mais quelle différence ? Ces assassinats ont été commis par des Polonais. Tout s'est passé exactement comme au Moyen Âge : on a fait courir des rumeurs sur des enlèvements d'enfants chrétiens. Le sang, le pain azyme, la Pâque juive...

Et cela s'est produit alors que presque tous les Juifs de Kielce avaient péri dans les camps de la mort, seuls deux cents survivants étaient revenus après la guerre. Ils étaient logés rue Planty, dans un grand immeuble. Les appartements du haut étaient occupés par des Juifs communistes, des tchékistes, tous ceux qui soutenaient le nouveau pouvoir, et les étages du bas étaient habités par des gens simples. C'est sur eux que s'est abattu le pogrom. Ce jour-là, Mietek n'était pas en ville, il était parti deux jours à Varsovie pour une audition, on lui avait proposé de travailler dans un orchestre.

Le pogrom a commencé par le saccage des étages du bas. Au début, ils cherchaient l'enfant enlevé, et ensuite de l'or. Quel or ? Ces gens vivaient tous dans la misère. Ils n'ont rien trouvé, et ils se sont mis à tuer.

Toute la famille de Mietek avait péri dans les camps, sa petite sœur Rivka était la seule à avoir survécu. Quand il est revenu de Varsovie, elle n'était plus de ce monde. Les morts étaient entreposés dans un hangar près de la gare. On l'a convoqué pour reconnaître le corps.

Nous l'avons enterrée et Mietek m'a dit : « Grażyna, je ne peux pas rester ici. Nous partons pour la Palestine. » J'ai accepté, Victoria. C'est mon mari. Andrzej était déjà né, et je ne voulais pas que mon fils grandisse dans la peur.

Mietek s'est battu pendant cinq ans pour obtenir l'autorisation d'émigrer. On ne comprenait pas pourquoi ils laissaient partir tout le monde sauf lui. Et puis il a deviné : c'était parce qu'il était de Kielce, parce qu'il avait vu ce hangar. Les autorités cachaient la vérité sur les pogroms de l'après-guerre, et Mietek était un témoin. Il y a eu d'autres pogroms, à Cracovie et à Rzeszow. Plus tard, Mietek a rencontré des Juifs de Cracovie que l'on avait aussi empêchés d'émigrer pendant longtemps pour la même raison. Finalement, en 1951, nous avons reçu l'autorisation et nous sommes partis.

Je ne peux pas dire que la vie soit facile pour moi en Israël. Mais en Pologne aussi, cela me déchirait le cœur de voir mon mari si malheureux. La seule chose qui donne un sens à ce déménagement, c'est que les enfants se sentent très bien ici.

Mietek n'a pas un caractère facile, et puis il a traversé tant d'épreuves que cela explique son état perpétuellement dépressif.

Je dois te dire, ma chère Victoria, que nous sommes un couple très uni, chacun de nous trouve en l'autre le sens de sa vie. Et nous aimons beaucoup nos enfants, bien sûr. Mietek est particulièrement attaché à sa fille et je suis plus proche de mon fils, mais mon mari et moi, nous ne formons qu'un seul être. C'est uniquement grâce à notre amour que nous avons réussi à survivre, que ce soit pendant la guerre ou maintenant. La vie est vraiment très, très dure, ici.

Ma chère Victoria ! Envoie-moi une photo de toi. Je t'envoie les nôtres pour que nous puissions nous reconnaître, si Dieu nous donne de nous revoir. Qui sait, un jour, peut-être... Je suis tellement contente que tu sois réapparue dans ma vie ! Et j'espère que cette fois, nous n'allons plus nous perdre. Je t'embrasse.

Bien à toi.

GRAŻYNA

MARS 1965, KFAR TABOR
Grażyna à Victoria

Bonjour Victoria !
Voilà deux semaines que je suis rentrée, et je n'arrive toujours pas à me remettre. Avant mon voyage, je caressais encore l'idée qu'il serait peut-être possible de changer de vie, de retourner en Pologne. À présent, je vois bien que non.

Après la mort de Mietek, quand j'ai compris que je pouvais quitter Israël, la seule chose qui m'arrêtait, c'était Hanna. Mietek l'adorait. Il n'était pas aussi proche de son fils. Andrzej se montrait distant avec lui et désormais, nous ne saurons jamais pourquoi il était en froid avec son père. Il était mon préféré. Tandis qu'Hanna, elle, a toujours été « la petite chérie de son papa », et depuis un an qu'il n'est plus là, il lui manque énormément. Elle est à un âge difficile, c'est un tel mélange de fragilité et d'une arrogance désespérée... Comment pourrais-je la laisser seule ?

Maintenant qu'Andrzej est mort, ils ne la prendront pas dans l'armée. Ils ont une règle comme ça : s'il ne reste qu'un seul enfant, il n'a pas à faire son service militaire. Mais elle, elle ne

134

rêve que de cela, elle me nargue en disant qu'elle va se porter volontaire. Elle est musicienne, comme Mietek, très svelte, comme moi dans ma jeunesse, et elle est belle, je ne sais pas de qui elle tient cela. Mietek et moi, nous n'avons jamais été aussi beaux. Après la mort d'Andrzej et celle de Mietek, je serais bien retournée tout de suite en Pologne. Mais il y avait Hanna... Elle adore Israël. Tous les jeunes, ici, adorent leur pays. Jamais elle ne partira d'ici. Et puis, que représente la Pologne, pour elle ? Elle n'a plus rien d'une catholique. J'aurais pourtant tellement voulu qu'elle garde notre foi ! Je l'ai emmenée à l'église toute son enfance, et elle y allait volontiers, sans rechigner. Ensuite, elle a tout coupé. Elle m'a déclaré qu'elle voulait faire le *guiyour*, c'est-à-dire devenir juive. En tant que fille d'une chrétienne, selon leur loi, elle n'était pas considérée comme juive, il fallait qu'elle se convertisse au judaïsme.

« Je n'en ai rien à faire, de Dieu, ce que je veux, c'est être comme tout le monde ! » Elle dit cela parce que c'est une petite Juive, une petite Israélienne, elle rêve de faire son service militaire, de tenir un fusil. Avant, elle allait voir le prêtre d'ici avec moi, lui aussi, il vient de Pologne. Dès le début, il m'avait dit : « Chacun doit prendre sa décision en toute conscience, partout, mais surtout ici, en Israël. Le fait que tu l'as baptisée ne veut rien dire tant qu'elle n'est pas devenue adulte. Emmène-la à l'église pendant qu'elle est petite, mais étant donné la situation compliquée qui est la nôtre ici, il faut attendre que les gens prennent leur décision eux-mêmes. » Et il avait raison : elle ne va plus à l'église. Cela se comprend, elle vole de ses propres ailes, maintenant. Jamais elle n'ira en Pologne avec moi. Or je n'ai plus qu'elle à présent. Elle a dix-sept ans. Avant, je rêvais, je me disais que lorsqu'elle aurait grandi et serait mariée, je retournerais finir ma vie dans mon pays. Mais maintenant que j'ai vu la Pologne après toutes ces années, j'ai compris que, là-bas non plus, je ne me sentirais pas bien. Pourquoi la vie est-elle comme ça ? On dirait qu'il n'y a aucune place pour moi sur cette terre, je me sens mal, très mal en Israël, et je me sens mal en Pologne. Ici, le bruit et l'exubérance des gens me fatiguent : tout le monde crie, les voisins, les gens dans l'autobus, la patronne de mon atelier. On entend de la musique arabe partout. J'ai tout le temps envie de couper le son. Et le soleil est trop brillant, on a envie de l'éteindre, lui aussi. La chaleur m'épuise. Dans notre petite maison, l'été, c'est insupportable, j'ai l'impression d'avoir le sang qui bout. Quand je regarde par la fenêtre, je vois le mont Thabor. Le mont de la Transfiguration. Non, vraiment, je préfère les immeubles modernes de Kielce ! Mais maintenant que j'ai revu notre Kielce si désolée, j'ai compris que, là-bas non plus, je ne pourrais pas vivre. Tout ce que j'ai, c'est deux tombes en Terre sainte.

Je te suis très reconnaissante de m'avoir accueillie aussi chaleureusement, Victoria. Tu m'es plus proche qu'une sœur, mais ce n'est pas une raison pour retourner en Pologne. Tout est si gris, là-bas, si terne, et les gens sont un peu trop silencieux.

Hier, c'était le premier anniversaire de la mort de Mietek. Il est mort deux jours avant ses cinquante-cinq ans. Et Andrzej, deux jours avant ses vingt ans. Des collègues de l'école de musique sont venus, des voisins, ils avaient apporté de la nourriture et de la vodka. Ils ont dit de très belles choses sur Mietek. Au début, Hanna riait, c'en était presque inconvenant. Ensuite elle sanglotait. De façon générale, elle est un peu hystérique. Tout le contraire d'Andrzej. Il était si lumineux, si calme. Hier, j'ai compris quelle famille heureuse nous formions il y a quatre ans. Je n'arrive pas à m'y faire. Je suis incapable de prier. J'ai une pierre à la place du cœur. Hanna pleure, au moins. Moi, je n'ai pas de larmes.

Victoria, ma chérie, si tu savais, il me vient toutes sortes d'idées noires... J'ai tellement envie de m'endormir et de ne jamais me réveiller ! Le plus horrible, c'est le réveil, justement. Quand je dors, je me sens bien : je ne rêve pas, je ne suis plus là, et c'est tellement bien quand on n'a plus de moi, plus de pensées. Lorsque je me réveille, au début, je suis comme un bébé, le sommeil a tout balayé, tout lissé. Et puis cela me tombe dessus : je revois les deux militaires, un colonel et un sergent, qui viennent m'annoncer la mort d'Andrzej. C'est comme si tout se déchirait de nouveau à l'intérieur de moi et en une seconde, tout le film repasse, jusqu'à l'enterrement dans un cercueil fermé. J'ai un trou dans le cœur.

Ensuite (là aussi, cela a été complètement inattendu), je revois le directeur de l'école de musique qui entre dans mon atelier avec Elisheva Zack, une dame âgée qui enseigne le piano. Ici, en Israël, ils ont tout un rituel pour annoncer les morts, il est rare qu'on le fasse par téléphone, les gens se déplacent. Et chaque matin, je revis ces deux morts, celle de mon petit garçon et celle de mon mari. J'ai quarante-six ans, je suis en bonne santé, et ce qui est arrivé à Mietek (un arrêt du cœur et c'est fini !) ne m'arrivera jamais. J'en ai encore pour quarante ou même cinquante ans à me réveiller comme ça, chaque matin, pour me traîner ensuite jusqu'à mon atelier et coudre sur ma machine des rideaux, des rideaux et encore des rideaux... Je ne peux pas vivre sans ces rideaux. Je reçois une grosse pension pour mon fils, mais si je n'avais pas ce travail de couturière, je n'aurais plus qu'à me pendre. Cela se ferait tout seul, je ne m'en rendrais même pas compte. Sans hésiter, sans rien décider, sans rien préparer. C'est si simple. Trop simple.

Comme la vie est absurde et bizarre ! Quand j'y pense maintenant, les meilleures années ont été celles de l'occupation, lorsque je courais chaque nuit par un chemin secret jusqu'à cette cave, dans une maison voisine détruite par les bombardements. Je me faufilais par un trou si petit que j'étais la seule à pouvoir y plonger. Quand je dis plonger, c'était vraiment ça, il manquait trois marches, je devais sauter dans l'obscurité. Et je tombais dans les bras de Mietek. On allumait une bougie. Mietek n'aimait pas m'embrasser dans le noir, il disait qu'il voulait voir ma beauté. Victoria, Victoria, autour de nous, la mort se déchaînait, on tuait, on assassinait, et nous, nous étions comme au paradis ! Ce paradis a duré un an et demi. Il y avait une chose qu'il ignorait et qu'il n'a jamais sue : notre voisin Moczulski m'avait espionnée, il s'était rendu compte que j'allais retrouver Mietek toutes les nuits et il me faisait chanter. Or qu'est-ce que j'avais à donner ? Rien, à part ce que les femmes ont sous leur jupe. Il était vieux et dégoûtant, c'était une crapule, mais quand il m'appelait, j'y allais. Il ne l'exigeait pas très souvent, il n'avait plus beaucoup de forces. Je m'ébrouais, et j'allais retrouver Mietek pour me purifier de cette souillure. La justice de Dieu s'est chargée de ce Moczulski : il s'est retrouvé dans un camp russe après la guerre, il a été dénoncé lui aussi, et il s'est fait égorger par des truands en 1947.

Mietek n'aimait que moi, et la musique. Enfin, il aimait aussi nos enfants. C'était tout son univers, et j'en étais le centre. C'est à cause de moi qu'il n'a pas fait de carrière musicale. En 1951, on lui a proposé une place en Amérique dans l'orchestre symphonique de Boston, mais j'ai dit que je n'irais là-bas pour rien au monde. Alors nous sommes partis pour Israël. Ce que c'est que le destin, tout de même ! Il a toujours fait ce que je voulais. Il disait : « Tu as trimbalé tellement de seaux de merde pour moi que tu as mérité un monument en or massif ! » Le voilà, mon monument : deux tombes. Et je n'ai plus aucune envie de vivre...

Si je t'écris tout cela, ma chère Victoria, c'est pour que tu me comprennes, que tu ne te fâches pas et que tu ne m'en veuilles pas, mais maintenant, j'ai définitivement décidé de ne pas revenir en Pologne.

Tu salueras de ma part Irena, Wiaczek, et tous ceux que tu auras l'occasion de voir. Que Dieu te garde.

Ton amie GRAŻYNA

3. AVRIL 1965, HAÏFA
Daniel Stein à Władysław Klech

Quelle tristesse inexprimable, mon cher frère, *sic transit* tout sur cette terre... Je suis plongé dans le chagrin et l'affliction. D'habitude, je ne sais pas ce que c'est que le cafard, la déprime est un luxe bien trop grand pour un homme occupé. Mais ces derniers jours, tout n'est que chagrin et tristesse. Je viens d'enterrer une paroissienne qui s'est suicidée. Je la connaissais depuis mon arrivée à Haïfa, c'était une Polonaise tranquille, d'un type plutôt campagnard, mais très séduisante. De la race des femmes du matin, celles qui sont gaies et tendres en se levant et qui, vers le soir, se fatiguent et se referment comme des fleurs. Je suis un grand connaisseur des femmes pour un moine, un très grand connaisseur ! Je vois d'ici ton sourire malicieux, mon cher Władek... Je pense que mes vœux ont préservé le monde d'un grand amoureux car les femmes me plaisent beaucoup, et c'est une chance que je ne sois pas marié, j'aurais causé bien du souci à mon épouse à force de regarder les autres femmes. D'autant qu'elles me paraissent toutes très attirantes ! Mais cette Grażyna dont je te parle était réellement une femme délicieuse, on aurait dit une belette, toute rousse, avec un menton étroit et des dents pointues comme celles d'un petit animal.

La guerre a fait aux gens des choses affreuses. Même s'ils n'ont pas été blessés physiquement, tous ont l'âme mutilée. Les uns sont devenus cruels, d'autres lâches, d'autres se protègent de Dieu et du monde par un mur de pierre. Grażyna et son mari Mietek avaient subi beaucoup d'épreuves, elle l'avait caché pendant un an et demi dans une cave. Elle a connu la peur, elle a donné naissance à son fils aîné avant la libération et s'est brouillée à mort avec sa famille à cause de cet enfant, puis ils se sont mariés. C'était un homme taciturne au tempérament d'artiste, un violoniste qui n'avait pas vraiment réussi. Leur fils aîné (je l'ai très peu connu, il a été tué l'année où je suis arrivé) est mort le dernier jour de son service militaire, sa voiture a sauté sur une mine sur la route qui allait de sa caserne à Jérusalem. À ce moment-là, Grażyna était en train de préparer un repas pour fêter son retour, mais il n'est jamais arrivé... Quelques années plus tard, Mietek est mort brutalement d'une crise cardiaque, et elle s'est complètement refermée, repliée sur elle-même. J'avais parlé avec elle plusieurs fois depuis, mais c'étaient toujours des conversations polies et totalement inconsistantes. La seule chose que j'avais comprise, c'est que, chez elle, les fils qui relient un être à la vie étaient devenus très ténus.

J'en sais sur la mort davantage encore que sur les femmes. Et là aussi, la guerre, la guerre... Il n'y a rien de plus ignoble et de plus antinaturel au monde ! Elle dénature non seulement la vie, mais aussi la mort. La mort à la guerre est sanglante, pleine de peur animale, toujours violente, mais ce qu'il m'a été donné de voir — les assassinats en masse, les massacres de Juifs et de partisans — est aussi mortellement destructeur pour les hommes qui exécutent ces abominations. On ne sait pas grand-chose sur ceux qui tuaient. Mais moi, j'ai connu de près ce genre d'assassins, j'ai vécu un an sous le même toit que l'un d'eux, Sémionovitch, un Biélorusse, je l'ai vu se soûler à mort, j'ai vu les atroces souffrances qu'il endurait. Ce n'étaient pas seulement des souffrances physiques, et pas seulement des souffrances morales. Non, en fait, c'était indissociable. C'étaient les souffrances de l'enfer.

Alors que j'étais déjà prêtre dans une paroisse polonaise, j'ai vu un autre aspect de la mort. Ah, toutes ces vieilles paysannes qui mouraient après la guerre ! On m'appelait pour leur donner la communion, et il y a eu des fois où j'ai vu distinctement entre quelles mains je les remettais. Elles étaient accueillies par les Forces Célestes et s'en allaient avec un visage heureux. Pas toutes, non, pas toutes, mais j'ai assisté à cela plusieurs fois, c'est pourquoi je sais comment les choses doivent se passer dans un monde qui n'est pas dénaturé.

Mais le suicide, mon cher Władek, le suicide ! Cette preuve que l'âme elle-même refuse sa propre existence. Pauvre Grażyna ! Les gens extravertis commettent rarement un tel acte, ils trouvent toujours moyen de tourner leurs souffrances vers l'extérieur, de les partager avec quelqu'un, de prendre leurs distances. Elle avait sauvé son mari, et elle a été incapable de vivre en son absence. Il l'accompagnait toujours partout. Elle ne sortait jamais de chez elle sans lui. Le matin, il l'emmenait à l'atelier de couture où elle travaillait, et le soir, il venait la chercher. S'il avait un cours qui se terminait tard, elle l'attendait une heure, deux heures, jusqu'à ce qu'il arrive. C'était toujours lui qui l'amenait à l'église le dimanche, et il l'attendait patiemment dans un square. Quand je l'invitais à s'asseoir à table avec nous, après la messe, la plupart du temps il refusait, mais il lui arrivait parfois d'accepter. Il restait assis sans dire un mot et ne mangeait jamais rien. Un très beau visage juif, un visage d'ascète. On dit que c'était un excellent professeur, on lui amenait de toute la région des petits garçons avec de minuscules violons.

Grażyna a tenu bon un an, puis elle a organisé une soirée pour l'anniversaire de la mort de son mari, elle a demandé à des Juifs de rassembler un *minyan* et ils ont récité le *kaddish*. Une semaine plus tard, sa fille s'est engagée dans l'armée. Le lendemain, elle a avalé quelque chose et ne s'est pas réveillée.

Cela fait des années que je n'avais pas rencontré de suicide. Dans le détachement des partisans et parmi les Juifs du ghetto, les suicides n'étaient pas rares. Les gens étaient acculés au désespoir et refusaient le don de la vie, préférant la mort à de douloureuses épreuves — la faim, la peur, la perte et les souffrances de leurs proches, l'attente inexorable d'une mort atroce. La tentative de gens désespérés pour devancer la fatalité. À l'époque, la nouvelle du suicide de Goebbels avec ses six enfants avait produit sur moi une impression affreuse. Il n'avait pas fait confiance à Dieu, il avait estimé que ni lui ni ses enfants n'auraient droit à l'indulgence. Il a prononcé la sentence et l'a exécutée lui-même.

Mais cette pauvre Grażyna ! Elle avait juste besoin de l'amour de son mari, elle n'en connaissait pas d'autre. Ou si peu. Et elle n'a pas pensé à la cruauté dont elle faisait preuve envers sa fille. Pauvre Hanna ! Son frère, son père, et maintenant, sa mère... On lui a donné une permission de trois jours, mais elle n'est venue que quelques heures, juste pour l'enterrement. Elle n'a pas voulu rester. Elle n'est même pas entrée dans sa maison. Avec quel traumatisme cette jeune fille va devoir vivre, à présent !

Grażyna a été enterrée dans le cimetière arabe. C'est un petit cimetière catholique dans les faubourgs de la ville. Nos frères arabes me laissent célébrer dans leur église, je dis la messe sur le même autel qu'eux. Le Jeudi saint, nous avions concélébré une messe en arabe et en hébreu. Et le vendredi, elle ne s'est pas réveillée.

Ah, mon cher frère, la vie en Israël est difficile pour les chrétiens, et cela pour bien des raisons. C'est très difficile pour les chrétiens arabes : ils se heurtent à la méfiance et à la haine de la part des Juifs, à une méfiance et à une haine encore plus grandes de la part des Arabes musulmans. Mais qu'il est donc compliqué d'enterrer un chrétien ! Surtout si ce n'est pas un moine vivant dans un monastère qui possède des jardins, des terres et un cimetière, ou un Arabe (ce sont eux qui se sont le mieux adaptés dans ce pays), mais quelqu'un qui n'a aucune racine ici, qui s'est retrouvé en Israël plus ou moins par hasard, et qui n'est ni membre du clergé ni fonctionnaire.

Que de tragédies ! Des immigrants débarquent avec leur famille mixte, ils viennent avec leurs vieilles mères qui sont souvent des catholiques, parfois des orthodoxes, et quand elles meurent, c'est toute une histoire : on n'arrive pas à les enterrer. Il y a les cimetières juifs, dans lesquels on n'enterre que les Juifs, et il y a les cimetières chrétiens des monastères, dans lesquels on refuse d'enterrer les « étrangers » par manque de place. À cause du prix hallucinant des terrains, une place dans un cimetière n'est pas à la portée des gens pauvres. Mais nous qui venons de Pologne, nous savons parfaitement combien d'êtres humains la terre peut contenir...

Le prêtre arabe de l'église dans laquelle nous célébrons me laisse de temps en temps enterrer quelqu'un dans le cimetière local, et c'est là que nous avons enterré Grażyna. Je te demande de prier pour elle, mon cher frère.

Je t'ai écrit une lettre bien chaotique, en la relisant, je me rends compte qu'elle contient des jérémiades et non des remerciements, comme je le voulais. Car j'ai reçu les trois livres que tu m'as envoyés, et l'un d'eux était exactement ce dont j'avais besoin. Je te suis également reconnaissant pour la totale compréhension que tu exprimes dans ta lettre. Je dois t'avouer que, dans la situation compliquée qui est la mienne, ton soutien est pour moi extrêmement important.

Ton frère en Christ.

DANIEL

4. DÉCEMBRE 1965, CRACOVIE
Extrait d'une lettre de Władysław Klech à Daniel Stein

... Vraiment, Daniel, tu ne cesses de me surprendre ! Ta lettre est effectivement chaotique. Ton chagrin est compréhensible, la mort de cette femme est bien triste. Mais il y a longtemps que l'Église a déterminé que le suicide était un péché, et tu te permets des émotions qui ne font que dévaster l'âme et affaiblir la foi.

Toutes les questions possibles et imaginables ont été posées depuis longtemps, et elles ont reçu des réponses. Le problème, c'est que nous ne savons pas les déchiffrer, et ce qui était clair comme le jour pour nos prédécesseurs nous paraît compliqué et embrouillé, à nous qui sommes plongés dans le mal. Tu crois vraiment que toutes les divisions et tous les schismes sont purement humains ? N'y a-t-il pas en eux une vérité divine ? Peut-être que c'est le contraire, que ce que Dieu a séparé, l'homme ne peut le réunir ?

142

Non, je ne veux même pas entendre parler de l'orientation que prennent tes pensées ! Si, comme tu le suggères, on instituait une liturgie commune pour tous les chrétiens, où faudrait-il mettre les protestants qui, dans leur pratique religieuse, ont refusé l'eucharistie telle que nous la comprenons ? Je ne sais pas, mon cher Daniel, non, je ne sais pas ! Si cela doit se produire, ce ne sera pas de notre vivant. Plutôt dans le Royaume des Cieux. J'ai l'impression que la vie en Israël a passablement obscurci ton esprit pourtant clair. Tu ne disais pas des choses pareilles avant.

Tu m'as parlé plus d'une fois des divergences énormes qui existent entre les chrétiens en Terre sainte, mais je suis curieux de savoir quelles relations ils ont avec les Juifs. Si les chrétiens n'arrivent pas à s'entendre entre eux, comment peuvent-ils discuter avec les Juifs ? Et je ne parle même pas des musulmans — encore une question insoluble...

Il fait très froid cette année, un mendiant est mort gelé près de mon église. Ce n'est pas chez vous, dans vos pays chauds, qu'il faut construire des hospices pour les sans-abri, mais chez nous, dans les pays nordiques. Si on organisait des transferts ? On pourrait vous envoyer nos pauvres ?

Ton frère dans le Seigneur.

W.

5. SEPTEMBRE 1966, HAÏFA

Extrait d'une lettre d'Hilda à sa mère

Ne sois pas triste que je ne vienne pas cette année, maman. Réfléchis un peu : comment pourrais-je prendre des vacances alors que tout le chantier repose sur moi ? Tu ne peux pas imaginer ce que nous sommes arrivés à faire cette année ! Et cela, alors que nous nous heurtons à des résistances de tous les côtés, de la part des autorités de l'Église comme de la part du gouvernement. La seule aide que nous recevons vient d'Allemagne. Il y a aussi un Arabe de la région qui nous a fait cadeau d'un camion de pierres. En Allemagne, cela coûterait une fortune, mais en Israël, les matériaux de construction sont bon marché. Toute une équipe d'étudiants allemands est arrivée en juillet, ils ont travaillé sur le chantier pendant deux mois, ils ont creusé des fondations pour la maison paroissiale et ont commencé celles de la maison de retraite. Ils venaient presque tous de Francfort, ce sont des garçons très particuliers. Je n'avais jamais rencontré de gens comme ça en Allemagne. On a déjà installé la dérivation pour faire venir de l'eau du village druze.

Notre église est tellement belle ! On a reconstruit les murs, on a mis des portes. Et nous avons un toit ! Mais pas de fenêtre. Daniel dit qu'il ne faut pas en mettre, juste prévoir des volets pour le mauvais temps, ce sera suffisant. L'église n'est pas grande et d'après lui, sans fenêtres, il y fera plus frais l'été. Et en hiver, on la réchauffera avec nos haleines ! Bien que les travaux ne soient pas encore terminés, nous y célébrons déjà la messe. Il y a un autel, et un auvent à l'ombre duquel on peut s'asseoir. Nous avons trouvé une source sous des éboulements et nous l'avons dégagée, non sans l'aide de nos voisins druzes. Si bien que, maintenant, nous nous appelons l'église Élie-de-la-Source. C'est un beau nom, tu ne trouves pas ?

J'étais prête à emménager dès maintenant, mais Daniel ne veut pas me laisser vivre ici toute seule. Tant que les étudiants étaient là, on avait installé une sorte de campement en plein air, on n'avait même pas dressé de tentes car on étouffait dessous. On cuisinait sur un feu de camp, on mangeait une fois par jour, le soir. Et un tout petit peu le matin, des galettes avec du miel et du café.

Tu te rends compte, c'est moi qui tiens toute la comptabilité et qui m'occupe de payer les ouvriers qu'il a fallu engager pour faire la toiture ! Nous avons mis des tuiles, c'était cher, mais on nous a aidés.

Le frère Daniel passait très peu de temps ici, si bien que j'ai pris presque toutes les décisions moi-même. Il a beaucoup de travail pendant l'été, mais le principal afflux de touristes arrive justement en automne, pour les fêtes juives. Il organise des excursions dans tout Israël. Cette année, j'ai réussi à l'accompagner, pas très loin, il est vrai, dans la ville de Zikhron Yaakov. Tu te souviens de la rose de Sâron dont il est question dans la Bible ? C'était une rose de la vallée du Sharon. Ici, la terre n'avait pas été cultivée pendant mille ans, c'était devenu un marécage. À la fin du XIXᵉ siècle, une dizaine de familles juives sont venues de Bessarabie, ils voulaient transformer de nouveau ces lieux en jardins, mais ils ne sont arrivés à rien jusqu'à ce que le baron Rothschild leur donne de l'argent et leur envoie des spécialistes. Du coup, ils ont commencé à obtenir des résultats, ils ont asséché tous les marécages et se sont remis à exploiter les terres. Daniel nous a montré ces vignobles et ces vergers. Ces magnifiques plantations sont visibles depuis la tombe de Rothschild car dans son testament il a demandé à être enterré ici. Voilà un homme heureux ! Il a utilisé son argent avec sagesse. Grâce à lui, ces marécages sont devenus des jardins et aujourd'hui les fruits de ces vergers se vendent dans le monde entier. Il y a ici un laboratoire de génétique dans lequel on accomplit des miracles. Et surtout, Daniel connaît tout cela à la perfection, il nous a montré diverses variétés de fruits et nous a parlé des fleurs. Il sait quelles plantes poussent ici depuis les temps bibliques, et lesquelles ont été introduites plus tard. À Zikhron Yaakov, il y a même un petit jardin botanique avec les plantes qui sont mentionnées dans la Bible. Il ne manque que le cèdre du Liban, il ne veut pas pousser tout seul, on ne sait pas pourquoi. De nos jours, pour en faire pousser un, il faut se donner un mal fou. On doit s'occuper de chaque arbre en particulier. Ils ont même des papiers d'identité ! Mais dans l'Antiquité, il y avait ici des forêts de cèdres et de chênes.

Tu te rends compte, il existe une science qui s'appelle la paléobotanique biblique, ces savants ont reconstitué la nature telle qu'elle était ici il y a deux et trois mille ans. Pendant que nous visitions ce jardin, un botaniste est arrivé, justement, un Arabe de la région, Moussa. Il nous a montré une plante, elle n'a rien de particulier mais ressemble beaucoup au buisson depuis lequel Dieu a parlé à Moïse. Il paraît que cette plante contient un taux élevé d'huile d'éther et, à ce qu'il dit, si on frotte une allumette avec précaution, cette huile peut même s'enflammer : le buisson est entouré de feu, mais il reste intact. C'est le Buisson Ardent !

Ce Moussa descend d'une très vieille famille arabe, il a fait ses études en Angleterre. Ils possèdent beaucoup de terres ici, et ils étaient propriétaires du terrain sur lequel se trouve actuellement une prison nationale pour les Palestiniens qui combattent les Juifs par toutes sortes de moyens illégaux. La prison de Damoun. Mais nous ne sommes pas allés la voir, nous n'avions pas le temps. En revanche, j'ai pu visiter avec le groupe un autre endroit étonnant, du côté de la ville de Sichem (Naplouse). C'est là que les frères de Joseph faisaient paître leur bétail. Au début, Joseph ne les a pas trouvés, ensuite il les a rejoints, et ils l'ont jeté dans un puits à sec, ils étaient furieux contre lui à cause d'un rêve qu'il avait fait. Daniel nous a montré un puits à sec, c'est peut-être celui-là. Ou alors un autre qui se trouve à une vingtaine de kilomètres. Ensuite, ils l'ont sorti du puits et l'ont vendu à des marchands. La route des caravanes passait non loin de là, au fond d'un cours d'eau asséché, un *wadi*. Autrement dit, toute l'histoire qui a été racontée d'abord dans la Bible, puis par Thomas Mann, s'est déroulée précisément ici. Les marchands ont acheté Joseph comme esclave (en argent de l'époque, cela coûtait beaucoup moins cher qu'un mouton aujourd'hui), et ils l'ont emmené en Égypte. Et voilà. Quant à cette route des caravanes, on la voit encore à certains endroits. Près du puits à sec, nous avons rencontré deux petits Arabes qui gardaient des chèvres.

Moussa dit que les chèvres sont les animaux les plus nuisibles qui soient pour un pays : elles ont entièrement brouté la Grèce ancienne et aussi la Palestine ! J'écoutais de toutes mes oreilles, et je me suis rendu compte que mon plus grand désir est de faire des études à l'université de Jérusalem. Daniel dit que c'est parfaitement possible, qu'il y a déjà pensé lui-même mais qu'il va avoir du mal à se débrouiller sans moi. Tu ne peux pas imaginer comme cela m'a fait plaisir d'entendre ça !

Bon, je termine ma lettre en vitesse, je la donnerai à une jeune Allemande qui part pour Munich, elle la postera là-bas. J'espère que ta santé est bonne et que tu ne m'en voudras pas de ne pas venir pour les vacances.

Si tout s'organise comme le prévoit Daniel, je commencerai mes études à l'université en janvier. Je ne vois pas du tout comment je vais trouver le temps de faire ça ! Mais j'en ai très envie.

Salue tout le monde de ma part.

HILDA

6. SEPTEMBRE 1966, HAÏFA

Note trouvée par Hilda le soir même dans son sac

Hilda, si tu n'as rien contre le fait que je vienne travailler sur votre chantier, téléphone-moi au 05 12 47, et dis juste que tu es d'accord.

MOUSSA

7. 1996, HAÏFA

Extrait d'une conversation entre Hilda et Ewa Manoukian

Non, non, cela ne m'étonne pas du tout que trois jours passés avec Daniel aient complètement changé le cours de ta vie ! Moi aussi, c'est uniquement grâce à lui que j'ai survécu. Il m'a fait paître comme une chèvre. Pendant des années. Cette histoire a commencé il y a trente ans et cela fait longtemps qu'elle est terminée. Parfois, j'ai l'impression que ce n'est pas moi qui ai vécu ça, et que c'est tiré d'un roman à l'eau de rose !

En automne 1966, après avoir trouvé le petit mot de Moussa dans mon sac, je lui ai téléphoné et il est venu. Je savais que sa famille était très riche, et j'espérais que cette visite avait quelque chose à voir avec un don qu'il voulait nous faire pour la construction.

J'avais vingt ans et, en tant que femme, j'étais extraordinairement stupide pour mon âge. Quand un homme me regardait, j'avais peur d'avoir quelque chose qui clochait, une tache sur ma blouse ou un bas filé. Je n'ai jamais eu une très haute idée de moi-même, mes demi-frères m'appelaient « la planche à repasser ».

Dans mon enfance, j'ai beaucoup souffert de ma taille, j'aurais voulu être petite et ronde avec un soutien-gorge bien rempli, alors que je n'avais même pas de quoi en mettre un... J'aurais pu réussir dans un sport qui demande de longues jambes, comme le ski ou la

147

course à pied, mais j'avais horreur des compétitions et tous les entraîneurs auxquels j'ai eu affaire sentaient immédiatement ce manque d'esprit sportif. Mon beau-père me poussait beaucoup dans ce domaine, c'était un grand fanatique du sport, mais tout ce qui venait de lui me déplaisait d'avance. À cette époque-là, ma mère ne s'intéressait pas beaucoup à moi, mon petit frère Axel était souvent malade et elle s'occupait de lui sans arrêt. Trop de centimètres et pas assez d'amour, voilà le diagnostic que je me suis fait à moi-même bien des années plus tard.

Longtemps après, alors que j'étais déjà installée en Israël, maman a été opérée d'un cancer et nos relations se sont améliorées. On peut même dire qu'elles ont commencé seulement après sa maladie. Aujourd'hui, j'en sais beaucoup plus sur elle que dans ma jeunesse, et je comprends mieux certaines choses. Je lui rends visite assez rarement, je ne vais à Munich que deux ou trois fois par an, mais nous nous écrivons tout le temps et nous sommes très proches. Malgré sa mauvaise santé, elle est venue ici plusieurs fois. Mais quand j'étais adolescente, nous étions très loin l'une de l'autre. J'étais une petite fille extrêmement solitaire.

J'ai cessé d'être malheureuse quand j'ai rencontré Daniel, car il répandait la joie autour de lui. Dès la première fois que je l'ai vu, j'ai senti que je voulais vivre à ses côtés. Bien entendu, il m'a servi de père, et il le savait parfaitement. Nombreux sont les gens pour qui il a remplacé quelqu'un, un père, un grand frère, un enfant mort, ou même un mari. La moitié de ses paroissiennes étaient secrètement amoureuses de lui, et certaines tout à fait ouvertement. Il y a même eu une folle qui l'a poursuivi de son amour pendant huit ans, jusqu'à ce qu'il lui fasse épouser quelqu'un d'autre.

Mais c'est de Moussa que je veux te parler. Quand il est arrivé sur le chantier, j'étais contente, je m'attendais à ce qu'il nous donne de l'argent. Mais cette fois-là, il a juste apporté de délicieuses pâtisseries arabes. Il est revenu quelques jours plus tard et a aidé les ouvriers à planter des poteaux. Les étudiants étaient déjà partis. Ensuite, il est resté un mois sans venir, puis il a débarqué avec un petit excavateur. Les fondations du bâtiment administratif ont été terminées le soir même, et c'est lui qui a payé le travail. On ne se parlait presque pas, on échangeait juste quelques mots à table pendant le dîner, puis il repartait. Je le trouvais très beau et j'admirais beaucoup ses mains, on n'en rencontre jamais de pareilles chez les Européens. De façon générale, les Arabes, les femmes comme les hommes, ont des mains d'une forme parfaite et d'une extrême élégance. Sans doute parce qu'ils sont emmitouflés dans des vêtements et que, pour les femmes, ce sont les seules parties du corps que l'on peut ne pas dissimuler ; du coup toute la beauté se concentre dans les mains. Les hommes non plus, d'ailleurs, on ne voit pas beaucoup leur visage, avec tous ces poils et le turban qui leur couvre la tête. Juste un nez qui pointe, comme chez Arafat. Les Arabes ne montrent pas leur corps. Moi, je travaillais en short et en débardeur, et Moussa ne regardait pas de mon côté parce que « cela lui faisait mal aux yeux », comme il me l'a dit plus tard. Il était malade d'amour, mais je ne m'en doutais pas. Et il était désespéré, parce qu'il pensait que je ne le considérais pas comme un homme. En un certain sens, il avait raison. Seulement le problème, c'est que c'était moi qui ne me considérais pas comme une femme.

Un jour, il m'a dit qu'il avait prévu de créer un jardin quand le chantier serait terminé, et il m'a expliqué quelles plantes il mettrait. Il avait une feuille de papier devant lui et il dessinait dessus au feutre bleu. Il est parti en laissant la feuille sur la table, et je l'ai rangée dans une chemise.

Nous nous sommes vus ainsi pendant presque un an, et il me plaisait beaucoup, comme peut plaire un bel objet — un vieux bronze, un tableau ou la reliure d'un livre ancien. Il était brun et doré comme une coquille de noisette, mais son corps n'était pas dur, il était tendre et compact, et il savait pleurer d'amour. Tout cela, je l'ai appris plus tard. Et je suis sûre que je ne l'aurais jamais su si, au printemps, je n'avais pas été mordue par un serpent. Nous étions sous l'auvent, près de notre bâtiment presque terminé, et nous buvions du thé qu'il avait préparé. C'était toujours là que nous passions les heures les plus chaudes, quand il était impossible de travailler. Le sol était bien plat, en terre battue, il est même étonnant que personne n'ait remarqué le serpent qui s'était faufilé. J'ai pris mon verre de thé des mains de Moussa et je me suis installée confortablement en m'appuyant sur le coude gauche. J'ai senti une légère piqûre à l'avant-bras et du coin de l'œil, j'ai vu filer une sorte de corde foncée. Je n'ai même pas compris ce qui s'était passé, mais Moussa avait déjà roulé une serviette et il m'a fait un garrot bien serré sur le bras, au-dessus de la morsure.

« Un *tsefa*. C'était un *tsefa* ! » a-t-il dit.

Le *tsefa* est une variété locale de vipère, je savais qu'ils étaient très actifs au printemps. Moussa s'est penché sur mon bras, et j'ai eu l'impression qu'il me mordait violemment. Puis il a craché. La morsure du serpent était si minuscule que je n'ai même pas réussi à la voir. Il m'a prise dans ses bras pour me porter jusqu'à la voiture.

J'ai protesté que je pouvais très bien marcher toute seule, mais il a déclaré que je devais rester immobile et ne pas faire le moindre mouvement tant qu'on ne m'aurait pas donné d'antidote. Il m'a installée à l'arrière de la voiture et m'a conduite à l'hôpital. Mon bras me faisait mal à l'endroit où il m'avait mordue.

À l'hôpital, on m'a tout de suite fait une injection et on m'a dit de rester allongée une heure. J'avais des marques rouges et des bleus autour de la blessure, la trace des dents de Moussa. Le médecin a déclaré que si je ne faisais aucune réaction d'ici une heure cela voudrait dire qu'il avait réussi à sucer tout le venin, et que c'était très rare d'y arriver.

On m'a couchée sur un divan, et Moussa a attendu dans le couloir. Puis il est entré et il m'a dit qu'il avait failli mourir de peur. Il a fondu en larmes, mais moi, je ne pleurais pas, parce que j'avais compris qu'il m'aimait, et cela me bouleversait bien davantage que la morsure du serpent.

Ensuite, tout s'est passé très vite. Il est vrai que nous nous y étions préparés pendant une année entière. Enfin, moi, je ne m'y étais pas préparée, mais pendant un an, j'avais vécu sous la caresse de ses regards amoureux... Même mon acné avait disparu, avant, j'avais de temps en temps des petits boutons sur le front et sur le menton, mais là, ma peau était aussi parfaite que si j'avais passé des heures à la bichonner dans un salon de beauté !

À l'époque, je louais un petit appartement chez des Arabes dans la Ville Moyenne, une pièce de la taille d'un divan avec une minuscule cuisine. Moussa, lui, habitait dans la Ville Haute, une grande maison avec un jardin... Et un beau jour, il n'est pas rentré chez lui.

Non, non, ce n'est pas du tout ce que tu crois. Il ne savait rien de moi, mais il sentait tout. Émotionnellement, c'était un génie ! Il m'a approchée avec autant de précaution qu'une ombre ou un mirage. J'étais un animal farouche, sauvage, avec une féminité complètement inhibée. Je crois que je suis de la race des femmes qui pourraient facilement rester vierges jusqu'à leur mort. Je n'ai appris à lui répondre que très lentement. Il s'est écoulé presque un an avant que mon corps soit capable de réagir. Cette année-là, c'est comme si avait grandi en moi un autre être qui n'avait rien à voir avec moi.

Ensuite, il y a eu la guerre des Six-Jours. Tout le monde était euphorique : Jérusalem est, une partie du désert de Judée, le Sinaï, la Samarie, le Golan... Seules deux personnes se montraient très circonspectes : Daniel et Moussa. Daniel disait que c'était un gage, que la conquête de nouveaux territoires n'était pas la solution du problème et ne ferait que compliquer les choses. Quant à Moussa, qui n'avait pas été mobilisé en tant qu'Arabe, il disait que les conséquences seraient imprévisibles.

Je me souviens les avoir entendus discuter un matin. Daniel a déclaré : « Cette guerre des Six-Jours, on dirait un chapitre de la Bible ! La victoire est tombée du ciel ! — Et la défaite, elle est tombée d'où ? » a rétorqué Moussa. Et brusquement, j'ai eu peur.

Extérieurement, peu de choses avaient changé. Je travaillais du matin au soir, à ce moment-là, nous étions en train d'organiser une sorte de jardin d'enfants paroissial. La plupart de nos paroissiennes ne pouvaient pas travailler car il y avait très peu de jardins d'enfants, sans compter qu'il était difficile d'y conduire les petits, et les transports étaient chers. Alors nous avions monté un groupe, une ou deux femmes gardaient les enfants pendant que les autres travaillaient. En général, c'était une mère qui nourrissait son bébé. Je me souviens d'une certaine Véronika qui a donné le sein à la moitié des enfants de la communauté. C'est aussi à cette époque que nous avons terminé la construction de l'église Élie-de-la-Source. Les druzes nous avaient trouvé une source, mais elle était si minuscule que seuls les oiseaux pouvaient s'y désaltérer.

Nous étions devenus une vraie communauté, un peu communiste même. Dans notre maison paroissiale vivaient des gens qui n'avaient pas de logement, parfois de parfaits inconnus, des sans-abri ; nous avons eu quelques drogués qui se sont incrustés, l'un d'eux a fini par renoncer complètement à la drogue, il s'est repris en main et a même fait des études. Daniel et moi, nous achetions des provisions, il y avait aussi des colis envoyés par des organisations caritatives. On faisait la cuisine, on servait à manger, on lavait la vaisselle et on priait. Daniel célébrait la messe, en grande partie en hébreu. Moussa venait souvent nous donner un coup de main. Parfois, il m'emmenait faire des promenades, il me montrait des endroits superbes. Quand il m'invitait à aller quelque part, je demandais toujours la permission à Daniel. Il se fâchait.

« Pourquoi tu me demandes la permission ? Tu es une adulte, tu es responsable de toi-même. Tu sais bien que Moussa est un homme marié. Si tu peux ne pas y aller, il vaut mieux que tu n'y ailles pas ! »

Je savais que Moussa était marié, bien sûr. Mais je savais aussi qu'on l'avait marié à seize ans, alors qu'il n'était encore qu'un enfant. Sa femme était plus âgée que lui, elle lui était apparentée du côté maternel et il avait été obligé de l'épouser à cause de je ne sais quels intérêts familiaux. D'ailleurs on ne lui avait pas demandé son avis. À l'époque, il avait trois enfants.

Il s'est écoulé vingt et un ans entre le jour où il a glissé le petit mot dans mon sac et celui de sa mort. Vingt et un ans de souffrances, de bonheur, de ruptures, de réconciliations, de remords incessants, de honte et de l'union la plus heureuse que l'on puisse imaginer.

Au début, j'étais allée trouver Daniel. J'étais si bouleversée que je n'ai rien pu dire pendant un bon moment. Ensuite, je n'ai prononcé qu'un seul mot : « Péché. » Il est resté quelques instants silencieux, puis il a enlevé la barrette qui retenait mes cheveux et m'a caressé la tête. « Tu as de si beaux cheveux ! Et ce front, ces yeux, ce nez... Tu as été créée pour être aimée. Le péché, c'est l'autre qui le porte. Il a fait un serment. Mais lui aussi, je peux le comprendre, Hilda. En amour, les femmes sont presque toujours des victimes. L'amour les fait souffrir davantage. Et peut-être qu'elles reçoivent davantage. Il est impossible d'échapper à la vie, elle prend son dû. Ne te punis pas toi-même. Supporte. Essaye de te défendre. »

Je n'ai presque rien compris à ce qu'il disait. C'était vraiment étonnant : les gens venaient le voir avec des problèmes d'une grande banalité, mais les réponses qu'il donnait n'étaient jamais banales.

Nous avons essayé bien des fois de nous séparer, Moussa et moi. On n'y arrivait pas. On finissait toujours par se rejoindre, comme deux gouttes de mercure. La chimie de l'amour. Ou de la passion...

Je me souviens d'un jour où, après m'être séparée de lui pour la énième fois, je suis allée trouver Daniel, bien décidée à me faire religieuse. Je pensais pouvoir me protéger de cet amour interdit derrière les murs d'un couvent.

Daniel est allé chercher une boîte de superbes chocolats italiens que quelqu'un lui avait offerte, des bouchées à la cerise, et il a mis de l'eau à chauffer. Il préparait très bien le thé, avec beaucoup de soin, un peu à la façon des Chinois ou des Russes : il ébouillantait la théière et ensuite, il la recouvrait d'une serviette. Il a versé le thé dans les tasses. Nous étions dans la montagne, à côté de l'église, il était très tard. J'attendais ce qu'il allait me dire, car mon désir d'entrer au monastère était immense, presque aussi grand que mon amour.

« Mon enfant, il me semble que tu veux entrer au monastère pour échapper à ton amour. Ce n'est pas une bonne décision. On entre dans les ordres par amour pour Dieu, et non par amour pour un homme. Il ne faut pas se mentir à soi-même. Ce n'en sera que pire. Nous en reparlerons quand tu seras guérie de ton amour. »

Mais moi, je ne voulais pas en démordre : « Je veux entrer au monastère ! Je veux entrer au monastère ! » Et là, il a piqué une de ces colères ! Je ne l'avais jamais vu aussi furieux.

« Qu'est-ce que tu veux offrir à Dieu ? Tes souffrances amoureuses ? C'est ça que tu veux lui apporter en cadeau ? Qu'est-ce que tu vas faire là-bas ? Tu es une grande adepte de la prière, peut-être ? Tu as l'intention de tenir le monde à bout de bras avec tes prières, comme les trente-six Justes des Juifs ? Ou alors, tu es une contemplative ? Tu es peut-être un saint François d'Assise ou une sainte Thérèse d'Avila ? À moins que tu n'aies envie de voir briller au-dessus de ta tête une auréole dorée comme un samovar, du genre de celles qu'on dessine sur les icônes byzantines ? Arrête de dire des bêtises ! On a du travail par-dessus la tête, ici ! Alors travaille ici ! »

Mais je n'entendais rien. Au fond de moi, j'étais même un peu dépitée. J'avais vaguement espéré qu'il me féliciterait et me donnerait sa bénédiction. Qu'il serait touché par ma fermeté. Mais il s'était fâché. Il a fait un grand geste, la tasse est tombée et s'est cassée.

« Si tu ne peux rien y changer, alors supporte ! Cela ne pourra pas durer comme ça éternellement. Sur trois personnes, il y en a toujours une qui finit par céder. Alors cède, toi, pars ! Et si tu ne peux pas, patiente. Ne te lie pas par des vœux. La voie monacale est une voie difficile, rares sont ceux qui sont de taille à l'assumer. Moi, par exemple, je ne le suis pas. C'est tellement dur pour moi d'être moine ! J'ai toujours souffert de ne pas avoir d'enfants, de famille, de femme... Mais ma vie, on m'en avait fait cadeau tant de fois qu'elle ne m'appartenait plus, alors je l'ai offerte. Parce qu'elle n'était plus à moi. Comprends-moi, je ne regrette pas d'avoir prononcé les vœux monastiques, j'ai dit oui et, avec l'aide de Dieu, je finirai ma vie moine, mais je ne donnerai à personne, tu m'entends, à personne, ma bénédiction pour s'engager sur cette voie. Si tu veux servir Dieu, sers-Le dans le monde. Crois-moi, il y a de quoi faire ! »

Et une nouvelle vague d'amour a déferlé sur nous. Moussa et moi, nous sommes partis à Chypre. Nous avons passé quatre mois là-bas, il voulait qu'on se marie. J'étais déchirée, j'avais envie de mourir pour que tout cela se termine au plus vite. D'ailleurs Daniel m'a dit à ce moment-là : « Il est temps d'arrêter ça, sinon cela va mal finir pour quelqu'un. » Je voulais que ce quelqu'un soit moi. Je priais même pour que cela se produise. Je ne songeais pas au suicide, c'était une solution trop simple, et puis je savais que, pour Daniel, ce serait un coup terrible. Il était responsable de moi.

Au beau milieu de ce déchaînement de passions, nous avons reçu à Chypre un télégramme du père de Moussa annonçant que David, son deuxième fils, avait été renversé par une voiture. Il avait alors quinze ans. Nous avons pris le bateau et nous sommes rentrés à Haïfa. Le garçon avait subi quatre opérations, mais il ne reprenait toujours pas conscience, il était dans le coma. Daniel et moi, nous avons passé deux jours à prier dans l'église.

J'ai fait le serment qu'il n'y aurait plus jamais rien entre Moussa et moi. Et lui aussi a fait le même serment, au même moment. Nous ne nous étions pas concertés. Tous les deux, nous avions compris qu'il fallait offrir cela. Le garçon a survécu.

Dès lors, nous ne nous sommes plus revus que de temps en temps, à l'église. On priait ensemble, l'un à côté de l'autre. On ne s'adressait plus la parole.

En 1987, quand la première Intifada a commencé, des musulmans ont égorgé toute sa famille. L'oncle de Moussa tenait un petit restaurant près d'un garage. C'était un endroit extrêmement animé, toutes sortes de gens s'y retrouvaient car cet oncle était très aimé pour son accueil et le mal qu'il se donnait. La famille entière s'était réunie là pour fêter l'anniversaire du père de Moussa. Des musulmans ont fait irruption et ont égorgé tout le monde. C'étaient des terroristes, ils voulaient se servir du restaurant comme lieu de rencontre, et l'oncle de Moussa avait refusé. Alors ils lui avaient demandé de leur vendre son commerce en disant qu'ils le payeraient, mais qu'il devait débarrasser les lieux. Il avait encore refusé. Et ils se sont vengés. Quatre hommes, deux femmes et trois enfants ont péri. David, le fils de Moussa, était en Angleterre à ce moment-là. Il n'avait pas pu venir pour l'anniversaire de son grand-père. On a beaucoup écrit sur cette tragédie, à l'époque.

Et pourtant, Ewa, personne n'a parlé du plus important : la situation des Arabes chrétiens en Israël est bien pire que celle des Juifs eux-mêmes. Les Juifs, c'est comme s'ils vivaient sur une île au beau milieu d'un monde arabe qui leur est hostile, mais les Arabes chrétiens, eux, sont suspects aux yeux de tous. Daniel le comprenait mieux que quiconque ici. Il avait un sens de l'humour extraordinaire. Un jour, il m'a dit que c'était l'absence de générosité et la folle jalousie d'une vieille dame nommée Sarah qui avait fait dégénérer un conflit familial en une catastrophe de dimensions mondiales. Si elle avait eu le cœur assez grand pour aimer Ismaël, le frère aîné ne serait pas devenu l'ennemi juré de son cadet... Nous parlions beaucoup de cela, Moussa et moi. Je n'ai gardé que trois lettres de lui, et l'une d'elles est justement consacrée aux tourments de ce qu'il appelait « être arabe ». Il n'avait pas étudié que la botanique à l'université, il avait aussi fait des

études de philosophie et de psychologie. Mais il les avait abandonnées pour se consacrer à ce qui lui procurait le plus de joie :
les plantes... Il venait d'une bonne famille, ses ancêtres avaient
planté des jardins pour tous les chefs d'État du Moyen-Orient,
c'était son grand-père qui avait fait les plans des Jardins Perses du
temple baha'ï.

Durant les dernières années de sa vie, Daniel m'appelait « ma
petite fille ». Et toi, Ewa, il t'appelait comment ?

8. DÉCEMBRE 1966
*Enregistrement d'un entretien avec frère Daniel dans l'église Élie-
de-la-Source*

Eldar nous avait préparé un repas magnifique, il y avait de quoi
nourrir une multitude de gens ! Merci, Eldar. Mettez les assiettes
dans la cuvette, on les lavera plus tard. Mais laissez les verres. Il y
en aura sûrement qui auront envie de boire... Bon. C'est beaucoup
mieux maintenant, la table est superbe ! Hilda va nous faire du
thé, et Moussa nous préparera du café, il fait cela mieux que n'importe qui. Une petite tasse pour moi aussi, d'accord ?

La semaine dernière, j'ai emmené des pèlerins à Jérusalem, et
je suis allé dans un cimetière où l'on est en train de faire des
fouilles, près de la Vieille Ville. On nous a montré des sépultures
du IIe siècle très intéressantes, dans lesquelles des Juifs et des
chrétiens, des membres d'une même famille, ont été ensevelis
ensemble. C'était du temps où le christianisme juif et le judaïsme
cohabitaient, où tous priaient ensemble dans les synagogues et où
il n'y avait aucun conflit entre eux. Il est vrai que les Juifs disciples et adeptes du Christ ne se donnaient pas encore le nom de
chrétiens. Mais le christianisme primitif était étroitement lié au
milieu judaïque de l'époque, ne serait-ce que parce que Jésus était
lui-même issu de ce milieu. Sa mère, Myriam, était de confession
juive, Jésus parlait l'hébreu et l'araméen. Quand il a eu huit jours,

on a accompli sur lui le rite de la circoncision. Nous savons d'après les textes du Nouveau Testament qu'il observait le shabbat et fréquentait le Temple. Ainsi que le démontrent les spécialistes modernes des écrits judaïques de l'époque, il dispensait son enseignement dans la même langue que les rabbins d'alors et se servait des mêmes exemples.

Au Ier siècle, beaucoup de ceux qui avaient pris part à ces événements ou qui en avaient été témoins étaient encore vivants, de proches parents du Christ vivaient toujours ainsi que Myriam elle-même. Après la mort et la résurrection du Maître, les apôtres Pierre, Jacob et Jean ont choisi pour évêque Jacob, le cousin de Jésus, et c'est lui qui a pris la tête de la communauté de Jérusalem.

Pour les apôtres, la résurrection de Jésus était l'événement eschatologique annoncé par les prophètes d'Israël. C'est pourquoi les disciples du Christ ont invité tous les Juifs à reconnaître que c'étaient eux, le véritable Israël, la communauté de la Nouvelle Alliance. Là, ils se sont heurtés à l'hostilité acharnée et tenace du judaïsme officiel. Les apôtres ont alors constitué un groupe particulier à l'intérieur du judaïsme, à côté d'autres sectes juives. Mais ils restaient fidèles aux préceptes de la Loi et au culte du Temple.

En 49, le Concile de Jérusalem a entériné la coutume selon laquelle les chrétiens venus du paganisme, les pagano-chrétiens, ne devaient observer que les commandements donnés à Noé, qui sont au nombre de sept. Ils n'étaient pas tenus de se soumettre au rite de la circoncision ni d'observer les autres préceptes de la Loi juive. L'apôtre Paul considérait que même les judéo-chrétiens n'étaient pas obligés de se soumettre aux anciennes règles, par exemple, ils pouvaient ne pas observer l'interdiction de manger avec des païens et partager des repas avec des chrétiens non circoncis. Beaucoup de judéo-chrétiens n'étaient pas d'accord avec cette décision.

Cela donna lieu à une querelle qui débuta à Antioche en cette même année 49. Selon l'apôtre Paul, la circoncision, l'observance du shabbat et le culte du Temple étaient désormais abolis même pour les Juifs, et le christianisme se libérait des milieux judaïques, tant politiquement que religieusement, par aller à la rencontre des autres peuples. Souvenez-vous de la vision de l'apôtre Pierre sur le toit du tanneur à Jaffa : un récipient en forme de nappe descend du ciel, rempli d'animaux considérés comme impurs par les Juifs, et ce spectacle est accompagné d'une injonction : « N'appelez pas impur ce que Dieu a purifié ! »

C'est précisément là qu'a eu lieu la bifurcation. L'Église de Jérusalem n'a pas rompu avec le judaïsme, mais les enseignements de l'apôtre Paul ont mené à cette rupture qui n'a pas tardé à se produire, après la mort de Paul.

Hilda, ma chérie ! La bouilloire est en équilibre au bord de la cuisinière, elle va tomber, et elle est remplie d'eau bouillante. Or il n'y a personne parmi nous capable de te guérir instantanément !

La rupture s'est encore approfondie lorsque les Romains ont détruit le Temple de Jérusalem en 70. Après l'écrasement de la révolte de Bar Kokhba vers 140, cette rupture est devenue définitive. Auparavant, les judéo-chrétiens vivaient à Pella et dans d'autres villes au-delà du Jourdain, mais la Palestine s'hellénisant, ils ont commencé à quitter le Moyen-Orient. À partir de la fin du IIe siècle, le judéo-christianisme s'est pratiquement éteint en Orient — en Palestine, en Arabie, en Jordanie, en Syrie et en Mésopotamie. Les dernières communautés judéo-chrétiennes ont été englouties par l'islam cinq siècles plus tard. Dans le christianisme moderne, on n'en trouve que de rares vestiges « archéologiques » dans les liturgies des Églises éthiopienne et chaldéenne.

Merci, Moussa, ton café est incomparable ! Il existe un grand nombre d'ouvrages sur ce thème. Je ne vais pas vous assommer avec tout cela. Le plus étonnant, c'est que les écrits judéo-chrétiens les plus anciens ne se distinguent guère des *midrachim*, un genre littéraire particulier qui consiste en commentaires de textes élaborés par les rabbins de l'époque. La tradition judaïque subsiste encore dans les œuvres d'écrivains de l'Église comme Barnabé, Justin, Clément d'Alexandrie et Irénée.

La coexistence du christianisme juif et du christianisme grec a pris fin au IVe siècle. À partir de cette époque, l'Église chrétienne non juive est devenue très puissante, elle a pris une forme gréco-latine et est devenue la religion de l'Empire. Dans l'Église moderne, il n'y a pas de place pour une Église juive. Le christianisme qui existe aujourd'hui est un christianisme grec. Il s'est amputé du courant juif. La tradition judaïque, liée à un monothéisme rigoureux, s'est plutôt manifestée dans l'islam, qui représente lui aussi une certaine interprétation de la religion judéo-chrétienne. C'est précisément l'Église judéo-chrétienne qui offre pour l'avenir des possibilités de dialogue dans trois directions : celles du judaïsme, de l'islam et du christianisme.

Il faut rendre à l'Église le pluralisme de ses débuts. Parmi les nombreuses Églises chrétiennes s'exprimant dans toutes les langues du monde, l'Église chrétienne juive doit avoir sa place, elle aussi... Nous devons revenir au point où s'est produite jadis la bifurcation et comprendre ce que l'on peut corriger. Le christianisme a commis beaucoup d'erreurs au cours de son histoire. On ne peut pas les réparer, bien sûr, mais on peut comprendre en quoi elles consistaient et de quoi elles découlaient. Une nouvelle compréhension peut produire de bons fruits, ceux de la réconciliation et de l'amour. Car du fait de l'absence des Juifs, le christianisme perd son universalité. Le départ des Juifs est la blessure toujours à vif du christianisme. La composante grecque, byzantine, a déformé l'essence du christianisme originel dans beaucoup de domaines. Et j'aimerais revenir aux sources. Avec vous.

9. DÉCEMBRE 1966

Rapport adressé par le frère Élie au patriarche de Jérusalem, Monseigneur Mattana Avat

Le 11 décembre 1966, dans l'église récemment restaurée Élie-de-la-Source, le prêtre Daniel Stein a eu avec sa communauté un entretien dont je vous soumets le contenu enregistré sur magnétophone.

Frère ÉLIE

10. JUIN 1967

Extrait d'une lettre d'Hilda à sa mère

... Daniel avait beaucoup de fièvre et je sais qu'il a horreur de se soigner. Je lui avais acheté toutes sortes de médicaments et je suis allée au Stella Maris à pied. Les transports fonctionnent très mal à cause de cette guerre et plutôt que d'attendre l'autobus une heure et demie, il valait mieux faire le trajet à pied, cela prendrait autant de temps. Bon, alors j'arrive en haut de la montagne, je vais trouver le frère portier et je lui remets les médicaments pour Daniel. Et figure-toi qu'il me dit que Daniel est parti tôt dans la matinée, qu'il ne reviendra que dans la soirée. Je retourne à Haïfa. J'étais presque arrivée, et qu'est-ce que je vois sur la route ? Une Vespa qui fonce avec, dessus, Daniel, sa soutane flottant au vent, et sur le siège arrière, secoué par les cahots, un *hassid* maigre comme un clou tenant d'une main son chapeau noir à larges bords et de l'autre, mon Daniel. On ne peut rien imaginer de plus comique ! Toute la rue était littéralement morte de rire.

Le lendemain, la guerre s'est terminée. Je ne peux pas te décrire ce qui s'est passé ici. C'était une telle liesse, un tel bonheur ! On a tout de suite appelé cette guerre la guerre des Six-Jours.

Et voilà qu'au beau milieu de la joie générale arrive Daniel, l'air assez sombre. Il s'assied à table et dit :

« Félicitations pour la victoire ! On parlera de cette guerre dans tous les manuels de stratégie militaire jusqu'à la fin du siècle ! Les Arabes ne nous pardonneront jamais cette humiliation. »

Et Moussa, qui était passé ce jour-là, a répondu :

« Je connais bien les Arabes, Daniel, ils trouveront moyen d'interpréter cette défaite comme une grande victoire. Ils ne laisseront pas le monde entier se moquer d'eux. »

Daniel a hoché la tête. Il aime beaucoup Moussa, il y a entre eux une entente très profonde. Et il a dit :

« Bien sûr, Moussa, seul un homme intérieurement libre peut rire de lui-même et laisser les autres se moquer de lui. »

Là, j'ai immédiatement pensé au spectacle cocasse de Daniel transportant le *hassid* sur sa Vespa, et j'ai dit :

160

« Oui, avant-hier, tout Haïfa s'est bien moqué de toi en te voyant trimbaler ce *hassid* !

— Ah bon ? Tu m'as vu ? a demandé Daniel, affolé.

— Bien sûr ! Et je ne suis pas la seule, toute la ville était morte de rire ! »

Il a eu l'air consterné et s'est aussitôt lancé dans des explications :

« Il était en retard pour un *kaddish*, tu comprends, et il n'y avait pas un seul taxi, pas un seul autobus. Quand je l'ai vu qui courait dans tous les sens, je me suis arrêté pour lui proposer de l'emmener. Et il est monté. Cela n'a rien d'extraordinaire ! Je l'ai conduit là-bas, il m'a dit merci, et c'est tout. Qu'est-ce que cela a de drôle ? »

Moussa se tordait de rire. Mais Daniel ne comprenait toujours pas.

« Mais on allait dans la même direction !

— C'est parce que vous êtes juifs tous les deux ! Les Arabes et les Juifs, eux, n'iront jamais dans la même direction... Je te dis ça en tant qu'Arabe. Quant à nous, les Arabes chrétiens, nous n'avons nulle part où aller, nous ne pouvons échapper ni à vos victoires ni à vos défaites. »

Nous avons bu du café et, avant de partir, Daniel m'a dit :

« Hilda, j'aimerais bien que tu n'ailles pas crier sur les toits que j'ai transporté un *hassid*.

— Je n'en dirai pas un mot à qui que ce soit... Seulement toute la ville t'a vu !

— Peut-être que ce n'était pas moi, mais un autre prêtre ? »

D'autres prêtres comme lui, cela n'existe pas, je te le jure !

11. 1967, JÉRUSALEM

Notes prises par Hilda pendant un cours du professeur Neuhaus avant les examens

Dans la marge : en discuter avec Daniel !

1. La période du Second Temple se termine en 70. Une fois le Temple détruit, les sacrifices dans le Temple ont cessé. A débuté

alors l'époque du culte des synagogues. On considère que tant que le Temple existait, les Juifs s'y rendaient trois fois par an, pour Soukkot, la fête des Tentes, pour la Pâque, et pour Chavouot, la fête des Semaines.

Note dans la marge : Les deux dernières fêtes correspondent à Pâques et à la Pentecôte, pour Soukkot, se renseigner.

Il est difficile d'imaginer que les paysans de Galilée accomplissaient ce pèlerinage trois fois par an. En ce temps-là, rien que l'aller prenait une semaine, et les fêtes duraient huit jours. Comment un paysan peut-il laisser sa ferme pendant trois semaines ? Les Évangiles synoptiques rapportent que le Christ ne s'est rendu à Jérusalem pour une fête qu'une seule fois durant toute son adolescence. Il est plus réaliste de penser que chaque Juif accomplissait ce pèlerinage une fois tous les cinq ou dix ans.

Samuel Safraï, un chercheur contemporain, estime que les synagogues, des assemblées de croyants se réunissant le samedi pour lire la Torah et prier ensemble, existaient déjà au début du Ier siècle, avant la destruction du Second Temple. C'est dans des assemblées de ce genre que le Christ guérissait les malades.

Bien que, d'habitude, les chercheurs juifs n'aient pas recours aux sources chrétiennes, dans ce cas précis, il est intéressant d'aller voir ce que dit le Nouveau Testament.

On y trouve un grand nombre d'allusions aux synagogues. Il est possible qu'il se soit agi de maisons privées appartenant à des gens riches, qui mettaient à la disposition de leurs voisins et concitoyens un local pour prier et lire des textes saints ensemble.

Je pense que les ruines de la synagogue de Capharnaüm, qui existent encore de nos jours et sont un lieu saint pour les chrétiens, ne sont pas datées correctement, mais laissons cela sur la conscience des archéologues modernes et du business touristique. Cette synagogue est néanmoins la preuve que le culte des synagogues existait déjà du temps où le Temple n'avait pas encore été détruit.

Tous les chercheurs sont loin de partager ce point de vue, les tenants de l'école la plus conservatrice considèrent que l'époque des synagogues n'a commencé que quelques années après la destruction du Temple. J'ai tendance à partager le point de vue de Samuel Safraï.

Je vous rappelle que la lutte acharnée pour interdire toute célébration religieuse hors du Temple avait commencé des siècles avant cette époque ! Tout cela nous donne des raisons de supposer que, déjà avant la destruction du Temple, il y avait tout un travail occulte préparant une nouvelle étape de l'existence du judaïsme — le judaïsme d'après le Temple, celui des synagogues, qui devait prendre forme dans toute sa diversité à l'époque de l'exil.

Pourquoi les synagogues s'étaient-elles déjà constituées ? Était-ce dû à un pressentiment historique ? À une foi inébranlable dans les prophéties annonçant la destruction du Temple ? À la prévoyance des leaders religieux d'alors qui anticipaient la catastrophe ? Voilà une question que je livre à votre réflexion.

Comment les diverses couches de la population considéraient-elles le Temple ? Les Esséniens charismatiques et exaltés s'en tenaient à l'écart, y voyant un antre de corruption. Les intellectuels trouvaient son idéologie trop stricte. Les pharisiens mettaient l'accent sur l'étude de la Torah, et non sur le culte du Temple. Si bien que ce culte était le fait des prêtres et du peuple. Les premiers, comme toujours et partout, détenaient le pouvoir et la richesse, le second n'avait pas voix au chapitre du fait de son ignorance.

Durant le Ier siècle de la nouvelle ère, une période de transition extrêmement délicate qui a déterminé le futur destin du monde, il est encore impossible de tracer une frontière nette entre Juifs et chrétiens. Ils sont encore inséparables tant du point de vue du culte que de la créativité. Ce sont encore des judéo-chrétiens : la même Torah, les mêmes Psaumes, les mêmes offrandes et les mêmes requêtes adressées au Seigneur. Les textes des Évangiles ne sont pas encore fixés. La nouvelle pousse d'olivier n'a pas encore été séparée du tronc par l'épée de l'apôtre Paul.

2. Encore une question à méditer : à cette époque, le statut du Temple avait été ébranlé. La communauté de Qumrân avait commencé à créer des prières indépendamment du Temple. Aujourd'hui, ces textes ont été retrouvés.

Philon d'Alexandrie est mort dans les années 50 du Ier siècle — ce même Philon qui était allé voir l'empereur Caligula à Rome, à la tête d'une délégation de Juifs d'Alexandrie, pour protester contre l'introduction des effigies de l'empereur dans les synagogues d'Alexandrie et dans le Temple de Jérusalem. Sa description de ce voyage, qui n'a pas donné grand-chose, a été conservée. Grâce aux chrétiens, un grand nombre de ses ouvrages sont parvenus jusqu'à nous dans l'original grec. C'est un vulgarisateur de la Torah incroyablement audacieux et talentueux. Du point de vue du judaïsme orthodoxe, il est contaminé par le platonisme, le stoïcisme et autres influences grecques à la mode. Mais c'est grâce à son traité *De vita contemplativa* que nous connaissons l'existence de la secte des thérapeutes.

Note dans la marge : se renseigner là-dessus !

Philon d'Alexandrie écrit : « Si tu n'as pas déposé tes péchés sur l'autel de ton cœur, ce n'est pas la peine d'aller au Temple. Mais si tu es venu au Temple et que tu penses à un autre endroit, c'est là que tu te trouves. » Philon transposait aisément le « matériel » sur un plan spirituel. « Nous ne mangeons pas de porc parce qu'il est l'image de l'ingratitude et qu'il ne connaît pas ses maîtres », écrit-il. À la suite des prophètes, il parlait de « la circoncision du cœur ». C'était un contemporain de Jésus et sur certains points, il avait les mêmes idées que lui. Plusieurs familles de la communauté n'ayant pas fait circoncire leurs fils, il les admonestait avec douceur : « Il faut observer la coutume afin de ne pas tenter les autres. » Cela se ressemble beaucoup, non ? Bon, je ferais mieux de m'arrêter là ! J'ai un faible pour Philon d'Alexandrie...

Note dans la marge : prendre absolument ce Philon
à la bibliothèque !

Revenons au culte. Les horaires des offices religieux chrétiens remontent à ceux des Juifs. Dans la Torah, Dieu a prescrit aux Hébreux de faire un sacrifice le matin et le soir. Jusqu'à la construction du Premier Temple par Salomon, les sacrifices se faisaient sur des autels en plein air. À l'époque de la captivité de Babylone, les Hébreux ont commencé à prier dans des assemblées de prières, à l'intérieur d'un local. Les célébrations consistaient en lectures à heures fixes de la Torah, des Psaumes et des hymnes, et les sacrifices sanglants ont été peu à peu remplacés par des « sacrifices de louanges ». Ce type de culte, mis en place pendant l'exil de Babylone, a servi plus tard de modèle à la liturgie dans les Églises chrétiennes. Voilà un superbe thème pour un travail personnel : la comparaison des textes des célébrations religieuses dans leur évolution historique ! Il est impossible de se représenter le christianisme sans la Torah. Le Nouveau Testament est né de la Torah.

Ensuite, les Juifs et les chrétiens cessent de prier ensemble et se mettent à le faire dans des lieux différents. On voit apparaître peu à peu chez les chrétiens des textes d'un genre nouveau, dirigés contre le judaïsme et les Juifs. Il y a là un immense champ d'investigation. Nous y reviendrons quand nous parlerons de la liturgie.

3. La liturgie. C'est un point particulièrement délicat. On peut établir un parallèle entre la célébration de la Pâque juive et la messe chrétienne (comparez donc le texte de la Haggadah pascale et celui de la messe, c'est très intéressant !). La liturgie chrétienne est étroitement liée à la célébration de la Pâque juive. Tout ce que je dis en ce moment est un peu chaotique. Je me contente de vous rappeler les points fondamentaux, les lieux communs, en quelque sorte. Je vous incite néanmoins à examiner tout cela d'un œil critique et créatif.

Je vous invite à tout vérifier, à tout discuter. Un savoir acquis sans un effort personnel, sans une tension personnelle, est un savoir mort. Seul ce que l'on fait passer à travers notre propre cerveau nous appartient vraiment.

Je continue : l'analyse des textes de la célébration de la Pâque juive et de la liturgie contemporaine des Églises, tant occidentale qu'orientale, montre un lien structurel entre elles, ainsi que le recours aux mêmes prières. Relisez attentivement les notes que vous avez prises pendant mes cours sur ce thème. Je ne vais pas me répéter.

Une question à part, constamment étudiée par des auteurs tant juifs que chrétiens : le caractère antisémite de certains textes chrétiens, surtout pendant la semaine sainte, c'est-à-dire avant Pâques.

Le Deuxième Concile du Vatican de 1962-1965 a écarté la plupart de ces textes, en particulier ceux qui avaient été écrits par des Pères de l'Église comme Jean Chrysostome, par exemple.

Les Églises orientales sont opposées à de tels retraits et dans beaucoup d'églises orthodoxes, ces textes sont toujours lus aujourd'hui.

C'est un thème sensible, il met en cause certaines hautes autorités théologiques, aussi bien chrétiennes que juives. Dans les ouvrages de Maïmonide, un professeur de judaïsme et un commentateur de la Bible du XIIe siècle connu dans les sources juives sous le nom de Moïse ben Maïmon, ou RaMBaM, on trouve de violentes diatribes contre les chrétiens, tout aussi peu fondées que les déclarations antijuives de certains Pères de l'Église.

Ainsi s'est creusé le fossé entre le monde juif et le monde chrétien. Ce fossé est immense, mais il ne me paraît pas infranchissable. Travailler sur ces matériaux exige des connaissances, de l'honnêteté, de l'audace, et un esprit ouvert. Comme disait le père de l'Église Grégoire le Grand, si la vérité risque de susciter le scandale, mieux vaut laisser arriver le scandale que nier la vérité.

Mes chers étudiants ! La dernière chose que je veux vous dire aujourd'hui, c'est qu'il est pratiquement impossible de faire passer un examen sur la matière de ce cours. L'histoire des religions et l'histoire du genre humain y sont étroitement enchevêtrées. Il y a là la tragédie des Juifs et celle de l'Europe. C'est précisément ici que bat le cœur de l'Histoire. C'est pourquoi il n'y aura pas d'examen, mais des entretiens. Je discuterai avec chacun d'entre vous de ce qui lui aura semblé le plus essentiel dans mon cours. Si vous le souhaitez, vous pouvez rédiger un exposé par écrit. Cela me paraît particulièrement indiqué pour les étudiants qui viennent de loin. Vous pouvez faire une analyse comparative de documents. Toi, par exemple, Arad, en tant que Juif éthiopien, tu pourrais prendre des textes de chrétiens éthiopiens, j'en ai de très intéressants, et les comparer avec des textes juifs de la même période. Oui, oui ! C'est ce que tu vas faire, d'ailleurs !

Nous allons maintenant nous quitter pour une semaine, je vous attendrai ensuite aux heures fixées par votre emploi du temps.

Note. Il y a une histoire qui court sur Neuhaus : pendant un entretien, il aurait demandé à une étudiante combien il existe d'évangiles canoniques. Elle ne le savait pas. Il ne lui a pas posé d'autres questions et lui a mis la moyenne. Quand on lui a demandé pourquoi il avait agi ainsi, il a répondu : « Il n'y a qu'une seule question à laquelle elle n'a pas répondu ! »

12. 1967, HAÏFA
Daniel Stein à Władysław Klech

Mon cher frère,

Comme tu vois, j'ai été long à m'atteler à la tâche ! Mais ensuite, j'ai tellement galopé que je me suis cassé la jambe. On m'a mis un plâtre et on m'a laissé repartir tout de suite. Puis on s'est aperçu que j'avais été mal plâtré, et il a fallu m'opérer. Si bien que me voilà maintenant obligé de passer quelques jours dans un hôpital qui est en fait une véritable maison de repos. Cet arrêt en pleine course me procure un répit total. En plus, comme ma jambe me fait mal, je n'ai pas l'impression de tirer au flanc. Et je peux enfin t'écrire une lettre détaillée sur mon état d'esprit.

Juste avant mon départ de Cracovie, le supérieur de notre couvent m'avait dit que, pour un prêtre catholique, Israël était un terrain d'action encore plus semé d'embûches que la Pologne de l'après-guerre, et que l'activité missionnaire était impossible parmi les Juifs israéliens. À strictement parler, elle est même interdite par la loi.

Il avait raison. Les Juifs n'ont pas besoin de moi. Et les Juifs pratiquants sont persuadés que je suis venu dans le seul but de convertir des Juifs au christianisme. Évidemment, les catholiques qui vivent ici, eux, ont besoin de moi. Je ne sais pas combien il y en a qui viennent de Pologne, plus d'un millier, je pense, et beaucoup d'enfants issus de mariages mixtes. Leurs problèmes sont encore plus compliqués que ceux des catholiques polonais. Et il n'y a pas que les Polonais, toutes les espèces sont représentées : les catholiques tchèques, roumains, français, lituaniens, lettons...

Une bonne moitié de mes paroissiens ne parle pas le polonais, mais tout le monde apprend l'hébreu.

Si bien que mon grand rêve s'est trouvé correspondre à une dure nécessité, puisque la seule langue commune à tous mes fidèles est justement l'hébreu. Le paradoxe, c'est que l'Église qui parle la langue du Sauveur n'est pas l'Église des Juifs, mais celle des « personnes déplacées ». Des exclus, des gens de peu de valeur et de peu d'importance pour l'État... Tu vois, c'est ça, l'histoire linguistique du christianisme ! Dans les premiers temps, les offices, qui étaient entièrement issus du judaïsme, sont passés de l'hébreu au grec, au copte, puis au latin et aux langues slaves, et maintenant des Polonais, des Tchèques et des Français viennent chez moi prier en hébreu.

Ce sont justement les Juifs qui sont les moins nombreux dans ma communauté. Depuis que je vis ici, j'en ai baptisé trois. De beaux baptêmes, dans le Jourdain. C'étaient des hommes mariés à des catholiques. J'espérais qu'ils resteraient en Israël. Ils sont tous partis. Et pas seulement eux. Je connais d'autres Juifs chrétiens qui quittent Israël. Plusieurs familles d'Arabes catholiques sont parties pour la France ou l'Amérique. Je ne sais pas comment ils sont reçus là-bas, mais je comprends pourquoi ils s'en vont.

Les chrétiens baptisés avaient quitté Israël autrefois, ils étaient partis dans le monde. Ici, c'étaient les apôtres non baptisés qui étaient restés. Le Sauveur n'a baptisé personne. C'est une histoire assez énigmatique. De façon générale, les rapports entre ces deux grandes figures, Jean le Baptiste et Jésus, sont extrêmement mystérieux. Si l'on ne tient pas compte de l'entrevue entre leurs mères enceintes, quand « l'enfant a tressailli dans son sein », ils ne se sont rencontrés qu'une seule fois, du moins une seule qui ait été rapportée. Sur le Jourdain. Ils ont vécu toute leur vie sur le même lopin de terre (ce pays est minuscule), et ils ne se rencontraient pas. Et cela, alors qu'ils étaient parents et qu'il devait certainement y avoir des fêtes de famille, des mariages, des enterrements... Ici, pour ne pas se rencontrer, il faut vraiment le vouloir ! Ils n'en avaient pas envie. Quel mystère se cache derrière cela ? Je suis allé mettre mon nez là-dedans grâce à un remarquable interlocuteur, le professeur de judaïsme David Neuhaus. Il étudie les courants religieux de la période du Second Temple. Deux figures sont très importantes à ses yeux : le Jean Baptiste historique, et le Jésus historique. Neuhaus a recours à des sources peu connues des chercheurs chrétiens. Je dois avouer que je suis saisi d'une grande émotion quand j'ai à faire à des documents juifs de ces années-là. C'est ici que se trouve, scellée par sept sceaux, la réponse à une question essentielle pour moi : en quoi croyait notre Maître ? Et croyait-il au Père, au Fils et au Saint-Esprit ? À la Trinité ?

Neuhaus analyse les divergences entre les idées de Jésus et celles de Jean Baptiste. La différence tient à leur conception du Salut. Jean était sûr que la fin du monde était imminente et il attendait le Jugement dernier, comme les sages de Qumrân avant lui, et comme saint Jean dans l'Apocalypse après lui. Selon Neuhaus, cette aspiration à un jugement rapide et ce désir de châtier sans tarder les impies étaient étrangers à Jésus. Jésus n'était pas un disciple de Jean Baptiste, en dépit de la notoriété et de l'autorité de ce dernier. Je suppose qu'il était rebuté par ses attentes eschatologiques et par son obsession de la fin du monde. Son sermon suivant est entièrement consacré à la vie, à la valeur et au sens de la vie.

Un Dieu vivant pour des hommes vivants.

Au cours de son histoire, le christianisme a essayé de faire le procès du monde. Et le procès des Juifs. Au nom de Jésus, et tout de suite ! Autrement dit, le jugement de Dieu était remplacé par le jugement des hommes et était prononcé au nom de l'Église.

David Neuhaus étudie Jésus dans le contexte de l'histoire juive. C'est seulement ainsi, à partir du contexte judaïque, que l'on peut trouver la réponse à la question : « En quoi croyait notre Maître ? »

Le professeur Neuhaus m'a invité chez lui, ce qui est un grand honneur. Il habite une belle maison dans un vieux quartier de Jérusalem construit jadis par des gens venus d'Allemagne. Aujourd'hui, ce sont de riches notables qui vivent là, beaucoup de professeurs d'université, de médecins et de juristes réputés. Cela rappelle un peu les faubourgs douillets d'une ville d'Europe méridionale. Quand on entre chez lui, on se retrouve dans un grand hall. Un miroir, un guéridon, tout est convenable et assez bourgeois, mais en plein milieu, bien en vue, il y a une sculpture représentant un porc de taille respectable. Je lui ai aussitôt demandé pourquoi il faisait un tel honneur à un animal aussi méprisé. Voici quelle fut sa réponse : « Je suis né en Tchéquie. Quand les Allemands l'ont occupée, au début, ils accordaient aux Juifs le droit de partir. J'ai fait une demande pour émigrer en Palestine, et quand je suis venu chercher l'autorisation, l'officier allemand qui délivrait les papiers a exigé que je crie trois fois : "Je suis un sale porc juif !" Ce charmant animal est ici en mémoire de cet événement. »

Je viens de voir par la fenêtre le chef de service qui rentre, je vais essayer de le convaincre de me laisser quitter l'hôpital. S'il me libère, je partirai tout de suite m'occuper de mes affaires, et je terminerai cette lettre à la première occasion.

D.

13. NOVEMBRE 1990, FRIBOURG
Extrait des entretiens de Daniel Stein avec des lycéens

Ivan Sémionovitch, le chef de la police régionale biélorusse, m'a emmené dans la ville d'Emsk et m'a installé dans sa maison. Il voulait m'avoir tout le temps auprès de lui. Il vivait avec sa jeune femme, une Polonaise. J'ai été surpris par le contraste absolu qu'il y avait entre cette Béata et son mari, un homme fruste et brutal. Elle était très jolie, cultivée, elle avait même quelque chose d'aristocratique. J'ai appris par la suite qu'elle venait effectivement d'une excellente famille, son père, Walewicz, était le directeur du lycée, et son oncle le curé de la paroisse.

Ivan avait été amoureux de Béata pendant des années mais elle avait longtemps refusé de l'épouser et n'avait accepté que tout récemment, lorsqu'il était devenu chef de la police. Elle l'avait fait pour protéger sa famille des persécutions. Les colons polonais, plus instruits que les autochtones biélorusses, n'étaient pas nombreux car la majorité de l'intelligentsia polonaise avait été déportée en Sibérie pendant l'occupation russe.

Les nazis ne persécutaient pas seulement les Juifs. Ils considé-

170

raient aussi les Tsiganes, les Noirs et les Slaves comme des races inférieures. Mais dans cette hiérarchie, les premiers sur la liste des gens à exterminer étaient les Juifs. Je me faisais passer pour un Polonais.

Les Polonais de la région m'aimaient bien, ils savaient que j'étais moitié allemand, moitié polonais, et qu'en me faisant enregistrer à Emsk, je m'étais déclaré polonais, alors que j'aurais pu me dire allemand. Mon choix avait été parfaitement délibéré. Le seul document qui me restait de mon ancienne vie était ma carte de lycéen sur laquelle ma nationalité n'était pas mentionnée. En revanche, ma ville y figurait. Les Allemands auraient pu facilement faire une enquête, et j'aurais alors été démasqué... Mais aux yeux des Polonais, mon choix signifiait que j'étais un patriote. La famille de Béata nourrissait elle aussi des sentiments patriotiques.

Je n'ai pas tardé à les connaître tous plus intimement. Le père de Béata et ses sœurs, Galina et Marysia, étaient des gens remarquables. Il y avait chez eux une ambiance si chaleureuse que l'on n'avait pas envie de s'en aller. De temps en temps, le frère aîné du maître de maison, le curé, passait les voir. Quand nous nous croisions, j'étais toujours très nerveux : je ne savais pas comment un catholique devait se comporter en présence d'un prêtre. Mais il était bien disposé et ne demandait pas à être traité de façon particulière.

Les sœurs avaient à peu près le même âge que moi, Galina un an de plus et Marysia un an de moins. Elles étaient les seules personnes avec lesquelles je pouvais bavarder et relâcher un peu la tension perpétuelle dans laquelle je vivais. Je venais chez eux presque tous les jours et je restais tard le soir. Je jouais aux cartes avec elles, nous nous amusions et nous faisions les imbéciles ensemble. Je leur racontais les incidents cocasses qui se produisaient parfois au poste de police.

Il n'était pas question que j'aie des relations avec des Juifs en dehors de mon travail, j'aurais immédiatement attiré des soupçons. D'ailleurs les Juifs eux-mêmes, à la vue de mon uniforme noir, détournaient les yeux et s'efforçaient de devenir invisibles.

Bien entendu, toute véritable intimité avec la famille Walewicz était exclue, car j'avais toujours présent à l'esprit l'abîme infranchissable qui me séparait, moi, un Juif qui se cachait, de ces charmantes chrétiennes si sympathiques et si distinguées... J'étais amoureux de

Marysia et je savais que je lui plaisais. Mais je savais aussi que jamais je ne transgresserais certaines limites, que jamais je ne me déciderais à entamer une relation sérieuse, car je lui aurais fait courir un risque terrible. J'ignore comment ma vie aurait tourné si je l'avais rencontrée en temps de paix, dans un pays en paix. Mais la pauvre Marysia et sa famille n'allaient pas tarder à périr, et je n'ai pu sauver aucun d'entre eux.

Mes fonctions étaient assez variées : tout d'abord, je servais d'interprète lors des contacts entre la gendarmerie allemande, la police biélorusse et la population locale. Deuxièmement, il m'arrivait de m'occuper d'enquêtes sur des délits de droit commun et des histoires de mœurs, de rassembler des preuves. Quant aux affaires « politiques », liées aux enquêtes sur les activités de l'ex-administration soviétique, des communistes ainsi que des partisans qui étaient très vite apparus depuis l'occupation, je m'efforçais de m'en tenir à l'écart. Particulièrement des affaires « juives ». Mais on ne me demandait pas de m'en mêler, c'était un aspect beaucoup trop secret du travail.

Au début, j'ai vécu dans la maison de Sémionovitch, je mangeais à sa table et, en plus de mon travail officiel d'interprète, je lui donnais des cours d'allemand, sans grand résultat, du reste. Le matin, je sellais les chevaux et nous allions au bureau. Le soir, quand nous aurions pu faire de l'allemand, Sémionovitch se mettait généralement à boire.

Il était satisfait de mon travail. Avant moi, il avait eu pour interprète un Polonais qui parlait mal l'allemand et qui, en plus, était un ivrogne. À présent, il s'en remettait à moi pour le courrier et le travail de secrétariat, je devais rédiger un nombre incalculable de rapports absurdes exigés par les autorités allemandes. Je me débrouillais bien, et Sémionovitch m'appréciait.

Il s'est écoulé un certain temps avant que Béata m'avoue que, au début, elle m'avait soupçonné d'être juif, mais qu'elle avait changé d'avis en me voyant à cheval : je me tenais en selle comme un vrai cavalier et non comme un Juif de la campagne. J'étais effectivement un bon cavalier, j'aimais les chevaux et l'équitation, j'avais même remporté plusieurs fois des concours hippiques organisés dans le manège où je m'entraînais avec mes camarades.

De façon générale, Béata m'aimait bien. Je vivais sous son toit, je l'aidais de mon mieux, et il m'est arrivé plus d'une fois de calmer Sémionovitch qui devenait violent et agressif quand il avait bu. Après chaque beuverie, il m'en était très reconnaissant. Je le sentais. Je dirais même qu'il avait de l'estime pour moi. Son estime m'a placé un jour dans une position très délicate. Il savait bien qu'étant polonais, je devais être catholique. Dans la hiérarchie qu'il avait établie, les Juifs étaient au-dessous des Biélorusses, et les Polonais au-dessus. Quant à la race aryenne, sa supériorité était pour lui indubitable. C'était un policier idéal, bien sûr : les opérations antijuives ne lui posaient pas le moindre cas de conscience. Durant ces mois-là, on anéantissait des hameaux juifs et des petits villages de trente à soixante habitants. Au début, c'était la police biélorusse qui se chargeait de ces *Aktions*. Pourquoi est-il soudain venu à l'esprit de Sémionovitch que ceux de ses policiers qui étaient catholiques devaient aller se confesser, je ne saurais l'expliquer, mais un beau jour, il m'a confié encore une tâche : m'assurer que tous les policiers catholiques allaient bien se confesser.

Ce n'était pas seulement une aberration, il y avait aussi là une sorte de dérision diabolique : les assassins devaient observer des rites religieux, se confesser et communier. J'ai compris que c'était également ce que l'on attendait de moi.

Je suis allé à l'église avec une quinzaine de policiers. Ils faisaient tous la queue pour se confesser, j'étais le dernier. J'attendais assis sur un banc en bois, et j'avais peur d'être démasqué car je n'avais aucune idée de la façon dont on doit se comporter pendant une confession. Comment aurait-il pu me venir à l'idée que quelques années plus tard, je confesserais moi-même des fidèles ?

Une fois tous les policiers partis, je me suis approché du prêtre, avec lequel j'avais déjeuné plusieurs fois chez les Walewicz, et je lui ai demandé s'il comptait passer chez son frère ce soir-là. « Non, a-t-il répondu, je viendrai en milieu de semaine. » Nous nous sommes dit au revoir, et je suis sorti de l'église. Aucun des policiers n'a remarqué mon stratagème.

Je ne savais pas à l'époque que le père Walewicz éprouvait de la sympathie pour les Juifs et même qu'il les aidait, comme on l'a découvert plus tard. Aujourd'hui encore, je ne sais pas s'il avait deviné que j'étais juif. Je le suppose. Et je suis navré de ne pas avoir pu le sauver, bien que j'aie essayé.

Un mois et demi plus tard, un soir, en rentrant de mon travail, j'ai vu une file de camions arrêtés au bord de la route. Cette fois, la police biélorusse n'avait reçu aucune information sur une opération imminente contre les Juifs. Cela ne pouvait signifier qu'une seule chose : ces camions étaient destinés à des Polonais, et la police biélorusse n'en avait pas été informée parce que Sémionovitch était marié à une Polonaise, tout le monde le savait. Quant à moi, on ne me l'avait pas dit parce que je passais pour un patriote polonais.

Je me suis précipité chez Walewicz, je lui ai parlé des camions et lui ai fait part de mon hypothèse. J'estimais qu'ils devaient immédiatement se cacher, se réfugier dans les bois, dans un hameau éloigné. Je lui ai demandé de prévenir son frère et tous ses amis polonais, mais Walewicz ne m'a pas cru. Il détestait le fascisme autant que le communisme, mais il se considérait comme un citoyen loyal et pensait qu'il ne pouvait pas être victime de répression.

Cette nuit-là, ils ont embarqué toute sa famille ainsi que le curé, un ingénieur, le médecin, et encore une vingtaine de personnes. Toute l'intelligentsia polonaise de la ville. Ils ont été fusillés la nuit même. Béata, elle, n'a pas été arrêtée.

Chère Marysia, pauvre Galina... La liste de ceux pour lesquels nous prions est sans fin.

Seul un Polonais que j'avais eu le temps de prévenir ce soir-là a été sauvé, il avait quitté Emsk sur-le-champ.

Lorsque Sémionovitch m'avait amené à Emsk, les Juifs de la ville étaient déjà enfermés dans un vieux château. J'avais alors appris la tragédie qui s'était déroulée deux semaines avant mon arrivée : les Juifs avaient reçu l'ordre de se rassembler sur la place principale de la ville, et ils s'y étaient docilement rendus à l'heure fixée avec les enfants, les vieillards, des baluchons de vêtements et des provisions pour le voyage. Là, entre les deux églises, l'orthodoxe et la catholique, avait eu lieu un véritable massacre : un régiment de policiers et un commando spécial allemand avaient tiré sur plus de mille cinq cents paisibles habitants. Les Juifs restés en vie, environ huit cents personnes, avaient été parqués dans un château à moitié en ruine transformé en ghetto.

Après cet événement, un nouveau commandant était arrivé en

ville, le major Adolf Reinhold, un policier professionnel avec trente ans d'expérience. Trouvant que les opérations étaient menées de façon lamentable, il avait pris des mesures « civilisées » afin de rétablir l'ordre. Il avait organisé sur le territoire du château un véritable ghetto, dont la surveillance était assurée en partie par les habitants du ghetto eux-mêmes et en partie par la police biélorusse, mais sous contrôle allemand.

Le major Reinhold avait commencé par réquisitionner un bâtiment qui appartenait jusque-là à un couvent catholique pour y installer le commissariat de police, et il avait relogé les religieuses dans une maison voisine occupée autrefois par une famille juive qui avait péri dans le pogrom.

Comme j'accompagnais Sémionovitch en qualité d'interprète, Reinhold avait l'occasion de me voir, et au bout de quelques semaines, il a déclaré qu'il voulait m'intégrer à son unité. Sémionovitch ne pouvait pas le lui refuser. Quant à moi, on ne m'a même pas demandé si je voulais travailler à la Gestapo. Sémionovitch pensait que je serais ravi de faire une telle carrière. Mon ancien travail à l'école du village me paraissait le summum du bonheur... Dire que, maintenant, j'allais devoir travailler pour les Allemands ! Je ne pouvais pas refuser, et je ne pouvais fuir nulle part. J'ai accepté. Mais je comprenais que ma position était devenue encore plus dangereuse.

Mes fonctions à la Gestapo ne différaient guère de celles qui étaient les miennes auparavant : je m'occupais du secrétariat, je répondais au téléphone, j'établissais les emplois du temps des policiers, je tenais la comptabilité. Il va de soi que la traduction de documents et les relations avec la population entraient également dans mes attributions. Je m'acquittais de mon travail consciencieusement, et je m'efforçais de traduire avec la plus grande exactitude quand il s'agissait d'affaires de droit commun. Il y en avait beaucoup : bagarres, cambriolages, meurtres. Néanmoins, je comprenais qu'en travaillant à la Gestapo je partageais la responsabilité de ce qui s'y passait. Même si je n'y participais pas, j'étais conscient d'être impliqué dans des assassinats. Aussi éprouvais-je le besoin impérieux de contrebalancer intérieurement les actes auxquels je collaborais de façon indirecte. Je devais me comporter de façon à ne pas avoir honte, plus tard, de regarder mes parents et mon frère en face. Je n'ai peut-être pas toujours réussi à profiter de toutes les situations pour aider des gens. Mais je crois n'avoir jamais laissé passer une seule occasion de tenter de le faire.

Travailler dans la police était très pénible, soit parce que les hommes que l'on sélectionnait étaient particulièrement cruels et obtus, soit parce que ce travail faisait ressortir ce qu'il y avait de pire en eux. On trouvait parmi ces policiers de véritables sadiques, et aussi des arriérés mentaux au sens médical du terme. La plupart ont très mal fini. Je n'ai pas envie de penser à cela. De façon générale, il y a dans ma mémoire beaucoup de choses que j'aimerais oublier. Mais je m'en souviens...

Aussi surprenant que cela puisse paraître, le plus estimable d'entre eux était le major Reinhold. Membre du parti nazi, c'était un homme naturellement intègre et un exécutant consciencieux. Avant la guerre, il était fonctionnaire de police à Cologne. En travaillant sous ses ordres pendant plusieurs mois, je me suis rendu compte qu'il évitait de participer aux opérations d'extermination de la population juive et quand il y assistait, il s'efforçait d'observer un semblant de légalité et d'éviter des cruautés inutiles.

Encore un fait surprenant et navrant à propos de l'ambiance générale de l'époque dans ces régions : mon bureau était submergé par un flot de lettres envoyées par des habitants du coin, dénonciations de voisins, plaintes, accusations, presque toujours truffées de fautes d'orthographe, souvent mensongères, et toutes sans exception d'une grande bassesse. Je vivais dans un état d'accablement et de dépression que je devais dissimuler à mon entourage. En fait, avant cela, je n'avais jamais été confronté d'aussi près à la lâcheté, à l'ingratitude et à la bassesse humaines. Je cherchais des explications, et je n'en trouvais qu'une seule : la population biélorusse était terriblement pauvre, inculte et terrorisée.

J'arrivais quand même assez fréquemment à venir en aide à des gens dénoncés par leurs voisins. Très vite, je me suis mis à débrouiller moi-même une grande partie des affaires, et je réussissais à défendre des innocents, à détourner les soupçons de gens suspectés d'avoir des contacts avec les partisans, et à seconder la justice, tout simplement. Je cherchais sans arrêt des occasions d'aider les autres, c'était la seule chose qui me donnait la force de vivre jusqu'au soir.

Les Walewicz avaient disparu, leurs biens avaient été pillés, plusieurs familles biélorusses s'étaient emparées de leur maison et n'arrivaient pas à se la partager. La pauvre Béata, la seule de sa famille à être restée en vie, passait des journées entières allongée, le visage contre le mur, et ne voulait voir personne. Elle en était à son dernier mois de grossesse. Sémionovitch buvait comme un trou et devenait fou furieux. Je ne le voyais plus très souvent. Je passais mes journées au commissariat. Il y avait beaucoup de paperasserie : des communiqués, des lois, des notifications à traduire en polonais et en biélorusse afin que la population puisse en prendre connaissance.

Le mouvement des partisans se faisait de plus en plus remarquer et préoccupait beaucoup les Allemands. Au début, je n'avais pas de rapports directs avec eux, mais chaque fois que je recevais une dénonciation sur leurs déplacements, je faisais tout ce qui était en mon pouvoir pour que les informations parviennent trop tard aux autorités ou bien pas du tout. Je n'appartenais à aucune organisation, à aucun groupe de résistants, mais au bout de quelque temps, j'ai réussi à entrer en contact avec les Juifs du ghetto.

La rencontre a eu lieu dans le commissariat. Les Juifs n'avaient pas le droit de sortir du ghetto à l'exception de ceux qui travaillaient en ville pour les Allemands. Deux Juives venaient faire le ménage tous les jours, mais je n'avais pas pris le risque de leur parler. Il y avait aussi un Juif qui travaillait dans les écuries, seulement il ne m'inspirait pas confiance. Puis ce palefrenier est tombé malade et on en a envoyé un autre pour le remplacer. C'était quelqu'un que j'avais connu à Wilno, un membre d'Akiva, Moshé Milstein. Il ne m'a pas reconnu tout de suite : mon uniforme noir était un excellent camouflage. Toute une chaîne de contacts s'est alors mise en place par son intermédiaire, et j'ai pu transmettre des informations sur les *Aktions* qui se préparaient contre les Juifs et les partisans.

Ma première tentative pour sauver un village juif de la destruction s'est soldée par un échec. Mon agent de liaison avait transmis mes informations sur l'opération imminente au *Judenrat*, mais celui-ci avait exigé qu'on lui en révèle la source. Comprenant que cela me ferait courir un grand danger, l'agent de liaison avait refusé. Tout le monde avait peur des provocations. Le *Judenrat* a fini par envoyer un avertissement au village, mais là-bas, l'histoire s'est répétée. Les habitants du village ont dépêché une jeune fille à Emsk pour vérifier si l'information était digne de foi. Quand elle est rentrée chez elle deux jours plus tard, il ne restait pas un seul survivant.

Le hasard a voulu que ce village soit le premier dans lequel j'ai été emmené en tant qu'interprète. Le major Reinhold, afin d'éviter des cruautés excessives et des « ignominies », comme il disait, a obligé le commando à rassembler tous les Juifs pour leur lire le décret les déclarant « ennemis du Reich », avant de les fusiller en tant que tels. Lui-même évitait ce genre de manifestation et se faisait remplacer par son *Wachtmeister*, qui se distinguait par un sadisme particulier.

En me rendant là-bas, j'espérais que le village serait vide. Mais à ma grande horreur, les gens n'étaient pas partis. On les a rassemblés dans une pièce, je leur ai lu le décret, après quoi le *Wachtmeister* a noté les noms des adultes et a compté les enfants. On les a tous emmenés dans une grange. Je me suis caché et je ne suis sorti de ma cachette que lorsque les coups de feu ont cessé. Aujourd'hui encore, j'ai l'impression que c'était hier...

Généralement, après ce genre d'opérations, on organisait une petite beuverie. J'étais à table, je traduisais les plaisanteries des soldats du biélorusse vers l'allemand. Et je regrettais énormément de n'avoir aucun penchant pour l'alcool...

Après cela, le *Judenrat* n'a plus vérifié mes informations. Parfois, des gens arrivaient à s'enfuir dans les bois.

La psychologie humaine est vraiment mystérieuse : ces vieux Juifs avaient survécu à de nombreux pogroms au cours de leur vie, ils avaient connu des exécutions massives sur les places publiques, mais ils se refusaient à croire à un plan organisé d'extermination des Juifs. Ils avaient leur plan à eux : ils s'étaient mis d'accord avec un des chefs biélorusses pour qu'il empêche la destruction du ghetto contre le versement d'une somme énorme. Ils n'avaient pas l'argent, mais le Biélorusse avait accepté un délai, et ils lui avaient déjà versé une avance.

Beaucoup comprenaient que c'était de l'escroquerie et du chantage, mais ils continuaient à espérer...

Heureusement, il y avait dans le ghetto des gens qui avaient décidé de résister et de vendre chèrement leur peau. C'étaient principalement de jeunes sionistes qui n'avaient pas pu gagner la Palestine. Ils n'avaient presque pas d'armes. J'ai trouvé le moyen d'en introduire dans le ghetto. La maison de Sémionovitch m'a souvent servi de plaque tournante...

14. 1987, REDFORD, ANGLETERRE

Béata Sémionovitch à Marysia Walewicz

Ma chère Marysia,

C'est seulement maintenant, au bout d'une semaine, que je trouve la force de t'écrire pour t'annoncer la mort d'Ivan. Il s'est éteint le 14 mai, après un an d'atroces souffrances. Le cancer dont il était atteint ne pouvait être soulagé par aucun antalgique, seule la vodka atténuait un peu les douleurs. On l'avait amputé de la jambe droite un an avant sa mort, et cela a peut-être été une erreur car, après l'opération, cet affreux sarcome s'est répandu dans tous les os comme un feu sur de l'herbe sèche, et il souffrait énormément. Il refusait d'aller dans une clinique car jusqu'à la fin il était hanté par la peur d'être kidnappé par les Juifs. Je ne sais pas pourquoi, il était persuadé qu'en ma présence, à la maison, on ne l'enlèverait pas. Il avait toute une collection de coupures de journaux sur les criminels de guerre que les Juifs kidnappent jusqu'en Amérique latine et qu'ils font comparaître devant un tribunal. Mais ce qui lui faisait encore plus peur que le tribunal, c'était que les enfants apprennent son passé. Leurs rapports étaient déjà assez compliqués comme ça. Ils sont venus pour l'enterrement et sont repartis le lendemain.

Je passe mes journées à errer dans la maison. Elle est assez grande. Il y a une salle à manger et une cuisine au rez-de-chaussée, et quatre chambres au premier. La plus confortable, celle qui est orientée à l'ouest, je te l'ai réservée en pensée. Mon rêve, c'est que tu viennes en Angleterre, tu t'installerais ici, et nous serions aussi heureuses qu'au temps de notre enfance. Vous ne prenez donc jamais votre retraite, vous, les religieuses ? Tu vas bientôt avoir soixante-trois ans, et j'en ai soixante-huit. Toi et moi, nous vivrons bien encore une petite dizaine d'années. On irait ensemble à la messe, comme quand on était petites. Je ferais du *bigos* avec le chou qu'on trouve ici, qui n'a rien à voir avec le chou polonais, et puis des *draniki*...

Ivan m'a laissé un bel héritage : grâce à son avarice dont j'ai tant souffert, il avait fini par accumuler une somme tout à fait convenable, cela nous suffira pour passer le reste de notre vie dans l'aisance, sans nous priver de rien.

Je n'ai personne au monde de plus proche que toi, tu es liée à la période la plus heureuse de mon existence, celle d'avant la guerre, dans notre chère maison, avec papa, maman et Galina. Je vous aimais tous tellement que j'ai décidé de me sacrifier, j'ai épousé Ivan en espérant qu'il sauverait la famille. Je n'ai sauvé personne, je n'ai fait que gâcher ma propre vie.

Depuis les funérailles, je ressens un grand vide. J'ai des pensées pénibles, des vieilles et des nouvelles, et elles ne me quittent pas une seconde. Quand j'étais jeune, je haïssais mon mari. Après le massacre de notre famille et la naissance d'Heinrich, Ivan a essayé comme il pouvait de m'aider à reprendre le dessus, il a même arrêté de boire pendant un certain temps. C'est lui qui s'est occupé d'Heinrich jusqu'à ce qu'il ait un an. S'il y avait quelque chose de bon en lui, c'était bien son amour pour moi et pour ses fils. Au fond, je suis coupable envers lui de l'avoir épousé sans l'aimer. Et même en le haïssant. Lui, il m'aimait, et beaucoup. Quand la retraite des Allemands a commencé et que nous sommes partis avec eux, combien de fois j'ai lâchement prié Dieu qu'Il me délivre de lui ! Mais quelle que soit l'immensité de ses crimes, envers moi, il n'est coupable de rien. C'est moi qui suis coupable envers lui. Si quelqu'un peut le juger, ce n'est pas moi.

Ma chère Marysia ! Ma vie aurait peut-être tourné autrement si nous nous étions retrouvées plus tôt, avant la fin de la guerre. À ce moment-là, j'aurais peut-être eu la force de quitter Ivan, mais dix années avaient passé quand j'ai découvert que tu avais survécu, et c'est uniquement par miracle que nous nous sommes retrouvées. Je ne t'aurais jamais recherchée car, à l'époque, on avait assuré à Ivan que tous les Polonais avaient été fusillés cette nuit-là. Qui pouvait savoir que tu avais réussi à t'échapper ? Ma proposition de venir t'installer ici est tout à fait sérieuse, je ne la fais pas par désespoir, sans y avoir réfléchi. Je devine déjà que tu ne voudras pas déménager en Angleterre, mais en fin de compte, nous pourrions très bien nous fixer quelque part en Europe. On s'achèterait une petite maison dans un village tranquille, dans le sud de la France ou bien en Espagne, dans les Pyrénées. C'est très beau là-bas, d'après les souvenirs que j'ai gardés de cet affreux voyage que nous avons fait à travers la France et l'Espagne. Je n'imagine pas vivre dans la Pologne d'aujourd'hui mais bon, même ça, je suis prête à l'envisager.

Mes deux belles-filles, les femmes d'Heinrich et de Théodore, ne s'installeront jamais dans cette maison. D'ailleurs que viendraient-elles faire dans ce coin perdu ? Il n'y a même pas d'école convenable. Je vivrai seule ici jusqu'à ma mort. Mais si tu te décidais à venir, nous serions très heureuses, toi et moi. Je t'en prie, ne réponds pas tout de suite, réfléchis bien.

Je mets des photos dans l'enveloppe. Elles sont assez vieilles, il est vrai, Ivan les a prises quand il était encore en bonne santé. C'est notre jardin, devant la maison. Il est un peu à l'abandon en ce moment, j'ai tout laissé tomber depuis un an. Mais je m'en occuperai dès que j'aurai repris des forces. Sur une des photos on voit la façade de la maison, et sur l'autre le jardin vu du balcon. Il y avait aussi des photos de l'intérieur, mais elles étaient très sombres et je les ai fourrées je ne sais où, je n'arrive plus à les retrouver.

Je t'embrasse, ma chère sœur. Pense à nous dans tes prières.

BÉATA

15. DÉCEMBRE 1987, BOSTON

Extrait du journal d'Ewa Manoukian

Hier, j'ai parlé pour la première fois à Esther de ce qui me tourmente tellement ces derniers temps. J'en ai éprouvé un immense soulagement. Je me suis rendu compte qu'elle est la seule personne à qui je puisse en parler. D'autant qu'au fond, il n'y a rien à raconter. Rien de concret. Mais tout en choisissant mes mots afin d'essayer de lui exposer des choses importantes pour moi, je rassemblais mes idées. Sa présence silencieuse m'a beaucoup aidée. Je sais cela depuis longtemps : quand on parle avec une personne intelligente et bien disposée, c'est comme s'il émanait d'elle de telles ondes que l'on acquiert soi-même ces qualités. Lorsque je parle avec Rita, par exemple, c'est exactement le contraire, je deviens agressive et bornée. Je me déteste. En discutant avec Esther, j'ai formulé pour la première fois à voix haute mes horribles soupçons.

En réalité, c'est une longue histoire. Quand nous nous sommes rencontrés, Gricha et moi, Alex avait six ans. À l'époque, j'étais mariée avec Ray, et notre couple battait de l'aile. Sa carrière était en plein essor, il partait souvent en tournée, et je savais déjà qu'il y avait d'autres femmes Il commençait à toucher de très gros cachets, mais l'argent d'un musicien ne pèse pas lourd et cela filait aussi vite que cela rentrait. Je ne pouvais pas m'arrêter de travailler et je me morfondais dans mon laboratoire à faire mes analyses de sols... Et puis Gricha est arrivé ! C'était encore un gamin. Il m'aimait comme un fou. À propos, on s'est rencontrés dans la rue. Il m'a vue, et il m'a suivie. J'en avais tellement besoin...

À cet endroit de mon récit, Esther a légèrement sourcillé. Évidemment, elle, elle est de la race des femmes qui ne se laissent jamais aborder dans la rue !

Mais je lui raconte les choses comme elles se sont passées. Gricha et moi, nous avons commencé à nous voir. Il a dix ans de moins que moi. Ray, lui, est plus âgé, et de façon générale, il a toujours eu des problèmes sur le plan sexuel. Je subodore que son agressivité, sa fougue et son tempérament, tout ce pour quoi ses admirateurs l'aiment tellement, il les met dans sa musique, si bien qu'il ne lui reste plus grand-chose pour lui-même. Mais bon, cela n'a aucune importance. Gricha est apparu, et c'était sensationnel. Même mes relations avec Ray se sont améliorées puisque je n'en avais plus rien à faire...

Ma chère Esther si intelligente m'a considérée avec ahurissement, elle a posé la main sur mon bras et m'a dit : « Tu sais, Ewa, ce dont tu parles, je ne connais cela que par les romans. Je dois t'avouer, au risque de perdre ton estime, que je ne suis pas une grande experte : je n'ai eu qu'un seul homme dans ma vie, mon mari, et je comprends mal ces histoires d'amants. Mes relations avec Isaac étaient d'une telle plénitude que je n'ai jamais eu envie d'y ajouter quoi que ce soit. Continue, mais ne compte pas sur moi pour te donner des conseils sensés dans ce domaine. »

Là, j'ai compris que mon préambule était trop long et que je ne parlais absolument pas de ce qui me préoccupait vraiment.

« Non, non ! Je ne suis pas venue te demander conseil à propos de mes relations avec Gricha. Il s'agit de tout autre chose, c'est bien plus douloureux.

« Alex avait six ans quand Ray et moi nous avons divorcé par consentement mutuel. Il n'était pas encore aussi célèbre ni aussi riche qu'aujourd'hui, mais de façon générale, le jugement m'a été favorable et nous sommes à l'abri du besoin, Alex et moi. Alex adorait son père. Quand j'ai épousé Gricha, il a eu du mal à accepter un nouvel homme à la maison. Il n'arrêtait pas de montrer des objets (une chaise, une assiette, un oreiller) en interdisant à Gricha d'y toucher parce que cela appartenait à son papa. Un psychologue nous a conseillé de changer de décor, et nous avons déménagé. Mais Alex n'acceptait toujours pas Gricha, il ne voulait pas aller se coucher le soir sans son papa, alors que Ray ne l'avait jamais mis au lit... Bref, pendant deux ans, il a beaucoup souffert et nous a empoisonné la vie. Et puis, un jour, je me suis retrouvée à l'hôpital, j'y ai passé presque un mois et, entre-temps, les choses se sont arrangées. Ils ont vécu sans moi et apparemment, Alex a senti que Gricha était prêt à le protéger, au moins autant que moi. À cette époque, Ray avait déjà déménagé en Californie, il voyait son fils très rarement et Alex lui en voulait. Un jour où son père est venu à Boston, il a refusé de le voir : Ray avait oublié de lui fêter son anniversaire et il l'avait très mal pris.

« Depuis trois ou quatre ans, les relations entre Alex et Gricha sont devenues excellentes. Alex adore Gricha. Et ce dernier passe beaucoup de temps avec lui. Ils ont énormément d'intérêts en commun. Que te dire de plus, Esther ? Ils s'entendent tellement bien que j'en suis jalouse... »

Elle n'a pas compris ce que je voulais dire. D'ailleurs c'était la première fois que je mettais en mots ce soupçon affreux. Au moment où je prononçais ces paroles, cela a été comme si un voile se déchirait devant mes yeux. J'ai senti que c'était vrai. Enfin, je ne sais pas quel est le degré de leur intimité ni ce qui se passe précisément entre eux, mais il est devenu brusquement évident pour moi qu'ils sont amoureux l'un de l'autre...

Alex a quinze ans. Il a de très bons rapports avec ses camarades de classe. Mais il ne s'intéresse absolument pas aux filles. Je ne sais pas ce que je dois faire maintenant. J'ai peur d'être fixée avec certitude sur ce qui n'est qu'un vague soupçon. Je suis complètement désemparée. J'essaye d'imaginer diverses variantes. Et si jamais mes soupçons se confirmaient ? Qu'est-ce qu'il faudrait que je fasse ? Que je tue Gricha de mes propres mains ? Que je l'envoie en prison ? Que je me sépare de lui immédiatement ?

Je suis en train de devenir folle, bien sûr, mais dans tout ce cauchemar, il y a aussi la jalousie... Et puis un affreux sentiment d'humiliation en tant que femme... Je ne suis absolument pas préparée à l'éventualité que mon mari et mon fils soient des homosexuels !

Bref, j'ai vidé mon sac.

C'est là que j'ai compris ce qu'est la véritable sagesse. Une façon de considérer la vie un peu à la hauteur d'un vol d'oiseau.

Esther est allée chercher au fond d'une petite armoire une bouteille foncée sans étiquette déjà entamée, elle a sorti deux grands verres et a dit :

« C'est du calvados, la boisson préférée d'Isaac. Il est là depuis sa mort. Un jeune collègue lui avait rapporté cette bouteille de France, il est très fort, il vient d'une ferme de Normandie. Tu vois, il n'y a même pas d'étiquette. C'est fait main, si je puis dire. Isaac n'a pas eu le temps de le terminer. Il en buvait juste un petit verre le soir... »

Elle a versé le liquide sombre, cela ressemblait à du cognac. Nous avons bu. C'était doux et en même temps brûlant.

Et voici ce qu'elle m'a dit, mot pour mot :

« Nous avons survécu à une guerre effroyable. Toute notre famille a été tuée. Nous avons vu des villages après les exterminations, nous avons vu des montagnes de cadavres recouverts de neige qui dégelaient après l'hiver, ils étaient dévorés par les bêtes... Des enfants fusillés. Je me suis interdit d'y penser. Mais aujourd'hui, il y a une chose qu'il faut que je te dise : ton fils est vivant, et il est heureux. Si tout est vraiment comme tu le dis, c'est un malheur. Pour toi. Mais pas pour lui. Il existe toutes sortes de malheurs dont je n'ai même pas idée. Et cela, bien sûr, je trouve que c'est un grand malheur. Mais ton fils est en vie et il est heureux de vivre. Je ne connais rien à ce genre de relations. Je ne les comprends pas, et je dirais même qu'elles me révoltent. Mais c'est en dehors de mon expérience. Et en dehors de ton expérience à toi. Pour l'instant, laisse les choses telles qu'elles sont. Attends un peu. Tes rapports avec Gricha sont sans doute difficiles en ce moment. Il faut bien réfléchir à tout cela, mais ne va pas trop vite. Si la situation est effectivement telle que tu la décris, elle ne date pas d'hier. Souviens-toi seulement que personne n'est mort. »

Quel bonheur qu'Esther existe sur cette terre !

Il restait encore la moitié de la bouteille, et j'ai tout bu. Esther m'a appelé un taxi et j'ai laissé ma voiture à côté de chez elle. Quand je suis rentrée, Gricha et Alex étaient devant la télévision, comme deux tourtereaux, en train de regarder un film.

Je suis allée me coucher tout de suite, mais j'étais secouée de tels frissons que seul Gricha a réussi à me réchauffer grâce à une méthode qui a fait ses preuves depuis longtemps.

16. AVRIL 1988, HAÏFA

Ewa Manoukian à Esther Hantman

Ma chère Esther,

Tu te souviens de la précipitation et de la panique dans lesquelles je suis partie ? Ce n'était pas la peine de me dépêcher comme ça ! Une semaine s'est écoulée depuis son attaque et son état s'est stabilisé, comme disent les médecins. La situation est assez triste, mais c'est quand même mieux qu'un enterrement. Aujourd'hui, on l'a sortie de réanimation pour la mettre dans une chambre. Elle a toujours des tubes qui lui sortent de partout et reste allongée sans bouger. Mais les médecins affirment qu'il y a « une dynamique positive ». Ce sont de très bons médecins. Ils l'ont opérée, ils ont nettoyé l'hématome dans le cerveau, et ils estiment que ma mère peut se rétablir jusqu'à un certain point. En tout cas, la moitié droite de son corps a gardé une sensibilité, même si le bras et la jambe ne bougent pas. Elle ne parle pas. Mais j'ai l'impression qu'elle n'a tout simplement pas envie de m'adresser la parole depuis que je suis allée à Santorin au lieu de lui rendre visite. Hier, en ma présence, elle a traité assez distinctement l'infirmière de « garce ». Du coup, j'ai compris que je pourrais bientôt rentrer chez moi. Les soins sont excellents ici, bien meilleurs que ce que l'on peut trouver en Amérique (je ne parle pas des cliniques privées). Non, ne crois pas que je vais partir tout de suite. Je vais rester encore quelque temps. Au moins jusqu'à ce qu'on la ramène dans sa maison de retraite.

Mais je me suis quand même autorisé un petit plaisir : je suis partie deux jours à Jérusalem. J'y étais déjà allée il y a quelques années, mais juste comme ça, en passant, et il faisait une telle chaleur que je n'avais quasiment pas mis le nez hors de l'hôtel. Et puis, la dernière fois, j'avais décidé de jeter un coup d'œil sur mes racines et je m'étais promenée dans le quartier religieux. Je m'étais fait taper dessus. Enfin, pas vraiment taper dessus, plutôt griffer. Mais c'était formidablement intéressant : tout le sexe masculin avait des papillotes et des caftans, et tout le sexe féminin des perruques et des chapeaux. En Amérique aussi, on en voit de temps en temps, mais ici, cela avait un air bien plus authentique. Ils ont des visages tellement fascinants ! Je les regardais avec beaucoup d'intérêt car je comprenais que si le destin avait pris un tour un peu différent, ces créatures moyenâgeuses auraient pu être mes parents, mes amis, mes voisins. Tant que je me suis contentée d'écarquiller les yeux, tout s'est bien passé. Mais quand je suis entrée dans une boutique pour acheter de l'eau, deux bonnes femmes se sont jetées sur moi. L'une pinçait mes bras nus (un crime !) et l'autre me tirait les cheveux. Deux folles ! J'ai eu toutes les peines du monde à leur échapper et je suis partie en courant. Une fois arrivée à la limite de ce paradis kasher, je me suis arrêtée près d'une école. C'était le début de la récréation et des gamins de calibres divers, depuis des maigrichons de cinq ans jusqu'à de grands dadais bien nourris, sont sortis dans la cour à pas lents et se sont promenés deux par deux, se regroupant de temps en temps pour débattre avec componction de questions importantes. J'étais derrière la palissade, bouche bée, attendant qu'ils se mettent à jouer au football, ou au moins à se bagarrer. J'en ai été pour mes frais. C'est ainsi que la quête de mes racines s'est terminée sur un flop. Ces racines m'ont paru plutôt rébarbatives, et je suis revenue les bras couverts d'égratignures.

Alors, cette fois-ci, j'ai décidé de jeter un coup d'œil sur le passé de mon peuple sous un autre angle. Je suis allée dans la Vieille Ville avec l'intention de visiter deux sites importants : l'église du Saint-Sépulcre et le Cénacle. L'église du Saint-Sépulcre n'a pas produit sur moi l'impression que j'attendais. Une foule de gens, les groupes de touristes habituels, comme partout dans le monde. Il y avait même des Japonais. Tous font la queue devant un endroit qui était jadis une grotte funéraire et où il y a maintenant une chapelle. Avant d'entrer, chaque touriste se retourne et se fait photographier par le suivant. Là, je suis partie. J'ai trouvé le Cénacle d'après mon guide. Je dois t'avouer, ma chère Esther, qu'il m'est resté du temps de mon enfance catholique quelques thèmes qui me sont chers. Celui de la Cène en est un. Je suis entrée à l'intérieur, et j'ai senti que rien de semblable ne s'était jamais passé dans cet endroit. Ce n'est pas ici que les douze apôtres se sont réunis avec le Maître, qu'ils ont rompu le pain et bu le vin. Ils étaient dans un autre endroit, sans aucune fenêtre à la Léonard de Vinci. La pièce était petite, peut-être même sans fenêtre du tout, et quelque part dans un modeste faubourg de la ville, et pas du tout là où se trouve le tombeau du roi David. Bref, ce Cénacle-là ne me convient pas du tout. En revanche, le lendemain matin, je suis montée au jardin de Gethsémani et là, il y a des oliviers tout à fait authentiques, tellement vieux qu'il se peut très bien qu'ils soient d'époque. Eux, ils étaient très convaincants. J'avais terriblement envie de cueillir un rameau en souvenir, mais je n'ai pas osé. Un petit moine d'allure tout à fait insignifiante est alors sorti par une porte, il a cueilli une branche et me l'a donnée. J'étais ravie ! Ensuite, j'ai continué à grimper sur le mont des Oliviers, j'ai longé le mur d'un vieux cimetière juif, et je suis arrivée devant une chapelle. Une construction moderne, pas très grande, en forme de larme, la chapelle des Lamentations du Seigneur. *Dominus flevit*. Le Seigneur pleure. C'est là que le Christ s'est lamenté sur la future destruction de Jérusalem. Depuis, la ville a été si souvent détruite et reconstruite qu'on ne sait plus très bien sur quelle destruction précisément il pleurait. Devons-nous en attendre encore une autre, ou bien est-ce que ça suffit comme ça ? La vue qu'on a de là-haut est indescriptible. L'endroit lui-même est très intime, on se sent comme chez soi, une herbe bien verte, des coquelicots et des fleurs blanches, du genre pâquerettes. Cela me faisait penser à ma tapisserie préférée du musée de Cluny. Il n'y avait ni licorne ni vierge, mais on avait l'impression qu'elles s'étaient juste absentées pour une minute. C'est à cause de cette herbe si précieuse. Tu sais, ici, le printemps est très bref, en une semaine, tout est calciné et se transforme en paille décolorée, si bien qu'on apprécie tout particulièrement cet endroit idyllique.

Ensuite, je suis allée voir le vieux cimetière juif qui occupe la moitié de la montagne. Au début, je n'en avais pas très envie, je n'aime pas les cimetières. Mais je suis quand même entrée. J'ai bien trouvé moyen de visiter le Père-Lachaise à Paris, alors là, je ne pouvais vraiment pas faire autrement ! De la poussière, des pierres, de la caillasse. Un vieil Arabe a soudain surgi près d'un rocher et m'a proposé de me montrer le cimetière pour dix dollars. J'ai refusé, je lui ai dit que je n'étais pas une touriste américaine, mais une simple Polonaise. Il m'a alors proposé d'aller prendre un café. J'ai eu l'impression que c'était une proposition sérieuse dont les conséquences pouvaient mener loin, et j'ai de nouveau refusé. Du coup, il s'est mis à me raconter qu'il possédait cinquante chameaux. Je me suis montrée très admirative, j'ai dit : « Ah, ça, c'est quelque chose ! Cinquante chameaux, c'est mieux que cinquante automobiles ! » Il a été absolument ravi, et nous nous sommes quittés bons amis. Dis-moi franchement, Esther, est-ce que tu connais quelqu'un qui possède cinquante chameaux ?

Ensuite, j'ai pris un taxi et je suis allée à la gare routière. Quelques heures plus tard, j'étais à Haïfa. J'ai foncé à l'hôpital. Et je suis restée assise sous le feu de ses regards. Elle ne parle pas, mais je sais très exactement ce qu'elle veut me dire.

Tout au fond de mon âme, je n'arrête pas de penser à Gricha et à Alex, mais je chasse ces idées noires.

Je t'embrasse.

Ton EWA

17. AVRIL 1988, BOSTON

Extrait d'une lettre d'Esther Hantman à Ewa Manoukian

... Impossible de te joindre au téléphone. J'ai quelque chose à te demander. Je ne suis pas sûre que tu pourras le faire, mais tant que tu es en Israël, tu trouveras peut-être le moyen de m'aider. Ces derniers temps, je suis en train de trier les papiers d'Isaac, il y en a beaucoup, et je suis tombée par hasard sur un paquet qui n'avait pas été ouvert, un livre acheté à une vente aux enchères qui lui a été envoyé après sa mort. En ouvrant ce paquet avec deux ans de retard, j'ai découvert un ouvrage ancien d'une grande beauté, un manuscrit, je crois, avec de ravissantes miniatures. Je l'ai apporté au musée juif, et on m'a dit que c'était la Haggadah, dans une édition assez rare. Ils ont aussitôt proposé de l'acheter, mais pour l'instant, il n'est pas dans mes intentions de vendre des livres. Ce que je voudrais, en fait, c'est faire restaurer les pages abîmées. Au musée, ils m'ont dit qu'il valait mieux confier ce genre de travail à des artisans israéliens. Mais celui qui travaillait pour eux vient de mourir et ils n'en ont pas encore trouvé un nouveau. Peut-être pourrais-tu demander à tes amis de m'en indiquer un ? Sinon, tant pis. Ce livre attend depuis tant d'années, il peut bien rester comme ça encore quelque temps.

Je t'embrasse.

ESTHER

18. AVRIL 1988, HAÏFA

Ewa Manoukian à Esther Hantman

Chère Esther,
Je reste une semaine de plus. J'ai encore repoussé mon départ, cette fois au 6 mai. Et j'ai fini par louer une voiture. Elles ont

toutes un changement de vitesse ici, or j'ai perdu l'habitude, cela fait longtemps que je conduis des automatiques et je ne voulais pas m'y risquer. Ce pays est tellement petit que si on se lève tôt, on a le temps d'en parcourir la moitié avant quatre heures de l'après-midi ! Je suis allée sur la mer Morte, et je suis retournée sur le Kinneret, le lac de Tibériade. Il n'y a qu'Eilat que je n'ai pas encore réussi à voir. J'adore le côté « miniature » de ce pays ! Tout est à deux pas, à portée de main.

Ah, oui ! À propos de ta demande... L'un des meilleurs restaurateurs du pays est le voisin de mes amis de Jérusalem, Stiva et Isabelle. Il m'a suffi de leur en toucher un mot et le jour même, j'étais invitée chez lui. Ici, en Israël, chaque personne est un véritable roman. Ils ont tous des histoires si abracadabrantes et des vies si extraordinaires que même la mienne paraît bien pâle, à côté. Ayant appris par Stiva que j'étais née dans un ghetto, ce restaurateur a été si ému qu'il m'a invitée chez lui le vendredi soir. C'est ainsi que pour la première fois de ma vie, j'ai assisté à un véritable shabbat. Toi, tu sais très bien de quoi cela a l'air, bien sûr, mais pour moi, c'était une première, et cela m'a beaucoup impressionnée. Je t'ai déjà dit que toute mon enfance, j'ai rêvé d'avoir une vraie famille. Le foyer d'accueil, l'orphelinat, puis une mère qui rejetait complètement les valeurs familiales, ensuite la vie avec Heinrich, une vie bancale, sans amour ni amitié, juste des parties de jambes en l'air. Et puis mon expérience ratée avec Ray : à la naissance d'Alex, il n'a même pas envisagé une seconde d'annuler sa tournée ! Quand Gricha est arrivé, j'ai eu l'impression que les choses allaient enfin s'arranger... Mais avec ce que je pressens, cela va être l'écroulement total et définitif de mon rêve d'avoir une famille.

Alors imagine-toi une table avec des bougies. Une belle femme d'un certain âge, une Russe convertie au judaïsme, comme je l'ai appris par la suite. Grande, avec de larges mains, elle se déplace comme un gros animal, une vache, peut-être, mais dans le bon sens du mot. Elle fait tout avec une lenteur bovine, bouger la tête, tourner les yeux... Une grosse poitrine qui surplombe la table, des cheveux roux, mais déjà un peu décolorés. On voit quelle chevelure elle a dû avoir autrefois d'après ses fils, deux garçons d'un roux flamboyant. Les deux filles, elles, ressemblent à leur père :

un nez fin, des doigts fins, de vraies miniatures ! Ensuite, je me suis rendu compte que cette Léa n'était pas beaucoup plus grande que son mari, mais Joseph est tellement décharné, tellement fluet ! On dirait un très vieil ange. Je crois t'avoir dit que j'ai rapporté de Russie l'amour des icônes. Tu sais, j'ai brusquement compris pourquoi les Juifs n'ont pas d'icônes et ne peuvent pas en avoir : ils ont eux-mêmes de tels visages qu'ils n'en ont pas besoin.

Avant le dîner, Joseph m'a emmenée dans son atelier. Il m'a montré ce qu'il faisait, c'est très délicat. Des livres avec des miniatures, et aussi de simples livres de prières anciens. Il m'a dit que l'essentiel de ses commandes venait à présent d'Amérique : des Juifs américains achètent dans des ventes de vieux livres juifs et les font restaurer avant de les donner à des musées. C'est une *mitzvah*. Joseph est un ancien moscovite, il a fait une école d'art en Russie et là-bas, il restaurait des icônes. Il a vécu plusieurs années dans un monastère. Il devait être orthodoxe, mais je ne lui ai pas posé la question. C'est intéressant, non ? Il a fait trois ans de prison. Les icônes qu'il restaurait partaient pour l'Occident en contrebande, et quelqu'un l'a dénoncé. Il a rencontré sa femme dans le cadre de son travail : elle était marguillier dans une église orthodoxe et lui donnait des icônes à restaurer. C'est lui qui m'a raconté tout cela. Ensuite il s'est tu, et il a souri. J'ai compris qu'il y avait encore de quoi écrire un petit roman. Plus tard, mes amis m'ont dit que l'aîné des garçons était un enfant de son premier mariage à elle. Nous avons parlé en russe jusqu'au moment où nous nous sommes mis à table. Il y avait des bougies. Léa les a allumées en récitant une prière (une prière juive !). Je n'ai pas osé demander ce que c'était. Mais même sans traduction, on comprenait qu'il s'agissait d'une action de grâce. Bref, je ne vais pas te décrire ce que tu connais mieux que moi !

Puis le maître de maison a rompu le pain en disant une prière, et il a servi du vin dans un grand verre. C'est l'eucharistie, tout simplement ! Tout y est ! Ensuite, on a servi des plats divers : sous une serviette, deux *hallah* que Léa avait confectionnés elle-même, du poisson, des salades, un plat chaud... Il y avait aussi à table une vieille Russe, Prascovia Ivanovna, la mère de Léa. Avec un fichu ! Elle s'est signée avant de manger. Et elle a fait le signe de croix sur son assiette de sa main ridée. *Shabbat shalom*, le Christ est ressuscité !

J'en étais littéralement malade d'envie : c'est exactement ce que j'ai toujours voulu avoir. La moitié des gens que j'ai rencontrés pendant ce séjour, les médecins, ces restaurateurs, et encore une voisine de mes amis, une Anglaise qui est infirmière dans un hôpital, ont tous des histoires abracadabrantes.

Rita va manifestement mieux. Elle m'accueille en disant : « Ah, enfin ! Ce n'est pas trop tôt ! » Comme si j'avais quinze ans et que je rentrais au petit matin après avoir fait la fête toute la nuit... La semaine prochaine, on la ramène dans sa maison de retraite. Je reste ici encore quelques jours.

Je t'embrasse.

EWA

19. 1988, HAÏFA

Cassette envoyée par Rita Kowacz à Paweł Kociński

Cher Paweł !

Je t'envoie une cassette au lieu d'une lettre. Je n'arrive plus à écrire, mes mains ne m'obéissent pas. Mes jambes non plus. En fait, je suis presque un cadavre, seule la tête fonctionne. C'est la pire torture que Dieu puisse inventer. Finalement, je pense qu'Il existe. Ou plutôt, que le diable existe. En tout cas, si on peut considérer l'existence du diable comme une preuve de l'existence de Dieu, alors j'admets que ce charmant couple existe. Bien que je ne voie pas de différence fondamentale entre les deux. Ce sont des ennemis de l'homme. Et maintenant, on ne sait trop pourquoi, voilà que je suis vivante au lieu de reposer tranquillement dans un cimetière sans embêter personne. Tu ne peux pas imaginer tout le tintouin qu'il y a eu autour de moi ! Et ils ont fini par ranimer ce vieux sac d'os. Je peux demander tout ce que je veux, on me le donne. On m'a même servi de la kacha. Mais mon désir le plus cher, ça, ils ne l'exauceront pas : ils ne me laisseront pas mourir. Oh, je dis cela tout à fait calmement. Il m'est souvent arrivé de me retrouver à deux doigts de la mort, mais j'avais envie de vivre et de me battre, et j'ai toujours gagné. Tu sais, tu ne vas pas me croire, mais c'est toujours moi qui ai remporté la victoire, même au camp. Ils ont fini par me réhabiliter, ce qui veut dire que j'ai gagné. Maintenant, gagner, pour moi, cela signifie mourir quand je le veux. Et je le veux. Ils me soignent. Ils me soignent, tu comprends ! Le plus drôle, c'est que ça donne des résultats : on m'assied sur un fauteuil, je commence à remuer les mains, les pieds, ils appellent ça « une dynamique positive ». Dans toute cette dynamique, la seule chose dont j'ai envie, c'est de pouvoir me traîner jusqu'à la fenêtre et passer par-dessus le balcon pour me jeter en bas. La vue est magnifique et elle m'attire de plus en plus.

À part toi, personne ne m'aidera. Tu m'as aimée dans ta jeunesse et je t'ai aimé, du moins tant que j'ai été travaillée par les démangeaisons de la chair. Tu es mon camarade, on est sortis du même nid tous les deux, alors tu es le seul qui peut et qui doit m'aider. Viens m'aider. Je n'ai jamais rien demandé à personne. Si je pouvais me passer d'une aide extérieure, je n'en demanderais pas. Mais je ne suis même pas capable d'aller sur le pot toute seule. Si on était en guerre, je demanderais que l'on me tire une balle. Mais ma prière est plus modeste : viens, et sors-moi sur le balcon. Ce n'est pas grand-chose.

Bien à toi.

RITA

20. 1988, HAÏFA

Rita Kowacz à Paweł Kociński

Tu vois, Paweł, j'écris comme un cochon, mais au moins, je fais ça toute seule. J'arrive plus ou moins à bouger les mains, mais pas les jambes. Je ne m'attendais à rien d'autre de ta part : tu n'es jamais là quand on a besoin de toi. Tant pis. N'allez pas croire, Ewa et toi, que je ne peux rien faire sans vous. Il y a d'autres personnes qui sont prêtes à me soutenir. Transmets mes salutations à ta femme Mirka. Dis-lui qu'un infarctus, c'est mieux qu'une attaque. En ce qui concerne ton fils, je partage ton chagrin. Qu'est-ce qu'il a donc fait de si terrible, ton petit trotskiste ? N'oublie pas que j'ai passé huit ans dans des prisons polonaises, et cinq autres dans des prisons russes. Je ne pense pas que les prisons françaises soient pires. Trois ans, ce n'est pas long. D'autant qu'il est encore jeune. Dans les prisons occidentales, de nos jours, on sert du café le matin, on change les draps une fois par semaine et on met la télévision dans les cellules pour que les détenus ne s'ennuient pas. C'est à peu près ce à quoi j'ai droit maintenant, avec toutes mes décorations. À part que le téléviseur est dans le couloir.

RITA

21. MAI 1988
Extrait du journal d'Ewa Manoukian

Comme tout cela est profond en moi ! Il ne me suffit pas d'aller me confesser régulièrement à Esther et de recevoir son absolution, il faut encore que je mette ça par écrit... La triste vérité, c'est que je n'arrive pas à cesser de ruminer les reproches que j'ai accumulés contre ma mère tout au long de ma vie. Il y a des années que je ne ressens plus la rage et la colère qu'elle suscitait en moi dans mon adolescence. Elle me fait infiniment pitié. Elle est là, couchée, la pauvre, toute ratatinée, on dirait une guêpe desséchée, avec ses yeux qui brûlent comme des phares remplis d'énergie. Mais quelle énergie, Seigneur ! De la haine à l'état pur, du concentré de haine ! La haine envers le mal. Elle hait le mal avec tant de passion et de fureur que le mal n'a pas à s'en faire. Ce sont les gens comme elle qui le rendent immortel. Il y a longtemps qu'à force de la regarder, j'ai fini par me dire que n'importe quelle injustice sociale est préférable à la lutte contre cette injustice. Quand elle était jeune, elle avait des idées planétaires, ensuite elles ont tourné comme du lait, et je crois bien qu'à présent, elle se bat contre l'injustice dont le destin fait preuve envers elle personnellement. Avant son attaque, elle se focalisait sur le directeur

194

de la maison de retraite, Yohanan Shamiré, un gros chauve. Elle a commencé par se disputer avec lui, puis elle a écrit des lettres de dénonciation, après quoi une sorte de commission a débarqué, ensuite je ne connais pas les détails, mais il a pris sa retraite. Pendant mon dernier séjour, ce Yohanan lui avait rendu visite en ma présence, et elle avait été très aimable avec lui. Enfin, tout ça, c'était avant sa dernière attaque. Maintenant, elle reparle un peu. Mais elle ne quitte pas le lit, bien sûr. Pour l'instant, elle ne peut même pas s'asseoir toute seule. Au début, quand c'est arrivé, je me suis dit avec soulagement : « La pauvre ! Elle va enfin mourir... » Ensuite, j'ai eu honte. Et maintenant j'ai encore plus honte : alors comme ça, je souhaitais sa mort ? À présent, je ne souhaite plus rien du tout, je me dis juste qu'elle continue à me torturer : comment se fait-il que du matin au soir, je pense non à elle, mais à ce que j'éprouve pour elle ? Évidemment, elle considère que je suis une garce. Elle me l'a dit plus d'une fois. Seulement, maintenant, moi aussi je trouve que je suis une garce, parce que je n'arrive pas à lui pardonner ni à l'aimer, et que je ne la plains pas vraiment.

Esther a écouté toutes mes confidences incohérentes, puis elle a dit : « Je ne peux te donner aucun conseil. Nous sommes tous voués à souffrir. Ceux qui restent se sentent toujours coupables envers ceux qui sont partis. Ce phénomène est temporaire, dans quelques décennies, ton Alex racontera à un ami intime combien il est coupable envers toi de ne pas t'avoir assez aimée. C'est la chimie élémentaire des relations humaines, en quelque sorte. » Et elle a ajouté avec beaucoup de fermeté : « Accorde-toi un peu de paix, Ewa. Ce que tu estimes possible et nécessaire de faire, fais-le, et ce que tu n'arrives pas à faire, ne le fais pas. Permets-toi cela. Regarde Rita : elle ne peut pas être quelqu'un d'autre, alors toi aussi, autorise-toi à être telle que tu es. Et tu es une fille bien. »

Après ces paroles, je me suis sentie beaucoup mieux.

22. 1996, GALILÉE
Avigdor Stein à Ewa Manoukian

Chère Ewa,

Noémi vient de nous apporter une lettre de Daniel qu'elle a reçue il y a une vingtaine d'années, alors qu'elle passait six mois dans un sanatorium pour soigner sa tuberculose osseuse. C'est l'une des rares lettres de lui que nous ayons gardées. Je t'en envoie une copie. Tu ne peux pas imaginer le nombre de gens qui viennent me voir pour m'interroger sur mon frère : des journalistes de tous les pays, un professeur américain, il y a même eu un écrivain russe, une femme.

Milka te dit bonjour. Si tu viens en Israël, nous serons toujours heureux de te recevoir.

AVIGDOR

1969, HAÏFA
Copie d'une lettre de Daniel à Noémi

Ma chère petite Noémi,

Imagine-toi qu'une créature très séduisante, toute duveteuse, avec de grands yeux verts, s'est introduite dans ma vie et veut me faire adopter ses trois enfants ! Voici comment les choses se sont passées. Les cellules du couvent n'ont pas de verrou, sans doute parce qu'il n'y a rien à voler chez nous. D'ailleurs on ne laisse aucune personne étrangère pénétrer dans la partie du monastère où nous vivons. La porte de ma chambre ne ferme pas très bien. Eh bien, figure-toi qu'en revenant chez moi un soir, je l'ai trouvée entrouverte. Je suis entré, j'ai fait ma toilette sans allumer la lumière, et je me suis assis sur une chaise pour réfléchir. C'est une habitude que j'ai depuis mon adolescence : avant de dormir, je pense à la journée que je viens de vivre et aux gens que j'ai rencontrés ou au contraire, à ceux qui sont loin. Comme toi, par exemple... Cela fait plus d'un mois que je ne t'ai pas vue, et ta chère petite frimousse me manque beaucoup. J'étais donc là, assis dans le noir, à réfléchir tranquillement à toutes sortes de choses quand soudain, j'ai senti que je n'étais pas seul. Quelqu'un était là, et il était absolument évident que ce n'était pas un ange. Pourquoi en étais-je aussi sûr ? À vrai dire, je n'ai jamais eu personnellement affaire à des anges, mais il me semble que s'il y en avait un qui apparaissait, je le reconnaîtrais tout de suite : il est difficile de confondre l'arrivée d'un ange avec celle du jardinier ou du père prieur ! Bref, il y avait quelqu'un. J'ai retenu mon souffle mais je n'ai pas allumé la lumière. J'éprouvais une impression très bizarre et même une légère sensation de danger.

Il y avait un clair de lune, et l'obscurité n'était pas très noire. Plutôt grisâtre. J'ai regardé autour de moi et j'ai vu qu'il y avait quelqu'un couché sur mon lit. Quelqu'un de pas très grand, plutôt rondouillard. Je me suis approché du lit avec beaucoup de précaution, presque sans respirer, et j'ai découvert... une énorme chatte ! Elle s'est réveillée, elle a ouvert les yeux, et ils ont étincelé d'une flamme effrayante. Tu sais comme les yeux des animaux brillent dans la nuit. Je lui ai dit bonsoir, et je lui ai demandé de me céder la place. Elle a fait semblant de ne pas comprendre. Alors je l'ai un peu caressée, et elle s'est aussitôt mise à ronronner comme une folle. Je l'ai encore caressée, et je me suis rendu compte que ce n'était pas juste une chatte, mais qu'elle était énorme ! Et très accommodante. Parce qu'elle s'est empressée de se pousser pour me faire de la place. Je lui ai expliqué que j'étais moine et que je ne pouvais absolument pas partager ma couche avec une dame. Ne pourrait-elle pas déménager, sur la chaise, par exemple ? Elle a refusé. J'ai donc dû mettre mon chandail sur la chaise, puis l'y déposer elle. Elle n'a pas protesté. Mais dès que je me suis couché, elle est immédiatement revenue sur le lit et s'est très délicatement installée sur mes pieds. J'ai cédé et je me suis endormi. Au matin, quand je me suis réveillé, elle n'était plus là. Mais le soir, elle a réapparu, et elle a fait preuve d'une intelligence exceptionnelle : imagine-toi qu'elle s'était endormie sur la chaise ! Et lorsque je me suis couché, elle est revenue s'installer sur mes pieds. Je dois dire que j'ai trouvé cela assez agréable.

Pendant cinq jours, tous les soirs, je l'ai trouvée dans ma chambre sur la chaise et chaque fois, dès que j'étais couché, elle venait s'installer sur mon lit. Je ne suis pas arrivé à l'examiner de près car, à mon réveil, elle n'était plus là. Et puis le matin, je suis toujours pressé, et je n'avais pas le temps de la chercher dans le monastère ni dans le jardin, qui est assez grand.

Eh bien, imagine-toi qu'un soir, je ne l'ai pas trouvée sur la chaise. J'en ai même éprouvé quelque chose qui ressemblait à de la déception ou à de la jalousie : chez qui avait-elle été s'installer, qui avait-elle choisi à ma place ? J'y ai repensé pendant la journée : je me sentais trahi !

Quel ne fut pas mon étonnement quand, en rentrant le lendemain, j'ai découvert sur mon lit toute une famille de chats ! Voilà pourquoi elle avait disparu la nuit précédente ! Bien à l'abri des hommes, dans l'obscurité et le secret, elle avait donné naissance à trois chatons, et elle me les avait apportés. J'ai même été flatté qu'une chatte me considère comme quelqu'un d'assez fiable pour lui confier ses nouveau-nés. Bref, voilà un mois qu'elle habite sur mon chandail bleu avec Aleph, Bet et Chin. Pour ce qui est de Chin, j'ai un doute, il est possible que ce soit une China.

Me voilà donc obligé à présent de m'occuper de toute cette petite famille. Quand je rentre le soir, j'apporte du lait pour Ketselè (je l'ai appelée comme ça) ainsi que des restes de mon déjeuner si j'ai réussi à déjeuner ce jour-là. Ah oui, j'ai oublié une chose importante : à la lumière du jour, cette chatte s'est révélée d'une rare beauté. Elle est d'un gris assez foncé, avec sur le poitrail une collerette de fourrure particulièrement épaisse, et une oreille blanche, ce qui lui donne un air très coquet. Elle est extrêmement propre, elle passe la moitié de la journée à faire sa toilette et celle de ses chatons, et je pense que si on lui apprenait à faire le ménage, elle serait une excellente femme de ménage ! Et en plus, elle est incroyablement intelligente : elle a deviné, je ne sais trop comment, qu'il est interdit d'avoir des animaux dans un monastère, et elle se comporte comme un fantôme, jusqu'ici, personne ne l'a vue. Moi aussi, je fais semblant de ne pas la voir. Si bien que lorsque le supérieur me demandera ce que ce superbe animal fait dans ma chambre, je lui dirai que je n'ai rien vu.

Non, malheureusement, je ne pourrais pas répondre ça. Je suis tout de même moine, et les moines ne doivent pas mentir. C'est agaçant, parce que tous les gens que je connais racontent des histoires, ne serait-ce qu'un peu, alors que, moi, je n'ai pas le droit !

Mais comme je sais que ce moment arrivera tôt ou tard, je dois réfléchir au destin de cette petite famille. J'ai l'intention d'engager des pourparlers à ce sujet avec mon frère. Je ne suis pas sûr de leur succès. Tu sais que ton père et moi, nous sommes en désaccord sur bien des sujets. Mais là, je compte sur son bon cœur. Pour ce qui est de Milka, je ne sais pas pourquoi, je suis sûr de mon fait.

Le sort des chatons est déjà presque résolu : mon assistante Hilda va en prendre un, un autre va être adopté par notre ami Moussa et le troisième, peut-être par une sœur de Tveria.

Je t'embrasse, ma chère nièce. Ketselè t'envoie ses salutations et ses souhaits de prompt rétablissement.

Ton oncle DANIEL

23. NOVEMBRE 1990, FRIBOURG

Extrait des entretiens de Daniel Stein avec des lycéens

J'avais donc établi un lien direct avec le ghetto par l'intermédiaire de Moshé Milstein.

Et je me suis mis à voler des armes dans la réserve qui se trouvait dans le grenier du commissariat. C'étaient principalement des trophées de guerre, autrement dit des armes soviétiques. Il n'était pas facile de les faire passer dans le ghetto, surtout les fusils. Je commençais par cacher chaque « pièce » dans le jardin puis, le soir, je fixais le fusil enveloppé dans des chiffons au cadre de ma bicyclette, et je rentrais chez moi en faisant un détour par le château. Là, des jeunes gens m'attendaient près d'une brèche dans le mur et je leur remettais l'arme. Je ne suis pas entré une seule fois à l'intérieur du ghetto. Certains de ses habitants comprenaient déjà qu'ils étaient condamnés et voulaient se procurer des armes pour se défendre et protéger leur famille. Moi, j'estimais qu'ils devaient se décider à tenter une évasion en masse. Je savais qu'il y avait chez les partisans d'anciens communistes de la région, des soldats rouges qui avaient été faits prisonniers, et des Juifs qui avaient fui le ghetto. Mais au début, ils ne m'écoutaient pas :

beaucoup avaient connu des expériences terribles avec certains de leurs concitoyens qui livraient aux Allemands aussi bien les soldats de l'Armée rouge ayant échappé à l'occupant que les Juifs. Par ailleurs, les habitants du ghetto n'étaient pas certains que les partisans les accueilleraient à bras ouverts.

Mais un jour, ils n'ont plus eu le choix. À la fin du mois de juillet 1942, j'ai assisté à une conversation téléphonique du major Reinhold, dont la dernière phrase a été : « Parfait, l'opération *Yod* aura lieu le 13 août ! »

J'ai immédiatement compris de quoi il s'agissait. Reinhold m'a déclaré : « Dieter, vous êtes le seul témoin de cette conversation. Si jamais quelqu'un apprend quoi que ce soit, vous en porterez l'entière responsabilité ! »

J'ai répondu : « *Jawohl !* »

Nos rapports étaient très cordiaux. Reinhold avait l'âge d'être mon père, et il y avait une note paternelle dans sa façon de me traiter. Il avait laissé deux fils chez lui, l'aîné s'appelait Dieter, comme moi. Et croyez-moi, je l'aimais bien, moi aussi. En tout cas, davantage que ses subordonnés. Je savais qu'il appréciait mon honnêteté. Si bien qu'en remplissant mon devoir d'être humain je commettais envers cet homme une trahison personnelle. Et je signais mon arrêt de mort.

Quand j'avais commencé à travailler pour la police, j'avais prêté un serment de fidélité au Führer. Plus tard, en tant que partisan russe, j'ai prêté un serment de fidélité à Staline. Mais ces serments n'étaient pas de vrais serments, j'ai été obligé de les faire. C'est à ce prix que j'ai sauvé non seulement ma propre vie, mais aussi celle d'autres personnes.

Parmi les situations qu'il m'a été donné de vivre, j'en ai connu de tragiques, de douloureuses, de terribles. J'arrive à en parler maintenant. Je n'aime pas évoquer ces événements et si je le fais aujourd'hui, c'est parce que je pense qu'il est de mon devoir de partager cette expérience avec vous. Personne ne sait d'avance dans quelle situation la vie peut placer un homme.

Le soir même, j'ai informé mon agent de liaison de l'*Aktion* prévue. Les habitants du ghetto ont alors décidé de se défendre à l'aide de la petite quantité d'armes que je leur avais procurée. J'ai réussi à les convaincre que cela n'avait aucun sens. Ils n'avaient pas assez d'armes. Tout le monde allait se faire tuer. Il était bien plus important que quelques personnes au moins restent en vie. Cela comptait davantage que de repousser pendant dix minutes les Biélorusses ou les Allemands qui viendraient détruire le ghetto. Et je les ai persuadés de fuir. Mais le ghetto était dirigé par un *Judenrat*, et c'était lui qui devait prendre la décision.

Est-ce que j'éprouvais de la peur ? Je ne me souviens pas. Je m'adaptais immédiatement aux circonstances, j'étais complètement happé par elles : je sentais que je portais la responsabilité de beaucoup de gens. Prendre une responsabilité est plus important qu'exécuter un ordre. Je remercie Dieu de m'avoir doté de cette capacité.

Il fallait déterminer la date de l'évasion. Elle a été fixée à la nuit du 9 au 10 août.

Le *Judenrat* ne soutenait pas le projet, et il avait autorisé à fuir uniquement ceux qui faisaient partie du groupe de résistants. Les plus âgés n'avaient toujours pas abandonné l'espoir que le fonctionnaire biélorusse auquel ils versaient des pots-de-vin allait les sauver.

Voici comment se sont déroulés les événements : la veille, j'avais remis à mon chef un faux rapport selon lequel cette nuit-là, un groupe de partisans devait traverser un village situé au sud, à l'opposé d'une immense forêt assez sauvage dans laquelle les habitants du ghetto avaient prévu de se réfugier. Tous les policiers et tous les gendarmes sont partis prendre part à cette opération sauf quatre, qui sont restés dans le commissariat. Si bien qu'il n'y avait pas de patrouille autour du ghetto. J'ai passé toute la nuit en embuscade avec les autres policiers, à attendre en vain des partisans.

Nous sommes rentrés au petit matin. À huit heures, alors que j'avais déjà repris mon poste, le bourgmestre est arrivé, affolé, en annonçant que trois cents Juifs s'étaient évadés du ghetto. Je traduisais, comme toujours. Le major Reinhold a demandé pour quelle raison ils s'étaient enfuis. Le bourgmestre a expliqué que l'on massacrait des Juifs un peu partout et que les habitants du ghetto avaient dû croire que leur tour était arrivé car la veille, des paysans étaient venus leur acheter des meubles. Ils avaient sans doute paniqué. Le major a donné l'ordre de placer des gendarmes autour du château pour surveiller ceux qui restaient.

Lorsque j'ai entendu que seules trois cents personnes s'étaient enfuies, mon cœur s'est serré. Pourquoi ne s'étaient-ils pas tous évadés ? Je voulais sauver tout le ghetto ! Ce n'est que des années plus tard que j'ai appris les détails du drame qui s'était déroulé cette nuit-là à l'intérieur du ghetto. Aujourd'hui encore, cela me rend malade.

J'ai été arrêté le lendemain. J'ai été dénoncé par un Juif du ghetto. Je le connaissais, c'était Naum Bauch, un électricien qui était venu plusieurs fois réparer des fils électriques au commissariat. Le lendemain de l'évasion, il est passé voir le major et a eu une longue conversation avec lui dans son bureau. Le major ne m'avait pas convoqué. Et comme jusque-là aucun entretien n'avait jamais eu lieu sans mon concours, j'ai compris qu'il s'agissait de moi. J'aurais pu m'enfuir pendant cette conversation, mais où serais-je allé ? Je ne pouvais pas rejoindre les partisans car, pour eux, j'étais un *polizei*.

Dans l'après-midi, Reinhold m'a enfin convoqué. Il m'a déclaré que j'étais soupçonné de trahison. Je n'ai rien répondu. Alors il m'a demandé :

« Est-il vrai que vous leur avez communiqué la date de la destruction du ghetto ? »

Je ne pouvais pas ne pas répondre à cette question directe.

« Oui, monsieur. C'est vrai. »

Il était stupéfait.

« Pourquoi est-ce que vous avouez ? C'est vous que j'aurais cru, plutôt que ce Juif ! Pourquoi avez-vous fait cela ? Moi qui avais une telle confiance en vous ! »

Ce reproche m'était douloureux. J'ai répondu que j'avais agi par compassion, parce que ces gens n'avaient rien fait de mal, ce n'étaient pas des communistes mais des travailleurs ordinaires, des artisans, des gens simples. Je n'avais pas pu faire autrement.

« Tu sais parfaitement que je n'ai jamais tué un seul Juif, a-t-il dit. Mais il faut bien que quelqu'un le fasse. Les ordres sont les ordres. »

C'était vrai, il n'avait jamais participé aux exterminations. Il était conscient de l'injustice qui était commise envers des gens sans défense, mais son intégrité foncière avait une limite précise au-delà de laquelle il ne connaissait plus que la discipline militaire, capable de faire taire sa conscience.

Puis il m'a interrogé sur les armes, il a énuméré lui-même la quantité et le genre d'armes introduites dans le ghetto. J'ai compris qu'ils avaient déjà vérifié dans la réserve. J'ai tout avoué. Il m'a déclaré alors qu'il était obligé de m'arrêter. On m'a confisqué mon arme et on m'a enfermé dans la cave.

Le lendemain, il m'a de nouveau convoqué, il m'a dit qu'il n'avait pas dormi de la nuit et qu'il ne comprenait pas les motifs cachés de ma conduite.

« Je suppose que vous avez agi en tant que nationaliste polonais, par désir de venger l'extermination de l'intelligentsia polonaise. »

J'ai pensé que les choses seraient plus faciles pour lui si je lui disais la vérité.

« Je vais vous dire la vérité, Monsieur, à condition que vous me donniez la possibilité d'en finir moi-même avec la vie. Je suis juif. »

Il s'est pris la tête entre les mains.

« Alors comme ça, les policiers avaient raison ! C'est une tragédie ! »

Je vous répète tout cela mot pour mot car ce sont des choses qu'il est impossible d'oublier. Vous voyez dans quelle situation se retrouvaient parfois les Allemands, ils ne savaient pas comment ils devaient réagir, ce qu'il fallait faire...

« Rédigez-moi des aveux détaillés ! » a-t-il ordonné.

Aucune brutalité, aucune insulte. Nos relations étaient restées les mêmes qu'avant, celles d'un père et d'un fils. Je ne peux pas qualifier cela autrement.

J'ai rédigé des aveux et j'ai dit :

« Monsieur, j'ai été deux fois à deux doigts de la mort, j'ai réussi à m'échapper et c'est par hasard que je me suis retrouvé ici. On m'a amené à Emsk, et je n'ai pas pu refuser. Dans ma situation, il ne me restait rien d'autre à faire. Je pense que vous me comprenez. »

Il a appelé le *Wachtmeister* et lui a dit :

« Veillez à ce qu'il ne fasse pas de bêtise ! »

Je lui avais demandé de me laisser me tuer avant que la Gestapo commence à liquider d'autres Juifs. À présent, il ne me restait plus qu'à attendre. J'étais parfaitement calme.

Ce jour-là, j'ai encore déjeuné avec les gendarmes. D'habitude, je mangeais avec eux à midi et le soir. En fin de journée, le major m'a de nouveau convoqué, et je lui ai rappelé qu'il m'avait promis de me donner la possibilité de me tuer. Il a répondu :

« Dieter, vous êtes un garçon débrouillard et plein d'audace. Par deux fois, vous avez réussi à échapper à la mort. Peut-être aurez-vous encore de la chance cette fois-ci. »

Je ne m'attendais pas du tout à cela ! C'était l'étonnante réaction d'un honnête homme placé dans une situation difficile. Je lui ai tendu la main et j'ai dit :

« Je vous remercie, Monsieur. »

Il a hésité, puis il m'a serré la main, il s'est détourné et il est sorti.

Je ne l'ai plus jamais revu. Par la suite, j'ai appris qu'il avait été grièvement blessé par des partisans et qu'il était mort de ses blessures. Mais c'était beaucoup plus tard. À ce moment-là, c'est lui qui m'a inspiré le courage et le désir de vivre...

Les gendarmes ne me traitaient pas comme un criminel. Même après avoir lu mes aveux et avoir appris que j'étais juif, ils venaient me chercher dans la pièce où j'étais enfermé pour me faire partager leur repas.

Voici comment s'est passée mon évasion : j'ai demandé à écrire une lettre à ma famille, et on m'a conduit sur mon ancien lieu de travail. J'ai écrit une lettre et j'ai dit que je voulais la faire poster par le gamin chargé du ménage. Je savais qu'il était déjà parti. Je suis allé dans le couloir et je suis sorti du bâtiment sans rencontrer d'obstacles, puis je suis parti en courant vers les champs. Il y avait trois policiers en train de bavarder dans la cour, il est vrai qu'ils n'étaient pas d'Emsk, ils venaient d'un autre commissariat, mais nous nous connaissions. Ils n'ont pas fait attention à moi.

J'étais déjà assez loin quand ils se sont lancés à ma poursuite — quarante personnes à cheval et à vélo. Je me suis caché dans un champ qui venait d'être moissonné, je me suis glissé sous une meule de foin. Des hommes sont passés près de moi en courant. Ils avaient compris que je m'étais caché par ici, et ils ont passé tout le champ au peigne fin. Au moment où ils se trouvaient à cinq mètres de moi, la meule de foin s'est écroulée...

Aujourd'hui encore, je ne comprends pas comment ils ne m'ont pas vu. Je priais avec frénésie, tout hurlait à l'intérieur de moi. J'ai connu de tels instants deux fois dans ma vie, la première fois à Wilno, quand j'étais caché dans la cave, et ce jour-là. Ils n'ont pas remarqué que le foin bougeait et ils se sont éloignés. J'ai entendu l'un d'eux crier : « Il a réussi à filer ! »

Je suis resté allongé là à attendre que la nuit tombe. Puis je suis sorti de la meule, je me suis traîné jusqu'à une sorte de grange, je me suis glissé à l'intérieur et je me suis endormi. Vers cinq heures du matin, j'ai entendu des coups de feu. C'était l'opération Yod. *On abattait ceux qui étaient restés dans le ghetto. Cela a été la nuit la plus atroce de ma vie. Je pleurais. J'étais anéanti. Où était Dieu ? Où était Dieu, dans tout cela ? Pourquoi m'avait-Il caché aux yeux de mes poursuivants, et n'avait-Il pas épargné ces cinq cents personnes, des enfants, des vieillards et des malades ? Où était la justice divine ? J'avais envie de me lever et d'aller là-bas pour être avec eux. Mais je n'avais pas la force de bouger.*

24. 1967, HAÏFA
Extrait du journal d'Hilda

Aujourd'hui, j'ai vingt-cinq ans. Quelle horreur ! Hier encore, j'en avais seize, et je pleurais parce j'avais été première à une compétition de ski et que Toni Leher m'avait dit que ce n'était pas juste, que j'aurais dû concourir avec les garçons et qu'il aurait fallu vérifier si j'étais bien une fille. Et je lui avais flanqué une raclée.

Ce matin, Moussa est arrivé très tôt avec un cadeau pour moi : un magnifique bracelet en or en forme de serpent, avec des yeux en saphir. De façon générale, je préfère les bijoux en argent, et Moussa le sait. Mais il m'a déclaré qu'il ne pouvait pas m'offrir de l'argent parce que j'étais « une fille en or ». Il voulait que nous allions passer la journée à Netanya, mais j'avais une matinée très occupée, j'avais promis à Kassia de l'accompagner pour chercher du travail, je devais aller prendre un paquet à la poste pour Daniel et passer ensuite à la bibliothèque. Moussa m'a attendue pendant quatre heures, et nous sommes tout de même allés à Netanya.

Ce jour-là, il fallait absolument qu'il rentre chez lui, et je lui en ai un peu voulu de partir si vite, j'avais tellement envie de rester plus longtemps avec lui ! Nous n'avons passé que trois heures à l'hôtel, et je me suis mise à pleurer quand il a fallu s'en aller. Il m'a expliqué qu'il ne disposait pas aussi librement de lui-même que les Occidentaux. Il était dépendant de sa famille, et ce jour-là son oncle lui avait fixé un rendez-vous qu'il n'avait pu ni refuser ni reporter. Il était très malheureux, lui aussi. Cela fait presque trois ans que nous nous fréquentons, et je ne sais jamais quand nous nous reverrons. Si l'on ne tient pas compte des fois où nous nous voyons à l'église, nos rendez-vous sont assez rares. C'est épouvantable.

Moussa m'a dit que je ressemblais plus à un adolescent qu'à une femme de vingt-cinq ans. Et j'ai pensé à la raclée que j'avais flanquée à Toni Leher pour m'avoir dit la même chose. C'est drôle !

25. MAI 1969, HAÏFA
Moussa à Hilda

Hilda, ma chérie

Je n'ai pas dormi de la nuit après tout ce que tu m'as dit hier sur la difficulté d'être allemand dans le monde d'aujourd'hui. Daniel te parlera de la difficulté d'être juif, et moi, je vais essayer de t'expliquer ce que c'est qu'être arabe. Surtout quand on est de confession chrétienne et de nationalité israélienne.

C'est bien d'être allemand : les Allemands vivent dans la honte et le repentir. Ce n'est pas trop mal d'être juif, le monde entier les déteste, mais on sait bien qu'ils sont le peuple élu. Et puis on les admire pour leur Israël qu'ils ont bâti parmi les pierres et les ruines, pour leurs cerveaux tenaces et leurs multiples talents que les autres peuples ressentent comme une insulte. Partout, on trouve des Juifs sur le devant de la scène : des savants, des musiciens, des écrivains, des juristes et des banquiers. Cela agace la plupart des gens.

Mais être arabe ! Nous sommes mille fois plus nombreux que les Juifs. Et quels sont les Arabes que le monde connaît ? Nasir-ed-Din de Tus ? Ibn Sina ? Appartenir à un peuple toujours offensé et toujours dans son droit ! L'islam donne aux Arabes la certitude et le sentiment d'être supérieurs. Les Arabes musulmans ne sont pas estimés à leur juste valeur par le monde extérieur, et ils font eux-mêmes leur propre éloge. Mais les Arabes chrétiens sont des êtres malheureux : les Juifs ne font guère de différence entre eux et les Arabes musulmans. À leurs yeux, les uns comme les autres sont des ennemis historiques et naturels. Mais en tant qu'ennemis, les musulmans sont plus sûrs.

Les Juifs se méfient de nous, bien que nous ayons choisi Israël et que nous en soyons devenus citoyens dans l'espoir que ce pays serait notre foyer commun. Les musulmans aussi se méfient de nous : pour eux, nous sommes des ennemis encore pires que les Juifs.

Je partirais bien en Europe ou en Amérique, mais étant arabe, je suis lié par des liens familiaux, des liens de sang extrêmement solides. Pour ma famille, je ne suis pas une personne autonome, mon existence est subordonnée à toute ma parentèle : à mes aînés parce que j'ai l'obligation de les respecter, et à mes cadets parce que j'ai l'obligation de les soutenir. Il est presque impossible d'échapper à cela. Si c'était possible, je divorcerais d'avec Myriam et je partirais avec toi à Chypre, nous pourrions nous marier là-bas et vivre dans n'importe quel pays où poussent des arbres et des fleurs, où les gens ont besoin de jardins et de parcs... Mais pour cela, il faudrait que je cesse d'être arabe, et c'est impossible. Toi, tu resteras toujours une Allemande pleurant sur la démence et la cruauté de ses pères, Daniel sera toujours un Juif habité par la folle idée de transformer tous les hommes en enfants de Dieu, et moi, je serai toujours un Arabe aspirant à se libérer d'une pesante tradition ancestrale qui veut que l'on appartienne non à soi-même, mais à quelqu'un qui est au-dessus de soi, à un père, à Dieu ou à Allah.

Hilda, ma chérie ! Quand je suis avec toi, ta seule présence suffit à me faire oublier ces pénibles pensées et cette existence sans issue, ce n'est qu'auprès de toi que je me sens heureux et, crois-moi, il y a peu d'Arabes au monde qui se résoudraient à dire de telles paroles à une femme. Je t'aime, et j'aime la liberté que tu représentes, même si, tous les deux, nous souffrons justement de savoir que la liberté n'est pas pour nous et que nous la volons, je ne sais pas très bien à qui, d'ailleurs... Et pourtant, je suis profondément convaincu que Dieu est de notre côté. Ne m'abandonne pas.

MOUSSA

26. 1969, HAÏFA
Extrait du journal d'Hilda

Hier, Daniel m'a apporté une branche d'amandier en fleur. On a du mal à l'imaginer cueillant une branche ! Je l'ai regardé avec surprise, et il a déclaré : « Hilda, cela fait cinq ans que nous sommes ensemble ! » C'est vrai, cela fait exactement cinq ans que je suis arrivée à Haïfa. Ces fleurs sont presque immatérielles, on dirait qu'elles sont faites de vapeur ou de brume, et elles sentent une odeur merveilleuse, l'odeur de quelque chose qui n'existe pas. C'est peut-être le parfum des graines des futures amandes ? Non, les amandes ont une odeur bien plus spécifique et bien plus comestible. Alors que cette odeur-là n'a rien de comestible.

Daniel a célébré une messe. Il n'y avait personne à part moi. Cela le chagrine que presque tous nos « locataires » soient plutôt indifférents envers l'Église. Mais il dit que ce n'est pas par intérêt que nous leur donnons à manger. Peut-être qu'un jour ils auront envie de prier avec nous ?

En réalité, ce n'est pas tout à fait vrai. Le samedi et le dimanche, nous avons pas mal de monde. Un soir, après le départ de Daniel, j'ai décidé de noter combien nous étions. Voici ce que cela a donné : Daniel, moi, Véra, Kassia et ses enfants, Irina et ses enfants, Olaf, Shimon, Joseph et sa famille, les sœurs Susanna et Cécile, Bożena, Chris, Aïdin et sa famille, Moussia et Tata, Heinrich et Louise, Éléna, Isidore... Eux, ce sont ceux sur lesquels on peut compter.

Ensuite, il y a encore une vingtaine de personnes qui viennent juste pour les fêtes, mais qui participent quand même à la vie de la communauté. Et une trentaine qui passent de temps en temps. Comme Moussa. Il faut ajouter à cela les gens du foyer, qu'ils le veuillent ou non, ils appartiennent à la communauté du fait qu'ils habitent ici. Ils sont huit en permanence, et une dizaine de personnes qui changent, des mendiants, des vagabonds et des drogués. On les appelle « les locataires ». Ils font partie de notre communauté, eux aussi. En tout, cela fait environ une soixantaine de personnes.

Mais nous avons eu des pertes : Samuel et Lydia sont partis en Amérique, Myriam est morte, le pauvre Anton a disparu dans un accident, et il y a ceux qui sont retournés en Europe, Edmund et sa famille, Aaron, Vita et leurs enfants, sans compter quelques personnes qui nous ont quittés pour la synagogue.

Daniel est toujours désolé quand il perd quelqu'un, mais il répète que chacun doit chercher sa propre voie vers Dieu. Et que cette voie est personnelle, sinon, nous ne serions pas une communauté de volontaires du Seigneur, mais une armée commandée par un général.

Le plus dur, c'est avec nos « locataires provisoires ». Daniel refuse de mettre qui que ce soit dehors, c'est pourquoi nous avons parfois des sans-abri. En Israël, ils sont moins nombreux qu'en Europe, mais visiblement, nous les attirons. Depuis que nous avons construit notre petit « asile de nuit », il y a toujours quelques personnes installées là pour plusieurs jours, quand ce n'est pas pour un mois. Daniel dit qu'ils doivent payer leur écot en allant chercher un seau d'eau à la source. Elle est toute petite, mais son eau est délicieuse. L'eau qui nous vient des druzes n'est pas aussi bonne.

L'expérience que j'ai acquise en Allemagne me sert beaucoup maintenant. Avec les sans-abri, il y a tout de même des règles de conduite à observer, cela aide vraiment à communiquer avec eux. En ce moment, nous avons un jeune couple de drogués, un garçon et une fille très gentils, des Hongrois, ils fument je ne sais quelle cochonnerie. Mous, languissants, et pleins de bonne volonté. La jeune fille, Lora, est une Juive, une hippie couverte de petites fleurs. C'est une vraie musicienne, elle joue merveilleusement bien de la flûte. Quand je l'ai complimentée, elle s'est mise à rire et m'a dit qu'en fait elle était violoniste, mais qu'elle n'avait plus de violon. Elle a une personnalité si éclatante que son ami, le Tsigane Guiga, a l'air un peu pâlot à côté d'elle. Ils vivent ici depuis plus d'un mois. On m'a dit que Lora jouait dans la rue, près du marché. Elle met parfois de l'argent dans la caisse de l'église, et Guiga lave la vaisselle avec beaucoup d'application.

La semaine dernière, on a vu débarquer un épouvantable poivrot, il a été malade comme un chien, il a fait des saletés partout et j'ai passé deux jours à nettoyer derrière lui. Ensuite, je l'ai convaincu d'aller à l'hôpital et je l'y ai emmené. Quand je suis passée le voir deux jours plus tard, j'ai appris qu'il s'était sauvé.

Nous n'avons pas de quoi employer une femme de ménage ou une cuisinière. Nous faisons tout nous-mêmes. Heureusement que Daniel gagne un peu d'argent avec son travail de guide et que nous recevons de l'aide de l'étranger !

Daniel travaille énormément. Depuis qu'il a son coin à lui dans l'église, il reste souvent très tard. Il traduit le Nouveau Testament et d'autres textes, du grec vers l'hébreu. En fait, ces traductions existent depuis longtemps, mais il trouve qu'elles sont bourrées d'inexactitudes et même d'erreurs. Un jour, je lui ai demandé combien de langues il connaissait. Il m'a dit qu'il en possédait trois à fond : le polonais, l'allemand et l'hébreu. Et que les autres, il les parlait très mal. Mais ce n'est pas vrai. Il fait le guide en italien, en espagnol, en grec, en français, en anglais, en roumain, et je l'ai entendu parler dans leur langue à des Tchèques, à des Bulgares et à des Arabes. Et bien entendu, il a célébré la messe en latin toute sa vie. J'ai l'impression qu'il possède ce don des langues qui a été donné aux apôtres autrefois. Il faut dire qu'il a quand même quelques manuels sur son bureau. C'est donc que Dieu lui a fait don de certaines choses, et qu'il en a appris d'autres tout seul... Où a-t-il trouvé le temps d'étudier toutes ces langues ? Lorsque je lui ai posé la question, il m'a répondu : « Tu te souviens de la Pentecôte ? » Et il a ri.

Bien sûr, je me souviens parfaitement de ce passage des Actes des Apôtres, quand les langues de feu descendues du Ciel se sont posées sur les apôtres, qu'ils se sont mis à parler des langues étrangères et que tous les gens venus d'ailleurs entendaient leur propre dialecte. Daniel, lui, c'est comme s'il vivait avec cette langue de feu.

Il est vrai qu'un jour où nous devions recevoir la visite de Roumains, je lui ai acheté un manuel de roumain. Il l'a gardé deux semaines sur sa table et l'emportait avec lui le soir. « C'est très utile de mettre un manuel sous son oreiller : on se réveille le matin, et on sait toutes les leçons par cœur ! » Voilà ce qu'il m'a dit !

À le voir, on comprend vraiment que la langue ne compte pas, ce qui importe, c'est le contenu. Il y a là une sorte de contradiction : si la langue dans laquelle on célèbre la messe n'a pas d'importance, alors pourquoi se donner tant de mal pour tout traduire en hébreu ? Je passe mon temps à faire de nouvelles copies du texte des offices dans des traductions diverses parce qu'il considère que chaque mot doit être compréhensible. De façon générale, il m'arrive de remarquer des contradictions chez lui. Il dit parfois une chose, parfois une autre, et je n'arrive pas toujours à le suivre.

27. 1959-1983, BOSTON
Extrait des notes d'Isaac Hantman

Ici, en Amérique, le problème de l'identité se substitue en partie à celui de la conscience nationale. Ce sont des choses différentes, bien qu'elles se touchent. La conscience nationale, du moins chez les Juifs, est un domaine limité autant de l'intérieur que de l'extérieur. En se proclamant le peuple du Livre, les Juifs se sont programmés eux-mêmes pour posséder, assimiler et mettre en œuvre la Torah. C'est une idéologie. Elle détermine le caractère élu et exceptionnel du peuple juif, sa supériorité sur tous les autres peuples ainsi que sa mise à l'écart à l'intérieur de la société chrétienne et de toute autre société. Bien entendu, il a toujours existé des représentants isolés du peuple qui cherchaient à échapper à ce programme commun, qui sortaient de l'ornière de la vie nationale. Le caractère hermétique de la société juive a tout naturellement conduit à la naissance de la légende du « secret juif » qui, au fil des siècles, a abouti à l'idée d'un « complot juif international » contre le monde entier. Le dernier complot « éventé » que nous ayons connu est l'affaire des médecins juifs en Russie, peu avant la mort de Staline. En notre siècle laïc, le coup a été dirigé non contre la communauté juive traditionnelle, mais contre un groupe professionnel dont la majorité, si je comprends bien, étaient des non-croyants. Au fond, c'était un « petit reste » qui avait survécu à la Shoah. Sans doute ce fameux « petit reste » dont parlait le prophète Isaïe. Ce n'est pas la première fois dans l'Histoire que se produit pareille extermination de la plus grande partie d'un peuple. Il est vrai que la captivité de Babylone réduisait les gens en esclavage, mais ne leur prenait pas la vie. Cela a été la même chose en Russie à l'époque stalinienne.

Le judaïsme européen, sous la forme qui a été la sienne ces trois derniers siècles, a été anéanti. Je ne crois pas qu'il puisse renaître : les quelques centaines de *hassidim* qui ont quitté la Biélorussie pour New York avec leur *tsaddik* de Lubawitch et les quelques centaines de *yeshivot* dirigées par des rabbins *mitnagdim* sont sans doute incapables de survivre dans le monde moderne. En Amérique, les enfants des Juifs orthodoxes en châles de prière prennent d'assaut Hollywood, et en Palestine, ils s'attaquent aux Arabes. Je peux me tromper, mais il me semble que depuis la Shoah, le judaïsme a perdu le squelette qui le maintenait. En outre, moi qui suis un athée, j'ai eu l'occasion, autant pendant la guerre qu'après, de rencontrer beaucoup de Juifs qui avaient connu une crise de la foi. Notre peuple s'est transformé en un Job collectif assis sur son tas de cendres, à qui l'on a pris ses enfants, sa santé, ses biens, et jusqu'au sens même de son existence. Et qui a aussi perdu, dans une grande mesure, le trésor dont il se prévalait : sa foi.

Tsilia, la malheureuse nièce de ma femme, s'est retrouvée à l'âge de six ans au beau milieu d'une foule, dans la rue d'un village. Une paysanne polonaise la tenait par la main. Tous les Juifs de la région étaient enfermés dans une grange que l'on s'apprêtait à brûler. La petite fille a prié Dieu de sauver sa mère. Mais on a mis le feu à la grange, et quatre-vingts personnes ont brûlé vif, dont sa mère et ses sœurs. Tsilia a été cachée par de bonnes âmes catholiques, elle a survécu à la guerre et a émigré en Israël. Elle venait d'une famille très croyante, mais depuis, elle n'a plus jamais remis les pieds dans une synagogue : « S'Il existe, Il est coupable envers moi, et je ne Lui pardonne pas. S'Il n'existe pas, ce n'est même pas la peine d'en parler... »

C'est une logique comme une autre. Je ne pense pas que Job ait été comblé par les nouveaux enfants qui lui ont été donnés pour remplacer les premiers. Et les petits innocents écrasés par le toit de sa maison, qui s'était écroulé uniquement à cause d'un pari douteux entre le Créateur et une certaine créature connue comme l'ennemi du genre humain, eux, il les avait oubliés ? Le livre de Job est extrêmement poétique, mais dénué de logique. Du reste, ainsi que l'a montré Neuhaus, ce professeur de Jérusalem si charmant et si intelligent, la lecture des textes juifs est un très grand art que j'ai à peine effleuré. Juste assez pour comprendre ce qui constitue l'objet de la pensée juive. En fait, c'est une cosmogonie au sens le plus abstrait et le plus détaché de la réalité qui soit, un « Jeu des perles de verre » grandiose. Au cours des deux millénaires durant lesquels nos garçons ont suivi cette école de logique dès l'âge de cinq ans, les cerveaux ont fini par devenir très performants. Et les savants juifs modernes, les physiciens, les mathématiciens, les lauréats du prix Nobel et les inventeurs jamais récompensés, tous sont les dérivés d'un seul produit de base, autrement dit, ce sont ceux qui ont renoncé à la voie royale de la Kabbale, laquelle étudiait les mêmes problèmes que toutes les autres sciences ésotériques de tous les temps et de tous les peuples. Pourtant, c'est la Kabbale qui éveillait la suspicion et passait pour un acte de terrorisme intellectuel qui a duré cinq cents ans. Pas besoin de réfuter cette pensée frileuse : toute activité intellectuelle peut être considérée comme un acte terroriste contre les règles établies, que ce soit dans le domaine scientifique ou dans celui de la culture et de la sociologie.

Au bout du compte, toute tentative pour déterminer une identité, pour établir une définition rigoureuse d'un individu, se fonde sur des réponses élaborées selon une hiérarchie bien définie : le sexe, la nationalité, la citoyenneté, le niveau d'éducation, l'appartenance à une profession ou à un parti, etc. Mon identité à moi est liée à ma profession. Je suis médecin, cela a toujours été le fondement de ma vie et de mon activité, y compris dans le ghetto et dans le détachement de partisans. Quelles que soient les circonstances, je suis resté un médecin. Après la guerre, lorsque j'ai participé pendant des années à un travail d'expertise sur les matériaux du procès de Nuremberg (cela a été la période la plus pénible de ma vie, même si je n'étais plus physiquement en danger de mort), j'ai perdu mes points de repère intérieurs et mon équilibre, la terre se dérobait sous mes pieds. Ce n'est pas la vie dans le ghetto ni l'existence aléatoire dans la forêt qui ont transformé ma vision du monde, c'est la somme des connaissances sur ce qui est arrivé aux Juifs entre 1939 et 1945. Mon identité de médecin ne comptait plus du tout : du point de vue des lois de Nuremberg, en tant que Juif, je tombais personnellement sous le coup de la « Loi pour la protection du sang et de l'honneur allemand » de 1935. Cette loi m'a obligé, moi, un athée qui avait délibérément quitté le judaïsme, à retrouver mon identité nationale. J'ai répondu à cet appel avec empressement, et il en a résulté mon installation illégale en Palestine.

J'ai vécu presque dix ans en Israël. Je me trouvais là-bas quand la résolution de l'ONU sur sa création a été signée, et j'espère que l'État juif va continuer à exister. Je n'ai jamais adhéré à l'idée du sionisme. J'ai toujours considéré que le monde moderne doit s'organiser non sur des principes religieux ou nationaux, mais sur des bases territoriales et civiles. Ce sont les citoyens vivant à l'intérieur des limites d'un territoire donné qui doivent organiser l'État. Et cela doit être garanti par un ensemble de lois. Peu de gens sont d'accord avec mes idées, même Esther. J'ai accepté sans hésiter la proposition de Boston. Du point de vue professionnel, nulle part au monde je n'aurais pu trouver un meilleur travail. Après avoir vécu plusieurs années aux États-Unis, j'en suis arrivé à la conviction que c'est ce pays qui correspond le mieux au principe civil et territorial d'organisation de l'État qui me paraît être la solution la meilleure. Pour le reste, c'est la même chienlit que partout ailleurs.

N'importe quelle éducation religieuse cohérente suscite l'hostilité de ceux qui pensent autrement. Seule l'intégration culturelle de tous et l'évacuation de la sphère religieuse vers le domaine de la vie privée peuvent permettre la formation d'une société dans laquelle tous les citoyens sont égaux en droits.

C'est ce principe qui régissait l'Empire romain dans l'Antiquité, et c'est ce même principe qu'a tenté d'appliquer Joseph II, empereur de l'empire austro-hongrois au XVIIIᵉ siècle. En 1781, il a promulgué les *Toleranzpatenten*, un édit de tolérance proclamant l'égalité de principe de tous les citoyens de l'État face à la loi. C'est un recueil de documents extrêmement intéressant, qui est incontestablement le fruit de l'influence de von Sonnenfels sur l'empereur Joseph. Cet édit donnait aux Juifs la possibilité d'être assimilés sans baptême forcé, et permettait le développement d'un État laïc intégrant tous les citoyens. Von Sonnenfels était lui-même un Juif baptisé, et son point de vue sur la structure de l'État n'a pas trouvé de soutien dans les milieux juifs qui ne voyaient dans ces nouvelles lois qu'une façon d'imposer des limites à leur mode de vie traditionnel. C'est Joseph II qui a aboli l'autogestion communautaire, c'est-à-dire la possibilité pour les Juifs d'exister selon le principe d'un État dans l'État. Il les a autorisés à devenir artisans, cultivateurs, il leur a donné la liberté de se déplacer et leur a ouvert l'accès aux établissements d'études supérieures. C'est lui qui a instauré le service militaire pour les Juifs, les mettant sur le même pied que les autres citoyens pour ce qui était de cette pénible obligation. Il a introduit l'enseignement en allemand dans les écoles juives et a « germanisé » les noms et les prénoms juifs. C'est ainsi que sont apparus les noms d'Einstein, de Freud, de Rothschild. C'est drôle, j'ai lu quelque part qu'Hoffman avait pris part à l'invention de superbes noms « à consonances germaniques » du genre Rosenbaum et Mandelstam. Ces lois, si désolantes pour le petit peuple, ont donné naissance à une communauté de gens cultivés dépourvus de chauvinisme et capables de s'insérer dans les activités de l'État.

Aujourd'hui encore, il existe toujours une grande différence entre les descendants des Juifs occidentaux, austro-hongrois, et ceux d'Europe de l'Est qui, jusqu'à la fin de la guerre, ou plutôt, jusqu'à la Shoah, restaient attachés au mode de vie très fermé des *shtetls*. Bien entendu, il faut faire une exception pour les Juifs de la Russie communiste, dont certains ont été séduits par la nouvelle idéologie durant les premières années de la révolution. Mais la plus grande partie du Yiddishland, la Lituanie, la Lettonie et la Pologne, penchait plutôt pour l'ancien mode de vie. Aujourd'hui encore, il y a dans le monde beaucoup d'hommes vêtus de redingotes d'un modèle remontant au début du XIXᵉ, et de femmes portant des perruques sur leurs têtes rasées.

Mon remarquable maître, le professeur Neuhaus, qualifie le hassidisme contemporain de « grande victoire de la lettre sur l'esprit ». Il va encore plus loin dans sa vision critique des choses en considérant les courants les plus conservateurs du christianisme, tant occidental qu'oriental, comme des cousins germains du hassidisme. À notre époque, la conscience nationale s'affirme non dans l'observance des dogmes, mais dans les recettes de cuisine, le style des vêtements et la façon de se laver, ainsi que dans l'idée fausse, aberrante et indestructible, que ce sont les tenants de la tradition qui détiennent la vérité pleine et entière.

28. MAI 1969, PLATEAU DU GOLAN
Daniel Stein à Władysław Klech

Cher Władek,

Le car qui a amené mon groupe de touristes sur le plateau du Golan est tombé en panne. Il y a une fuite d'huile, et cela va être long à réparer. Nous avons déjà tout visité, je leur ai tout raconté, et nous allons rester coincés ici au moins trois heures, le temps qu'un autre car vienne nous chercher.

Mes Allemands, un groupe évangélique qui vient de Cologne, sont partis se promener. Je suis assis sous un figuier et mon assistante Hilda est en train de dormir, la tête recouverte d'un chapeau de cow-boy offert par un touriste texan.

Ce n'est pas la première fois que j'amène des groupes ici. Un énorme cimetière d'engins militaires, des tanks russes, des véhicules de transport de troupes, des camions. Des tranchées antichar comblées. Et une grande quantité de mines. Depuis plusieurs décennies, tout le monde en a truffé le sol ici, les Turcs, les Anglais, les Syriens, les Juifs... Quelques centaines de tanks soviétiques ont déjà sauté dessus. On ne peut circuler que sur les couloirs déminés. Ce sont les chèvres et les ânes qui s'occupent du déminage. Certains explosent de temps en temps. Parfois, cela arrive aussi à des gens. Mais ils ne sont pas nombreux dans cette région. La terre n'appartient à personne. Un immense plateau, des montagnes d'origine volcanique. Le cratère d'un volcan éteint abrite une station radar. Des blocs de pierre noirs et gris, des buissons épineux, des touffes d'arbres ici et là. Ces arbres sont liés à une histoire qui ressemble à une histoire de la Bible. Il y avait autrefois en Syrie un résident israélien qui occupait un poste en vue au gouvernement. Quand Israël a été créé en 1948, les Syriens ont construit ici une importante ligne de défense, avec des fortifications souterraines. Le résident israélien a proposé de planter des arbres à côté de chaque fortification afin que les soldats puissent s'abriter de la chaleur. En plus, sous les arbres, les hommes seraient moins visibles d'en haut. On a trouvé sa suggestion judicieuse, et on a planté des arbres. Le Golan est une hauteur stratégique, d'ici, on peut tirer sur toute la Galilée du nord. Les Syriens y avaient installé des bases de lancement pour des rockets. Pendant la guerre des Six-Jours, l'aviation israélienne les a détruites en dix minutes. Ils savaient qu'il y avait un massif d'arbres audessus de chaque installation secrète. En vingt ans, les arbres avaient eu le temps de pousser et signalaient les cibles. Le résident a été arrêté et exécuté sur une place de Damas. Il s'appelait Elie Cohen. Les Juifs ont fait tout ce qu'ils ont pu pour le racheter ou l'échanger, mais la Syrie a été inflexible. D'habitude, ce genre d'anecdote intéresse bien plus les touristes que des informations sur l'Histoire sainte.

L'Église syrienne primitive était aussi ascétique et aussi austère que ce plateau volcanique. En voyant la Palestine, on se dit que ce doit être l'extraordinaire diversité de la nature (extrêmement douce en Galilée, cruelle dans les déserts, harmonieuse en Judée) qui a donné naissance à une telle variété de courants religieux : tout est né ici.

Ces territoires conquis pendant la guerre des Six-Jours, il va falloir les rendre. Pour l'instant, on a l'impression que personne n'a très envie de les prendre. Il faut dire qu'ils ne sont pas déserts, il y a un million de Palestiniens à Gaza. L'Égypte a-t-elle vraiment besoin d'eux, avec tous leurs problèmes ? Sur la rive ouest, les Palestiniens sont plusieurs centaines de milliers, c'est une très grosse charge pour Hussein. Le but de toute cette campagne était purement ostentatoire : il fallait faire une démonstration de notre puissance militaire. Cela va coûter cher dans les années à venir. Voilà les problèmes de ce pays tels que je les vois. Il est presque impossible de vivre ici sans être immergé dans leur flot quotidien. D'ailleurs, toi aussi, en Pologne, peux-tu exercer ton métier de prêtre sans tenir compte de la pression de l'Union soviétique ? Nous savons bien que de tout temps, c'est la politique, et rien d'autre, qui a déterminé l'orientation de la vie de l'Église.

L'essentiel, c'est de comprendre peu à peu que la vie forme un tout indissociable. Avant, je sentais une hiérarchie dans les valeurs de la vie, et je répartissais toujours les événements et les phénomènes les uns par rapport aux autres selon leur degré d'importance. Cette sensation disparaît, ce qui est important et ce qui est insignifiant se retrouvent à égalité, ou plutôt, ce qui est important, c'est ce que l'on fait à l'instant présent. Si bien que laver la vaisselle après un repas pour de nombreuses personnes a exactement la même valeur que célébrer une liturgie.

Je termine, mon assistante Hilda s'est réveillée, elle a pris les jumelles et vient d'apercevoir un petit lièvre des roches qui a plutôt une tête de blaireau. Les lièvres juifs n'ont rien à voir avec les lièvres polonais ! Ce spectacle (sans jumelles) réjouit le cœur.

Je t'embrasse fraternellement.

D.

29. MAI 1969, HAÏFA

Hilda à sa mère

Chère maman,

Hier, Daniel et moi, nous sommes allés sur le plateau du Golan avec un groupe de touristes allemands venus de Cologne. C'était la première fois que je voyais cet endroit. C'est quelque chose d'hallucinant : des monuments anciens, la nature, les traces de la guerre... Là-bas, tout, absolument tout, même l'histoire antique, parle de la guerre, de la destruction et d'une sorte d'éternelle bar-

barie guerrière. Tout ce qui a été détruit ici depuis l'Antiquité ne s'est pas délabré du fait de l'âge ou de la vétusté, mais a été cassé et saccagé par des ennemis. Il en va sans doute ainsi dans le monde entier, seulement ici, c'est particulièrement évident. Mais ce n'était pas de cela que je voulais te parler. Tu sais que pendant la guerre, Daniel a travaillé comme interprète à la Gestapo. Quand il a été arrêté pour avoir aidé des partisans, il a été sauvé par un chef de la Gestapo qui l'a laissé s'enfuir. Ils avaient de très bonnes relations, ce type de la Gestapo avait des enfants de l'âge de Daniel et un de ses fils portait le même nom. C'est peut-être pour ça qu'il était si bien disposé envers ce jeune homme qu'il prenait pour un Polonais. Eh bien, figure-toi que l'un des hommes de ce groupe, parmi les plus âgés (c'étaient principalement des jeunes), était le fils de ce fameux major ! Les touristes posaient des questions et Daniel leur demandait de se présenter. Cet homme a dit qu'il s'appelait Dieter Reinhold. Daniel alors a déclaré que son père lui avait sauvé la vie pendant la guerre. Ils se sont serré la main et embrassés. Personne ne comprenait rien, même l'Allemand. Son père est mort en 1944 sur le front de l'Est, il savait juste qu'il avait été major, qu'il avait travaillé pour la Gestapo et que c'était un criminel de guerre. Il y a eu un drôle de silence. Personne ne posait plus de question, tout le monde se taisait, seuls Daniel et Reinhold bavardaient à voix basse. Je ne sais pas de quoi ils parlaient.

Moi, bien sûr, j'ai pensé à notre famille, à toi, à ton père et à ton grand-père. Je me suis dit que cette distinction toute simple entre les fascistes et les Juifs, entre les assassins et les victimes, les méchants et les gentils, n'était finalement pas si simple que ça. Et ces deux-là, je parle du major qui a été tué et de Daniel, se trouvent justement sur cette frontière, là où rien n'est simple. Plus tard, Daniel m'a dit que lorsqu'il pense aux gens qui ont péri, il prie toujours pour ce major.

Je suis tellement bouleversée par cette rencontre que je n'arrive pas à mettre en mots tout ce que je ressens. Moi aussi, je veux apprendre à prier comme ça, pour tous. Pas de façon abstraite, mais vraiment.

Je t'embrasse.

HILDA

Ah, oui ! J'ai oublié de te dire qu'ici, sur le plateau du Golan, il y a des monuments très anciens qui ressemblent au célèbre Stonehenge. C'est l'endroit où s'est déroulée l'épopée légendaire de Gilgamesh ! On est en train d'y faire des fouilles, Daniel connaît l'archéologue qui les dirige et m'a promis de me montrer cela un de ces jours. Il dit que ce sont les vestiges d'une des civilisations les plus anciennes du monde, peut-être même des traces de la présence d'extraterrestres sur terre ! C'est partout comme ça, ici, où que l'on aille, c'est à vous couper le souffle !

30. JUIN 1969, HAÏFA
Sermon du frère Daniel pour la Pentecôte

Mes chers frères et sœurs !

Chaque fête est pareille à un puits sans fond. Si on regarde à l'intérieur, on y découvre les profondeurs de l'histoire humaine, et aussi les profondeurs et l'ancienneté des relations entre l'homme et son Créateur. La fête juive de Chavouot, ou fête des Semaines, est historiquement antérieure à la fête de la Pentecôte. Il est très probable qu'elle existait déjà dans le monde préchrétien, le monde païen. Car autrefois aussi, les gens offraient les prémices de leurs récoltes pour remercier Dieu. Les Juifs célèbrent également ce jour-là le don de la Torah, des Dix Commandements. Chez les chrétiens, cette fête se remplit d'un sens nouveau : on offre toujours les prémices des récoltes, c'est une commémoration de l'ancien sacrifice d'action de grâce, mais nous évoquons aussi un autre événement : la descente de l'Esprit-Saint sur les disciples du Christ. « On entendit tout d'un coup un grand bruit, comme d'un vent violent et impétueux qui venait du ciel, et qui remplit toute la maison où ils étaient assis. En même temps, ils virent paraître comme des langues de feu qui se partagèrent et s'arrêtèrent sur chacun d'eux. Et aussitôt ils furent tous remplis du Saint-Esprit, et ils commencèrent à parler diverses langues. » Plus loin, dans les Actes des Apôtres, on énumère les langues qui sont sorties de la

bouche des disciples : celles des Parthes, des Mèdes, des Éla-
mites, des habitants de la Mésopotamie et de la Pamphylie, de la
Judée et de la Cappadoce, du Pont et de l'Asie, de la Phrygie et
d'une partie de la Libye, de Rome, de la Crète et de l'Arabie... En
fait, toutes les langues de l'*œcumene*, autrement dit des terres
habitées. C'était une préfiguration du monde dans lequel nous
vivons. Les disciples du Christ parlent aujourd'hui toutes les
langues de l'univers et nous, nous célébrons la fête de la Pentecôte dans la langue de notre Maître.

Il y a encore une chose que je voudrais vous dire en ce jour : les
langues de feu sont apparues au-dessus de chacun des disciples.
Mais ensuite, qu'est-il arrivé à ces langues ? Y a-t-il à l'intérieur
de l'homme un vase, un récipient dans lequel il puisse conserver
ce feu ? Si ce vase n'existe pas en nous, le feu divin s'en va, il
retourne là d'où il est venu, mais si nous parvenons à le garder en
nous, il demeure.

Durant sa vie humaine, Jésus a été le vase qui a reçu dans toute
sa plénitude l'Esprit qui s'y déversait. C'est ici que le Fils de
l'homme devient le Fils de Dieu.

La nature humaine s'unit à la nature divine précisément selon
cette recette. Chacun de nous tous ici présents est un vase destiné
à recevoir l'Esprit du Seigneur, la Parole de Dieu, le Christ lui-
même. Toute la théologie est là. Personne ne nous demandera ce
que nous pensions de la nature divine. Mais on nous demandera :
qu'avez-vous fait ? Avez-vous donné à manger à celui qui avait
faim ? Avez-vous aidé celui qui était dans la détresse ?

Que le Seigneur soit avec vous tous.

31. NOVEMBRE 1990, FRIBOURG

Extrait des entretiens de Daniel Stein avec des lycéens

Je suis resté allongé là à attendre que la nuit tombe. Puis je
suis sorti de la meule, je me suis traîné jusqu'à une sorte de
grange, je me suis glissé à l'intérieur et je me suis endormi. Vers
cinq heures du matin, j'ai entendu des coups de feu. C'était l'opé-

ration Yod. *On abattait ceux qui étaient restés dans le ghetto. Cela a été la nuit la plus atroce de ma vie. Je pleurais. J'étais anéanti. Où était Dieu ? Où était Dieu, dans tout cela ? Pourquoi m'avait-Il caché aux yeux de mes poursuivants et n'avait-Il pas épargné ces cinq cents personnes, des enfants, des vieillards et des malades ? Où était la justice divine ? J'avais envie de me lever et d'aller là-bas pour être avec eux. Mais je n'avais pas la force de bouger.*

Par la suite, j'ai reconstitué les choses et j'ai compris que j'avais passé trois jours à errer dans les bois autour de la ville. Mais à ce moment-là, j'avais perdu la notion du temps. Je souhaitais ardemment ne plus être, cesser d'exister. Il ne m'est pas venu à l'idée de me suicider. J'avais l'impression que l'on m'avait déjà tué cinq cents fois, que je m'étais égaré entre le ciel et la terre et, tel un fantôme, je n'appartenais plus ni au monde des vivants ni au monde des morts. Mais mon instinct de conservation, lui, était toujours là et je faisais un bond de côté au moindre danger, comme un animal. Je crois que je n'étais pas loin de la folie. Mon âme hurlait : « Seigneur ! Comment as-tu pu laisser faire cela ? »

Il n'y avait pas de réponse. Il n'en existait pas dans mon esprit.

J'étais en uniforme de policier. Désormais, je représentais une cible pour tout le monde : pour les Allemands qui avaient déjà annoncé mon évasion, pour les partisans qui faisaient la chasse aux Allemands isolés, et pour n'importe quel habitant qui voulait toucher une récompense pour la capture d'un Juif et d'un criminel en une seule et même personne...

Je n'ai rien mangé pendant trois jours. Je me souviens m'être désaltéré une fois à un ruisseau. Et je ne dormais pas. Je me terrais dans des cachettes, dans des fourrés, je m'endormais un instant, et je me relevais aussitôt d'un bond, terrifié par une rafale de mitraillette : je n'arrêtais pas de revivre l'instant où j'avais compris que l'on exécutait les habitants du ghetto d'Emsk. De temps en temps, j'entendais également de vrais coups de feu. Un soir, je suis arrivé aux abords d'un village que j'avais sauvé de l'extermination. Mais même ici, je ne pouvais compter trouver un abri. Je me suis assis sur un arbre abattu. Je n'avais plus la force d'avancer. D'ailleurs où aurais-je pu aller ? Et pour la première fois depuis trois jours, je me suis endormi.

Mère Aurélia, la supérieure du couvent des Sœurs de la Résurrection qui avait été délogé par la police, s'est approchée de moi. Elle portait une longue robe noire toute roussie par l'âge et une petite veste étriquée avec un empiècement près de la poche. Tous ces menus détails étaient extraordinairement nets, comme un peu grossis. Un visage pâle couvert d'un léger duvet, des joues flasques, des yeux bleus et fixes. Je lui ai parlé. Je ne me souviens pas des mots que j'ai prononcés, mais il était question de quelque chose de bien plus important que ma vie. De bien plus essentiel. Je lui ai demandé de m'emmener chez quelqu'un. Il me semblait qu'il s'agissait des sœurs Walewicz. En tout cas, j'avais l'impression que Marysia, qui était morte, était là, tout près, mais ce n'était pas vraiment elle : elle n'avait pas l'air tout à fait humaine, elle rayonnait et il émanait d'elle une grande paix. Je n'avais pas encore fini de parler quand j'ai compris que ce que je demandais à la supérieure, c'était la mort, et que cette femme qui ressemblait à Marysia n'était pas Marysia, mais la mort. La supérieure a hoché la tête, elle a dit oui. Quand je me suis réveillé, il n'y avait personne. J'étais incapable de me souvenir de ce que j'avais dit. Mais après cette vision, j'ai ressenti une étonnante sérénité.

Pour la première fois depuis mon évasion, je me suis vraiment endormi.

Cette nuit-là, je suis revenu à Emsk. Je savais où se trouvaient les postes de garde et où il fallait se montrer particulièrement prudent. Je suis arrivé devant le couvent, qui se trouvait juste à côté du commissariat. J'ai frappé. Une des religieuses m'a ouvert. Je me suis engouffré à l'intérieur et me suis précipité chez la supérieure. Elle savait que j'avais aidé les partisans, il m'était arrivé de faire passer des informations par elle. À ce moment-là, l'avis de recherche me concernant était placardé sur tous les poteaux de la ville. Tout le monde savait que j'étais juif.

Je n'ai rien eu à lui expliquer. On m'a caché dans le grenier.

C'était un dimanche. Depuis que le curé Walewicz avait été tué, les religieuses se rendaient tous les dimanches à l'église la plus proche, à seize kilomètres d'Emsk. La supérieure a dit aux sœurs : « Nous allons demander à Notre-Seigneur un signe pour savoir ce que nous devons faire de ce jeune homme. »

Elle est entrée dans l'église avec une autre sœur au moment où on était en train de lire le passage de l'Évangile sur le bon Samaritain. Vous ne vous souvenez peut-être pas de ce texte ? C'est une parabole que Jésus a racontée à ses disciples. Voici de quoi il s'agit : un Juif qui allait de Jérusalem à Jéricho fut attaqué par des brigands. Ils le dévalisèrent, le rouèrent de coups et le laissèrent sur la route. Un prêtre juif qui rentrait chez lui le vit, et passa son chemin. Un autre Juif passa également son chemin. Puis arriva un étranger, un habitant de Samarie, il eut pitié de lui, pansa ses blessures et emmena le malheureux dans une auberge. Il y laissa le blessé après avoir donné de l'argent à l'aubergiste pour le nourrir et le soigner. Puis Jésus demande : lequel de ces trois hommes s'est montré le prochain de celui qui a été attaqué par les brigands ? Celui qui a eu pitié de lui. Allez, et faites de même...

C'est sur ces mots que les religieuses sont entrées dans l'église. Et elles ont vu dans ce passage un signe de Dieu.

Elles sont revenues chez elles et ont raconté cela aux autres. Il faut dire que, sur les quatre, deux étaient contre le fait que je reste. Mais elles ont accepté ce signe.

Je vivais caché dans le grenier. Cette maison avait appartenu à un Juif fusillé, et ses livres juifs avaient été transportés dans le grenier. C'était aussi là que les religieuses avaient entreposé la bibliothèque de leur couvent.

Le premier ouvrage que j'ai ouvert était une revue catholique dans laquelle j'ai trouvé un article sur les apparitions de la Vierge Marie à Lourdes. J'avais déjà lu la Bible avant cela, et j'avais entendu parler des miracles, mais il me semblait que cela n'avait aucun rapport avec ma vie. Les miracles qui s'étaient produits à Lourdes à peine quelques dizaines d'années plus tôt, et qui étaient décrits par un de mes contemporains, m'ont frappé parce qu'ils m'ont paru très proches de moi. Surtout après les événements invraisemblables que je venais de vivre : la façon dont j'avais été sauvé à Wilno, puis dans les champs, quand mes poursuivants étaient passés à quelques pas de moi sans me voir, n'était-ce pas là des miracles du même genre ?

J'ai demandé le Nouveau Testament que je n'avais jamais ouvert jusque-là. À l'école polonaise dans laquelle j'avais fait mes études, j'étais dispensé de catéchisme. J'ai lu le Nouveau Testament pour la première fois, et j'ai reçu la réponse à la question qui me tourmentait le plus à l'époque : où donc était Dieu pendant que l'on tuait les cinq cents personnes du ghetto d'Emsk ? Où était Dieu dans toutes les épreuves que traversait mon peuple ? Que penser de la justice divine ?

Et j'ai compris alors que Dieu était avec ceux qui souffraient. Dieu ne peut être qu'avec ceux qui souffrent, et jamais avec les assassins. Il était tué en même temps que nous. Le Dieu qui souffrait avec les Juifs était mon Dieu.

J'ai compris que Jésus était véritablement le Messie, que Sa mort et Sa résurrection étaient la réponse à mes questions.

Les événements de l'Évangile s'étaient produits dans mon pays d'origine, ils concernaient un Juif nommé Jésus, et les problèmes de l'Évangile me touchaient d'aussi près parce que c'étaient des problèmes juifs, liés au pays dont je rêvais tant. Tout concordait : la résurrection du Christ et le témoignage de Paul, la découverte que la croix du Christ n'est pas une punition divine, mais la voie vers le Salut et la Résurrection. Et cela avait un rapport avec la croix que portait mon peuple, ainsi qu'avec tout ce que j'avais vu et vécu.

Une telle compréhension de la souffrance existe aussi dans la religion judaïque. Il y a des rabbins qui pensent la même chose. Mais à l'époque, je ne le savais pas.

Je me suis réconcilié avec Dieu à travers le Christ, et je me suis dit que je devais me faire baptiser.

Cela a été une décision extraordinairement difficile. Pour les Juifs, cela signifie descendre « l'escalier interdit ». Celui qui se fait baptiser ne fait plus partie de la communauté du peuple juif. Mais je voulais me faire baptiser sur-le-champ.

La supérieure estimait que je devais d'abord me préparer, en apprendre davantage sur le christianisme. Je protestais : « Ma sœur, nous sommes en guerre ! Personne ne sait si nous serons encore en vie demain. Je crois que Jésus est le fils de Dieu et le Messie. Je vous demande de me baptiser. »

La supérieure, en proie au désarroi, est allée prier dans la grange afin de prendre la bonne décision. À midi, elle est revenue me voir et m'a dit que tandis qu'elle priait elle avait brusquement senti que je deviendrais un prêtre catholique...

Ça, ça ne m'était même pas venu à l'idée ! J'ai oublié ces

paroles pendant des années, et je ne m'en suis souvenu que bien plus tard.

J'ai été baptisé le soir même. Par l'une des religieuses.

Puis j'ai quitté leur maison, je ne voulais plus rester chez elles pour ne pas avoir l'air de m'être fait baptiser à cause du refuge qu'elles m'offraient.

J'ai erré dans les environs pendant quelques jours. Les gens que je croisais pouvaient me reconnaître. Il y avait partout des affiches promettant une récompense pour ma capture. Je ne pouvais pas me réfugier dans les bois, les partisans n'auraient pas pris le temps de tirer les choses au clair : j'avais été un policier allemand.

Il n'y avait aucune issue. Au bout de quatre jours, je suis retourné chez les religieuses. Elles m'ont accueilli, et je suis resté quinze mois chez elles. Leurs fenêtres donnaient sur la gendarmerie.

32. 1972

Extrait du journal d'Hilda

Nous avons garé la voiture et nous avons continué à pied en prenant un sentier qui montait. Daniel portait une sacoche d'une dizaine de kilos. Avec de la farine. Nous avons croisé un Arabe accompagné d'un âne chargé de deux sacs. Nous nous sommes dit bonjour. Nous avons grimpé plus haut jusqu'à un village arabe. C'est très rare, un village syrien resté là après la guerre. Soit ils n'en ont pas entendu parler, soit ils n'ont tout simplement pas compris de quoi il s'agissait. Une merveilleuse vallée entre des montagnes sinistres, tout est verdoyant, il y a même un ruisseau qui coule. Bizarre qu'il ne soit pas à sec. Des figuiers et des oliviers. C'est pauvre, mais pas particulièrement sale, ils sont si misérables qu'ils n'ont même pas de vieux pneus déchiquetés. Daniel, très sûr de lui, est monté plus haut, au-dessus du village. Un peu à l'écart, il y avait une sorte de maison, ou plutôt une masure. Une petite cour jonchée de cailloux. Un drôle de poêle rond qui ressemblait à un four africain.

Daniel a crié : « Raphaël ! »

Et on a vu sortir de la masure une espèce de sauterelle décrépite avec une grosse tête osseuse, vêtue d'une djellaba arabe et coiffée d'un turban complètement décoloré comme on en porte en Asie centrale. Ils se sont embrassés. Daniel m'a présentée : « Voilà mon assistante. » L'autre a hoché la tête et ne m'a plus regardée une seule fois. Daniel lui a remis la sacoche. Il l'a prise en marmonnant quelque chose qui ressemblait plus à un « Parfait ! » qu'à un « Merci ».

« Je n'ai ni thé ni café, a-t-il dit, l'air de s'excuser.

— Je ne m'attendais pas à ce que tu m'en offres ! » a répondu Daniel en riant.

En moins de dix minutes, toute une volée de petits Arabes d'âges divers s'était abattue sur nous. Ils nous dévoraient des yeux, accroupis entre les pierres.

« Fichez-moi le camp ! Je suis occupé aujourd'hui, j'ai des invités. Revenez demain matin... », a dit la sauterelle, et les enfants sont partis. Mais pas très loin. Ils sont restés là, à une certaine distance, à nous écouter parler une langue qu'ils ne comprenaient pas.

« Il n'y a qu'une seule petite fille qui parle hébreu ici, elle a vécu à Haïfa, c'est là-bas qu'elle a appris. Elle en est très fière. Les autres parlent arabe, mais ils ne savent pas écrire. Je leur apprends. Il n'y a pas d'école dans le village, il faudrait qu'ils aillent loin, à treize kilomètres d'ici. »

Nous avons bu de l'eau d'une cruche.

« Ils ne t'embêtent pas trop ? a demandé Daniel en montrant les enfants.

— Des fois, je les chasse, des fois, c'est moi qui m'en vais. J'ai une grotte qui me sert de refuge dans les montagnes. Ou plutôt une moitié de grotte. L'autre moitié est habitée par des chauves-souris. »

Il a éclaté de rire, comme s'il venait de faire une excellente plaisanterie. J'en avais des frissons. J'ai déjà peur des souris ordinaires, alors les chauve-souris, je ne peux même pas en entendre parler !

Nous avons passé moins d'une heure dans sa cour, et nous sommes repartis.

Sur le chemin du retour, Daniel m'a raconté que Raphaël était né à Jérusalem, dans le vieux quartier juif de Boukhara qui existe encore aujourd'hui. Il était le quinzième fils de la famille, et il s'est enfui pour aller chez les Jésuites. Il a fait ses études dans un établissement catholique, il est devenu moine, et il vit sur le Golan depuis quelque temps, mais avant, il a passé quinze ans chez les bédouins.

« C'est un missionnaire ? » ai-je demandé.

Daniel a éclaté de rire.

« Il a bien essayé d'en convertir quand il était jeune. Maintenant, il dit qu'il vit avec eux, c'est tout. Il estime qu'il ne peut rien enseigner à personne.

— Ah bon ? Il est si humble que ça ? »

Je n'ai pas pu me retenir, bien que je me reproche tout le temps de poser trop de questions. Daniel a encore éclaté de rire et a répondu :

« Non, il est juste très intelligent. De façon générale, c'est l'une des personnes les plus intelligentes que j'aie jamais rencontrées. Seulement, il a perdu toutes ses dents, il vit pieds nus, il porte des vêtements déchirés, il se lave uniquement quand il pleut et qu'il a recueilli de l'eau dans une cuve, si bien que personne ne veut voir son intelligence ni sa culture. Mais si on l'attifait d'un veston, qu'on lui mettait des chaussures, et qu'on lui fasse donner une conférence, il s'en sortirait mieux que personne. Ou mieux que beaucoup... Je t'ai amenée spécialement avec moi pour que tu le voies. C'est quelqu'un d'exceptionnel, ce Raphaël. »

C'est bizarre, j'ai l'impression que le christianisme en Europe et le christianisme en Orient sont deux choses complètement différentes. Chez nous, il est convenable, rationnel, mesuré, tandis qu'ici il atteint des extrêmes — une hutte en pierre avec un sol en terre battue, un ascétisme très ancien, une rupture totale avec la civilisation. Qu'ont-ils de commun ? Rien ! Pourquoi l'un et l'autre s'appellent-ils christianisme ?

Uniquement à cause du Christ ? Lequel ? Le Christ de la Crucifixion ou celui de la Transfiguration ? Le Christ qui a accompli des miracles, ou celui qui prêchait ? Seigneur, aide-moi à aimer tout le monde !

33. 1972, DOUBROVLAG-MOSCOU

Extrait d'une lettre de Guershon Shimès à sa mère Zinaïda Hein-richovna Shimès

... J'ai reçu ma dernière ration de courrier mercredi (quatre cartes postales et deux lettres, mes voisins de châlit se demandent qui peut bien m'écrire autant) et aujourd'hui, c'est le shabbat. On ne travaille pas le samedi, on est arrivés à obtenir ça. À la place, on fait des corvées. Mais là, c'est un choix personnel, alors ça nous va... Je n'ai pas pu terminer ma lettre de toute la semaine. Je dois la remettre demain matin et je peux encore rajouter quelque chose. Hier matin tôt, en partant au travail, j'ai vu un AVION dans le ciel. C'était beau, il laissait derrière lui une fine traînée. Une longue, une très longue trace.

J'ai fini de lire *Joseph*. Je suis extrêmement reconnaissant à Kirill de l'avoir trouvé et de me l'avoir envoyé. Il est surprenant que le livre n'ait pas disparu en chemin, cela arrive de temps en temps. Il est à la fois follement intéressant et assez rasoir. Mais il contient une foule d'informations historiques et toutes sortes de réflexions. Comme écrivain, Feuchwanger me plaît davantage, bien qu'il se soit laissé avoir comme un gamin par les grosses MOUSTACHES.

Il me semble que Kirill exagère l'importance de Thomas Mann. Mais je l'aime tellement et je lui suis si reconnaissant pour tout ce qu'il fait que je suis prêt à tomber d'accord avec lui sur n'importe quoi, je veux bien que ce Thomas Mann soit un génie de tous les temps et de tous les peuples, le coryphée de la science et même le meilleur joueur de basket de l'équipe d'Uruguay. Malheureusement, le petit livre écrit pour notre grand-mère en lettres biscornues s'est perdu en route. Mais j'ai fait la connaissance d'un vieux roublard de Grodno qui me parle dans la langue du peuple... Les gens sont très intéressants, ici. Des nationalistes lituaniens, ukrainiens, toutes sortes de croyants. Il y a un jeune baptiste qui a refusé de faire son service militaire pour des motifs religieux. Et un type extra qui arrive à la fin de sa peine, un écrivain, ils étaient deux ou trois comme ça, des gens connus. Je le fréquente pendant mon temps libre, qui est assez réduit, et c'est comme si je suivais des cours à l'université.

Merci à Kostia et Macha. Leurs lettres sont rigolotes, qu'ils me préviennent quand leur rejeton sera arrivé. Je ne perds pas l'espoir de vivre DANS LA MÊME RUE qu'eux. J'en rêve même parfois, de cette rue. Il est vrai que dans mes rêves cela ressemble plus à Koktebel qu'à autre chose.

La carte de Svéta est vraiment drôle, et le tableau qu'elle représente est excellent. Le nom du peintre n'est pas indiqué, mais j'ai décidé que c'était Chagall. Mon envie de faire de véritables études ne fait que se renforcer. Quand tout cela sera enfin terminé, je m'y mettrai, j'étudierai, j'apprendrai sans fin, comme nous l'a prescrit Lénine dans son testament.

Medvedev sera sans doute intéressé de savoir qu'il y a ici une bibliothèque avec des revues d'avant-guerre (pas des collections complètes, elles sont dépareillées), et je trouve parfois dedans des articles très intéressants. Plus la revue est ancienne, plus c'est intéressant...

Le mois dernier, pour la première fois, j'ai rempli la norme et bizarrement, j'en ai éprouvé de la fierté...

Doubrovlag, camp n° 11

1976, PENDANT LE VOL VIENNE-LOD
Guershon Shimès à Zinaïda Shimès

Ma chère maman,

Tu dis toujours que j'ai un caractère infernal. C'est ce que je pensais, moi aussi. Mais apparemment, ce n'est pas vrai. La preuve : cette lettre que je t'écris dans l'avion. Je croyais que je ne t'écrirais pas avant très longtemps. Peut-être même plus jamais... Tu m'as déçu en faisant un tel choix. D'un autre côté, j'essaie de comprendre pourquoi tu as décidé de rester dans ce dépotoir. Voilà deux heures que notre avion vole en direction d'Eretz Israël, et j'éprouve un bonheur intense, comme je n'en avais jamais connu de ma vie. Aucune joie ne peut se comparer à celle d'un homme qui rentre chez lui sans avoir jamais vu ce chez-lui. Notre groupe

230

est constitué de douze personnes, et nous avons passé plusieurs jours ensemble à Vienne. Une famille juive de Riga, des gens pratiquants avec à leur tête un vieillard en kippa. Ils parlent yiddish entre eux ! Comment diable ont-ils fait pour survivre pendant la guerre ? Et puis un couple très célèbre, un sinologue et sa femme, ils se sont battus longtemps pour obtenir le droit de partir. Il a donné des interviews pour une radio américaine, des meetings ont été organisés pour lui à l'université de Columbia, bref, il y a eu beaucoup de bruit autour d'eux. Il avait signé une pétition pour nous alors qu'on nous avait juste arrêtés et qu'il y avait encore l'espoir qu'on nous relâche sans procès. Si bien qu'à l'époque leur lettre nous avait plutôt porté préjudice. J'ai bien envie d'aller le trouver, mais il a l'air d'un homme important, et « je ne suis qu'un simple détenu soviétique[1]... ».

Ne t'en fais pas pour moi, maman. Consacre-toi à Svéta, ma petite sœur va te fournir ta dose de soucis, elle te donnera toute une portée de petits *goys* que tu pourras torcher. Je n'ai rien contre Sérioja, mais Svéta prend toujours des décisions « hors-normes ». Elle aurait pu épouser un Juif normal, et on serait partis tous ensemble. Non, il lui a fallu un Cosaque ! Je ne comprends pas ! Passer tant d'années à tout faire pour partir, et rester stupidement coincée là-bas « pour des raisons de cœur » ! Bon, j'arrête. L'avion va atterrir. Par le hublot, on voit la Méditerranée et la côte d'Israël...

1977, HÉBRON

Guershon Shimès à Zinaïda Shimès

... ne peut se comparer à rien. Bien sûr, c'est une caravane et pas une vraie maison. Mais il est juste que la maison d'un Juif soit une tente, un abri provisoire. Nous vivons comme les colons du début du siècle. Seulement eux, ils avaient des fusils et nous, nous avons des mitraillettes. Depuis l'instant où j'ai atterri sur l'aéroport de Lod, j'ai tout le temps l'impression d'être un peu ivre. Pour le moment, nous

1. Tiré d'une chanson de prisonniers très célèbre, dans laquelle un détenu s'adresse à Staline.

sommes cinq hommes, quatre femmes et un enfant. Celui qui est sans femme, c'est moi. Mais pas parce que j'ai un caractère épouvantable, comme tu dis toujours. C'est seulement que j'ai suggéré à la fille que j'avais amenée de s'en aller. Du coup, maintenant, je sais exactement quelle femme je ne veux pas avoir à mes côtés. Et je n'ai pas encore rencontré celle qu'il me faut. De façon générale, les Israéliennes me plaisent beaucoup. Celles que j'ai rencontrées quand j'étais à l'*oulpan* sont très fortes et très indépendantes. Il est vrai qu'il y avait surtout des Russes (ici, on appelle « Russes » les Juifs venus de Russie). Seules les enseignantes étaient des Israéliennes. Les Russes aussi me plaisent beaucoup. Parmi les filles d'ici, on voit des beautés à vous couper le souffle. Qu'est-ce que tu dirais si j'épousais une Juive qui ne parle pas un mot de russe ?

On travaille, on monte la garde et on dort à tour de rôle. Nous avons un tracteur que nous avons acheté par l'intermédiaire d'une banque. Hébron est à six kilomètres, mais la route est assez dangereuse, elle passe près d'un village arabe. Ah, une chose qui va t'intéresser : non loin d'ici se trouve le Tombeau des Patriarches, le caveau de Makhpela où sont enterrés nos ancêtres, Abraham et les autres. Elle ne m'a pas fait grande impression, mais tout le monde s'extasie dessus. Pour être franc, je n'ai guère le temps de m'extasier sur quoi que ce soit. Il y a beaucoup de travail. Quand je pense à l'époque où je cousais des moufles au camp, j'ai l'impression que c'est un mauvais rêve. À ce moment-là, je ne pouvais même pas imaginer qu'après nos revues juives en samizdat, nos ateliers d'hébreu et nos veillées hébraïques dans les cuisines, je connaîtrais un jour tout ça dans la vraie vie. Il y a toutes sortes de gens ici. Parmi les colons, certains sont pratiquants et d'autres pas du tout, dans notre genre. Il n'y a pas longtemps, un rabbin d'Hébron très connu est venu nous voir, il est de droite. À propos, c'est curieux, en Russie, j'étais considéré dans notre milieu comme un extrémiste de gauche, c'est tout juste si on ne me traitait pas de trotskiste... Alors qu'ici je passe pour quelqu'un de droite. De façon générale, on n'arrive pas très bien à comprendre où est la gauche et où est la droite, dans ce pays !

Avant, je n'aimais pas beaucoup les hommes qui se baladent en kippa, mais ceux-là sont super, des grands gars costauds et gais, surtout leur rabbin.

Inscription sur la photo : Nos femmes se préparent pour le samedi. On voit une partie de la table déjà dressée.

1978, HÉBRON

Guershon Shimès à Zinaïda Shimès

... s'est approché de moi, il avait l'air d'avoir cent ans, mais sa tête fonctionne très bien. Il m'a demandé si mes ancêtres n'étaient pas de Nikolaïev. J'ai dit que oui. Alors il m'a demandé si je n'étais pas apparenté à Daniel Shimès. Je lui ai répondu que c'était mon grand-père. Là, le petit vieux a littéralement hurlé de joie. « Oï ! Oï ! Oï ! C'était mon meilleur ami ! — Je ne veux pas vous faire de peine, ai-je dit, mais on l'a un peu fusillé dans les années trente... — Ça, il fallait s'y attendre ! Tous ses frères et sœurs ont été fusillés et empoisonnés. — Ce n'étaient peut-être pas ses frères et sœurs. Mon grand-père n'avait ni frères ni sœurs, il était l'enfant de la honte. Sa mère, mon arrière-grand-mère, l'avait eu hors mariage, et cela avait fait scandale dans cette bonne famille juive. À tel point qu'elle avait attrapé la tuberculose et qu'on l'avait envoyée se faire soigner en Suisse, où elle est morte.

— Oui, oui, c'est bien ça ! a déclaré cette âme candide. Le père de ton arrière-grand-mère était négociant en grains, et les négociants en grains pauvres, ça n'a jamais existé ! Il avait envoyé Rachel dans un sanatorium pour éviter la honte. Mais en ville, tout le monde savait bien quel révolutionnaire était le père de l'enfant ! Oui, oui, c'est bien ça ! David a été élevé par deux tantes célibataires. Nous étions dans la même classe au lycée, et il a été mon seul ami pendant toute mon enfance. En 1918, mon père m'a emmené en Palestine, et j'ai vécu ici depuis. C'est seulement après la guerre que j'ai appris que Staline avait fini par avoir la peau du père de mon ami David au Mexique, et il a trucidé aussi tous ses enfants légitimes, les demi-frères et les demi-sœurs de David. J'ai lu un gros bouquin dans lequel on raconte tout ça. »

J'en suis resté bouché bée, maman. Pourquoi ce vieillard

inconnu en sait-il davantage que nous sur nos ancêtres ? Ou alors vous étiez au courant, mais vous l'avez caché aux enfants ? Bref, quand ce petit vieux m'a parlé du Mexique, j'ai compris de qui il s'agissait. Peut-être qu'il embrouille tout à cause de l'âge ? Si c'est vrai, alors là, j'en suis baba ! Comme je connais ta prudence, tu n'as qu'à juste m'écrire le mot « piolet », et j'en aurai la complète confirmation. Franchement, je n'arrive pas à y croire !

Ah oui ! Je me souviens pourquoi je t'écrivais : je me suis marié. Ma femme est une Juive américaine. Elle te plaira beaucoup. Elle s'appelle Debby. Déborah. Dès que j'aurai des photos, je te les enverrai.

À bientôt.

GUERSHON

1981, HÉBRON
Guershon Shimès à Zinaïda Shimès

Pourquoi est-ce que cela t'étonne ? C'est parfaitement logique. Au début du XXᵉ siècle, tous les Juifs non croyants se sont lancés dans la révolution parce que le socialisme est une idée très séduisante, et je comprends fort bien mon ancêtre. C'était un idéaliste, ils étaient tous des idéalistes. Mais ils ne sont arrivés à rien avec le socialisme, avec l'Internationale non plus. Cela a été un fiasco. Et de nouveaux idéalistes ont remis ça, ils sont allés construire le socialisme dans un pays bien précis, Israël. Voilà ce que nous avons aujourd'hui. Et là aussi, c'étaient tous des gens qui n'étaient pas croyants, parce que les croyants, eux, ils avaient un idéal religieux : donnez-nous notre Terre sainte ! Nous l'avons. Mais les non-croyants sont venus ici pour construire le socialisme. Oui ! Et je suis comme ça, moi aussi ! Parce que je n'aime pas le capitalisme, j'aime le socialisme, mais pas celui qui existe en URSS.

Tu t'étonnes que je vive comme dans un kolkhoze, mais c'est mon kolkhoze à moi, c'est un kibboutz, et il me plaît. Je vais te surprendre encore davantage : je ne te l'ai pas écrit plus tôt, mais bon, maintenant, je crois que tu peux t'attendre à tout de ma part. Quand Benjamin est né, je me suis fait circoncire en même temps

234

que lui. Je ne veux pas discuter avec toi des motifs pour lesquels j'ai agi ainsi. Je suis sûr d'avoir bien fait. Et je suis content que ma femme me soutienne. Me voilà donc devenu juif à trente ans, en même temps que mon premier-né. Déborah va bientôt avoir un autre enfant. J'espère que ce sera un garçon. Elle a promis de me donner autant d'enfants qu'elle en aurait la force. Et c'est une femme très forte, très robuste, à tous points de vue.

Pas une seule fois je n'ai évoqué le fait que tu as refusé de venir en Israël à cause du stupide mariage de Svéta, mais maintenant que tu m'as écrit toi-même que ses relations avec son mari sont épouvantables et qu'ils en arrivent presque à se taper dessus, si on revenait au point de départ ? Elle n'a qu'à divorcer de son Cosaque, prendre sa fille sous le bras, et je vous enverrai à tous une invitation. C'est beaucoup plus simple qu'il y a cinq ans, maintenant. Je suis absolument certain que si papa était vivant, il vous aurait déjà emmenées en 1976. Tu estimeras toujours que c'est moi qui l'ai tué avec mon samizdat et ma prison, que c'est à cause de moi que son cœur a lâché. C'est peut-être vrai. Mais tu ne comprends donc pas qu'à l'époque, même si je ne m'étais pas mis en tête de partir, je me serais de toute façon embarqué dans un conflit avec les autorités ? Réfléchis à ce que je te dis. Je suis sûr que papa aurait été de mon côté...

Inscription sur une photo : C'est la vue qu'on a de la fenêtre. Au loin, sur la gauche, il y avait le chêne de Mambré, mais il n'en reste même pas la souche, on montre juste l'endroit où il se trouvait.
Inscription sur une autre photo : Voici Benjamin. Il a des grosses joues quand il est couché, mais si on le redresse, il n'a pas autant l'air d'un petit cochon grassouillet !

FIN DE LA DEUXIÈME PARTIE

JUIN 2006

Ludmila Oulitskaïa à Éléna Kostioukovitch

Ma chère Éléna,

Je t'envoie un morceau du texte que j'ai retravaillé, en principe, c'est la deuxième partie. Les problèmes de montage sont d'une complexité hallucinante. Une énorme quantité de matériaux se bouscule, tout le monde veut prendre la parole et j'ai du mal à décider qui je dois laisser remonter à la surface, qui je dois faire attendre, et qui je dois prier de se taire. Térésa Wilenska est celle qui insiste le plus. Il y en a eu beaucoup, des saintes Thérèse, celle d'Avila, celle de Lisieux, que l'on appelait « Thérèse de l'Enfant Jésus » ou « la petite Thérèse », et puis celle d'aujourd'hui, qui est morte il n'y a pas longtemps, mère Térésa de Calcutta... Bon, je dis ça comme ça. Ma Térésa à moi est bien vivante, et elle attend l'arrivée du Messie.

Comme tout gros livre, celui-ci m'épuise littéralement. Je suis incapable d'expliquer, ni à moi-même ni à toi, pourquoi je me suis lancée là-dedans en sachant d'avance que c'est une tâche irréalisable. Notre esprit est ainsi fait qu'il refuse les problèmes sans solution. S'il y a un problème, il doit y avoir une solution. Seuls les mathématiciens connaissent l'existence de la formule qui sauve : dans les circonstances données, le problème n'a pas de solution. Mais s'il n'y a pas de solution, ce serait déjà bien de le voir, le problème, d'en faire le tour par-derrière, par-devant, sur les côtés,

237

par en haut, par en bas. Voilà comment il est. On ne peut pas le résoudre. Il y a des tas de choses comme ça : le péché originel, le salut, le rachat, pourquoi Dieu, s'Il existe, a créé le mal, et s'Il n'existe pas, quel est le sens de la vie... Toutes les questions que se posent les bons petits enfants. Tant qu'ils sont jeunes, ils posent des questions et quand ils grandissent, ils trouvent les réponses appropriées — dans un calendrier à feuilles détachables ou dans un catéchisme.

On a très envie de comprendre, mais aucune logique ne donne de réponse. Le christianisme non plus n'en donne pas. Pas plus que le judaïsme. Ou le bouddhisme. Eh oui, il faut bien l'admettre, il existe une multitude de questions insolubles. Il y a des choses avec lesquelles il faut apprendre à vivre et qu'il faut dépasser, et non résoudre.

Venons-en maintenant aux nouvelles agréables : je viens d'avoir un petit-fils, Lucas. Trois kilos deux cents, cinquante-trois centimètres. L'enroulement du cordon qu'on nous avait promis ne s'est pas produit, tout s'est bien passé et même sans césarienne. Je l'ai vu le lendemain de sa venue au monde. Comme c'est merveilleux, cette distance d'une génération ! On est encore là, mais on n'est plus l'acteur principal, préoccupé exclusivement par les phénomènes physiologiques. Et on voit la grandeur de cet événement qu'est l'apparition d'un enfant. Un nouveau monde qui se forme, une nouvelle bulle cosmique dans laquelle tout va se refléter. Il fronce le nez, remue les doigts, étire les jambes, et il ne pense pas encore à toutes les bêtises qui nous tracassent tellement, comme le sens de la vie, par exemple... Lui, le sens de sa vie, c'est de digérer. Je t'enverrai des photos petit à petit, je n'ai pas encore appris à les transférer de mon téléphone sur mon ordinateur.

Comment vont Maroussia et Liova ? Ça y est, vous en avez fini avec la fièvre ? J'ai l'impression que ce n'est pas un hasard si le thermomètre de Maroussia s'est cassé. C'est pour qu'on arrête de lui prendre sa température, que l'on considère qu'elle a tout le temps de la fièvre, et qu'on ne l'envoie plus à l'école !

Je t'embrasse.

L.

TROISIÈME PARTIE

1. 1976, VILNIUS

Dossier provenant des archives du département régional du KGB

Pièces relatives à des opérations de contrôle :
Doc. N° 117/934

RÉCLAMATION

Je vous informe et vous demande de prendre des mesures sur le fait que Benda Térésa Krzysztofovna, occupant l'appartement n° 6 du 8 rue Tilto, est une catholique malintentionnée et qu'elle fait venir chez elle beaucoup de gens, ils se rassemblent régulièrement comme pour des réunions en faisant semblant de boire du thé. Alors que d'autres personnes bien plus méritantes vivent dans des petites pièces de douze mètres carrés, et cela malgré leurs mérites militaires et leurs pensions personnelles, cette Benda, elle, occupe vingt-quatre mètres carrés avec balcon. Tout le monde sait que son père était un Polonais et un nationaliste polonais, et on se demande bien comment il a réussi à s'en tirer comme ça. Il est mort en 1945 de tuberculose après la libération de l'Armée soviétique.

En plus, cela fait huit ans qu'elle paye un loyer et aussi les charges des parties communes, alors qu'elle vit on ne sait pas trop où. Mais pour ce qui est de sous-louer ou d'exploiter les lieux, ça, on ne peut pas dire qu'elle le fait. D'ailleurs nous ne l'aurions pas supporté. J'attire votre attention sur cette dite situation scandaleuse.

Signatures des habitants : *illisible*

Décision : envoyer pour vérification
au chargé de pouvoir Gousskov.

RAPPORT DU LIEUTENANT GOUSSKOV

Je porte à votre connaissance que le 11.04 de l'année en cours, un contrôle a été effectué à la suite d'une réclamation formulée par les habitants du 8 rue Tilto et revêtue d'une signature illisible. Il s'est avéré que l'auteur de cette réclamation est un certain Brykine Nicolaï Vassilievitch, auprès duquel nous avons mené l'enquête appropriée. Nous avons reçu confirmation du fait que tous les mercredis et tous les dimanches, de sept heures à dix heures, quatre à huit personnes se réunissent chez cette Benda, deux hommes de façon régulière, et quelques femmes dont le nombre varie. Tous sont des Lituaniens, les conversations ont lieu en lituanien et en polonais.

Au cours du contrôle effectué, il a été établi que Benda Térésa Krzysztofovna est une religieuse clandestine entrée dans les ordres en 1975. Un complément d'information peut être obtenu auprès du département numéro 8, sur demande du responsable du département de contrôle.

Il y a de fortes probabilités pour que le mercredi et le dimanche, cette Benda organise chez elle des lectures des Évangiles.

La détermination de l'identité des assistants nécessite un travail de vérification complémentaire.

Benda est diplômée de l'université d'État de Leningrad et a été affectée à la bibliothèque municipale de Vilnius en qualité de bibliographe. Elle y a travaillé du 20 août 1967 au 1er septembre 1969. Ci-joint une attestation de ses employeurs.

Une action prophylactique ne paraît pas s'imposer.

Lieutenant-chef GOUSSKOV

Décision : Archiver
Major Pérévézentsev

RAPPORT

Le département PT-3 vous adresse copie de quatre lettres de Benda Térésa Krzysztofovna envoyées à différentes adresses

Lettre n° 1

Chère Valentina Ferdinandovna,

Cette lettre est une lettre de remerciement. Je ne cesse de penser à ce que vous m'avez dit à propos de l'Évangile : « Ce n'est pas une icône, il n'est pas destiné à être couvert de baisers, mais à être étudié. » Le fait que même la simple lecture des Évangiles dans une autre langue donne plus de profondeur à notre compréhension, c'est là une chose que je comprends fort bien. J'ai lu les Évangiles en russe, en slavon d'église, en lituanien, en allemand et en latin, et j'ai toujours senti qu'il y avait des divergences dans la perception du texte. C'est vrai, Dieu parle avec les hommes dans des langues différentes, et chacune d'elles correspond de façon subtile au caractère et aux particularités de chaque peuple. La traduction des Évangiles en allemand frappe par ce qu'elle a de réducteur comparée, disons, à la traduction en slavon d'église. Je ne puis qu'imaginer la richesse des nuances que doivent receler les textes grecs et hébreux — je parle de l'Ancien Testament.

Tous ceux qui étaient présents à notre thé ont été très impressionnés. S., notre frère aîné, vous envoie ses salutations. Prévenez-nous à l'avance lorsqu'il vous sera possible de revenir à Vilnius. Nous essaierons de vous organiser un petit voyage. Recevez mon baiser fraternel. Que Dieu vous garde.

TÉRÉSA

Lettre n° 2

Chère Valentina Ferdinandovna,

On m'a apporté de votre part un magnifique cadeau, c'est exactement ce dont j'avais le plus besoin. Quelle profondeur, quelle audace, et puis quelle métaphore ! Malheureusement, je ne lis pas l'anglais et ne puis donc apprécier la qualité de la traduction, mais ce livre ne donne pas l'impression d'avoir été traduit, on dirait un original : pas la moindre tension, une liberté totale dans la pensée comme dans le style. Un immense merci pour votre travail. L'auteur est extrêmement intéressant et très actuel.

J'ai été malade pendant presque deux semaines et comme il faisait un froid terrible dans le monastère à ce moment-là, j'ai été autorisée à vivre dans mon appartement pendant ma maladie. Là, je me suis adonnée à la lecture et au sommeil de façon éhontée.

L. revient du Vatican la semaine prochaine et nous l'attendons avec une grande impatience. Dire que nous allons voir quelqu'un qui a vu celui qui...

Que Dieu vous garde.

TÉRÉSA

Lettre n° 3
(traduction du lituanien)

Chère Asta,

Je t'envoie des vêtements chauds pour que tu les transmettes à nos sœurs. Malheureusement, il n'y a pas beaucoup d'argent. Je vais l'envoyer par mandat. Pour la nourriture, il faut que tu me dises toi-même comment s'y prendre. Il paraît que si l'on envoie simplement un colis alimentaire à une adresse donnée, il peut ne pas arriver car il y a d'importantes restrictions. Peut-être pourrais-tu passer chez nous quand tu seras à Wilno. Demande au portier de m'appeler ou laisse-moi un mot, et je t'écrirai pour te dire quand nous pourrons nous rencontrer. Le mieux, c'est le dimanche de 4 à 6.

Que Dieu te garde.

TÉRÉSA

Lettre n° 4
(traduction du lituanien)

Cher Madame Ionavičute,

Je vous fais parvenir par Ianis un livre remarquable traduit de l'anglais par une traductrice de Moscou qui nous est très proche par l'esprit. Cet ouvrage est à l'état de manuscrit et bien qu'il ait été proposé à un éditeur moscovite, il y a fort peu de chances qu'il soit publié. D'un autre côté, il se produit parfois des miracles : on a bien édité un superbe Teilhard de Chardin ! Étant donné que votre revue a une orientation indépendante, peut-être réussirez-vous à publier ne serait-ce que des fragments de ce livre, mais traduits en lituanien. Nous avons des personnes qui peuvent effectuer des traductions d'excellente qualité dans des délais très brefs.

Je vous remercie d'avance.

TÉRÉSA BENDA

CONCLUSIONS DE L'EXPERT

Les quatre (4) lettres reçues pour expertise sont de la main de Benda Térésa et sont adressées à trois destinataires.

La première est Valentina Ferdinandovna Lintse, une traductrice moscovite agrégée de linguistique et professeur à l'Institut de Culture par correspondance. Voir document n° 0612/173 B.

La deuxième destinataire est Asta Keller, une habitante de Vilnius, femme au foyer et membre d'un groupe d'assistance aux détenus, qui s'occupe d'envoyer régulièrement des colis postaux dans les camps. Voir document 2F-11

La troisième destinataire est Anna Guédiminovna Ionavičute, rédactrice en chef chargée du département de la prose à la revue *Jeunesse de Lituanie*. Voir catalogue, document 2F-11.

Teilhard de Chardin, l'auteur cité, est mort en 1955. C'était un jésuite, un prêtre et un paléontologue. Il ne s'est livré à aucune activité antisoviétique.

Lieutenant KOUZOVLEV
Collaborateur des archives

Décision : Archiver.
Major Pérévézentsev

1977, VILNIUS

Rapport du major Pérévézentsev adressé au lieutenant-colonel Tchernykh

Je vous informe que les activités du couvent de femmes catholique localisé dans trois appartements privés de Vilnius se trouve totalement sous contrôle. Durant l'année passée, le nombre desdites moniales a baissé : une des sœurs (Iadwiga Nemtsevitch) est morte, une autre (Térésa Benda) a quitté le monastère et vit de nouveau à son domicile. Tous les dimanches, le prêtre Jurgis Mizkavičius célèbre la messe dans l'appartement n° 1 du 18 rue Dzuku ; les autres jours de la semaine, les religieuses récitent le rosaire. La majorité d'entre elles sont des retraitées et beaucoup ont purgé des peines de camp. Des poursuites ne paraissent pas s'imposer. La mise sous surveillance de leur appartement a été levée. Elles se trouvent à présent sous la surveillance des responsables du quartier.

Major PÉRÉVÉZENTSEV

Lettre personnelle du major Pérévézentsev au lieutenant-colonel Tchernykh

Cher Vassili Pétrovitch,

Je t'ai rédigé un rapport dans les règles, mais j'ajoute à titre personnel qu'étant donné la situation en ville nous n'avons ni le temps ni les effectifs nécessaires pour nous occuper de vieilles femmes à moitié folles. L'état d'esprit antisoviétique et nationaliste est très fort, et je suis bien plus préoccupé par les jeunes. Nous sommes sur deux grosses affaires de samizdat. Nettoyer ce nid de vieilles bigotes serait l'affaire d'une journée, mais je n'en vois pas l'intérêt. Les journalistes étrangers vont pousser des hauts cris, et qu'est-ce que nous y gagnerons ? Mais bon, nous ferons ce que vous nous direz. Nous dépendons du Centre. Je te le demande au nom de notre vieille amitié, ne nous mets pas encore sur le dos ces histoires de croyants, on a déjà assez de travail comme ça.

Salue Zinaïda et Olga de ma part. Ah, quand je pense à la bonne vie que nous avions à Dresde !

ALEXEÏ PÉRÉVÉZENTSEV

2. JANVIER 1978, VILNIUS

Extrait d'une lettre de Térésa Benda à Valentina Ferdinandovna Lintse

... l'audace de cette prière. C'est peut-être de la présomption ? Quand je suis arrivée à la clinique le 13 février, L. était couleur de papier mâché, on aurait dit qu'il était gorgé d'eau. C'est inimaginable ! Même ses lèvres, toujours bien serrées et bien fermes, étaient molles et pulpeuses comme celles d'un bébé. Ses mains étaient si enflées qu'il arrivait à peine à les soulever. On voyait que chaque mouvement lui demandait un effort. Je suis sortie de là avec l'impression qu'il pouvait mourir d'un instant à l'autre. Une fois que toutes les sœurs ont été couchées, dans le silence de la nuit si propice à la prière, je me suis levée et j'ai prié avec ferveur. L'idée m'est venue alors que je pourrais partir à sa place. Au matin, je suis allée voir la supérieure. Elle est très bien disposée à mon égard. Je lui ai dit que je me sentais appelée à partir à la place de L. Elle m'a donné sa bénédiction.

Je me suis aussitôt rendue à l'église de l'Immaculée-Conception, rue Zvérintsa, et je me suis remise à prier. C'est alors qu'est arrivé l'instant merveilleux où j'ai compris que j'étais entendue. Et j'ai supplié : « Prends-moi à sa place ! » Je suis restée longtemps en extase, à prier dans l'église, et je ne suis rentrée chez les sœurs que tard dans la nuit.

Le lendemain matin, la supérieure m'a murmuré : « L. a été opéré d'urgence pendant la nuit. On lui a enlevé un rein. Il est mourant. » Et elle a souri, d'un sourire un peu moqueur, m'a-t-il semblé.

Tout le monde s'attendait à ce qu'il meure, et figurez-vous qu'il a commencé à se rétablir. Sa guérison a été extraordinairement rapide. Il est sorti de la clinique au bout de trois semaines. L'évêque ne l'a pas autorisé à se rendre à Kaunas et l'a hébergé chez lui. Il a célébré l'office le jour de Pâques. J'ai versé des larmes de bonheur pendant toute la messe : mon sacrifice avait été accepté. Et j'ai commencé à me préparer.

Tout de suite après Pâques, je me suis mise à dépérir. J'ai maigri de dix kilos. Ce qui est affligeant, c'est qu'à la joyeuse exaltation qui avait été la mienne jusque-là a succédé une faiblesse, physique et spirituelle, que je ne saurais vous décrire. La semaine dernière, je me suis évanouie deux fois. Les sœurs se montrent très affectueuses et très attentionnées envers moi. Notre vie est très compliquée du fait des relations à l'intérieur de la communauté, et bien des choses ne se voient pas en surface. Mais j'ai toujours su que c'est là le prix que nous payons pour être si près de la Source.

L. est déjà à Kaunas, et je ne le vois pas. Cela me désole, car sa sympathie me serait précieuse. Je vous demande de prier pour moi, chère sœur.

Que le Seigneur vous bénisse !

TÉRÉSA

3. MAI 1978, VILNIUS

Extrait d'une lettre de Térésa à Valentina Ferdinandovna

... une angoisse indescriptible. J'avais du mal à m'endormir, et j'étais réveillée au bout de cinq minutes par des crises d'angoisse. Je ne cessais de penser à l'instant où, dans un état d'exaltation incompatible avec un raisonnement sensé, j'ai demandé à prendre sa place. Je me trouvais alors dans un tel état de pureté qu'à ce moment-là partir aurait été un bonheur absolu. Tandis que maintenant j'étais au fond du gouffre, et ce fardeau me broyait. Un état abominable, indescriptible... Et l'angoisse de la mort, cette peur animale qui vous transperce, me donnait des nausées. Alors que je ne mangeais rien, je n'arrêtais pas de vomir une bile mousseuse au goût épouvantable. C'était le goût de la peur. Ensuite, il s'est produit encore une chose, une chose affreuse : à l'encontre de toutes les lois de la nature, des seaux entiers d'excréments se sont mis à sortir de moi. On ne peut rien imaginer de plus répugnant, j'avais l'impression que c'était tout mon corps qui était évacué sous cette forme immonde et que d'ici quelques jours j'aurais disparu tout entière dans les canalisations. Et il n'y aurait plus personne pour nettoyer le dernier tas d'immondices. Alors j'ai supplié : ce n'était pas ce que je voulais ! En me sacrifiant, j'attendais une récompense. Quelque chose de beau. De juste. Mais j'ai reçu autre chose. Où donc étais-je allée chercher que celui qui se sacrifie peut éprouver de la joie dans l'abnégation ? Une angoisse qui vous tord les entrailles, pas la moindre félicité... Et j'ai imploré le Ciel devant les cabinets remplis de merde à ras bord. Pas devant une image de la Vierge ni devant un crucifix, non, j'ai prié devant un tas d'excréments nauséabonds : Fais que je ne meure pas maintenant ! Qu'il m'arrive ce qu'il y a de plus horrible, et même que l'on me chasse du monastère, mais ne me laisse pas mourir maintenant...

Au bout d'une semaine, je pouvais déjà me lever. Au bout de trois mois, on m'a chassée. La supérieure s'est comportée comme si je l'avais trompée. Même la sœur Ioanna, elle ne l'avait pas chassée, alors que c'était une voleuse, une voleuse incorrigible. Les sœurs m'évitaient comme une pestiférée, après s'être toutes occupées de moi et m'avoir exprimé tant de compassion.

Pour la première fois depuis vingt ans, mes Pâques ne sont pas une résurrection, mais une agonie. Aucune joie. Comme Lazare, je suis enveloppée d'un linceul, bien que la vie m'ait été laissée. Ma solitude est totale, presque sans faille. Il n'y a que vos lettres qui me soutiennent, ma sœur (puis-je vous appeler ainsi ?), et aussi un ancien collègue de la bibliothèque qui venait à nos lectures. Il continue à me rendre visite et m'emmène parfois me promener dehors.

Je suis si triste que vous ne puissiez pas venir cet été, comme vous en aviez l'intention ! Nous aurions pu aller sur le cordon littoral de Kourch. Ma tante vit toujours là-bas, et il y aura bien deux cellules pour nous dans sa petite maison.

Je vous demande de prier pour moi.

TÉRÉSA

4. JUILLET 1978, VILNIUS

Térésa à Valentina Ferdinandovna

Chère Valentina Ferdinandovna, ma sœur chérie,

Il se trouve que vous êtes la seule personne avec laquelle je puisse parler de ce qui compte le plus pour moi. Je suis bien consciente qu'un tel aveu peut mettre dans l'embarras celui auquel il s'adresse. Mais connaissant vos immenses facultés spirituelles, je vous supplie de m'écouter jusqu'au bout. La forme écrite est ici la plus commode, car il y a des choses qu'il est encore plus difficile de dire que d'écrire. Mais VOUS, vous ne pouvez pas ne pas me comprendre. Justement parce que vous avez cette expérience rare et indicible dont vous m'avez parlé lors de notre dernière rencontre. L'expérience d'un contact direct avec les choses invisibles, des choses que l'on entend et que l'on voit. Moi aussi, depuis mon adolescence et presque depuis mon enfance, j'ai eu la révélation de l'existence du monde spirituel, et cette découverte m'a éloignée des gens de mon âge.

Je vous ai dit que j'avais perdu mon père très tôt, je n'ai aucun souvenir de lui. Ma mère est morte quand j'avais neuf ans et j'ai été élevée par une tante, une femme bien brave, mais très sèche. Elle n'avait pas d'enfants et n'était plus toute jeune. Elle s'est mariée pour la première fois à l'âge de quarante ans, et son mariage m'a causé bien des chagrins. En dépit de son nom russe, son mari avait du sang oriental et un physique de Tatare. Et une cruauté de Tatare. Ma tante l'adorait, elle se frottait à lui comme une chatte, et il m'en est resté pour toujours une répulsion pour la vie physique : nous vivions dans une seule pièce, et leurs ébats nocturnes me donnaient de véritables nausées. Je priais la Vierge de me préserver, et c'est alors que j'ai commencé à entendre de la musique. C'étaient des chants angéliques, ils m'enveloppaient comme un manteau, je me calmais et je m'endormais aux sons de cette musique. Le mariage de ma tante a duré quatre ans. C'était une possession démoniaque et charnelle, leur impudeur a toujours été une épreuve pour moi, même si la musique me préservait de bien des choses. Ensuite, cet horrible Guennadi a été affecté ailleurs (il était militaire), et il a disparu à jamais. Au début, ma tante a essayé de le retrouver, mais il avait manifestement pris des dispositions pour qu'on ne lui donne pas sa nouvelle adresse. Ils n'étaient pas mariés officiellement. Pour ma part, je pense qu'il avait une femme légitime qui avait refusé de le suivre à Wilno et qui était partie ailleurs. Du reste cela n'a aucune importance. Ma tante est devenue complètement folle. Elle était constamment hospitalisée dans des asiles psychiatriques, et cela a été pour moi un grand soulagement de partir faire mes études à Pétersbourg. J'allais rarement la voir, je l'avoue. Mais chaque fois, elle m'accueillait avec tant de hargne que je n'arrivais pas à comprendre si je devais lui rendre visite ou non. Je me souviens que durant ces années difficiles, la Vierge et sa musique angélique ont toujours été mon refuge. Que de fois je me suis désolée que Dieu ne m'ait pas accordé le don de me souvenir de cette musique et de la reproduire ! Depuis, je suis absolument convaincue que les grands compositeurs comme Bach et Haendel n'ont fait que noter les sons qui leur parvenaient du Ciel par une grâce divine.

Pendant mes études à Piter, j'ai presque souffert de la faim. Pourquoi dis-je presque ? J'ai vraiment eu faim. Les filles avec lesquelles je partageais une chambre dans le foyer d'étudiantes étaient aussi pauvres que moi. Elles étaient toutes plus jolies les unes que les autres. Au bout d'un an, l'une d'elles a commencé plus ou moins à se prostituer, puis cela a été le tour de la deuxième. La troisième souffrait de cette situation, comme moi. Quoi qu'il en soit, nos voisines entreprenantes ramenaient des hommes, généralement pendant la journée car, le soir, il était plus difficile de les introduire dans le foyer. Mais il leur arrivait parfois d'amener quelqu'un pour la nuit, et c'était alors comme si j'étais revenue au temps de ma triste enfance, quand les gémissements et les cris de volupté m'empêchaient de dormir. Là encore, mon seul réconfort était la prière et la musique. J'ai terminé mes études avec mention. Je suis spécialiste en histoire de l'art. On m'a proposé de faire une thèse. Mais j'en avais tellement assez du foyer ! Je me suis représenté encore trois années d'une telle vie, et j'ai refusé. Ma tante ne sortait presque plus de l'asile, et je me suis retrouvée seule dans une grande pièce. Quel bonheur c'était d'être toute seule, de ne pas entendre la vie de personnes qui m'étaient étrangères ! J'ai trouvé un emploi dans une bibliothèque. À cette époque, la prière était déjà si implantée en moi, j'étais si ancrée dans le catholicisme, que j'ai pris intérieurement la décision d'entrer dans les ordres. De fait, on n'a pas tardé à me présenter à la supérieure d'un couvent, et je suis devenue novice. Bien entendu, ce monastère était clandestin, les religieuses habitaient dans des appartements, mais elles menaient une vie très stricte.

Je disposais d'un immense soutien : à ce moment-là, ma prière était si empreinte de grâce que non seulement j'entendais les sonorités d'une merveilleuse musique, mais je sentais aussi la présence de Celui qui est la Source de Vie. Au bout de deux ans, j'ai prononcé mes vœux. La dure vie monacale était pour moi facile et pleine de joies. Je vivais dans l'attente de cette présence, elle était même devenue l'objet de mes prières.

Un jour que j'étais en train de prier, il m'est arrivé la chose suivante : j'ai été comme enveloppée par un air élastique et brûlant qui me caressait tout entière et m'implorait sans paroles de consentir à me donner à lui. Jamais je n'avais rien connu de semblable. Et malgré un désir extraordinairement fort de prolonger cette sensation, j'ai répondu par un refus. Mais les caresses ont continué, et l'air brûlant s'enroulait autour de moi, pénétrant ma poitrine et mes flancs. J'ai sursauté, comme si je me réveillais, et j'ai fait appel au Seigneur. Aussitôt, j'ai entendu un juron sifflant, et j'ai ressenti une légère chiquenaude.

Ces phénomènes se sont répétés. J'en ai parlé à la supérieure. J'ai bien peur qu'elle n'ait fait preuve d'indiscrétion, car beaucoup de gens l'ont appris, et j'ai commencé à avoir une réputation de folle. Étant donné la maladie de ma tante, je comprenais que je pouvais avoir un penchant héréditaire pour la folie, et voulant me convaincre du contraire, autrement dit, du fait que j'étais véritablement tentée par le diable et que ce n'était pas une maladie, j'ai appris à appeler ce démon. J'avais ainsi l'impression que ce n'était pas lui qui prenait l'initiative, mais moi. D'autant plus que je savais toujours arrêter la tentation à temps. Je comprends aujourd'hui que c'était un jeu dangereux, mais je ne m'en suis pas rendu compte tout de suite. De temps en temps, le démon me paralysait, tout simplement, si bien que je ne pouvais plus bouger la main pour me protéger en faisant le signe de croix. J'étais même incapable de prononcer une prière, c'était comme si j'avais la gorge congelée. Ces combats nocturnes duraient des heures entières, pendant que les sœurs dormaient paisiblement.

Le prêtre m'a interdit d'entrer en contact avec cette créature à laquelle il donnait le nom de Satan, ainsi que de m'adresser intérieurement à elle. J'avais peur de prononcer ce nom, mais une fois que le prêtre l'a eu dit à voix haute, il m'est devenu impossible de me mentir davantage. Il m'a assuré que l'ennemi ne pouvait jamais nous faire de mal si nous ne donnions pas nous-mêmes notre consentement.

Plus Satan me tourmentait, plus le Seigneur me réconfortait. Cela a duré ainsi plusieurs années. Puis il s'est produit ce que je vous ai raconté : j'ai fait ce vœu lié à L., que je n'ai pas réussi à accomplir.

Je ne vous aurais pas infligé le récit des pénibles phénomènes spirituels de mes années passées si je n'étais de nouveau assaillie par cette tentation. Mais à mon profond chagrin, je ne reçois plus les joies de la prière, les paisibles et délicieux instants de présence divine que je connaissais autrefois. Les supplications que j'élève constamment vers Dieu demeurent sans réponse.

Votre malheureuse TÉRÉSA

5. OCTOBRE 1978, VILNIUS
Térésa à Valentina Ferdinandovna

Chère Valentina Ferdinandovna,
Tant d'événements absolument ahurissants se sont produits depuis un mois que je ne sais même pas par où commencer mon récit.

Après d'innombrables tentatives infructueuses pour obtenir un entretien avec la mère supérieure, elle a quand même fini par me recevoir. La conversation a été des plus déplaisantes : elle m'a déclaré qu'elle n'allait pas garder une possédée et que je représentais une tentation pour les sœurs. Après cette entrevue épouvantable, je suis allée voir mon père spirituel qui s'est montré encore plus dur. Il m'a dit que j'avais manifestement une autre vocation, et qu'un bon chrétien pouvait aussi travailler pour le Seigneur dans le monde. Mais je ne comprends vraiment pas pourquoi ils me chassent avec tant d'acharnement, et quand je lui ai posé la question, il m'a dit des paroles terribles : mes tourments spirituels prouvent que je suis entièrement entre les mains de Satan, et au Moyen Âge, les gens comme moi étaient brûlés sur des bûchers pour leur commerce avec le Malin.

« Mais saint Antoine aussi a été tenté ! ai-je timidement protesté. Si vous aviez été son père spirituel, vous l'auriez fait brûler, lui aussi ? »

Il a souri d'un air moqueur et a répondu que cette voie-là était celle des saints... Qu'a-t-il voulu dire ? Ni mon esprit ni mon cœur ne parviennent à le concevoir.

Mais je l'ai quitté avec un étrange sentiment de soulagement. À présent, je ne puis plus compter que sur l'amour du Très-Haut. Et je m'en suis remise à Lui. Les prières à la Vierge, qui ont toujours été si chères à mon cœur, sont devenues tout à fait impossibles, sa pureté sans tache m'empêche de m'adresser à elle... Seule Marie-Madeleine peut prendre ma défense, maintenant. L'absurdité de ma situation ne vous fait-elle pas sourire ? Moi qui ai préservé ma virginité pour le Seigneur, me voilà chassée pour la plus horrible des dépravations, et je me sens profondément coupable pour les apparitions nocturnes de cette force que je hais de toute mon âme...

L'Église catholique me chasse, mais pour me remettre entre quelles mains ?

Je suis revenue dans mon ancienne chambre, avec ces horribles voisins qui me détestent et rêvent de me prendre mon logement. Je passe mes journées en prière, assaillie par d'atroces tentations. Je continue à me rendre à l'église de l'Immaculée-Conception, où tout le monde me traitait autrefois avec tant d'affection et de gentillesse, mais là aussi, je me heurte au rejet et aux soupçons.

6. DÉCEMBRE 1978, VILNIUS

Térésa à Valentina Ferdinandovna

... j'en arrive maintenant à la dernière partie de mon triste récit : Éfim, mon seul et unique ami (c'est le destin qui me l'a envoyé, nous nous sommes connus à la bibliothèque), m'a été d'un grand soutien ces derniers temps. Je ne sais pas comment j'aurais réussi à survivre, tant physiquement que matériellement, sans son aide indéfectible. C'est un solitaire. Et voilà que je viens de recevoir de sa part une proposition très inattendue : contracter avec lui un mariage fictif et partir pour l'État d'Israël. En Terre sainte.

Tout est tellement confus dans ma tête que je n'ai pas précisé deux points importants : Éfim est juif, mais toutes ses aspirations spirituelles sont tournées vers l'orthodoxie. Il a attendu longtemps avant de recevoir le sacrement du baptême et ne s'y est résolu qu'il y a deux ans, après la mort de sa mère qui aurait très mal pris la chose. Depuis, il n'a fait que s'impliquer toujours davantage dans la vie de l'Église.

Il assiste aux offices tous les jours, il y participe même un peu, et rédige pour le recteur des notes de lecture sur les ouvrages spirituels qui viennent de paraître, il lui fait même des résumés de livres étrangers et traduit ceux qui présentent un intérêt pour lui. Le recteur le tient en haute estime et aime bien discuter avec lui. Apparemment, les gens aussi cultivés et aussi sérieux ne sont guère nombreux dans les milieux ecclésiastiques. Éfim a fini par lui faire part de son intention de devenir prêtre. Mais le recteur lui a déclaré de façon catégorique que sa nationalité était un obstacle de taille sur cette voie, et qu'il voyait mal un Juif prêtre d'une paroisse orthodoxe. Il a fait remarquer que, pour des fidèles russes, un tel pasteur représenterait une trop grande tentation.

Et cela, ma chère Valentina, alors que ce recteur compte au nombre des plus libéraux et des plus éclairés ! Il est passé par l'expérience des camps avant la guerre et a survécu par miracle.

Il y a un évêque orthodoxe qui habite (ou plutôt qui se cache) à Vilnius, un ancien détenu lui aussi, il ordonne de temps en temps des jeunes gens à la demande du recteur. En secret, bien sûr. Comme vous le savez, un évêque a le droit d'ordonner prêtres ceux qu'il en estime dignes, même s'ils ne sont pas passés par un séminaire.

C'est plutôt cocasse ! Éfim a un diplôme universitaire de Lettres classiques, il maîtrise le grec, le latin et l'hébreu, il est agrégé de philosophie et ses connaissances en théologie sont telles qu'il pourrait enseigner dans n'importe quel séminaire. D'ailleurs le recteur lui-même lui a dit qu'en d'autres circonstances il aurait pu être professeur dans une académie de théologie ! Voilà la haute opinion qu'il a de lui. Mais il a refusé de lui accorder sa bénédiction pour devenir prêtre.

Éfim a également pensé à se faire moine. Il est même allé au monastère de Petchory près de Pskov, il y a passé un mois l'année dernière. À son retour, il m'a déclaré qu'il n'était pas prêt à franchir ce pas.

En même temps, il songe à émigrer en Israël, il a là-bas un oncle et plusieurs cousins et cousines qui avaient réussi à quitter la Lituanie avant l'arrivée des Allemands. La mère d'Éfim, elle, a été sauvée pendant la guerre par une paysanne lituanienne.

Et voilà que maintenant, alors qu'il se trouve dans l'incertitude, et me voyant moi aussi dans une incertitude tout aussi grande, il me propose de contracter avec lui un mariage fictif et d'essayer de faire ma vie en Terre sainte, où il y a des monastères et autres congrégations, ainsi que toutes sortes d'occupations pour les moines et les moniales. Bien que mon couvent m'ait rejetée, je suis toujours une religieuse, personne ne m'a libérée de mes vœux. Cette proposition est pour moi la seule chance de commencer une nouvelle vie.

Chère Valentina Ferdinandovna ! Votre parole possède un tel poids à mes yeux ! Vous êtes depuis longtemps proche des dominicains, vous menez la vie palpitante et dangereuse d'une religieuse dans le monde, et vous êtes si active, vous faites tant de choses utiles, que c'est précisément auprès de vous que je voudrais prendre conseil. Le principal problème, c'est le départ en Terre sainte sans autorisation. Ni notre supérieure ni surtout l'évêque ne me donneront leur bénédiction. Or, même au cas où toutes les difficultés administratives du départ seraient surmontées, il m'est difficile, à moi qui suis habituée à la discipline et à l'obéissance, de me décider à accomplir un acte de mon propre chef.

Pour faire appel à vos conseils, je dois vous raconter tout ce que je sais moi-même sur la situation : Éfim est un homme d'une générosité inimaginable, j'ai même l'impression qu'en envisageant l'éventualité d'un départ en Israël, il tient aussi compte de la possibilité pour moi d'y refaire ma vie. En ce qui le concerne, il dit que c'est précisément là-bas, sur la terre de Jésus, que se résoudra son dilemme sur le chemin qu'il doit prendre : la prêtrise, la voie monastique, ou simplement une activité laïque.

Je n'avais jamais rencontré jusqu'ici quelqu'un qui soit aussi profondément impliqué dans l'orthodoxie, qui connaisse aussi bien les textes liturgiques, et qui comprenne à ce point les subtilités de la théologie. Il y a en lui l'esprit mystique d'un catholique et l'intégrité d'un protestant. Les bibliothèques sont sa véritable demeure, il est un homme du Livre au plein sens du terme. Lui-même écrit depuis longtemps une étude sur l'histoire de l'eucharistie depuis l'Antiquité jusqu'à nos jours.

Chère, chère Valentina ! Je me sens coupable envers vous d'avoir déversé mes douloureux problèmes sur vos pauvres épaules. Pardonnez-moi. Mais j'ai compris que je ne pouvais prendre une décision sans votre avis.

Que le Seigneur vous garde, chère sœur,

Votre TÉRÉSA

7. DÉCEMBRE 1978, VILNIUS

Térésa à Valentina Ferdinandovna

Chère Valentina Ferdinandovna,

La situation évolue à une telle vitesse que je vous écris sans avoir reçu de réponse à ma lettre précédente.

Hier, Éfim est venu et m'a raconté une conversation de deux heures qu'il a eue avec le recteur. Il lui a dit que, n'ayant aucun espoir de participer un jour à la vie de l'Église orthodoxe ici, en Lituanie, il songeait à partir en Terre sainte. Le recteur lui a alors déclaré de but en blanc qu'il était prêt à l'ordonner prêtre à condition qu'il parte. Il ne reste plus à présent qu'un seul obstacle : Éfim est célibataire et n'a pas l'intention de se marier, or il existe une tradition dans l'Église orthodoxe russe, c'est presque une loi, selon laquelle seuls les hommes mariés peuvent être ordonnés. C'est le célibat des prêtres catholiques à l'envers ! Alors, n'est-ce pas un signe d'en haut ?

Éfim et moi nous nous sommes mis à prier, et nous avons prié presque jusqu'à l'aube. Inutile de dire qu'il ne lui est même pas venu à l'esprit que sa compagne puisse être une autre femme. Mais chacun de nous devait faire un sacrifice : moi, changer de religion, me convertir à l'orthodoxie, et lui, prendre la responsabilité de ma personne. Et tous les deux, nous nous sommes engagés à accomplir l'exploit d'un mariage spirituel, à vivre comme frère et sœur en menant une existence commune et en travaillant ensemble. Travailler à quoi ? Cette décision, nous la remettons entre les mains de Dieu.

J'ai passé le reste de la nuit à pleurer. Ces larmes ainsi que mes prières m'ont préservée cette nuit-là de mes habituelles tentations nocturnes. Je me souviens des larmes de bonheur que je versais dans les premiers temps de ma vie religieuse, lorsque j'étais réveillée la nuit, non par l'angoisse et les tourments, mais par la joie, par la prière qui montait du fond de mon âme. Et il me vient la triste pensée que j'ai perdu le meilleur des dons. La semaine prochaine, j'irai voir le père L. J'espère beaucoup qu'il m'accordera son soutien.

Je vous demande de prier pour moi, chère sœur. Que le Seigneur vous bénisse !

TÉRÉSA

8. 1979, VILNIUS

Extrait d'une lettre de Térésa à Valentina Ferdinandovna

... À partir de là, tout s'est déroulé à toute allure, comme dans un film. Cinq jours plus tard, j'ai reçu l'onction et me suis ainsi convertie à l'orthodoxie. La sainte communion a été pour moi une immense surprise, une émotion spirituelle des plus intenses. Il n'y a qu'à vous et à Éfim que je puisse avouer que la communion chez les catholiques me paraît un peu fade, comparée au Vin Véritable auquel j'ai communié dans la coupe des orthodoxes.

Après cette conversion, mes vœux ne relevaient plus que de ma conscience. Et nous nous sommes mariés à l'Église le 19 mai. Le mariage civil avait déjà eu lieu et nous avions déposé une demande d'émigration dès le lendemain. Un cousin d'Éfim a trouvé le moyen de nous envoyer très vite une invitation pour deux, par l'intermédiaire du consulat. J'ajoute que le recteur avait dit à Éfim que nous ne rencontrerions aucun obstacle de la part des autorités car il a des relations dans ce milieu. Il nous a également dit qu'il était possible qu'Éfim soit convoqué pour un entretien dans un département haut placé, et il lui a demandé de ne pas refuser de collaborer, car c'est seulement à cette condition qu'il pourra servir l'Église. C'est justement ce dont nous rêvons ! Et aucun prix ne nous paraît trop élevé.

Notre départ peut se faire très vite. Mais nous restons tous les deux les bras ballants, alors qu'il faudrait empaqueter nos livres. Éfim possède une grande bibliothèque dont il n'imagine pas se séparer, beaucoup d'ouvrages en langues étrangères, des livres anciens en hébreu, sauvés du feu pendant la guerre. Pour les emporter, il nous faut obtenir des autorisations spéciales. Et il y a encore toute sortes d'attestations diverses à rassembler.

Au mot « Israël », j'ai la gorge qui se serre : je n'arrive pas à imaginer que mes pieds vont fouler la Via Dolorosa, que mes yeux vont voir Gethsémani, le mont Thabor, le lac de Tibériade...

J'ai une question très importante : puis-je vous écrire de l'étranger à votre adresse, ou bien dois-je utiliser d'autres canaux ?

Avec toute mon affection.

Votre TÉRÉSA

9. 1984, HAÏFA

Extraits du journal Les Nouvelles d'Haïfa,
rubrique « Courrier des lecteurs »

Messieurs les rédacteurs,

Il y a quelques jours, en passant par une des rues du centre d'Haïfa, j'ai vu une affiche sur une maison : « La réunion des membres de l'association des Juifs chrétiens se tiendra le 2 octobre à 18 heures dans les locaux de la communauté. »

Je me fiche complètement de cette organisation, mais deux questions se posent : qui la finance ? Ça, c'est une première chose. Et la deuxième : pour quelle raison l'autorise-t-on à exister sur la terre d'Israël ? Cette organisation n'existait pas autrefois, dans quels buts a-t-elle été créée ? Depuis l'Antiquité jusqu'à nos jours, les chrétiens ont apporté aux Juifs tant de guerres, de persécutions et de morts, que les Arabes ne sauraient entrer en concurrence avec eux. Pourquoi faut-il tolérer l'existence de telles organisations en Israël ?

SAÜL SLONIMSKI

Réponse de la rédaction

Cher monsieur Slonimski,

La rédaction aurait pu répondre elle-même à votre question : les traditions de notre jeune État reposent sur des principes démocratiques, et la création d'une association de Juifs chrétiens reflète la liberté religieuse qui est de règle en Israël. Mais nous avons proposé au responsable de l'association, le père Daniel Stein, un héros de la guerre récompensé par de nombreuses décorations pour sa lutte contre le fascisme et un membre de l'ordre des carmes, de répondre à cette question.

Réponse du prêtre D. Stein à M. Slonimski

Cher monsieur Slonimski

Je suis désolé que notre affiche t'ait tellement contrarié, cela n'entrait pas du tout dans nos intentions. Notre association existe sur on ne sait trop quels fonds, en tout cas, pas sur l'argent des contribuables. Dans le monde dont nous avons hérité, il y a beaucoup trop d'hostilité. Après la dernière guerre que nous avons connue en Europe, il ne semblait plus possible d'accumuler une charge de haine aussi grande que celle qui a été libérée par les peuples durant ces années-là. Il s'avère que la haine n'a pas diminué. Personne n'a rien oublié, et personne ne veut rien pardonner. Il est vrai qu'il est très difficile de pardonner.

Un rabbin de Galilée connu dans le monde entier sous le nom de Jésus-Christ a parlé de pardon. Il a parlé de beaucoup de choses, et la plupart de ses enseignements, les Juifs les connaissaient déjà par la Torah. Grâce à Lui, ces commandements se sont répandus dans le reste du monde, le monde non-juif. Nous, les Juifs chrétiens, nous vénérons notre Maître qui n'a rien dit qui ait été totalement inconnu du monde avant sa venue.

Le christianisme a effectivement persécuté les Juifs par le passé ; nous connaissons tous l'histoire de ces persécutions, des pogroms et des guerres de religion. Mais justement, ces dernières années, l'Église catholique s'est engagée dans un douloureux processus de révision de sa politique envers les Juifs. Récemment, en la personne du pape Jean-Paul II, elle a reconnu sa faute historique.

La terre d'Israël est un lieu saint non seulement pour les Juifs qui y vivent aujourd'hui, mais aussi pour les chrétiens, et elle n'est pas moins précieuse aux yeux des Juifs chrétiens qu'aux yeux des Juifs de confession judaïque. Sans parler de nos frères arabes qui se sont implantés sur cette terre et qui vivent ici depuis un millénaire : les os de leurs ancêtres reposent auprès des os de nos ancêtres.

Lorsque notre terre se délabrera et sera roulée comme un vieux tapis, lorsque les ossements desséchés ressusciteront, nous ne serons pas jugés en fonction de la langue dans laquelle nous avons prié, mais selon que nous aurons trouvé dans nos cœurs la compassion et la miséricorde. Voilà le seul but. Nous n'en avons pas d'autre.

DANIEL STEIN
prêtre de l'Église catholique

10. NOVEMBRE 1990, FRIBOURG

Extrait des entretiens de Daniel Stein avec des lycéens

Les quinze mois que j'ai passés chez les religieuses, dans ce monastère clandestin dont les fenêtres donnaient sur le commissariat, ont été très dangereux et très difficiles. Les sœurs et moi, nous nous sommes retrouvés plus d'une fois à deux doigts de la mort. Mais il y a eu aussi beaucoup d'incidents émouvants et même cocasses, c'est seulement maintenant que je peux le dire, à présent que tant d'années ont passé. Je me souviens d'une fois où les Allemands sont arrivés à l'improviste pour faire une perquisition. Ils avançaient dans le couloir en direction de la pièce dans laquelle je me trouvais. Il y avait dans cette pièce un lavabo avec un paravent, et je n'ai trouvé d'autre solution que de me précipiter derrière le paravent et d'y suspendre une serviette. J'ai fait couler de l'eau dans le lavabo. Les Allemands sont entrés, ils ont éclaté de rire et sont repartis sans regarder derrière le paravent. Une autre fois, les religieuses ont dû déménager dans une maison à la périphérie de la ville, et je suis sorti avec trois sœurs vêtu en femme, rasé de près et poudré de farine, en cachant mon visage derrière un bouquet de fleurs sèches et une statuette en plâtre de la Vierge Marie. Nous avons traversé la moitié de la ville à la queue leu leu.

Je partageais leur existence : nous mangions ensemble, nous priions ensemble, nous travaillions ensemble. Elles gagnaient leur vie en tricotant, et je me suis mis moi aussi à des ouvrages de dame, un jour, j'ai même tricoté une robe entière... À cette époque, je lisais beaucoup, pas seulement les Évangiles mais aussi d'autres livres chrétiens. Je crois que c'est précisément alors que

262

je suis devenu catholique, et que l'idée que ma vie serait liée à l'Église catholique s'est solidement implantée en moi.

À la fin de 1943, en raison de leurs lourdes défaites sur le front et de l'intensification de la résistance, les Allemands ont durci leur politique envers la population locale. Les perquisitions et les arrestations se sont multipliées. J'ai compris que je ne pouvais plus faire courir de risque aux religieuses, et j'ai pris la décision de rejoindre les partisans.

J'ai erré pendant plusieurs jours sur les routes, les Allemands ne venaient presque jamais dans ces coins perdus. Je savais que les forêts étaient le royaume des partisans. J'ai fini par en rencontrer quatre, des Russes, d'anciens soldats de l'Armée rouge. L'un d'eux était un homme que j'avais eu l'occasion de sauver alors que je travaillais pour la police. Il m'a reconnu immédiatement, m'a remercié avec effusion et a raconté à ses camarades que je lui avais sauvé la vie. Ils m'ont traité amicalement, mais m'ont dit qu'on ne m'accepterait pas dans leur détachement parce que je n'avais pas d'arme. Si je m'en procurais une, là, ce serait autre chose... Ils m'ont donné à manger, et j'ai poursuivi ma route.

Dans un village, j'ai rencontré deux prêtres polonais. Eux aussi se cachaient des Allemands. Je leur ai raconté ma vie, ma conversion. Je comptais passer au moins une nuit sous leur toit, mais ils n'ont pas voulu. En revanche, dans le hameau voisin, j'ai trouvé asile chez une famille biélorusse.

Le lendemain matin, alors que j'étais à la fenêtre de la maison dans laquelle j'avais dormi, une carriole est passée avec quelques hommes. L'un d'eux était Éphraïm Tsvik, un vieux camarade d'Akiva qui s'était évadé du ghetto. Par chance, Éphraïm étaient l'un de ceux qui savaient que c'était moi qui avais organisé l'évasion et qui avais fourni des armes provenant de l'entrepôt de la Gestapo. En dépit des moustaches que je m'étais laissé pousser pour changer de tête, il m'a reconnu. Mais pas tout de suite. Il était persuadé que j'avais été tué. Nous nous sommes embrassés comme des frères. Il m'a emmené dans un détachement de partisans russes. En chemin, je lui ai parlé de ce qui était l'événement le plus important de ma vie : ma conversion. Bien entendu, je n'ai rencontré chez lui ni compréhension ni sympathie. Il m'a suggéré d'oublier toutes ces bêtises. De fait, je comprends maintenant combien mon comportement était stupide.

Nous sommes arrivés chez les partisans pendant la nuit. Ce détachement était commandé par le colonel Dourov. Il avait entendu parler de l'employé de la police allemande qui avait aidé des partisans et sauvé des Juifs. Mais il était beaucoup plus intéressé par mes contacts avec les fascistes. Il a commencé par me faire arrêter. Il a mené personnellement l'enquête. On m'a fouillé, on m'a confisqué le Nouveau Testament et quelques médailles dont les religieuses m'avaient fait cadeau.

Je lui ai raconté en détail ma vie et mon travail chez les Allemands. Comment je m'étais échappé et que j'étais ensuite devenu chrétien. Dourov exigeait que je lui révèle où je m'étais caché pendant ces quinze mois, depuis que je m'étais enfui de la Gestapo. Je ne pouvais pas lui dire que j'avais vécu chez les religieuses. Si cela s'était su à Emsk, elles auraient certainement été exécutées. Dourov ne me faisait pas confiance, mais moi non plus, je ne me fiais pas entièrement à lui, si bien que j'ai refusé de répondre à cette question. Comment aurais-je pu lui parler des religieuses alors que je savais comment les communistes traitaient les croyants ?

Comme je ne lui révélais pas où je m'étais réfugié, il est devenu soupçonneux. L'interrogatoire a duré pendant presque deux jours d'affilée, il était mené tantôt par Dourov lui-même, tantôt par son assistant. Dourov en est arrivé à la conclusion que j'avais passé ces quinze mois dans une école d'espionnage allemande, et que j'avais été envoyé chez eux pour récolter des informations. J'ai été condamné à être fusillé. Éphraïm était dans tous ses états de m'avoir amené ici, mais lui non plus, on ne lui faisait pas confiance. On m'a enfermé dans une grange, et on m'a gardé là plusieurs jours. Aujourd'hui encore, je ne comprends pas pourquoi ils ne m'ont pas fusillé sur-le-champ. Encore un miracle. J'étais parfaitement calme, je restais assis dans le noir, à prier. Je m'en suis remis au Seigneur, j'étais prêt à accepter tout ce qui me serait envoyé.

Et au bout de deux jours, j'ai reçu de l'aide. Un médecin, Isaac Hantman, un évadé du ghetto, lui aussi, est arrivé dans le détachement. Il était le seul médecin à soigner les partisans dans toute la région.

Ils avaient un blessé qui avait besoin d'être opéré d'urgence, et on était allé le chercher à Czarna Puszcza. C'était un homme irremplaçable qui jouissait d'une grande autorité. Éphraïm lui a immédiatement parlé de moi, et j'ai été de nouveau convoqué pour un interrogatoire, cette fois en présence de Hantman. Au début, la conversation s'est déroulée en russe, puis le docteur et moi nous sommes passés au polonais car Hantman parlait mal le russe.

Je lui ai expliqué que je ne pouvais pas révéler ma cachette parce que j'avais peur de faire courir un risque à ceux qui m'avaient recueilli. Dourov avait confiance en Hantman, et puis c'était le seul médecin. Moi aussi, je lui faisais confiance. Nous sommes convenus que je dirais à Hantman où je m'étais caché, à condition qu'il ne révélerait ce secret à personne, pas même à Dourov. Hantman a convaincu Dourov que la raison pour laquelle je ne pouvais dire où j'avais séjourné était purement personnelle, et il a proposé de se porter garant de mon innocence. Éphraïm aussi s'est porté garant de moi. Dourov a déclaré que si je mentais, mes deux garants seraient fusillés avec moi. Il supposait que je m'étais caché chez une maîtresse. Cette explication lui était plus compréhensible. L'exécution a été provisoirement annulée.

L'interrogatoire n'était pas encore terminé quand sont arrivés deux partisans du détachement européen, des gens d'Emsk. Ils étaient envoyés par leur chef d'état-major pour se porter témoins du fait que j'avais sauvé des soldats de l'Armée rouge et des Juifs quand je travaillais chez les Allemands. Les nouvelles allaient vite dans les bois, même s'ils paraissaient déserts...

Finalement, grâce à tous ces efforts conjugués, on a fini par convaincre Dourov de mon innocence. Un rapport annonçant ma condamnation à mort avait déjà été envoyé au général Platon, le chef du mouvement des partisans de Biélorussie occidentale, et on lui a dépêché un autre message demandant l'annulation de cette décision en raison de la présence de témoins certifiant mon innocence. Et on m'a accepté dans le détachement.

En tout, j'ai passé dix mois chez les partisans, de décembre 1943 à la libération de la Biélorussie par l'Armée rouge en août 44.

Maintenant, après toutes ces années, je peux dire qu'être un partisan a été pour moi pire que travailler à la gendarmerie. Quand je travaillais chez les Allemands, je savais que j'avais une tâche : aider des gens, sauver ceux que je pouvais sauver. Avec les partisans, dans les bois, les choses étaient beaucoup plus compliquées. La vie dans le détachement était très rude. Quand je suis arrivé, il était constitué de Russes, d'Ukrainiens, de Biélorusses et de quelques Juifs. À ce moment-là, il n'y avait déjà plus de Polonais. Certains s'étaient enfuis, d'autres avaient été fusillés par les Russes. Je l'ai appris plus tard.

Le partisan de cette époque, c'était quelque chose entre le héros et le brigand. Pour survivre, nous devions nous procurer de la nourriture, et on ne pouvait en trouver que chez les paysans de la région. Ils étaient dévalisés par les Allemands, et ils étaient dévalisés par les partisans. Ils ne donnaient jamais rien de leur plein gré, il fallait user de la force. Parfois, nous leur prenions leur dernière vache, leur dernier cheval. Mais il arrivait aussi que l'on échange immédiatement le cheval confisqué contre de la vodka. À ce moment-là, la vodka était ce qui avait le plus de valeur. Pas le pain. Ces gens ne pouvaient pas vivre sans vodka.

Lorsque l'on opérait ce genre de raid, je faisais généralement partie des sentinelles chargées de monter la garde autour du village, tandis que les autres faisaient main basse sur tout ce qu'ils trouvaient. Mais je n'avais quand même pas la conscience tranquille.

Je n'ai participé qu'une seule fois à une opération de combat. On m'avait emmené pour une manœuvre de diversion : faire sauter un pont et faire dérailler un convoi allemand. Pour être franc, j'évitais les effusions de sang, j'essayais de me rendre utile autrement : je prenais des tours de garde, je m'acquittais de diverses tâches dans le campement, et il y en avait beaucoup.

J'étais atterré par la situation des femmes dans ce détachement. Elles étaient beaucoup moins nombreuses que les hommes, et je voyais bien à quel point elles souffraient. Les conditions de cette vie en forêt, dans des abris en terre où l'on manquait de tout, étaient déjà pénibles pour elles, et à cela venait s'ajouter le harcèlement sexuel des hommes auxquels elles ne pouvaient résister. C'étaient des violences continuelles. Je plaignais énormément ces femmes. Mais je me rendais compte aussi que la plupart d'entre elles, en cédant à la violence, souhaitaient recevoir quelque chose en échange. J'avais des idées très démodées sur les relations entre les hommes et les femmes, et mon âme n'arrivait pas à accepter ce à quoi elle était constamment confrontée. J'étais accablé par la pensée que Marysia, si elle avait survécu et s'était retrouvée ici, aurait été obligée elle aussi de se plier à cette coutume. C'est sans doute à cette époque que j'ai commencé à envisager de devenir moine. J'avais cessé de considérer les femmes avec des yeux d'homme, elles n'étaient plus pour moi des objets sexuels, juste des créatures qui souffraient. Elles le sentaient, et m'ont toujours traité avec reconnaissance.

À la fin de la guerre, les Russes ont distribué des médailles et des décorations. J'en ai reçu une, moi aussi, et je l'ai gardée longtemps. Il y avait le profil de Staline dessus.

En août 1944, les Russes ont libéré la Biélorussie. Nous nous réjouissions tous de l'arrivée de l'Armée rouge. Une grande partie du détachement a été intégrée à cette armée. Mais à ce moment-là, j'avais déjà pris la décision d'entrer au monastère. Pour cela, il fallait que je me rende en Pologne. J'avais compris que la Pologne orientale allait rester aux mains des Russes. Varsovie était encore occupée par les Allemands. Les habitants de la ville s'étaient soulevés, mais l'Armée rouge est restée pendant deux mois sur l'autre rive de la Vistule sans se porter à leur secours.

Tandis que je réfléchissais à la façon dont j'allais rentrer chez moi et me mettre à la recherche de mes parents (il y avait peu de chance qu'ils aient survécu), le NKVD a mis la main sur moi, et j'ai été renvoyé à Emsk afin d'y exécuter des tâches bien particulières. Je n'avais aucune envie de travailler pour le NKVD, mais personne ne me demandait mon avis.

À Emsk, il n'y avait plus personne : tous les gens que je connaissais avaient quitté la ville, tous ceux qui avaient collaboré avec les Allemands avaient disparu. Beaucoup de maisons avaient été incendiées, la forteresse était à moitié détruite. Et vide. On m'a donné un uniforme soviétique et on m'a attribué une pièce dans le bâtiment où se trouvait autrefois la Gestapo. Je devais rédiger des rapports sur les gens qui avaient collaboré avec les Allemands. Fort heureusement, ils n'étaient plus là. Mes rapports concernaient principalement les opérations allemandes contre les Juifs ; j'ai dressé la liste de tous les villages et hameaux juifs qui avaient été anéantis sous mes yeux. Mes supérieurs s'intéressaient beaucoup plus à l'état d'esprit antisoviétique de la population locale, mais là, je n'ai rien fait pour les aider.

Quelques Juifs rescapés étaient revenus à Emsk. Ils m'ont accueilli en héros, mais je ne me suis pas très bien entendu avec eux : ceux que j'avais connus chez les partisans ne comprenaient pas que je sois devenu chrétien. C'est à ce moment-là que j'ai réalisé que, pour mon entourage juif d'autrefois, ma foi chrétienne était inacceptable. D'ailleurs aujourd'hui encore, beaucoup de Juifs considèrent mon choix comme une trahison vis-à-vis du judaïsme. Celui qui se donnait le plus de mal pour me faire changer d'avis et me détourner du christianisme était ce même Éphraïm Tsvik qui, avec le docteur Hantman, s'était porté garant sur sa vie que je n'étais pas un traître. Plus tard, alors que j'étais déjà dans un monastère, il est venu là-bas pour tenter de me sauver des griffes des chrétiens. En fait, à cette époque, les gens qui m'étaient les plus proches étaient les religieuses qui m'avaient sauvé. Elles, elles me soutenaient.

J'ai vite compris que le NKVD ne me lâcherait pas aussi facilement. Je cherchais un moyen de m'en aller, et une occasion s'est présentée quand mon supérieur est parti pour deux jours faire une tournée dans la région. Son remplaçant, qui voyait en moi un rival dangereux, m'a donné l'autorisation de me mettre à la disposition des services secrets de la petite ville de Baranowicze, dont le seul avantage était de se trouver plus près de la frontière polonaise. Le commandant m'a reçu, il a examiné mes papiers, mais quand il a vu que j'étais juif, il a refusé de me prendre. C'était justement ce dont je rêvais ! Je lui ai demandé la permission d'aller à Wilno, et il m'a délivré un laissez-passer. À Wilno, le seul événement joyeux a été mes retrouvailles avec Bolesław. Les Allemands ne l'avaient pas inquiété et tous les habitants de sa ferme avaient survécu jusqu'à la libération. Il m'a accueilli comme un frère et m'a proposé une fois de plus de rester chez lui.

Wilno, comme Emsk, était à moitié détruit et désert. Beaucoup d'habitants polonais s'étaient réfugiés en Pologne, ceux qui avaient travaillé pour les Allemands étaient partis avec eux, et six cent mille Juifs avaient été exécutés. Ces tableaux de l'après-guerre n'ont fait que me conforter dans ma décision : je suis allé au couvent des carmes de Wilno. Mais le supérieur a refusé de m'accueillir.

En mars 1945, je suis retourné en Pologne par le premier convoi qui ramenait des Polonais dans leur patrie. Dans le train, j'ai rencontré Isaac Hantman et sa femme, eux aussi se rendaient en Pologne. Je lui ai raconté que j'allais entrer au monastère. « Tu renonces aux immenses richesses de la vie ! » m'a-t-il dit. Et je ne suis pas arrivé à lui expliquer que j'avais choisi la plus précieuse de toutes les richesses.

À Cracovie, je suis allé trouver le prieur du couvent des carmes. Il m'a reçu avec bienveillance et m'a demandé de lui raconter mon histoire. J'ai parlé longtemps, presque trois heures. Il m'a écouté avec attention, sans m'interrompre. À la fin de mon récit, il m'a demandé quel était le titre de cet article sur Lourdes qui avait provoqué ma conversion. Je lui ai cité le nom de la revue et celui de l'auteur. C'était un article qu'il avait écrit lui-même quelques années avant la guerre.

Cette année-là, il n'y avait qu'une seule place de novice. Et deux prétendants : moi, et un jeune acteur du théâtre local. Le supérieur m'a choisi, moi. Il m'a dit : « Tu es juif, il te sera beaucoup plus difficile de trouver ta place dans l'Église. »

Il avait raison : le deuxième prétendant à la seule place de novice était Karol Wojtyła. Il a effectivement trouvé sa place dans l'Église.

11. 1970, HAÏFA
Extrait du journal d'Hilda

Ce qui s'est passé la nuit dernière dépasse l'entendement. Dire que c'est arrivé justement alors que Daniel est en voyage ! Notre communauté a fait l'objet d'une attaque, un véritable pogrom... Une horreur. Évidemment, ils avaient préparé ça depuis longtemps. Je suis stupide de ne pas avoir fait plus attention lorsque, le mois dernier, sœur Lydia, qui était restée prier un soir dans l'église, a surpris des inconnus qui discutaient dehors. Quand elle est sortie pour leur demander ce qu'ils voulaient, ils ont aussitôt disparu. Elle ne les a pas bien vus dans l'obscurité, elle a juste distingué qu'ils étaient trois. Elle ne se souvient pas de leurs visages. Il est vrai qu'elle a trouvé que l'un d'eux ressemblait à ce vagabond serbe que j'avais conduit à l'hôpital.

Je n'avais pas pris cet incident au sérieux, je n'en avais même pas parlé à Daniel. Quelle terrible erreur ! Cette nuit, nous avons été attaqués. Notre gardien Ioussouf, un parent éloigné de Moussa, est assez âgé, il est un peu dur d'oreille et serait plus à sa place dans notre maison de retraite que comme gardien. Mais il tient à se rendre utile, et il travaille pour nous depuis le début, pratiquement trois ans, pour le gîte et le couvert. Je lui achète tout ce qu'il lui faut, mais il n'a presque aucun besoin. Il dormait dans l'annexe et n'a rien entendu jusqu'à ce que les femmes, dans le bâtiment, se mettent à crier. Le feu avait pris au rez-de-chaussée. Cette nuit-là, c'était l'infirmière Bertha qui était de garde, et elle dormait au premier. Après avoir mis le feu, les bandits se sont introduits dans l'église, ils ont cassé et saccagé tout ce qu'ils pouvaient, et ils se sont enfuis. Ioussouf a appuyé une échelle contre une fenêtre du premier étage et tous les vieillards valides sont descendus. Un automobiliste qui passait sur la route du bas a vu le feu et il est aussitôt accouru. C'est un ancien militaire de la fameuse unité Guivati, la police des frontières. Il a commencé par sortir Rosina, qui ne quitte plus le lit depuis longtemps, puis il est allé chercher la pauvre Ans Bressels, qui était déjà grièvement brûlée. Ce militaire (il s'appelle Aminadav) l'a tout de suite emmenée à l'hôpital. Il est revenu ce matin et nous a aidés à remettre un peu d'ordre. Je lui ai raconté l'histoire d'Ans : c'est une Hollandaise qui a sauvé un petit garçon juif pendant l'occupation, puis elle a émigré en Israël avec lui. Les parents du garçon étaient des Juifs pratiquants qui sont morts dans un camp de concentration, et Ans a estimé de son devoir de l'élever dans la foi juive. Le drame, c'est qu'une fois en Israël, le garçon est devenu soldat, et il est mort pendant la guerre des Six-Jours. Peu après sa mort, elle est retournée en Hollande, mais elle n'a pas réussi à trouver sa place là-bas, et elle est revenue en Israël. Voilà le genre de personnes qui vivent dans notre maison de retraite.

Ah, un détail intéressant : Ans a raconté qu'en Hollande, la déportation des Juifs a commencé le lendemain du jour où l'évêque de Hollande avait exprimé publiquement son hostilité envers la politique des nazis, et où on avait lu dans les églises sa déclaration prenant la défense des Juifs. Le commissaire allemand a réagi en déportant sur-le-champ trente mille Juifs, et en premier lieu les Juifs catholiques. Ans estime qu'on a tort d'accuser Pie XII de ne pas avoir pris la défense des Juifs, il comprenait mieux que personne qu'une condamnation officielle des nazis ne pouvait qu'aggraver la situation des Juifs. Comme cela a été le cas en Hollande. Voilà son point de vue.

Cet Aminadav qui nous a tant aidés ce jour-là est un homme très influent en ville, il a promis que l'enquête serait menée avec beaucoup de soin et que les bandits seraient arrêtés. Il a examiné lui-même les indices à la lumière du jour, et en a conclu qu'il s'agissait d'une bande de voyous, probablement à la solde de quelqu'un. Ils n'ont emporté que l'argent du tronc pour les cierges et n'ont pas trouvé celui qui se trouvait dans mon tiroir. Ou ils n'ont pas eu le temps de le prendre. Heureusement, le feu n'a pas atteint mon bureau. Le réfectoire est pratiquement détruit. Tous les meubles, toute la vaisselle et toutes les provisions ont brûlé. J'ai passé la journée à répartir nos petites vieilles entre les paroissiens. Les gens sont merveilleux, deux femmes se sont même disputées pour savoir qui allait accueillir Rosina ! Elles voulaient la prendre toutes les deux chez elles.

Je suis allée voir Ans à l'hôpital, les médecins disent qu'elle est dans un état critique. On ne voulait même pas me laisser entrer, je n'ai réussi à la voir qu'après de longues discussions. Elle n'a pas l'air bien du tout. Je ne suis pas sûre qu'elle m'ait reconnue. Si seulement Daniel pouvait revenir ! Je ne peux même pas lui téléphoner, il est parti sur le mont Sinaï avec un groupe de touristes.

En revanche, nous avons eu une bonne surprise : les druzes sont montés nous voir, ils nous ont demandé si nous avions besoin d'aide et nous ont envoyé huit jeunes gens qui, en une journée, en ont fait davantage que n'auraient fait nos paroissiens en un mois. J'espère que le groupe d'étudiants hollandais et allemands va

bientôt arriver et qu'en unissant nos forces, nous allons tout remettre en état.

12. 1970, HAÏFA

Hilda à sa mère

Ma chère maman,
Je ne t'ai pas écrit depuis assez longtemps car il nous est arrivé
un grand malheur : des bandits ont saccagé notre église, et une
femme a été si grièvement brûlée dans l'incendie qu'elle en est
morte. Quel chagrin pour nous tous ! Daniel est tout simplement
méconnaissable, jamais je ne l'ai vu comme ça. Presque tout ce
que nous avions mis trois ans à rassembler a été anéanti, la maison construite pour nos vieillards a brûlé. Nous avons travaillé
deux semaines sans une seconde de répit, et il est clair à présent
que nous ne pouvons pas reconstruire la maison de retraite ici, il
est trop dangereux de faire vivre des gens âgés et vulnérables dans
un endroit aussi exposé. Nous avons douze personnes à notre
charge. Pour l'instant, elles sont réparties parmi nos paroissiens et
j'essaye de les faire admettre dans des établissements d'aide
sociale, mais le malheur, c'est que, soit ils ne sont pas citoyens
d'Israël, soit ils n'ont pas de papiers, bref, ils n'entrent pas dans la
catégorie des gens qui ont droit à quelque chose. Nous avons
presque entièrement réparé l'église avec l'aide de nos voisins
druzes, des paroissiens, et d'ouvriers que nous avons engagés,
mais le problème le plus important, c'était la maison de retraite.
Alors que j'avais presque complètement perdu espoir, il s'est
produit un miracle. Non loin d'Haïfa, il y a une petite ville dans
laquelle vivent des colons allemands qui sont là depuis la fin du
siècle dernier. Ils sont assez riches, car ils ont des usines chi-
miques. Et quand l'un d'eux, Paul Ecke, a appris l'incendie, il a
contacté Daniel et a proposé de lui acheter une maison à Haïfa
pour notre communauté !
J'étais complètement déprimée jusqu'à ce que Daniel me parle
de la proposition de Paul. Il était tellement gai, il me réconfortait.

Il dit qu'à part la Bible et le Nouveau Testament, il y a encore un autre livre qu'il faut savoir lire : c'est celui de la vie de chaque individu, qui est constitué de questions et de réponses. D'habitude, les réponses ne viennent pas avant les questions. Mais quand une question est correctement posée, en général, la réponse arrive immédiatement. Il faut juste savoir la déchiffrer. Une question avait été posée : qu'allons-nous faire ? Et la réponse à cette question est arrivée en la personne de Paul, qui a proposé d'acheter une maison. Le plus important, c'est que si un projet ne reçoit aucun soutien de l'extérieur, cela veut peut-être dire que cette entreprise est vaine. Quand elle ne l'est pas, on reçoit de l'aide. Tu vois comme c'est simple ! Enfin, bien sûr, ce n'est pas simple du tout. Tant que la réparation de l'église n'est pas terminée, nous ne pouvons pas faire ce que nous avons toujours fait : nos petites vieilles et nos sans-abris sont à la rue, et nous avons aussi besoin d'un local pour les activités des enfants. Si bien que pour l'instant, nous sommes dans une situation bizarre, surtout pour l'essentiel, pour ce qui fait vivre notre communauté, autrement dit la messe. De nouveau, nous n'avons plus d'endroit pour la célébrer.

Daniel dit : « Regarde, Hilda, le Temple de Jérusalem a été détruit il y plus de deux mille ans, le culte du Temple n'existe plus, mais la vie liturgique s'est adaptée, elle se déroule en partie dans les foyers, en partie dans les synagogues, et le judaïsme a tenu bon ! Parce que Dieu le voulait ainsi. Sois tranquille, Hilda, nous faisons ce que nous pouvons, et là-haut, on décide sans nous si nos œuvres sont nécessaires sur terre... »

Entre-temps, Paul a trouvé une maison pour notre communauté, pas très grande, mais avec un merveilleux jardin. Maintenant, je n'aurai plus à louer un appartement, je vais habiter dans cette maison. Mais là aussi, il faut faire des travaux. Le plus important, bien sûr, c'est le jardin, il est assez grand et on peut y construire un petit bâtiment pour nos vieillards. J'y ai déjà réfléchi : au premier, il y aura les chambres, petites, mais avec balcon, et au rez-de-chaussée, les bureaux et une salle. Moussa a un ami qui travaille dans le bâtiment et dispose de plusieurs équipes d'ouvriers, ce sont eux qui vont la construire.

Je ne peux pas dire qu'il soit facile pour moi de vivre en Israël. Ce n'est pas simple du tout, et pour bien des raisons. Mais quel bonheur d'être ici, à l'endroit où je me trouve en ce moment ! Tu te souviens, je voulais devenir décoratrice, travailler dans un théâtre ou quelque chose de ce genre. Cela me paraît même bizarre d'y penser maintenant. Était-ce vraiment moi ? Tu essayais de me détourner de l'art, tu me conseillais de faire des études utiles, de la comptabilité ou du secrétariat. Je t'en remercie, tout ce que tu disais s'est avéré parfaitement juste, même si je me suis engagée dans une autre direction.

Comment vont mes frères ? Axel m'a écrit une lettre magnifique. Tu sais qu'il a maintenant une petite amie dont il est fou amoureux ? Mais je ne suis peut-être qu'une commère... Écris-moi, s'il te plaît. Je t'embrasse.

HILDA

13. 1972, HAÏFA

Hilda à sa mère

Ma chère maman,

On sent à travers tes lettres à quel point votre vie est réglée et monotone, chez vous, les choses se succèdent selon un ordre bien établi. Ici, en Israël, en tout cas dans notre paroisse, il arrive tout le temps des événements extraordinaires, parfois très drôles, parfois très instructifs. Samedi dernier, à la messe du matin, on a vu débarquer une religieuse des Balkans, je n'ai pas très bien compris d'où elle venait exactement. Elle portait une sorte de robe chasuble marron qui tombait jusqu'à terre, elle avait une coiffe sur la tête et une croix sur la poitrine, comme un évêque. Et un sac sur le dos. Quand la messe a commencé, elle a sorti un chapelet, elle s'est mise à genoux et elle est restée comme ça jusqu'à la fin. Après la messe, nous l'avons invitée à partager notre repas. Nous étions une vingtaine de personnes. Daniel a béni la nourriture, tout le monde s'est assis, et brusquement, elle s'est mise à parler dans un mélange saugrenu et terriblement drôle de serbe, de polonais, de français et d'espagnol. Au début, Daniel traduisait, il essayait d'extraire un sens de ce discours incohérent. Elle vient du village de Garabandal, où la Vierge est apparue aux côtés de l'archange saint Michel, avec un grand œil qui rayonnait dans le ciel au-dessus d'eux. L'œil de Dieu. Là, Daniel l'a interrompue et a dit que tout le monde avait faim, qu'on allait d'abord manger, et qu'ensuite elle nous raconterait tout cela dans l'ordre. Elle s'est fâchée et a fait de grands gestes menaçants, mais il lui a répondu d'un ton sévère, comme à une enfant : « Assieds-toi et mange ! Notre Sauveur aussi commençait par donner à manger aux hommes avant de leur enseigner quoi que ce soit ! »

J'ai aussitôt fouillé dans mes souvenirs, et je crois bien que cela se passait autrement, en fait, c'était le contraire. Mais tout le monde s'est mis à manger, et elle aussi. Sur la table, il y avait des plats apportés par nos paroissiennes. On a mangé, on a bu, et Daniel a dit : « Bon, raconte-nous ce que tu voulais nous raconter, ma sœur... Mais ne parle pas trop vite, il faut que je traduise. »

Voici l'histoire : dans leur village, il y a dix ans, la Vierge Marie est apparue à quatre fillettes. L'apparition a duré plusieurs mois et a transmis des messages à l'humanité par l'intermédiaire des fillettes, trois messages en tout. Le premier était un appel au repentir, le deuxième disait que la coupe de sa patience était pleine, que les pasteurs, surtout, étaient des pécheurs, et elle leur a promis une punition pour leur manque de repentir. Dans le troisième, il y avait quelque chose d'important à propos de la Russie, je ne me souviens pas quoi exactement. La Vierge a également communiqué aux fillettes dix secrets. Ils se présentent sous la forme de feuilles blanches d'une matière inconnue, sur lesquelles on ne voit rien pour l'instant, mais les lettres vont apparaître au fil du temps, et l'on pourra alors déchiffrer ces secrets. Sur quoi la moniale a sorti de son sac des vêtements marron, exactement comme celui qu'elle portait, et a déclaré que tous les gens qui mourraient enveloppés de cette chasuble ne connaîtraient jamais le feu éternel, la Vierge Marie l'avait promis. Et elle nous a proposé d'en acheter pour une somme modique.

Là, Daniel a cessé de traduire et lui a dit quelque chose en polonais à toute allure. Elle lui a répondu dans je ne sais trop quelle langue slave, et ils ont eu l'air de se disputer. Elle a fini par s'en aller en criant : « Le soleil danse ! Le soleil danse ! » J'ai eu l'impression qu'il l'avait tout simplement flanquée dehors. Les gens étaient troublés, ils n'avaient jamais vu Daniel aussi furieux. Il est resté sans rien dire, les yeux fixes. Les femmes ont débarrassé la table et lavé la vaisselle. Il n'ouvrait toujours pas la bouche. Et nos paroissiens sont partis sans avoir reçu aucune explication. Il ne restait plus que frère Élie avec son magnétophone qui ronronnait, comme d'habitude, ainsi que deux étudiants mexicains qui avaient demandé à passer la nuit chez nous. J'ai préparé du café pour Daniel. Il en a bu un peu, et il a dit à voix basse :

« Quelle histoire désagréable ! J'aurais dû expliquer mon point de vue. Je n'ai pas pu. Je dois t'avouer, Hilda, qu'il est toujours très difficile de décider ce que l'on peut dire et ce qu'il faut garder pour soi. Quand j'étais jeune, j'estimais que tout le monde devait tout savoir et qu'en tant que pasteur je devais partager toutes mes connaissances. Avec les années, j'ai compris que ce n'est pas vrai. Les gens ne peuvent savoir que ce qu'ils sont capables d'assimiler. J'ai passé la moitié de ma vie à réfléchir là-dessus, surtout ici, en Israël, mais rares sont ceux à qui je peux en parler. Il n'y a que toi. Tu comprends, c'est terrible de détruire l'équilibre de quelqu'un. Quand on est habitué à penser d'une certaine façon, même un tout petit écart dans le cours habituel de nos pensées peut nous rendre malade. Tout le monde n'est pas prêt à accepter des idées nouvelles, à affiner ses connaissances, à les compléter. Bref, à changer. Je dois reconnaître que moi-même, je change. Sur bien des points, mes façons de voir, aujourd'hui, sont différentes de celles qui sont généralement de mise dans le monde catholique. Et je ne suis pas le seul dans ce cas.

« Tu comprends, la naissance de Celui qui est connu dans le monde chrétien sous le nom de Jésus-Christ a eu lieu ici, à deux cents kilomètres, dans la ville de Bethléem. Ses parents venaient de Nazareth, un village qui n'est qu'à deux jours de route. Nous le vénérons comme notre Sauveur, notre Maître, le Fils de Dieu. Et nous honorons ses saints parents. Pourtant, l'association des mots "Dieu" et "mère" que l'on trouve dans le titre de "Mère de Dieu", si répandu dans la chrétienté orientale et qui est donné à Myriam, la mère de Jésus, cette association est totalement inconcevable dans la langue hébraïque, dans la conscience judaïque. *Yoledet El*, "celle qui a donné naissance à Dieu"... Cela écorche les oreilles de n'importe quel Juif pieux ! Or la moitié du monde chrétien vénère

276

Myriam justement en tant que Mère de Dieu. Les premiers chrétiens auraient considéré cette appellation comme un blasphème. Le culte de la Mère de Dieu dans le christianisme est très tardif, il n'a été introduit qu'au VIᵉ siècle. Dieu, le Créateur de toutes choses, le Créateur du monde et de tout ce qui y vit, n'est pas né d'une femme. D'ailleurs la notion de "Fils de l'Homme" est apparue bien avant la naissance du Christ et avait un tout autre sens.

« La légende de la naissance de Jésus conçu par Marie avec l'Esprit-Saint est un écho de la mythologie grecque. Il y a là-dessous tout le terreau d'un paganisme puissant, d'un monde orgiaque, dans lequel on adorait les forces de la fertilité, de la Terre-Mère. Dans cette conscience populaire subsiste la présence invisible de divinités féminines très anciennes... Le culte de la terre, de la fécondité, de la profusion. Chaque fois que je me heurte à cela, je suis pris de désespoir...

« Tout cela s'immisce dans le christianisme, c'est un vrai cauchemar ! Sans compter que l'on confond sans arrêt deux dogmes, celui, tardif, de l'immaculée conception de la Vierge Marie par ses parents Joachim et Anne, et celui de la conception de Jésus sans semence humaine.

« J'aime tellement l'Annonciation ! C'est une si belle scène : Myriam est là, entourée de lys, avec l'archange saint Michel à côté d'elle, et une colombe blanche vole au-dessus de sa tête. Combien d'âmes innocentes sont persuadées que Myriam a été fécondée par cet oiseau ! Pour moi, c'est exactement la même chose qu'une pluie d'or ou un aigle royal... La nature divine de Jésus est un mystère, et le moment où Il a reçu cette nature est aussi un mystère. D'où sort-elle, cette mystérieuse conception, et qu'en savons-nous ?

« Il existe un ancien *midrach*, *Va-yikra Rabba*, écrit au IIIᵉ siècle, mais les traditions orales remontent toujours plus loin que les traditions écrites. Je pense que ce *midrach* a été rédigé après les Évangiles, quand ce thème a commencé à préoccuper tout le monde. Eh bien, il y a là des paroles qui m'ont touché au plus profond de l'âme, et qui m'ont paru plus vraies que tous les dogmes de l'Église. Les voici : pour une conception, trois composantes sont nécessaires : un homme, une femme, et l'Esprit-Saint. C'est le mot *rouah* qui est utilisé. On ne peut le traduire autrement que par Esprit-Saint. Si bien qu'Il participe à chaque conception, mieux encore, Il continue à veiller sur la femme et sur son enfant après la conception. Les animaux marchent à quatre pattes, et leur embryon est plus solidement accroché que celui de la femme qui, elle, marche sur deux jambes et risque de faire une fausse couche. Dieu est obligé de protéger chaque enfant jusqu'à l'instant de sa naissance. Et pour qu'il n'ait pas peur dans les ténèbres du sein de sa mère, le Seigneur y place une petite lampe. Tout cela nous dit que les Juifs, déjà avant la naissance de Marie et celle de Jésus, savaient que chaque femme conçoit avec la participation de Dieu. Et j'ajouterai encore une chose : chez les Juifs, tous les grands hommes sont nés avec le concours de Dieu. Il est incontestablement intervenu dans la naissance d'Isaac conçu par Abraham et Sarah, qui étaient trop vieux pour avoir des enfants, la visite de l'ange en témoigne. Voilà ce que dit cet ancien manuscrit juif, avec candeur et naïveté, peut-être. Mais je sens une vérité derrière ces mots. Elle est peut-être poétique, mais c'est une vérité.

« Que pensaient les évangélistes de la conception sans semence ? Ils n'en pensaient rien du tout ! C'est-à-dire rien qui diffère sur le fond des opinions existant dans la tradition juive, comme ce *midrach* dont je t'ai rapporté la teneur. Chez Matthieu, le mot "fiancé" n'a été placé devant le nom de Joseph que plus tard, quand on s'est mis à discuter de ce problème. C'est un ajout tardif, lorsque tout le monde a soudain commencé à s'intéresser au mystère du mariage de Marie et de Joseph. Mais comment cela s'est-il passé en réalité ? Marc n'en dit pas un mot, Jean non plus. Seul Luc en parle. L'apôtre Paul non plus ne parle jamais d'immaculée conception, il dit "né de la semence de David" et "devenu Fils de Dieu par la force du don de l'Esprit-Saint". Quant à Myriam, elle n'est même pas mentionnée. Il parle de la Résurrection. De la Mort et de la Résurrection !

« Tu sais ce que cela veut dire, Hilda ? Que pour une conscience faussée, la vie sexuelle est obligatoirement liée au péché. Mais chez les Juifs, la conception n'est pas liée au péché ! Le péché est lié à la mauvaise conduite des hommes. Quant à la conception, c'est une bénédiction de Dieu. Toutes ces légendes sur l'immaculée conception sont nées dans une conscience pervertie, qui voit un péché dans l'union conjugale de l'homme et de la femme. Jamais les Juifs n'ont considéré la vie sexuelle de cette façon. Elle est sanctifiée par le mariage, l'injonction à porter des fruits et à se multiplier est là pour le confirmer. Personnellement, je ne peux pas accepter le dogme de l'Immaculée Conception de la Vierge Marie tel qu'il est présenté dans l'Église d'aujourd'hui. J'aime beaucoup Myriam, indépendamment de la façon dont elle a été conçue. C'était une sainte femme et elle a beaucoup souffert, mais il ne faut pas en faire la mère du monde. Elle n'est ni Isis ni Astarté, elle n'est pas Kali ni aucune des autres déesses de la fécondité auxquelles le monde antique vouait un culte. Qu'ils récitent donc leur rosaire si cela leur plaît, qu'ils la prient comme la Vierge sans tache, qu'ils l'appellent Mère de Dieu et Reine du Monde ! Myriam est si humble qu'elle supportera tout. Elle supportera même ces sanctuaires bourrés de couronnes en or, de médailles, de crucifix et de chiffons brodés que lui offrent les cœurs simples.

« Je n'aurais sans doute pas dû chasser cette moniale, Hilda. Mais quand elle a proposé d'acheter ces robes marron qui sauvent du feu de l'enfer, je n'ai pas pu me retenir ! Si elle revient ici et demande asile, tu peux l'accueillir. Mais uniquement en mon absence.

« Tu comprends peut-être maintenant pourquoi je n'ai pas dit ce que je viens de te dire devant tout le monde. Je ne veux pas porter atteinte aux idées qui se sont formées au plus profond de l'âme de chacun de mes paroissiens. Je ne veux entraîner personne derrière moi. Que chacun suive Dieu en empruntant le chemin qui lui est révélé. Si nous nous réunissons tous ensemble, c'est pour apprendre l'amour, pour nous tenir en présence de Dieu dans une prière commune, et non pour débattre de questions théologiques. Mais toi, Hilda, je t'ai dit tout cela parce qu'il me semble que tu voulais le savoir. »

Maman ! Jamais je ne me suis sentie aussi heureuse qu'en cet instant ! Quand je suis avec Daniel, j'ai toujours l'impression que tout ce qui est inutile, superflu, tout ce qui n'est pas essentiel, se détache de moi par petits morceaux, et plus je me débarrasse de ce qui est inutile, plus je respire librement.

Ensuite, nous avons fermé l'église. Nous avons bousculé le frère Élie, qui était toujours en train de faire tourner son magnétophone. Il n'arrête pas d'enregistrer ce que dit Daniel. Il trouve qu'il faut conserver tous ces sermons. Daniel, ça le fait rire : « Élie pense à l'éternité, il veut immortaliser nos sottises ! »

Je comprends bien que tout cela peut ne pas produire sur toi une impression aussi forte que sur moi. Je dois à présent y réfléchir longuement. J'ai envie de lui opposer des arguments. Mais je ne sais pas comment. Ce qu'il a dit était convaincant, et même inspiré. Mais est-il vraiment possible que des millions de gens se soient trompés ainsi pendant des siècles ? Si on pousse le raisonnement jusqu'au bout, cela veut dire que les hommes tiennent davantage à leurs erreurs qu'à la vérité... En outre, Daniel a l'air de supposer que la vérité est quelque chose de complexe, qui existe dans une version simplifiée et abrégée pour les uns, et sous une forme beaucoup plus compliquée et plus riche pour les autres. Qu'est-ce que tu en penses ? Je t'en prie, réponds-moi vite. Peut-être que je vais même te téléphoner. Il est vrai que les communications avec l'Allemagne coûtent très cher et ce mois-ci, nous avons de nouveau des problèmes d'argent. Je te raconterai pourquoi dans ma prochaine lettre.

Je t'embrasse.

HILDA

14. 1973, HAÏFA
Hilda à sa mère

Ma chère maman,

Moi qui étais si contente l'année dernière parce que nous nous en sortions de mieux en mieux ! Nous avions réussi à tout réparer, et même à construire une petite maison pour notre hospice sur le nouveau territoire de notre communauté, nous avions trouvé de l'argent pour payer une infirmière qui travaille à plein temps, un médecin passe toutes les semaines, le programme pour les enfants commence à bien marcher, et on reçoit des dons d'Allemagne, si bien que nous avons pu faire installer une chaudière avec un moteur plus puissant... Et voilà que, brusquement, nous avons reçu une lettre de la municipalité nous informant que nous occupons illégalement le terrain près de l'église Élie-de-la-Source et qu'il appartient à la ville. Et cela, alors que nous avons déjà tout remis en état, et même deux fois. La deuxième fois après l'incendie. Mais il y avait une église ici autrefois, c'est donc que soit la première église avait été construite illégalement, soit ils sont de mauvaise foi. Daniel est aussitôt allé les voir, et ils lui ont dit qu'ils pouvaient nous laisser le terrain, mais uniquement en location. La somme est énorme, totalement impossible à payer pour nous. Daniel était très calme, bien qu'on lui ait dit que si le loyer n'était pas versé d'ici un mois, ils viendraient avec un bulldozer et détruiraient tout. J'en ai pleuré pendant deux nuits, mais Daniel, lui, n'avait pas l'air de s'en faire du tout.

Un jour, il m'a fait venir et m'a dit : « Tu veux que je te raconte une parabole juive ? » Et il m'a raconté l'histoire d'un certain rabbin Zoussia, qui devait rembourser une dette avant le lendemain matin et qui n'avait pas d'argent. Ses disciples se demandaient avec angoisse comment s'en procurer, mais le rabbin restait calme. Il a pris une feuille de papier et a noté vingt-cinq façons par lesquelles l'argent pouvait arriver. Et une vingt-sixième sur une autre feuille. Le lendemain matin, ils ont reçu de l'argent. Les disciples ont alors lu la liste avec les vingt-cinq possibilités, mais celle grâce à laquelle l'argent était arrivé n'y figurait pas. Alors *reb* Zoussia a déplié l'autre papier. Il y avait écrit dessus : « Dieu n'a pas besoin des conseils de *reb* Zoussia. »

Cela m'a fait rire, bien sûr. Mais deux jours avant la date fixée pour le versement du loyer, un groupe de protestants américains a débarqué, des sympathisants d'Israël, et leur pasteur nous a fait un chèque de cinq mille dollars. Cela représente une année de loyer !

Moi qui avais déjà dit adieu en pensée à notre jardin fraîchement planté, et qui me désolais pour les gens dont nous avons pris la responsabilité et que nous allions devoir mettre dehors... Voilà ce qui nous est arrivé !

Je t'embrasse, maman. Écris-moi pour me donner des nouvelles de tout le monde. Je ne reçois rien ni d'Axel ni de Michael.

HILDA

15. 1972, HAÏFA

Kassia Cohen, paroissienne de l'église Élie-de-la Source, à son mari Ethan aux États-Unis

Mon cher Ethan,

Cela fait un mois que je veux t'écrire pour te raconter la grosse tuile qui nous tombe dessus. J'étais tellement catastrophée que je n'arrivais pas à le faire. Nous avons commis une terrible bêtise en ne t'accompagnant pas. Nous aurions dû partir tous ensemble, nous nous serions arrangés. Et si tu n'avais pas gagné suffisamment d'argent pour acheter un appartement, nous aurions très bien pu continuer à vivre dans notre petit deux-pièces... Maintenant, Dina est enceinte. Je suis horrifiée. À quinze ans ! Non, mais quelle idiote ! Elle en est déjà au cinquième mois. Et je viens juste de m'en rendre compte. Pour être franche, ce n'est même pas moi qui l'ai remarqué, mais Shiffra, notre logeuse. Quand elle a fait allusion à son état, je n'ai pas compris tout de suite. Je n'ai réalisé que le soir. Tout est vrai. Elle ne veut pas dire qui est le père. Elle fait comme si de rien n'était, ou alors elle ne comprend vraiment pas qu'elle a fichu sa vie en l'air ! Et je ne peux même pas dire qu'elle s'est mal conduite, c'est une gentille fille, elle va en classe, elle ne sort jamais tard le soir et rentre à la maison à l'heure. Comment se fait-il que je n'aie rien vu ? Pendant un mois, cela a été la panique totale. Tu n'es pas là. Je n'ai pas envie d'en parler à mes amies, surtout à Melba. Elle me fait déjà assez de réflexions comme ça sur le fait que j'élève mal ma fille !

La semaine dernière, je suis allée voir Daniel. Il m'a reçue, et je lui ai tout raconté. Je lui ai demandé ce que je devais faire, je lui ai dit que j'avais même peur de t'en parler. Il m'a répondu : « Ton mari n'est pas aussi bête que toi, il va être effondré pendant cinq minutes, puis il se réjouira de la naissance d'un être humain. Vous qui êtes si jeunes, vous allez avoir un petit-fils... Si tu savais comme je t'envie ! Quand je vois des bébés, je suis toujours jaloux de ceux qui les ont mis au monde ! C'est si mignon, ces petites mains, ces petits doigts, ces minuscules oreilles... Mais réjouis-toi, espèce de gourde ! Parles-en à Hilda, elle rassemblera un trous-seau pour le petit. Elle a un fond de roulement, des affaires d'enfants que les mamans échangent entre elles. Des berceaux, des poussettes... Et Dina, elle a le moral ? »

Je lui ai répondu qu'elle avait l'air complètement ailleurs, elle fait comme si rien ne s'était passé. Et elle ne dit pas de qui est l'enfant.

« Elle n'ose pas, a-t-il déclaré. Ce doit être un gamin, comme elle. Ne l'envoie plus à l'école, sinon les autres vont lui dire des choses blessantes, et on n'a pas besoin de cela. Elle le mettra au monde, elle le posera sur tes genoux, et elle reprendra ses études. C'est une fille intelligente. Il ne faut pas qu'elle considère cela comme un malheur. C'est un bonheur. Tu voudrais quoi ? Que les choses soient programmées ? Si tu savais le nombre de femmes que je connais qui n'arrivent pas à avoir d'enfants... Ça, c'est un malheur. Toutes mes félicitations, Kassia ! Quant à Dina, qu'elle vienne à la messe. Tout le monde l'aime bien ici, et personne ne lui fera de mal. Allez, va-t'en, je suis très occupé aujourd'hui ! Regarde le nombre de livres que j'ai à lire... »

Quand je suis rentrée à la maison, Dina était avec un camarade de classe. Un garçon tout petit, avec des oreilles en chou-fleur, il a l'air d'avoir douze ans. Rudy Brook. Il a une tête de moins qu'elle. C'est le plus doué de la classe, il est toujours premier. Dès que je suis arrivée, il a foncé vers la porte. Je lui ai demandé où il allait comme ça.

« J'ai promis d'être rentré à la maison vers neuf heures, et il est déjà dix heures et demie. Maman va s'inquiéter. »

Là, j'ai été prise d'un fou rire. Je riais à travers mes larmes.

« Dans ce cas, pourquoi n'es-tu pas parti plus tôt ?

— Dina avait peur toute seule. Je t'ai attendue. »

J'avais une de ces envies de lui donner un coup de pied aux fesses ! Il était là, avec son long cou tout maigre, et Dina qui me regardait avec de grands yeux, comme une chatte sauvage. Je me suis dit : « Mon Dieu, mais est-ce qu'elle l'aimerait, par hasard ? »

Voilà, Ethan, mon chéri, je t'ai tout raconté. Les choses se seraient passées autrement si nous étions partis ensemble, tout ça, c'est à cause de ma cupidité. Il me semblait que nous ne pourrions pas vivre sans cet appartement, et qu'il ne se présenterait peut-être pas d'autre occasion de gagner de l'argent. Maintenant, tu vas revenir avec une grosse somme, nous allons acheter un appartement de trois pièces, mais il sera trop petit désormais, etc., et ainsi de suite.

Je t'embrasse, mon chéri. Tu me manques beaucoup. J'ai eu tort de ne pas partir avec toi. Je t'attends. Il ne reste plus que quatre mois. Quand tu arriveras, nous aurons déjà un petit-fils. Je ne sais pas pourquoi, j'ai l'impression que ce sera un garçon. Cela pourrait être le nôtre.

Dina ne veut pas t'écrire. Elle a honte, tu lui fais peur. Elle te respecte bien plus que moi, et elle ne veut pas te montrer son gros ventre. Oh, tu sais à quoi j'ai pensé ? On pourrait accoucher ici, déménager dans une autre ville, et dire à tout le monde que l'enfant est de moi ! On l'adopterait. Mais étant donné que tu es absent depuis un an, tous nos amis penseraient que j'ai pris du bon temps... Quelle variante te plaît le plus ? Les deux sont pires.

Je t'embrasse encore une fois.

KASSIA

16. 1973, HAÏFA

Daniel Stein à Emmanuel Leroux à Toulouse

Cher frère Emmanuel,

Je vous rappelle notre brève rencontre à Toulouse pendant une conférence de notre ordre en 1969. Si ma mémoire ne me trompe pas, vous m'avez dit que, tout en étant moine, vous continuez à travailler comme chirurgien dans une clinique neurologique pour enfants, et que vous faites des opérations du cerveau. J'ai dans ma paroisse une femme dont la fille de quinze ans a donné naissance à un enfant malade, il est hydrocéphale. Il a à présent dix-huit mois, et les médecins qui le suivent ont dit qu'il existait une opération qui pouvait arrêter le développement de la maladie, mais on ne la pratique pas en Israël, il n'y a pas de chirurgiens spécialisés. En revanche, il y en a en France. J'ai pensé à vous, et j'ai décidé de vous demander un service : pourriez-vous vous renseigner pour savoir où exactement on procède à de telles opérations en France ? Peut-être vous serait-il possible d'organiser une consultation pour l'enfant ?

La mère de ce malheureux bébé est encore une enfant elle-même, et elle est extrêmement traumatisée. Je vous serais reconnaissant si vous me donniez des renseignements à ce sujet. J'aimerais également savoir combien peut coûter une telle intervention. La famille du petit malade n'est pas riche, si bien qu'il nous faudra trouver l'argent nécessaire.

Bien affectueusement.

Frère DANIEL STEIN

17. 1973, TOULOUSE
Emmanuel Leroux à Daniel Stein

Cher frère,

Votre lettre est tombée entre les mains qu'il fallait. C'est justement dans notre clinique que cette méthode a été mise au point. L'opération est assez compliquée et se pratique sur des enfants très jeunes. Les résultats sont bons. Mais cela dépend beaucoup du stade de la maladie. Il y a des cas où nous ne pouvons plus rien faire. Envoyez-moi, je vous prie, les résultats des analyses de l'enfant, et nous pourrons alors décider si sa venue est justifiée. Pour ce qui est des questions financières, nous en discuterons plus tard, une fois que nous saurons si une intervention chirurgicale est possible. Notre clinique est financée par des fonds caritatifs, ce qui peut faire sensiblement baisser les dépenses de la famille. Et puis ici, à Toulouse, nous pourrons au moins la loger dans notre centre d'hébergement ou chez des paroissiens, si bien que nous ferons des économies d'hôtel.

Affectueusement.

Frère EMMANUEL

18. 1973, HAÏFA

Tableau d'affichage de l'église Élie-de-la-Source

MERCI À TOUS CEUX QUI ONT DONNÉ DE L'ARGENT POUR L'OPÉRATION DE SHIMON COHEN.
NOUS AVONS DÉJÀ RASSEMBLÉ 4 865 DOLLARS. IL EN FAUT ENCORE I 135. MAIS ON PEUT DÉJÀ ENVOYER L'ENFANT EN FRANCE POUR SE FAIRE OPÉRER.
MERCI À TOUS !

HILDA

19. 1973, TOULOUSE

Kassia Cohen à Ethan Cohen

Mon cher Ethan,

Dès que nous sommes arrivés, notre petit bonhomme a été examiné par deux médecins, un pédiatre et un chirurgien. Ils l'ont ausculté pendant une heure et demie. Il n'a pas pleuré, il s'est bien comporté. Puis le pédiatre a dit qu'intellectuellement il allait très bien, que tous les retards que l'on observait concernaient la motricité et provenaient de la pression du liquide sur le cerveau. Ils ont prescrit encore un autre examen, ont fait l'éloge de toutes les radios que nous avions apportées et ont dit que les médecins israéliens n'étaient pas plus mal que les médecins français.

Dina me ravit et me surprend. Comme tu le sais, ce voyage est prévu depuis le mois de mars, et nous ne sommes partis qu'en juin. Imagine-toi qu'entre-temps elle a appris le français ! Elle passait sa vie le nez dans ses manuels. Moi, cela m'agaçait, je trouvais qu'elle perdait son temps. Eh bien, figure-toi qu'elle comprend tout et qu'elle parle !

Notre petit garçon a été admis à la clinique, au début il a bien fait quelques caprices, mais Dina lui avait préparé des jouets et cela s'est passé sans pleurs, il a juste un peu boudé. C'est un bébé très mignon et très intelligent. Comparé aux autres enfants du service, le nôtre ne va pas si mal que ça. Le lendemain, après les radios, le professeur a déclaré qu'à son avis le pronostic était bon. Dans la chambre voisine, il y a un enfant... Ah, Ethan ! On en a le cœur tout retourné : il a une tête deux fois plus grosse que le nôtre, on dirait que tout son visage est mangé par son menton, et il a une énorme boule sur le crâne, de la taille d'une grosse pomme. Et sa mère aussi est là, la pauvre... Quel malheur, mon Dieu ! Quel malheur !

Mais le moral de Dina est remonté en flèche : notre petit à nous est parmi les moins atteints.

Elle a fait la connaissance de plusieurs mamans, figure-toi qu'elles ont des séances avec des psychologues. Moi aussi je vais y aller, mais plus tard, pour l'instant, j'ai plutôt envie de visiter la ville.

Nous sommes logés dans une petite chambre à l'hôtellerie du monastère. C'est une grande communauté, les gens sont très chaleureux, je ne m'attendais pas du tout à une telle cordialité et à une telle gentillesse de la part des Français. Ils m'ont toujours paru hautains et arrogants. Nous avons pour voisine une jeune Brésilienne, Aurore, c'est la mère de l'enfant dans un état si grave que je t'ai décrit plus haut. Elle est là avec son frère jumeau, Stéphane. Le mari d'Aurore s'est enfui en voyant cet enfant malade. Son frère, en revanche, prend les choses très à cœur. Il y a beaucoup de souffrance ici, mais aussi beaucoup de réconfort.

Dina se comporte très bien, j'ai l'impression qu'elle s'est calmée et qu'elle reprend goût à la vie. En tout cas, il n'y a plus aucun signe de la dépression dans laquelle elle était tombée.

L'opération va avoir lieu très vite, au début de la semaine prochaine. Le professeur a dit qu'il ne voulait pas faire de prédiction, mais qu'il pensait pouvoir nous renvoyer chez nous d'ici deux semaines. On espère que l'intervention va stopper le processus.

Dès qu'ils l'auront opéré, je te téléphonerai. Nous avons beau vivre ici gratuitement, nous dépensons quand même des sommes astronomiques. La nourriture est assez chère, et puis Dina avait très envie de sandales et je lui en ai acheté. Dimanche, nous sommes allées à la messe. Il y avait deux Polonaises très gentilles.

Nous avons tout de suite sympathisé. C'était le frère Emmanuel qui célébrait, celui qui a organisé notre voyage. Après la messe, il est venu nous trouver lui-même et nous a demandé si nous avions besoin de quelque chose.

Tu sais, mon cher Ethan, j'ai toujours un peu envié les Juifs de former une communauté si unie, une grande famille où les gens se soutiennent (je ne parle pas de ta famille à toi, bien sûr), mais cette fois, j'ai senti que cette communauté familiale existe aussi chez les chrétiens. Lorsque nous sommes tous ensemble, nous sommes frères et sœurs. Je l'ai surtout ressenti avec acuité pendant que j'attendais mon tour pour communier, tous les gens dans la queue étaient unis en un seul esprit et en une seule famille. C'est tellement merveilleux !

Je t'embrasse, j'espère que tout va bien se passer (j'ose à peine écrire ces mots...).

Ta KASSIA

Dina a dit qu'elle allait t'écrire une lettre de son côté.

20. 1976, RIO DE JANEIRO
Dina à Daniel Stein

Cher frère Daniel,
Maman t'a sans doute dit que nous nous sommes déjà mariés civilement en France, Stéphane et moi, et maintenant Stéphane insiste pour que nous fassions un mariage religieux. Il dit qu'il faut réparer les erreurs de jeunesse et que nous devons donner naissance à notre deuxième enfant dans les règles, c'est-à-dire une fois mariés à l'Église. Et si quelqu'un doit nous marier, qui cela peut-il être sinon toi ? Dis-nous quand cela t'arrange de venir au Brésil à partir du mois de septembre, et nous vous enverrons aussitôt des billets, à Hilda et toi. J'aimerais bien que tu ne tardes pas trop, sinon la mariée n'entrera plus dans aucune robe. Notre deuxième enfant doit naître en janvier. Les Brésiliens sont des

288

gens super, mais un mariage qui n'est pas consacré par l'Église leur paraît suspect. Et puis ici, cela ne se fait pas du tout d'accoucher avant ses noces !

Je ne sais pas si maman t'a dit que la famille de mon mari était très riche, ils fabriquent des chaussures à la mode très connues dans toute l'Amérique du Sud. Les parents de Steph veulent organiser un grand mariage, et ils m'ont proposé de faire venir d'Israël tous les gens que je voulais. Je veux inviter Hilda, elle a été si bonne pour moi dans les moments les plus difficiles. En plus de mes parents, il y aura aussi à mon mariage deux de mes amies d'école et un frère de papa avec ses enfants. Papa est absolument ravi, c'est la première fois que son honorable famille juive va prendre part à une cérémonie organisée par la branche chrétienne. En revanche, Léo, mon autre oncle, n'a pas l'intention de venir. Mais grand-mère y réfléchit. Peut-être qu'elle va réfléchir encore un peu, qu'elle pardonnera à maman ses origines polonaises, et à papa son mariage pas très raisonnable.

Cher frère Daniel ! C'est seulement maintenant que je commence à comprendre que ma vie s'est arrangée grâce à toi : c'est toi qui as réconcilié mes parents quand le bébé est né et que papa a voulu nous quitter, c'est toi qui nous as envoyés faire cette opération à Toulouse, où j'ai rencontré Stéphane et Aurore. J'ai vécu avec eux la mort du petit Nicky, et puis ces affreuses complications avec notre bébé, c'est un miracle qu'il ait survécu à cette infection. Après cela, nous sommes tout simplement devenus inséparables, j'ai trouvé non seulement une amie et une sœur que j'adore, mais aussi un mari, le meilleur qui soit au monde. Tu te souviens quand tu es venu me voir avant mon accouchement, alors que j'étais à deux doigts d'en finir avec la vie, pauvre idiote ! Tu m'avais expliqué combien j'allais être heureuse, que tout allait bien se passer si j'apprenais à vivre selon des règles que tout le monde connaît bien mais que chacun doit découvrir par lui-même, dans le fond de son cœur, sinon ce ne sont que des mots creux.

Je ne peux pas dire que j'ai compris tout de suite, mais cela s'est fait peu à peu.

Grâce à Dieu, notre bébé se porte à merveille. On n'a pas encore corrigé son strabisme, mais frère Emmanuel dit qu'il faut faire cette opération un peu plus tard. Physiquement, du point de vue taille et agilité, il est un peu en retard sur les enfants de son âge, mais il les dépasse de loin en maturité. Ne va pas croire que, comme toutes les mamans, j'exagère les qualités de mon enfant, mais il n'a pas encore quatre ans et il lit couramment, il se souvient de ce qu'il a lu presque par cœur, et toute la famille est en adoration devant lui, surtout Steph et Aurore.

Je sais avec certitude que rien de tout cela ne serait arrivé si tu n'avais pas prié pour moi.

Cher frère Daniel ! Le Brésil est un pays catholique, les parents de Steph sont croyants, mais leur catholicisme est tellement différent du nôtre ! J'ai l'impression qu'ils sont encore plus différents de nous, les chrétiens israéliens, que le sont les Juifs orthodoxes.

J'ai terriblement envie de discuter avec toi, car il y a des questions que je n'ose même pas poser. Viens ! Après tout, moi aussi, je suis ta fille spirituelle, même si je vis au Brésil.

Je t'embrasse.

DINA

21. 1978, ZIKHRON IAAKOV
Olga Isaakovna à Daniel Stein

Très honoré Père Daniel,

C'est une inconnue qui vous écrit, je viens d'Odessa et je m'appelle Olga Isaakovna Reznik. Je vis depuis cinq ans à Zikhron Iaakov avec la famille de mon fils David — sa femme Véra, qui est russe, et leurs enfants. Tout allait très bien, mais David a commencé à avoir des problèmes cardiaques et on lui a prescrit une opération. Il est mort pendant l'intervention, et on l'a ranimé. Véra est une excellente épouse, une excellente mère, et nous avons de très bons rapports, comme on en voit rarement entre une belle-mère et une belle-fille. C'est Dieu qui me l'a envoyée, elle est plus qu'une fille pour moi.

Pendant l'opération de David, Véra s'est enfermée et elle a

prié. Elle a prié si fort que je l'ai senti, c'était comme un vent qui soufflait. Il était trois heures. Ensuite, on nous a dit que son cœur s'était arrêté à trois heures et que les médecins avaient réussi à le ranimer. Mais moi je crois, je suis sûre que ce ne sont pas les médecins qui l'ont ranimé. Elle a prié Jésus-Christ et la Vierge Marie, dont je ne me suis jamais préoccupée. Mais ce jour-là, je le sais, le Christ a sauvé mon fils. À cause de la prière de Véra. Et maintenant, je veux me faire baptiser parce que je crois en Lui, quoi qu'en disent et quoi qu'en pensent les Juifs. J'ai demandé à Véra de faire venir un prêtre. Elle me l'a promis, puis elle a refusé. Ou plutôt, ce n'est pas elle qui a refusé, c'est le prêtre orthodoxe qu'elle va voir. Il a dit qu'il ne baptisait pas les Juifs. Alors je lui ai demandé de me trouver un prêtre juif, il paraît qu'il y en a. Elle m'a dit qu'ici il y avait vous, un prêtre catholique. Cela m'est complètement égal, même si j'aurais préféré un orthodoxe pour être comme Véra. Mais où en trouver ? C'est pourquoi je vous demande de venir nous voir, père Daniel, et de me baptiser. Je ne sors plus de la maison depuis deux ans à cause de ma jambe malade.

Je vous supplie de ne pas refuser, car je suis déjà âgée. Je Lui suis tellement reconnaissante pour ce qu'Il a fait ! Et je n'ai aucun autre moyen de Le remercier.

David est furieux contre moi, il trouve que je suis devenue folle. Mais mon cœur me dit que je dois le faire. David part travailler à sept heures et demie et ne rentre pas avant six heures, aussi venez quand cela vous arrange, mais pendant les heures de travail, afin qu'il ne soit pas au courant de la « cérémonie ». J'ai quatre-vingt un ans, je suis presque aveugle et je ne peux pas lire l'Évangile, mais Véra me le lit, et dedans, on ne dit pas qu'il y a une différence entre les catholiques et les orthodoxes. Je vous attends. Prévenez-moi à l'avance, et je vous préparerai un bon petit plat.

Au revoir.

OLGA ISAAKOVNA REZNIK

22. MARS 1989, BERKELEY

Ewa Manoukian à Esther Hantman

Chère Esther,

Il paraît que d'après les statistiques, il se produit dans la vie des Américains un grand changement tous les sept ans : ils changent soit de travail, soit de domicile, soit de partenaire. Pour moi, les deux premiers changements ont eu lieu en même temps : j'ai déménagé, et j'ai perdu mon travail. Pour le travail, je suis en train d'en chercher, j'ai envoyé mon CV dans différents endroits, et il y en a un où j'aimerais beaucoup être engagée, c'est un parc national magnifique dans lequel se trouvent un petit centre de recherches et un laboratoire de pédologie. Avant, je pensais que rien ne valait Boston et Cape Cod, mais la Californie, c'est mieux. En tout cas, ce n'est pas moins bien. Nous avons loué une merveilleuse maison avec vue sur le Golden Gate. Je n'arrive pas à décoller de la fenêtre. Si je ne trouve pas de travail, je passerai mon temps à regarder dehors. Cela aussi, ça ne doit pas être mal ! En plus de son travail principal, Gricha a reçu encore une autre proposition : devenir consultant pour une société. Il est très content. Du point de vue matériel, c'est tout simplement mirobolant.

Alex est très heureux, il a définitivement décidé de s'inscrire dans une école de cinéma à Los Angeles, il a même laissé tomber ses Grecs. Il ne se sépare plus de sa caméra et est en train de tourner un film qu'il invente lui-même, avec pour personnages principaux des chiens et leurs maîtres. Du coup, nous sommes continuellement envahis par trois chiens et leurs jeunes maîtres, un petit Chinois très drôle et un Mexicain d'une beauté époustouflante. Ils sont tous très gentils, mais cette bande est exclusivement masculine, l'unique représentante du sexe féminin est la chienne Gilda. Je finis presque par m'habituer à cet entourage mâle, même si je n'abandonne pas l'espoir de voir apparaître une fille sexy qui séduira mon Alex. Il a dix-huit ans et, à son âge, Gricha avait déjà couché avec la moitié des filles de sa classe.

Gricha et Alex ont toujours des relations aussi affectueuses, et je te suis reconnaissante d'avoir mis un terme à ma psychose. Il faut dire que mes séances de psychothérapie m'aident aussi beaucoup à retrouver un équilibre psychologique. Mais si ces amitiés entre garçons pouvaient prendre fin et qu'Alex se trouvait une fille (je voulais écrire « bien », et puis j'ai réalisé qu'elle pouvait être tout ce qu'elle voulait !), mes soupçons se dissiperaient comme un mauvais rêve.

Il est beaucoup plus important de s'écrire que de se parler au téléphone. C'est tout à fait autre chose. Je t'ai raconté en deux mots comment j'avais trouvé Rita lors de mon dernier voyage en Israël. À présent, elle reçoit presque tous les jours la visite d'une nouvelle amie qu'elle a rencontrée à l'hôpital, Agnès. Une Anglaise tristounette, une infirmière sans le moindre charme, avec une toute petite bouche et de grandes dents. Elle a entraîné maman dans une sorte de secte chrétienne, ce qui me remplit de stupéfaction. Mais Agnès a une très bonne influence sur elle. Elles ont des conversations sur la religion, et je dois dire que, là, les bras m'en tombent. Je me souviens encore de sa fureur quand j'ai commencé à aller à l'église à Varsovie ! Mais Agnès n'est pas catholique, c'est plutôt une sorte de protestante et apparemment, cela convient très bien à ma mère. Pourtant, je n'arrive pas à me défaire d'un certain malaise : tu sais que je suis croyante et, d'un point de vue formel, catholique, mais ma vie chaotique m'empêche de pratiquer au quotidien, je prie lorsque je suis aux abois. Quant à réciter mon chapelet, merci bien ! Le fait que Rita se soit soudain plongée dans les Évangiles me met dans une situation bizarre. Si je suis vraiment chrétienne, je dois me réjouir que ma mère, une mécréante et une communiste, se soit convertie, or je suis perplexe et j'éprouve même un certain agacement. Quelque chose du genre : ne mets pas ton nez là-dedans, c'est mon domaine à moi ! Heureusement qu'elle ne s'est pas convertie au catholicisme, ça, je ne l'aurais pas supporté...

D'un autre côté, je comprends bien que ma mère est le type même du croyant, sa foi dans le communisme était plus solide que ne l'est ma foi dans le Christ. Je sais bien que les deux te sont aussi étrangères l'une que l'autre, mais tu l'as connue quand elle était jeune, tu es même la seule personne qui se souvienne de mon père mythique. Comment expliques-tu cela ? C'est à un psychanalyste qu'il faudrait s'adresser pour débrouiller cette situation qui dépasse l'imagination !

Pour l'instant, je ne me suis pas encore fait d'amis, mais l'un des avantages de travailler dans une université est qu'il y a une certaine vie sociale, des concerts, des soirées, et nous sommes constamment invités. Nous avons pour voisins une famille très sympathique, des universitaires, eux aussi, lui est professeur, un linguiste qui vient de Russie, et sa femme est américaine, c'est une historienne qui étudie le mouvement ouvrier. Nos relations ont même un petit côté « russe », nous allons prendre le thé chez les uns et chez les autres. Ils ont une fille de quinze ans adorable, dans laquelle je place de grands espoirs : peut-être qu'Alex va lui plaire ?

Ah, oui, quand j'étais à Jérusalem, je suis allée voir Joseph, le restaurateur. La veille, ils avaient enterré la mère de Léa, Prasco-via Ivanovna, je t'avais parlé d'elle, je crois. La petite vieille avec un fichu qui faisait le signe de croix sur la nourriture le jour du shabbat. J'ai appris que, en fait, elle avait été mariée à un prêtre, c'était une femme très simple, une campagnarde, elle avait émigré en Israël avec sa fille et avait le mal du pays. Quand elle est morte, ils ont voulu l'enterrer selon le rite orthodoxe, naturelle-ment. Ils sont allés à l'église orthodoxe locale, mais le prêtre, un Grec, a refusé de célébrer ses funérailles parce que ces Grecs, s'ils sont orthodoxes, ne sont quand même pas tout à fait pareils. Joseph et Léa sont alors allés à Jérusalem, ils ont voulu la faire enterrer dans l'église du Patriarcat de Moscou, mais là, on leur a dit que personne ne la connaissait, qu'il fallait apporter la preuve qu'elle était baptisée. Tu te rends compte ? Une petite vieille qui a été baptisée il y a quatre-vingts ans dans la ville de Torjka ! Alors ils sont allés à Ein Kerem, où il y a un monastère orthodoxe et un cimetière. Et là, on leur a demandé une somme dont il n'avaient pas le premier sou. La terre est très chère en Israël. Au bout de cinq jours, ils n'étaient toujours pas arrivés à l'enterrer. Ils ont fini par s'adresser à un prêtre catholique qui est moine dans un cou-vent de carmes, et il l'a enterrée à Haïfa, dans un cimetière arabe. Il y a là-bas une église catholique arabe. Avant, ce moine faisait enterrer là beaucoup de chrétiens sans feu ni lieu, mais ensuite, ils n'ont plus voulu, le cimetière est petit et ils n'auront bientôt plus la place d'ensevelir leurs propres morts. On a fait venir le cercueil à Haïfa. Le gardien du cimetière refusait de les laisser entrer. Joseph était désespéré, il n'y avait plus personne à qui s'adresser. Alors ce prêtre s'est mis à genoux devant le gardien et lui a dit en arabe qu'il préférait que l'on jette son propre corps dans la mer pour nourrir les poissons, mais que l'on enterre cette vieille femme. Et l'autre a laissé passer le fourgon. On a creusé une tombe en vitesse, et le moine a célébré l'office des morts. Joseph m'a dit ensuite que, dans l'église orthodoxe, l'office des morts est l'un des plus beaux qui soit, mais que celui auquel il a assisté ce jour-là était une véritable fête devant le Seigneur. Ce prêtre catholique est un Juif polonais. Et je me suis demandé, Esther, si ce n'était pas celui dont tu m'avais parlé, tu sais, cet interprète qui a fait sortir des Juifs du ghetto d'Emsk. Cela ne m'étonnerait pas. Ici, en Israël, on se rend compte que le monde est petit, les gens sont tous soit des parents, soit des voisins.

Joseph a bien reçu ton livre, il dit que les miniatures sont magnifiques, mais il a une très grosse commande en ce moment et il ne pourra pas s'en occuper tout de suite. Je lui ai dit que ce n'était pas pressé, cela attendra bien encore un peu.

Mon bureau se trouve juste devant la fenêtre et dès que je regarde dehors, j'oublie tout. Si je réussis à obtenir un travail au parc national, la vie sera tout simplement parfaite ! Gricha dit que je ferais mieux de rester à la maison. Mais je n'ai pas du tout l'habitude de vivre sans travailler. Bien sûr, l'idéal serait un mi-temps, mais ça, c'est une question de chance. Un temps complet est plus facile à trouver.

Je t'attends avec impatience. J'espère que tu ne vas pas trop tarder et que tu te décideras bientôt à faire le voyage. Mais n'oublie pas qu'il vaut mieux venir pendant les grosses chaleurs, il ne fait jamais très chaud ici. Nous irons voir l'océan. La nature est magnifique et la ville elle-même est très sympathique. Quant à la végétation, on ne trouve rien de pareil à Boston. De vraies forêts, immenses, avec des sentiers, des ruisseaux... C'est un paradis, un véritable paradis !

Je t'embrasse, ma chère Esther. Gricha me demande de te saluer et de te transmettre son invitation.

À bientôt.

Ton EWA

23. 1989, BERKELEY
Ewa Manoukian à Esther Hantman

Ma chère Esther,
J'ai passé toute la nuit à pleurer, je n'ai pas fermé l'œil une seconde. Gricha n'est pas là, il est allé à une conférence en Allemagne. Alex est avec un camarade à San Diego, chez des copains qui sont en train de tourner un film. Et il m'a laissé une lettre avant de partir. Je t'en envoie une photocopie, je n'ai pas la force de te la résumer. J'ai éprouvé à la fois du soulagement et le poids d'une nouvelle responsabilité. Je suis effondrée. Et dans le désarroi le plus total. Maintenant, il me semble que c'était plus facile avant, quand les choses n'étaient pas dites. Il restait encore un espoir. Alex est un très bon garçon. Je n'ai pas envie que mon fils soit malheureux. Mais je n'ai pas envie qu'il soit homosexuel. Visiblement, il va falloir que je change mes façons de voir.
Je t'embrasse.

EWA

24. 1989, BERKELEY
Alex à Ewa Manoukian

Maman,
Les choses n'ont pas été faciles pour moi ces derniers temps, jusqu'à ce que je me décide à te dire une vérité que tu devines. Je sais que je vais te décevoir : j'ai choisi un chemin qui ne cadre absolument pas avec ta conception de la vie. Mais je sais que l'honnêteté est l'un de tes principes essentiels, c'est pourquoi le mensonge, dans ma situation, aurait été plus dur que tout. Tu m'as toujours appris à me poser des questions et à y répondre avec hon-

nêteté, dans tous les domaines de la vie. Je me souviens, quand tu as quitté papa, tu m'as expliqué que tu étais tombée amoureuse d'un autre homme et que Ray t'avait déçue. À l'époque, ta franchise m'avait beaucoup choqué, mais je comprends à présent que tu as bien fait.

Tu vas peut-être protester que, cette fois, il ne s'agit pas du tout d'honnêteté, mais de péché au sens biblique du terme. Pourtant, jamais je ne me suis senti plus honnête qu'en cet instant, alors que je te fais cet aveu. Mais avant toute chose, c'est à moi-même que je le fais.

Que de nuits j'ai passées à tourner en rond dans ma chambre sans pouvoir trouver le sommeil, à me demander qui j'étais et ce que je voulais. Toutes sortes de pensées me venaient à l'esprit, par exemple, sur l'écart qui existe entre l'idée que nous nous faisons de nous-mêmes, celle que notre entourage se fait de nous, et ce que nous sommes en réalité. C'est tellement merveilleux quand les trois concordent plus ou moins. Et comme l'existence d'un homme est pénible quand ce n'est pas le cas !

C'est si important de découvrir la vérité sur soi-même. J'ai beaucoup réfléchi là-dessus. Quand j'ai commencé à me poser des questions sur ma sexualité, j'avais très envie d'être comme tout le monde, je voulais être sûr que j'étais quelqu'un de normal qui ne paraissait suspect à personne, y compris à moi-même. Le problème, c'est que je n'avais tout simplement aucune expérience sexuelle concrète. De façon générale, dans ce domaine, j'étais totalement innocent. Mais peu à peu, j'ai pris conscience que je me mentais à moi-même, c'est venu de l'intérieur. Et à un certain moment, il m'est devenu impossible de me mentir davantage. C'était un traquenard, tout simplement.

Il existe en grec le mot « scandale », dont le sens premier est « trébuchet », puis ce trébuchet est devenu « un piège pour les animaux ou les ennemis ». Deux mille ans plus tard, dans les Évangiles, ce mot n'est plus traduit que par « tentation ». Tu vois, ma passion pour la langue grecque a quand même servi à quelque chose !

Tous les matins, en me réveillant, je devais rassembler les morceaux de moi-même, je trimbalais partout avec moi cette question non résolue, et j'avais peur que tout le monde autour de moi s'en aperçoive. Du matin au soir, je contrôlais étroitement chacune de mes paroles, chacun de mes gestes, chacune de mes réactions — j'avais envie de m'évaporer, de disparaître, je voulais que personne ne remarque mon existence.

Le soir, je reculais l'instant d'aller me coucher et de me retrouver seul avec mes démons, je restais devant mon ordinateur, j'écoutais de la musique, je lisais. Tu te souviens du nombre de livres que j'ai dévorés pendant mon adolescence ? La littérature du monde entier est remplie d'amour. Quand je sortais de mes bouquins, je vous voyais, Gricha et toi, unis par une passion si rayonnante. J'étais attiré par Gricha... Maintenant, je suis capable de m'avouer la nature de mes sentiments mais, à l'époque, je ne comprenais pas.

Finalement, j'ai dû reconnaître ma défaite. J'ai capitulé. Que ce soit bien ou mal, je suis ce que je suis. À présent, j'ai absolument besoin de m'expliquer avec toi, mais pendant longtemps je n'ai pas trouvé le courage de le faire. Il ne s'agit pas seulement de toi, tu sais, mais de tous les gens que j'aime et que j'estime, et qui ne considèrent pas les homosexuels d'un très bon œil (pour ne pas dire autre chose). En me déclarant homo, je deviens un marginal bizarre, c'est comme si je perdais une partie de mes droits dans mes rapports avec le monde. La plupart des gens détestent les homosexuels, ils les considèrent, dans le meilleur des cas, comme des renégats, et dans le pire, comme des dépravés.

Tout cela me rendait infiniment malheureux.

J'ai eu la chance de rencontrer Enrique. Par sa naissance, il appartient à une autre culture. Bien que sa famille soit catholique, il a quand même des racines indiennes et il ne peut pas les renier. Eux, ils avaient une autre vision de la sexualité, différente de celle qui a cours dans notre monde. Dans de nombreuses tribus indiennes, il n'existait aucun interdit sur les relations homosexuelles. Enrique en sait beaucoup plus long que moi dans ce domaine, il m'a montré des articles scientifiques qui décrivent même une homosexualité institutionnalisée. Dans certaines tribus, les contacts sexuels avec les femmes étaient tout simplement interdits aux hommes ayant le statut de guerrier, et les seuls partenaires autorisés étaient de jeunes garçons.

Comprends-moi bien, je ne porte aucun jugement de valeur, il s'agit simplement d'une situation sociale qui reflète un des aspects de l'être humain. Si tu veux, c'est la preuve que les relations homosexuelles n'ont pas toujours été condamnées par la société.

Enrique m'a délivré d'une terrible culpabilité vis-à-vis du monde entier et m'a donné le sentiment, la certitude que nos relations, c'est notre affaire personnelle, que notre amour ne concerne que nous et qu'il n'a pas besoin de l'approbation ou de la réprobation de la société. Mais pour me sentir heureux, je ne sais pas pourquoi, j'ai besoin que tu cesses de faire semblant de ne pas savoir que je suis homosexuel, que tu reconnaisses ce fait et que tu l'acceptes.

Ce sera honnête. Et au bout du compte, ce sera bien.

Je sais qu'en t'annonçant cette vérité, je te place devant un conflit purement chrétien : aux yeux de ton Église, je suis un pécheur, et cela te fait mal. Il n'y a qu'une seule chose que je puisse te dire pour te réconforter : j'espère que Dieu se montrera plus clément envers ceux dont le péché est d'aimer d'un amour « anormal » qu'envers ceux dont le péché est de haïr ouvertement.

En dépit de tout, je suis très content d'avoir enfin écrit cette lettre que j'ai été incapable de rédiger pendant si longtemps. Mais je suis tout de même parti, afin de te donner le temps de reprendre tes esprits et d'accepter cet aveu.

Je t'aime beaucoup, ma petite maman, j'aime Gricha, et tous vos amis avec lesquels on s'amuse toujours tellement.

Ton fils ALEX

25. 1989, JÉRUSALEM

Le restaurateur Joseph à Esther Hantman

Chère madame Hantman,

J'ai commencé à travailler sur votre livre. Je connaissais déjà une grande partie du texte, il s'agit d'une variante de la Hagga-dah. L'image sur laquelle vous me demandez des éclaircissements est assez rare : on y voit une femme nue dont la partie supérieure du corps émerge d'un buisson. Les mains qui tressent sa natte sont celles de Dieu. Ce *midrach* date sans doute du Moyen Âge, mais il apparaît pour la première fois dans les écrits du rabbin Siméon Ben Manassi. Je ne le savais pas, bien sûr, mais hier j'ai reçu la visite d'un ami, un collaborateur du département des manuscrits du musée de Jérusalem. Voici le texte : « Tiré des écrits du rabbin Siméon Ben Manassi : Avec une sollicitude maternelle, Dieu tresse de ses propres mains les cheveux d'Ève avant de la présenter à Adam. »

Si vous n'en avez pas un besoin extrême, mon ami vous conseille de ne pas vendre ce livre.

Il n'est pas particulièrement précieux puisqu'il n'est pas très ancien, mais à ce qu'il dit, il est exceptionnel du point de vue du contenu. Si vous le désirez, je peux faire faire une expertise, et l'on vous donnera les conclusions appropriées, mais une expertise est une chose assez coûteuse. Je m'occuperai de votre livre la semaine prochaine et j'espère l'avoir terminé d'ici la fin du mois.

Sincèrement.

JOSEPH FELDMAN

26. 1959-1983, BOSTON
Extrait des notes d'Isaac Hantman

Je n'avais jamais pensé que la passion de collectionner quoi que ce soit pouvait avoir un rapport avec moi, cette manie ne m'a jamais paru très noble. L'amour pour les objets que l'on accumule provient de la vanité du collectionneur. Mais un beau jour, en regardant mes dernières acquisitions sur mes étagères ainsi que le tas de factures que j'avais mis de côté, j'ai compris que j'étais devenu peu à peu un collectionneur. J'achète des livres que je n'ai pas l'intention de lire. Pour certains, j'en suis bien incapable : j'ai un ouvrage perse du XVIIIe acquis uniquement pour la beauté de ses miniatures.

À la suite de cette constatation, j'ai passé tout un dimanche à dresser un inventaire, et j'ai établi une sorte de catalogue. Les livres d'art, que j'ai commencé à acheter dès que j'ai eu un peu d'argent, n'entrent pas en ligne de compte. Je prends en considération uniquement les miniatures : j'ai dans ma collection quatre-vingt-six livres de miniatures, acquis moins pour leur rareté que pour leur grande beauté. Je les ai examinés pour la première fois de façon systématique, l'un après l'autre, et j'ai compris que, sans m'en rendre compte, j'ai toujours acheté uniquement des ouvrages sur des thèmes bibliques. Et j'ai découvert que cette passion me venait de l'impression qu'avait produite sur moi le premier livre de ce genre que j'ai vu à la Bibliothèque nationale de Vienne, pendant que je faisais mes études de médecine. J'aimais me rendre dans le département des livres rares, et à cette époque les ouvrages précieux pouvaient être consultés en salle de lecture. Je suis tombé un jour sur la célèbre *Genèse* de Vienne, qui date du VIe siècle, et certaines miniatures se sont à jamais gravées dans ma mémoire. Entre autres celle, absolument magnifique, sur laquelle Éliezer, le fidèle serviteur d'Abraham, rencontre Rébecca près du puits. Rébecca est représentée deux fois : la première alors qu'elle marche avec une cruche, et la seconde alors qu'elle donne à boire aux chameaux d'Éliezer. La ville de Nahor est dessinée dans le lointain, de façon très conventionnelle, et le serviteur n'a pas encore rempli sa mission (trouver une femme pour Isaac), mais les choses sont en train de se mettre en place. Le personnage de Rébecca, comme il se doit dans une miniature, est très finement dessiné, et me fait penser à ma femme Esther. Je viens seulement de m'en rendre compte. Un long cou, des mains délicates, une taille fine, une poitrine menue, sans ces dépôts graisseux qui causent toujours tant de soucis sur une table d'opération — tout ce qui, encore aujourd'hui, me paraît si attirant chez une femme.

Voilà comment se cristallisent les désirs des hommes — d'après une belle image vue pendant l'adolescence !

J'ai examiné encore une fois avec attention les livres que j'ai achetés, et j'ai effectivement constaté que les femmes (s'il y en a) figurant dans des scènes diverses ont toutes de grands yeux et un long cou. Seul ce genre de femmes retenait mon attention. Les « battantes » et les « vamps » ne m'ont jamais attiré. C'est drôle que je fasse cette découverte à l'âge de quatre-vingts ans !

Il y a une autre pensée qui m'est venue à l'esprit sur le tard : comment se fait-il qu'il y ait dans des livres juifs des miniatures représentant des personnages ? Tout le monde sait que la représentation de l'être humain est interdite. Et les miniatures persanes, célèbres dans le monde entier ? Dans l'islam aussi, il existe un interdit sur la représentation de l'être humain. Tiens, je vais poser la question à mon cher Neuhaus. Notre correspondance est assez discrète, mais elle ne s'est jamais interrompue, même si ces trois dernières années, nous nous sommes contentés d'échanger des vœux pour les fêtes.

27. 1972, JÉRUSALEM
Le professeur Neuhaus au professeur Hantman

Cher Isaac,

Ta lettre m'a fait extrêmement plaisir, tout d'abord parce que je constate que tu n'es pas complètement absorbé par ta médecine et que tu regardes encore un peu autour de toi. En plus, tu as choisi de regarder du bon côté ! La question que tu me poses m'a déjà été posée des centaines de fois si bien que, il y a vingt ans, j'ai écrit un petit article là-dessus, et je ne perds pas ce thème de vue. Je t'envoie le passage concernant la question qui t'intéresse — l'interdit sur les représentations. J'espère que tu y trouveras une réponse à ta question.

J'ai pensé à toi tout récemment à cause de l'opération du cœur que je vais bientôt subir. Mais pour l'instant, elle est repoussée.

Salue bien ta femme de ma part.

Ton ami NEUHAUS

EXTRAIT DE L'ARTICLE

Quiconque décide d'étudier l'histoire de l'art figuratif juif (que ce soit par intérêt professionnel ou par simple curiosité) ne tarde pas à découvrir que ce thème soulève un très grand nombre de questions qui finissent par aboutir à une seule, la plus importante : comment se fait-il qu'il y ait un art figuratif juif étant donné l'interdit qui existe, depuis des temps très anciens, sur toutes sortes de représentations, et quel est cet interdit ?

Il y a encore un siècle, on tenait pour un fait incontestable que l'art figuratif juif n'existait pas et ne pouvait pas exister, justement à cause de cet interdit très clair sur la représentation du réel qui figure dans la Torah : « Tu ne feras point d'idole, ni une image quelconque de ce qui est en haut dans le ciel ou en bas sur la terre, ou dans les eaux au-dessous de la terre » (Ex 20, 4). La même chose est répétée, mais de façon plus détaillée, dans le Deutéronome (4, 16-17) : « Craignez de vous pervertir en vous fabriquant des idoles, représentations ou symboles de qui que ce soit ; image d'un individu mâle ou femelle ; image de quelque animal terrestre ; image d'un volatile quelconque qui vole dans le ciel ; image de ce qui rampe sur le sol, ou de tout poisson qui vit dans les eaux au-dessous de la terre[1]. »

En fait, les choses ne sont pas aussi évidentes qu'il y paraît au premier abord. Dans les deux cas, ces mots sont aussitôt suivis d'autres : « Tu ne te prosterneras point devant elles, tu ne les adoreras point » (Ex 20, 5). Et dans le deuxième cas : « Tu pourrais aussi porter tes regards vers le ciel, et en voyant le soleil, la lune, les étoiles, toute la milice céleste, tu pourrais te laisser induire à te prosterner devant eux et à les adorer ; or c'est l'Éternel ton Dieu qui les a donnés en partage à tous les peuples sous le ciel » (Deut 4, 19).

Ici, il faut faire une petite digression. La puissante force vitale du judaïsme, de cette grande foi d'un petit peuple perdu parmi des centaines d'autres tribus du Moyen-Orient, de ce judaïsme qui a donné naissance à deux des plus grandes religions du monde, cette force est fondée sur deux principes, dont l'un est restrictif. La conduite d'un Juif est strictement réglementée, et pour un homme moderne, les interdits pointilleux et à première vue inexplicables concernant le comportement en société et dans la vie privée paraissent souvent ridicules et absurdes. Il y a une quantité effarante de lois et d'interdits, de restrictions et de prescriptions pour toutes les circonstances de la vie, depuis la naissance jusqu'à la mort : comment manger, boire, prier, éduquer ses enfants, marier

1. Traduction du rabbinat français, éditions colbo, 10ᵉ édition 2007.

ses fils et ses filles... Mais du coup, tout est décidé d'avance, tout est écrit, tout a une place précise, et tous les imprévus possibles sont envisagés : un mari n'osera pas toucher sa femme pendant qu'elle a ses règles, il ne peut s'asseoir sur la chaise où elle s'est assise ni toucher les objets qu'elle a pris dans ses mains. Mais si jamais, comble de l'horreur ! la femme a ses règles à l'improviste, et que son mari s'en rend compte alors qu'il est déjà en train de remplir son devoir conjugal ? Ne vous inquiétez pas, dans ce cas-là aussi, il existe des instructions très précises sur la façon de se comporter. C'est cela, le Talmud, une législation exhaustive sur le comportement correct et juste.

Mais quel est le second principe dont j'ai parlé ? C'est celui d'une liberté de pensée totale et sans limites. Les Juifs ont reçu un texte sacré sur lequel ils travaillent depuis des siècles. Ce travail fait obligatoirement partie de l'éducation des hommes. Il est vrai qu'aujourd'hui les femmes se sont mises elles aussi à étudier la Torah, mais pour l'instant, on ne sait pas si c'est bien pour elles, ou pas vraiment. Les Juifs se sont vu octroyer dans ce domaine une liberté fantastique, comme on n'en a jamais vu dans aucune autre religion. Pratiquement, c'est une absence d'interdits dans la recherche intellectuelle. Il existe des questions dont on débat, mais pas de dogmes.

La notion même d'hérésie, si elle n'est pas complètement absente, est très érodée et très vague. L'Encyclopédie judaïque dit à ce propos : « La définition de l'hérésie dans le judaïsme est difficile à établir du fait de l'absence de dogmes officiellement formulés et d'une instance centrale possédant une autorité reconnue dans les questions religieuses. »

Donc, il n'y a pas de restriction dans la pensée, mais il y en a dans la conduite. Elles sont même très nombreuses, je les ai caractérisées plus haut, mais elles sont résumées dans la règle d'or de la morale attribuée à Guilel, un philosophe juif du IIe siècle : « Ne fais pas à ton prochain ce que tu ne veux pas qu'il te fasse. »

Revenons à présent au thème de notre réflexion, l'interdit sur les représentations. Après la destruction du Second Temple, les communautés acquièrent une très grande indépendance, elles disposent pratiquement d'un droit autonome à résoudre un grand nombre de questions importantes, si bien que l'interdit sur les représentations a été interprété de façons diverses dans les différentes communautés. Les unes le considéraient comme catégorique et, conformément à leurs convictions, le suivaient à la lettre : dans ce cas, pour décorer les objets du judaïsme, ceux de la synagogue ou ceux de la maison, on avait recours uniquement à des motifs ornementaux. D'autres l'interprétaient de façon moins littérale, comme l'interdiction d'adorer des représentations. Il n'était donc pas interdit de les admirer. C'est pour cette raison qu'il y a des animaux ainsi que des figures humaines sur les fresques de la synagogue de Doura-Europos en Syrie, sur les sols en mosaïque de celle de Beit Alpha dans la vallée de Beit Shean, et une magnifique représentation du roi David jouant de la harpe dans une synagogue du VIe siècle à Gaza.

La Halakhah exclut absolument la fabrication d'objets représentant quelque chose si on a l'intention de les adorer, mais elle autorise parfaitement l'art, et même l'encourage, s'il sert à décorer. D'ailleurs l'interdiction de se prosterner devant quoi que ce soit de matériel ne concerne pas seulement l'art. Un rabbin d'aujourd'hui a dit : « Une idole est ce que l'homme considère comme tel. Si quelqu'un pose une brique par terre et se prosterne devant, la brique devient une idole, et elle ne pourra plus être utilisée à d'autres fins. Mais si une belle statue est là pour décorer une ville, elle est la bienvenue. » C'est une pensée pleine de bon sens. Le problème de la ressemblance n'intéressait pas les artistes juifs, la ressemblance n'était pas un but en soi. Mieux encore, il était de règle, dans la représentation d'une figure humaine, de changer légèrement quelque chose, d'introduire une déformation, une distorsion, afin qu'elle ait l'air de ne pas être tout à fait humaine. La déformation pouvait être imperceptible, une oreille de travers, par exemple, mais elle pouvait aussi être flagrante, comme dans la célèbre *Haggadah des oiseaux*, un manuscrit allemand du XIVe siècle, appelé ainsi parce que les gens y ont des têtes d'oiseau.

Une autre singularité de l'art juif est son système de symboles qui est resté pratiquement inchangé pendant deux mille ans, et ce en l'absence totale de canons iconographiques et sémantiques. Une symbolique très ancienne s'y donne libre cours, ce que l'on peut observer en étudiant les objets d'art. Chez les Juifs, dans les fresques comme dans les mosaïques, les miniatures des livres et la décoration des objets de culte, toute représentation, que ce soit un oiseau, un être humain ou une plante, n'est pas une représentation authentique mais un symbole, car elle n'est pas du tout tenue de correspondre à la réalité.

28. MARS 1990, BERKELEY
Ewa Manoukian à Esther Hantman

Ma chère Esther,
C'est horrible, c'est épouvantable ! Je l'avais pressenti... Je savais bien que cela finirait comme ça. Il ne faut jamais épouser un homme qui a dix ans de moins que vous ! Cela devait arriver tôt ou tard. Gricha a une liaison avec une assistante de sa chaire. J'ai une intuition purement animale, je l'avais remarquée quand je l'avais vue pour la première fois à un banquet. Cette garce tournait déjà autour de Gricha de façon très agaçante. J'avais trouvé cela tellement désagréable que cela m'avait mise sur mes gardes. Au bout de quelque temps, Gricha m'a dit qu'on lui avait proposé de donner deux heures de cours à l'université de Stanford, et il se rend là-bas une fois par semaine, tous les vendredis. Comme tu n'es pas là, il n'y avait personne pour me dire : « Ne fais pas de bêtises ! » J'ai donc téléphoné à cette satanée université et j'ai demandé si je pouvais m'inscrire à son cours. Ils m'ont assuré que personne de ce nom ne figurait parmi leurs professeurs, réguliers ou occasionnels. J'ai commis alors une deuxième bêtise : j'ai fait subir un interrogatoire à Gricha. Il n'a même pas essayé de nier. Il a tout de suite dit oui. Mais il a ajouté que j'étais sa femme, qu'il n'avait pas l'intention de divorcer parce qu'il m'aimait, et que c'était à moi de décider si j'acceptais ou non la situation. Et maintenant je suis là, à réfléchir à ce que je dois faire. Alex est au courant de cette liaison, il les a croisés en ville dans un café. De façon générale, j'ai l'impression qu'il se montre beaucoup plus compréhensif envers Gricha qu'envers moi. Je le ressens comme une trahison de sa part. C'est de la solidarité masculine ! Cela me blesse terriblement. Moi qui ai tant besoin du soutien de Gricha en ce

moment, après tout ce que j'ai souffert avec la confession d'Alex... Tu sais ce qu'il m'a dit quand je lui ai montré sa lettre ? « Fiche-lui donc la paix, à ce gosse ! Cela fait longtemps que je suis au courant. »

Ce dont j'ai le plus envie au monde en ce moment, c'est de prendre l'avion et de venir pleurer sur ton épaule. Mais, dans ma situation, ce serait une terrible bêtise de perdre mon travail alors que l'on vient enfin de m'engager dans ce laboratoire. Je suis parfaitement consciente de toutes les sottises que j'ai commises mais malheureusement, je fais partie de ces femmes qui préfèrent exploser et tout saccager plutôt que se taire et laisser la situation se tasser.

Encore une nouvelle absolument époustouflante dont j'ai oublié de te parler à cause de tout ce stress. Je n'ai pas envie de te raconter, je t'envoie la photocopie de la lettre de ma mère. Elle est accompagnée de documents — une demande d'intégration (comme au Parti !), et un certificat de baptême. Si j'étais dans mon état normal, j'aurais réagi à cette nouvelle de façon beaucoup plus violente. Mais maintenant, je ne peux que hausser les épaules et dire : « Seigneur, c'est une plaisanterie ou quoi ? »

Je t'embrasse.

Ton idiote d'EWA

29. JANVIER 1990, HAÏFA

Photocopie de la lettre de Rita Kowacz à Ewa Manoukian envoyée à Esther Hantman

Ma chère Ewa,

Le moment est venu de t'informer d'un événement extrêmement important qui s'est produit dans ma vie. À Noël, après mûre réflexion et une préparation appropriée, je me suis fait baptiser. Cela va te surprendre, bien sûr, mais pour moi cet événement a été préparé par tout le cours de ma vie, ce n'est pas un hasard, mais le fait d'une loi objective, et je suis heureuse de ne pas être morte avant de l'avoir fait. Il y avait pourtant de grandes probabilités pour que je meure pendant la guerre, en prison, en camp, et même ces dernières années, avec tous mes infarctus et mes attaques. Pendant un an, j'ai harcelé le père John et Agnès, j'avais peur de mourir sans avoir eu le temps de recevoir le baptême, mais ils se contentaient de sourire en me disant que, maintenant, je n'avais plus à me préoccuper ni de ma vie ni de ma mort. Et de fait, j'ai été envahie par une parfaite sérénité. Dans notre Église, l'Église anglicane, il n'y a pas l'ombre de cette exaltation qui me rebute tant dans le catholicisme. Cette exaltation que j'ai toujours trouvée inadmissible, et que je ne supporte pas chez toi.

Maintenant, je n'ai plus qu'un seul rêve : te présenter mes précieux amis et te faire cadeau de la meilleure chose que j'ai reçue à la fin de ma vie.

Comme tu le sais, je connais le Christ depuis mon enfance : en Pologne, il n'y a pas d'endroit où il ne soit pas présent, il est partout. En Israël, un pays qui l'a rejeté, il est très difficile de s'attendre à cette rencontre. Mais j'ai eu de la chance. Grâce à Agnès, les portes du seul christianisme que je puisse accepter se sont ouvertes devant moi.

Ma chère Ewa ! Je sais que beaucoup de choses sont allées de travers dans nos relations et que je suis coupable envers toi. Il faut maintenant que je t'explique pourquoi cela s'est passé ainsi, afin de t'aider à te corriger.

Je pense que le mieux serait que tu viennes pour Pâques. Nous pourrions fêter ensemble ces premières Pâques de ma vie en signe de notre totale réconciliation.

À présent que je ne fais plus que lire et relire la Bible et le Nouveau Testament, je pourrais t'aider à trouver le bon chemin dans la vie.

J'ai un fauteuil pliant très commode, on peut le mettre dans une voiture, et nous irons assister ensemble à la messe de Pâques. Je veux être avec le Christ jusqu'à la fin de ma vie. Et nous pourrons enfin nous dire : « Le Seigneur est parmi nous ! »

Ta mère MARGARITA

30. 1990, HAÏFA

DÉCLARATION DE RITA KOWACZ

Moi, Rita Kowacz (Dvoïre Brinn), je suis issue d'une famille juive. Je crois en Dieu depuis l'âge de quatre ans. Je ne sais pas comment j'ai appris ce que je sais sur Jésus. Dans les écoles, jusqu'en 1939, les cours commençaient par une prière, et je priais moi aussi, même si je n'étais pas baptisée. Les œuvres d'écrivains et de poètes célèbres étaient remplies du Christ. Bien que je ne sois jamais allée au catéchisme, je savais beaucoup de choses sur Lui. Dans mon adolescence, j'ai été très frappée par *La Vie de Jésus*, de Renan. Le catholicisme polonais m'effrayait par son antisémitisme et me rebutait par son agressivité. Mon chemin vers le Christ n'est pas passé par les miracles, j'ai été attirée par la profonde dignité de l'Église anglicane telle que je l'ai perçue en fréquentant mes amis anglicans et un jour, j'ai senti Jésus en moi. Je crois en Lui, parce qu'il est la Vérité. Dans ma vie, j'ai commis beaucoup d'erreurs à propos de ce qu'est la Vérité. J'ai d'abord cru que c'était la justice sociale, l'égalité entre tous les hommes et d'autres choses qui m'ont profondément déçue. À présent, je sais que le Christ est la Seule Vérité et qu'Il a été crucifié pour cela. Je crois que le Christ est mon Père et mon Dieu.

Pourquoi je veux me faire baptiser ? Parce que le moment est arrivé, et le Seigneur est venu à moi à travers des personnes — Agnès Widow, John Chapman, Marion Selly et bien d'autres. J'ai compris que Jésus unit les hommes d'un amour particulier les uns envers les autres. Il y a encore une autre raison pour laquelle je tiens à me faire baptiser : je suis vieille, et je veux me consacrer tout entière à Sa Volonté.

J'ai beaucoup réfléchi, je me suis demandé en quoi consistaient mes péchés : le plus grand, celui qui m'a toujours tourmentée, est de ne pas avoir accompli mon devoir jusqu'au bout lorsque je me suis retrouvée en territoire occupé. Plus tard, une fois à Czarna Puszcza, je n'ai pas pris part aux opérations des partisans parce que j'en étais à mes derniers mois de grossesse, ensuite j'ai accouché, et en plus, j'avais un fils de six ans sur les bras. Quand j'ai réussi à envoyer mes enfants en Russie et à m'engager dans l'armée, certaines de mes amies m'ont reproché de ne pas être restée avec eux, mais je ne considère pas cela comme un péché car, à l'époque, combattre les fascistes me semblait être ma tâche principale. Par la suite, quand je me suis retrouvée dans un camp soviétique, j'ai collaboré avec les organes du NKVD, et certains de mes amis me l'ont aussi reproché, et pourtant, là non plus, je n'ai pas l'impression d'avoir commis un péché, car tout ce que j'ai fait je l'ai fait non par intérêt personnel, mais pour servir la cause. Mon péché a été de ne pas respecter mes parents. Mais pour être franche, c'étaient des petits commerçants qui ne se souciaient que des biens de ce monde, et ils ne méritaient vraiment aucun respect. Si je leur ai fait du mal, ils m'en ont fait eux aussi. Je pense que je suis coupable de quelque chose envers eux. Je ne vois rien d'autre.

RITA KOWACZ

CERTIFICAT DE BAPTÊME

« Allez donc et instruisez tous les peuples, les baptisant au nom du Père, du Fils et du Saint-Esprit. » Mt 28, 19.

Il est certifié par la présente que Margarita Kowacz a été baptisée au nom du Père, du Fils et du Saint-Esprit le 13 janvier de l'an de grâce 1990.

Père D. CHAPMAN
Pasteur

31. 1990, HAÏFA

Extrait d'une lettre de Rita Kowacz à Agnès Widow (Jérusalem)

... Je te remercie pour la magnifique Bible que tu m'as offerte. Malheureusement, elle est un peu lourde pour moi. La table est trop étroite et quand je la pose dessus, ce n'est pas commode pour lire. Je préfère tenir entre mes mains un livre moins épais.

N'y a-t-il pas une édition en plusieurs fascicules ? J'aimerais avoir les Évangiles et les Actes des Apôtres sous forme de petites plaquettes. Bien sûr, l'idéal serait des cassettes. Mais pour être franche, je préférerais qu'elles soient en polonais. Je ne peux pas dire que je comprenne parfaitement l'anglais parlé. D'autant que j'entends de moins en moins bien. Ma vue non plus ne s'arrange pas. Mais tu sais, ma chère Agnès, jamais de ma vie je n'ai ressenti une telle impression de renouveau. Je suis vraiment *born again* !

Il y a encore une question qui me préoccupe. Dieu me donne tellement, et je ne peux rien faire à présent sinon Le remercier au fond de mon cœur. Lui, et vous tous qui êtes ma véritable famille. J'aimerais participer moi aussi à la vie de l'Église, mais ma retraite est toute petite. En fait, j'ai refusé de recevoir quoi que ce soit de l'Allemagne : je n'ai pas accepté le dédommagement qu'ils ont versé après la guerre aux prisonniers des ghettos, et encore moins la pension qu'ils m'ont proposée. Aucune somme ne saurait compenser la vie des gens qu'ils ont tués. Les Allemands donnent de l'argent à ceux qui ont survécu par miracle. Mais les miracles sont entre les mains de Dieu, et non de l'État allemand. Je n'approuve pas les gens qui prennent cet argent, c'est « le prix du sang ». Du coup, il ne me reste sur ma petite retraite que deux cents shekels par mois pour mes besoins personnels. Ce n'est pas beaucoup, je les dépense pour des petites choses indispensables, parfois des livres, et je ne peux donner que cinq shekels par semaine, c'est-à-dire vingt par mois. Je le regrette énormément, mais il m'est impossible de faire davantage. Je pourrais demander à Ewa, bien sûr, mais premièrement, je ne veux rien accepter d'elle, et deuxièmement, ce ne serait pas un don personnel, ce serait celui d'Ewa.

32. 1970, HAÏFA
Daniel Stein à sa nièce Ruth

Ma chère Ruth,

Je ne t'écris pas juste comme ça, sans raison, mais à la suite d'une conversation que j'ai eue hier avec tes parents. C'était l'anniversaire de ta mère, et j'étais venu le lui souhaiter. À table, nous avons parlé presque exclusivement de toi. Tu étais tout simplement au centre de l'attention générale. Moins toi, d'ailleurs, que ton départ pour l'école de théâtre. Il y avait un vacarme épouvantable car les avis les plus extrêmes s'affrontaient à propos du métier d'acteur. Ton père, comme tu le devines, fulminait contre eux parce qu'ils ne font rien d'utile, il a même été jusqu'à dire que ta mère, en travaillant avec ses volailles, était plus utile à l'humanité que Gregory Peck. Où est-il allé chercher ce Gregory Peck et qu'est-ce qu'il peut bien avoir contre lui ? Milka a levé les bras au ciel, elle a éclaté de rire et a déclaré qu'elle serait ravie de changer de place avec Gregory Peck ! Zossia, une amie de Milka, est alors intervenue en disant que dans son adolescence elle rêvait de devenir actrice, mais que son père l'avait empêchée d'entrer dans une troupe de théâtre qui voulait l'engager avant la guerre, et que toi, Ruth, tu allais faire une grande carrière artistique car, dans un spectacle pour enfants, tu avais joué le rôle d'Esther mieux que personne ! Ruwim, le mari de Zossia, a parlé d'une de ses cousines qui avait mal fini : elle avait tourné une fois par hasard dans un film et ensuite, elle a passé sa vie à essayer de recommencer sans jamais y parvenir, elle a fini par devenir folle et s'est noyée. On a encore raconté plusieurs histoires très instructives et j'ai mis mon grain de sel, moi aussi, en leur parlant d'un ami de Cracovie, Karol Wojtyła, qui a été acteur et dramaturge dans sa jeunesse avant de devenir moine, et qui a fait une belle carrière, il est à présent évêque en Pologne. Ruwim a déclaré avec agacement que si ce Wojtyła avait été un bon acteur, il n'aurait pas été obligé de devenir moine, et que cela aussi, c'était un signe de folie, comme dans le cas de sa cousine.

Cela m'a paru un peu vexant, mais je n'ai rien dit. J'ai quand même avancé pour me justifier que je n'ai jamais eu de don pour le théâtre. Là, tout le monde s'est mis à hurler encore plus fort : ils ont tous décrété que moi, justement, j'avais de grands dons pour le théâtre, puisque j'avais travaillé longtemps chez les Allemands et que j'avais si bien joué mon rôle que j'avais réussi à sauver ma propre vie et, en plus, celle de beaucoup de gens. Figure-toi que, là-dessus, tout le monde s'est réconcilié, et ton destin d'artiste a cessé de paraître aussi dénué de perspective car il permet de résoudre certains problèmes de la vie en les abordant non de front, mais d'une façon particulièrement astucieuse, par le biais de l'art. Bref, la soirée était très réussie.

En ce qui me concerne, je suis bien content que tu aies été reçue à ton examen et que tu apprennes un métier. Écris-moi lorsque les cours commenceront. Je serai heureux d'avoir de tes nouvelles. Ta dernière lettre m'a fait extrêmement plaisir. La France est un pays magnifique et c'est une grande chance pour toi de pouvoir y passer quelques années. Tu vas parler parfaitement le français, tu verras comment vivent les gens en Europe, et tu reviendras riche d'une nouvelle expérience. Ce qui me réjouit le plus, c'est que tu vas parler couramment français. Je connais pas mal de langues, mais je dois t'avouer que je n'en maîtrise vraiment aucune. Je ne peux pas lire Shakespeare en anglais, ni Molière en français ni Tolstoï en russe. Je suis persuadé que chaque nouvelle langue que l'on apprend élargit notre conscience et notre univers. C'est comme si on avait un œil et une oreille en plus. Et un nouveau métier aussi élargit notre esprit. Même celui de cordonnier. Je le sais par expérience. Travaille, mon enfant, ne ménage pas ta peine. Deviens une actrice. Le jour où je verrai près de la gare routière une grande affiche avec ta chère petite fri-mousse dessus, je serai ravi ! C'est très bien qu'il y ait aussi une actrice dans la famille !

Je t'embrasse.

DANIEL

33. 1981, KFAR SABA

Térésa à Valentina Ferdinandovna

Chère Valentina Ferdinandovna,

Voilà que se présente la possibilité si rare de vous envoyer une lettre qui ne sera pas ouverte et tripotée. Elle vous sera remise par une femme que vous connaissez, en suivant un itinéraire très compliqué. Elle vous racontera tout.

Nous commençons à nous habituer peu à peu tant au changement colossal qui s'est produit dans notre existence qu'à nos nouvelles conditions de vie. Le plus surprenant, c'est que mes tentations ont presque cessé. Il m'est devenu facile de prier et mes réveils nocturnes, autrefois si pénibles, aboutissent à présent à une douce prière. Parfois, quand il entend que je me suis levée, Éfim se joint à moi, et cette prière en commun nous procure à tous deux un grand réconfort. Je ne vous cacherai pas qu'ici nous nous sommes heurtés dès les premiers pas à de grands problèmes auxquels nous n'étions pas préparés.

Notre vie en Israël a débuté par un mensonge. À l'arrivée, en remplissant le formulaire d'immigration, dans la rubrique « religion », Éfim a écrit « athée ». Après quelques hésitations, j'ai suivi son exemple. Sur les papiers, nous sommes inscrits en tant que conjoints, et je n'ai pas voulu lui créer de difficultés supplémentaires. Si j'ai dissimulé ma religion, ce n'est pas pour moi-même, mais pour lui. On nous a logés dans un *oulpan*, une école de langue avec un foyer, le temps d'apprendre la langue et de nous adapter. En fait, nous aurions pu nous en passer puisque Éfim connaît parfaitement l'hébreu, mais son savoir est livresque, et la langue parlée n'est pas si facile à comprendre. Moi, en revanche, mon esprit est aussi vierge que celui d'un bébé : je ne connais pas un seul mot d'hébreu. Nous habitons à Kfar Saba, dans un minuscule appartement. Il y a deux pièces, fort heureusement, si bien que chacun a sa cellule, et après les voisins de mon appartement communautaire, je me sens heureuse ici.

Les jours de congé, nous prenons un autobus et nous partons au hasard. Parfois, il y a des excursions avec des guides, certaines sont même gratuites. Il est assez compliqué d'assister à des offices car le dimanche n'est pas férié en Israël, si bien que je ne suis allée que deux fois à un office du soir, à Jaffa. Bien entendu, dès notre premier voyage à Jérusalem, nous avons visité l'église du Saint-Sépulcre, et nous sommes montés sur le mont des Oliviers. Je dois dire que devant les portes du monastère Marie-Madeleine, j'ai été saisie d'une violente nostalgie. C'est l'Église russe Hors-frontières. Ses portes nous sont fermées, à nous qui dépendons du Patriarcat de Moscou. Enfin, on peut entrer pour visiter, évidemment, mais il n'y a pas de relations liturgiques entre les deux Églises. Ce sont partout des divisions, des querelles ! Même ici. Surtout ici. Au fond de mon cœur, je ne me suis pas encore résignée à la perte que j'ai subie. Mais chez les catholiques aussi, les portes me sont fermées maintenant.

Éfim m'a dit de laisser la décision à Dieu. Dans notre situation bizarre, il ne reste effectivement pas d'autre solution.

Le séjour que nous avons fait à Moscou avant notre départ a constitué un véritable tournant : le merveilleux père Mikhaïl, avec lequel Éfim est en relation depuis longtemps et qui le consultait parfois sur des questions de bibliographie, nous a beaucoup réconfortés et nous a inspiré des forces à tous deux. Il écrit des ouvrages religieux qui sont publiés à l'étranger. C'est justement à ce propos qu'Éfim lui donnait des consultations. Il y a à Vilnius une très grande bibliothèque de théologie en langue allemande à laquelle personne n'a jamais touché, l'inventaire n'a même pas été fait. Éfim y a puisé de nombreuses informations pour les travaux du père Mikhaïl sur la Bible. À propos, ce dernier a dit beaucoup de bien de vous, il a une très haute opinion de vos traductions et de vos articles. Et puis il nous a donné plusieurs adresses qu'il nous a fait apprendre par cœur. Il nous a prévenus qu'à la frontière, on confisquait souvent les carnets d'adresses et les agendas, de même que les vieilles lettres, les journaux intimes et les manuscrits — de façon générale, tout ce qui est écrit à la main, si bien que pour les choses les plus importantes, il faut s'en remettre à sa mémoire. Naturellement, pour Éfim, cela ne présentait pas la moindre difficulté. Si bien que nous disposions de plusieurs fils menant à des croyants et à des gens bien disposés auprès desquels le père Mikhaïl jouit d'une grande autorité. Éfim dit qu'il n'a jamais eu un interlocuteur aussi extraordinaire, et il regrette que leurs relations aient toujours été épisodiques.

Tout ce que le père Mikhaïl nous avait prédit s'est accompli avec exactitude. À commencer par l'accueil de nos frères orthodoxes, qui ont reçu Éfim sans la moindre aménité.

L'Église orthodoxe russe est propriétaire de beaucoup d'églises en Israël, de quelques monastères et, par conséquent, de terres. L'Église russe Hors-frontières est également représentée ici. De façon générale, un grand nombre de confessions chrétiennes possèdent en Terre sainte des églises, des monastères, bref, des propriétés.

Éfim s'est rendu au Patriarcat de Moscou avec une lettre de son recteur adressée à une personne haut placée, mais cette personne avait été mutée. Il est alors allé trouver son remplaçant. Celui-ci a pris connaissance de la lettre et s'est montré très sec, il a déclaré qu'il n'y avait aucune place vacante et qu'ils prenaient des prêtres venant de Moscou (j'ajouterai à titre personnel : avec la bénédiction du KGB, c'est bien connu !). Et Éfim ne lui convient pas. Bref, il lui a dit de laisser sa candidature au secrétariat.

En revanche, un des correspondants que nous avait recommandés le père Mikhaïl a immédiatement répondu à notre carte postale, il nous a téléphoné et nous a invités chez lui. Il s'agit du père Daniel Stein, un prêtre catholique d'Haïfa, mais pour l'instant nous ne sommes pas encore allés le voir.

La semaine prochaine, je vais rendre visite à la mère Ioanna, là aussi avec la recommandation du père Mikhaïl. Il me semble que vous l'avez connue autrefois.

Chère Valentina Ferdinandovna ! Je ne saurais vous décrire l'état étrange dans lequel je me trouve en ce moment — je suis en suspens, comme un grain de poussière dans un rayon de lumière. Quel bonheur que le destin m'ait donné Éfim pour compagnon de vie ! Il continue à révéler des traits inattendus et touchants. Il m'a été d'une grande aide ces dernières années à Vilnius quand mes ennuis ont commencé, et il donnait l'impression d'être un homme fort qui sait où il va. À présent, je découvre ses faiblesses face au monde et sa vulnérabilité. Confronté à la grossièreté et à l'impudence, il perd tous ses moyens, la cupidité et le cynisme le blessent, et je me suis rendu compte que, sur un plan pratique, je suis plus forte que lui.

C'est avec joie que je lui rends service autant que je le peux. Il fait preuve d'une grande délicatesse, il ne me laisse pas laver son linge, et le jour où j'ai fait les vitres, il ne m'a pas quittée d'une semelle tellement il avait peur que je tombe du premier étage ! Nos relations sont pures et rien ne les obscurcit.

Pour l'instant, il est dans l'incertitude totale du point de vue travail. Son seul espoir est de trouver quelque chose dans une maison d'édition religieuse en Europe. Là encore, par l'entremise du père Mikhaïl.

J'ai bien peur de ne pas retrouver de sitôt une autre occasion de vous faire parvenir une vraie lettre comme celle-ci. Celles que l'on envoie par la poste ont forcément quelque chose de contraint. Écrivez, je vous en supplie ! Écrivez, malgré l'indigence de mes lettres.

Que le Seigneur soit avec vous.

Votre sœur TÉRÉSA

34. 1980, JÉRUSALEM
Mère Ioanna au père Mikhaïl à Tichkino

Mon père !

Non, mais qui m'as-tu envoyé ? J'ai vu débarquer une ravissante demoiselle toute bouclée, tête nue, qui affirmait venir de ta part. Elle se prénomme Térésa. Elle a dit que l'adresse et le téléphone d'Ir. Al. que tu leur avais donnés avaient changé et qu'ils ne parvenaient pas à entrer en contact avec elle. Elle m'a demandé sa nouvelle adresse et son nouveau numéro de téléphone. Figure-toi qu'elle m'a déclaré : « Je sais que vous êtes en rapport avec cette maison d'édition. » Mais pourquoi lui as-tu dit une chose pareille, mon père ? Tu sais bien qu'ici il ne faut jamais prononcer un mot de trop, les gens se surveillent les uns les autres et on ne pardonne pas les erreurs. Et si elle avait dit cela en présence de quelqu'un ? Je ne lui ai pas donné l'adresse, j'ai décidé de te consulter d'abord. Je lui ai fait visiter le monastère, je lui ai tout montré, et nous sommes allées au cimetière. Dans l'église, elle a prié, et elle s'est signée de gauche à droite !

Pourquoi m'as-tu envoyée cette catholique ? Tu sais, nous devons aider tout le monde... Mais nous avons déjà assez d'orthodoxes dans le besoin ! Il est écrit qu'il faut donner d'abord aux enfants, et ensuite aux chiens.

Le Seigneur soit avec vous.

Sœur IOANNA

35. 1981
Térésa à Valentina Ferdinandovna

Chère Valentina Ferdinandovna,

Vous êtes le seul fil qui me relie encore à mon foyer. C'est drôle à dire : qu'est-ce qu'un foyer, pour quelqu'un comme moi ? Je suis moitié polonaise, moitié lituanienne, et mon foyer, c'est là où l'on parle russe. Notre situation est toujours aussi incertaine. Éfim ne perd pas l'espoir de trouver un emploi selon son cœur. Vous comprenez ce que je veux dire. On lui a proposé de suivre des cours de recyclage. Il avait le choix entre une formation de programmeur et une formation de plombier. En désespoir de cause, il s'est rendu à la mission de l'Église Hors-frontières. On l'a reçu très courtoisement. Il a parlé avec le responsable, un archimandrite charmant qui se distinguait avantageusement de celui qui l'avait reçu au Patriarcat de Moscou. Mais ils n'ont pas de poste libre, eux non plus. Tout ce qu'il a pu lui proposer, c'est de passer sous leur juridiction et de participer à leurs offices, c'est tout. Pour l'instant, on nous verse des allocations. J'ai beaucoup de mal à apprendre l'hébreu. J'envie Éfim qui est si doué pour les langues.

Une voisine m'a proposé de travailler comme femme de ménage, pas officiellement, mais à titre privé. Je crois que c'est une bonne proposition, mais pour l'instant, je ne suis pas prête à l'accepter. En revanche, mon lexique s'est enrichi d'un mot : *nikayon*. Ménage.

La déception est d'autant plus amère qu'Éfim comptait sur

318

l'aide que le recteur lui avait promise. Il lui a écrit une lettre, mais n'a pas encore reçu de réponse. Le pire, pour lui, c'est d'être privé de bibliothèque, il a besoin de se plonger dans des livres pour se sentir l'âme en paix.

Le seul point positif sur le plan spirituel, c'est ma rencontre avec le père Daniel, qui s'est produite grâce à votre aide et à la recommandation du père Mikhaïl. Malheureusement, pour l'instant, nous n'avons pas réussi à entrer en contact avec la maison d'édition : la religieuse à laquelle nous nous sommes adressés de la part du père Mikhaïl a été très désagréable, elle a dit qu'elle ne pouvait pas nous communiquer leurs coordonnées maintenant, et qu'elle le ferait peut-être plus tard.

Le père Daniel, en revanche, est un homme exceptionnel. Il est vrai qu'il habite assez loin de chez nous, il faut prendre trois autobus et le trajet dure trois heures, mais j'y suis déjà allée plusieurs fois. Il a une petite communauté catholique à Haïfa, et il accueille tous les gens en situation précaire. Figurez-vous qu'il parle très bien le polonais et connaît même le lituanien ! La première fois, j'y suis allée seule, sans Éfim. Il m'a accueillie comme une sœur. J'avoue qu'il ne ressemble guère aux gens à qui j'ai eu affaire jusqu'ici : il émane de lui une sorte de joie franciscaine, bien qu'il ne ressemble pas du tout à saint François d'Assise, sinon qu'il tenait un chat sur ses genoux et le caressait tendrement derrière l'oreille. Physiquement, il est tout ce qu'il y a de plus ordinaire : pas très grand, des yeux ronds et une bouche de bébé, avec les lèvres qui avancent. Et il n'est pas en soutane, il porte un pantalon froissé et un pull distendu, on dirait un jardinier ou un vendeur sur un marché plutôt qu'un prêtre. Chaque fois que je disais quelque chose, il s'exclamait : « Ah, ma pauvre enfant ! Ma pauvre petite ! » À la fin, il a demandé à rencontrer Éfim, il voulait discuter de quelque chose avec lui. J'en ai parlé à Éfim et il est d'accord. Seulement, je ne sais pas quand il pourra y aller car il est très occupé. Daniel est un homme à l'esprit extrêmement large, mais Éfim, lui, a quand même certains préjugés contre les catholiques, et il n'acceptera de communier là-bas qu'en cas d'extrême nécessité.

Éfim souffre beaucoup. Et indirectement, cela a sur moi une influence néfaste. Les abominables visites nocturnes ont recommencé. J'ai eu une conversation à ce sujet avec le père Daniel. Il m'a écoutée très attentivement et a déclaré qu'avant de me répondre il devait parler à Éfim. Tout ce qu'il m'a dit était très étrange pour un moine : il a déclaré que la voie monastique était loin d'être faite pour tout le monde, peut-être uniquement pour de très rares personnes, que lui-même portait le fardeau de ses vœux depuis des années et qu'il savait combien il est pesant. Que le fait que j'avais été chassée du monastère allait peut-être servir à me faire prendre un autre chemin, qui ne serait pas moins comblé de bénédictions. Comment comprendre cela ?

Éfim est très occupé, il ne peut pas aller à Haïfa avec moi pour l'instant, et j'attends que l'occasion se présente. On vient de l'engager pour un travail temporaire à la bibliothèque locale (trier de petites archives), et il est absolument ravi. Je n'arrive pas à l'imaginer programmeur et encore moins plombier. Je me verrais mieux moi-même en femme de ménage ! Aucun travail ne me fait peur, mais vous admettrez avec moi que, dans ce cas, ce n'était pas la peine de partir ! Si je dois laver par terre, je pouvais aussi bien faire ça dans mon pays.

J'ai le cœur très lourd. La seule chose qui me réjouisse, c'est le soleil. En ce moment, à Vilnius, il fait humide et froid, tandis qu'ici il y a quand même du soleil, et cela réchauffe l'âme... Mais les nuits... Les nuits sont pénibles.

Je vous demande de prier pour moi, ma chère Valentina !

Votre ancienne sœur TÉRÉSA

36. AVRIL 1982, JÉRUSALEM
Mère Ioanna au père Mikhaïl à Tichkino

Mon père !

Ta lettre m'a été d'un grand soutien, il y a longtemps que je connais la force de ta prière, depuis l'époque où mère Euphrosinia était en vie et où le starets était encore avec nous. Je peux le dire, grâce à tes prières, mon enfant, le malheur s'est éloigné. À l'hôpital, ils m'ont fait une photo, pas une radio, mais un nouveau machin à la mode, et ils ont dit qu'ils ne trouvaient pas de cancer, juste une tumeur ordinaire, il faut l'opérer mais il n'y a pas d'urgence. Moi, tout ce que je demande, c'est qu'on ne me charcute pas et qu'on me laisse mourir en paix.

On m'a aussi amenée ici, à la Mission, pour une autre raison, c'est lié à la venue des plus hautes autorités. Mon destin est vraiment étonnant : presque tous les descendants des boyards ont été fauchés à la racine mais moi, j'ai été épargnée, nul ne sait pourquoi. Peut-être les autorités de l'Église m'ont-elles secrètement honorée parce que pendant deux siècles, les hommes de ma famille ont servi soit dans l'armée, soit dans l'Église, et qu'ils ont atteint des grades élevés dans les deux ? À moins que mon transfert d'un pauvre monastère de province ici, en Terre sainte, ne soit une marque de la sollicitude dont mes illustres ancêtres font preuve à mon égard ? Tu crois que c'est ça, Micha ?

Nous recevons les visites d'un jeune moine, Fiodor, qui s'est recommandé de toi. Il est vrai qu'il a quitté la Russie depuis assez longtemps, il a passé cinq ans au monastère Pantéléimon sur le mont Athos, puis il l'a quitté pour venir ici. Par acquit de conscience, je lui ai fait subir un petit interrogatoire, et j'ai compris qu'il avait vraiment fait partie de tes proches et qu'il allait te voir à Tichkino, il connaît le cercle de tes amis et de ta famille.

Il m'a expliqué qu'il avait quitté le monastère Pantéléimon de son propre chef et il s'est plaint de ses supérieurs, mais je ne l'ai même pas écouté, il parle ainsi parce qu'il est jeune. Il est diacre, il aime la liturgie et la comprend, aussi l'ai-je envoyé voir le supérieur, et celui-ci l'a autorisé à participer aux offices. Il a une voix agréable, mais faible, il n'arrive pas à la cheville des basses mugissantes qui braillent dans notre chœur. Néanmoins, il célèbre de façon intelligible et intelligente, ce qui est un grand mérite par les temps qui courent, mon cher Micha. Il a fort belle allure et paraît assez jeune bien qu'il ait déjà près de quarante ans. Tu sais, je revois encore notre starets, le père Séraphin, au même âge, avant sa première peine de prison. C'était un prêtre de la campagne, mais déjà à l'époque, l'authentique spiritualité de sa nature était évidente. Et pour la millième fois, j'ai songé avec étonnement que les années ne veulent rien dire. Lui, à trente ans, il était parvenu à la sagesse, il était lumineux, alors que d'autres, même à quatre-vingt-dix ans, n'ont toujours pas atteint le bon poids, ils sont tout légers, il sonnent creux.

Je dois t'avouer que toi aussi, mon père, tu es toujours pour moi le petit Micha que l'on se passait de bras en bras pendant les offices dans nos catacombes. Et quelle voix d'ange avait ta mère Éléna, que Dieu accorde la paix à son âme ! Moi, l'âge ne m'arrange guère, il ne fait que m'inculquer l'humilité par le biais des maladies. D'ailleurs, c'est quoi, cette maladie — une tumeur ? Cela n'entraîne ni la mort ni même des souffrances — une bêtise, juste un peu d'inconfort. C'est pourtant tellement bien, avant de mourir, d'avoir une bonne petite maladie pour se purifier, se préparer ! Sinon, on se retrouve emporté subitement, sans repentir, sans rémission des péchés.

Tu as sûrement des nouvelles de cette Térésa que tu m'as envoyée. Au début, elle ne me plaisait pas du tout, mais à présent que j'en sais davantage sur sa situation, je la plains beaucoup. Je ne lui pose pas de questions, mais j'ai l'impression qu'elle a l'esprit un peu embrouillé. Comme tu vois, mon ami, l'âge ne me corrige guère, dans ma jeunesse, j'étais une forte tête, et je le suis encore. J'ai toujours choisi ceux que j'aimais et ceux que je détestais, et je n'ai pas acquis avec les années une égale bienveillance à l'égard de tous. Aujourd'hui encore, j'aime mes choix et je m'y tiens !

J'ai terminé les deux icônes, la Visitation de Marie à Élisabeth et le petit Jean Baptiste. Elles sont bien de chez nous, c'est ce que l'on voit de la fenêtre. Je les ai peintes avec la bénédiction du père Nicodème. Toi, je te demande ta bénédiction pour une grande icône. Cela fait longtemps que j'ai envie de peindre des Louanges... J'ai une petite idée assez hardie, un peu artistique. C'est tellement beau, ce que j'ai imaginé... Mais cela ne respecte pas tout à fait les canons. Tu me donnes ta bénédiction ?

Dans ma jeunesse, Micha, j'étais très vaniteuse, et ce défaut m'est resté jusqu'à aujourd'hui. Tu vois, tu m'as écris que mes icônes te remplissent de joie, qu'elles ouvrent une fenêtre sur le monde des cieux, comme disait le père Pavel Florenski, eh bien, cela me rend tout heureuse !

Le printemps en est à son début chez nous, et c'est une saison merveilleuse. Les pommiers et les acacias sont en fleurs, je suis justement en train d'admirer une branche qui me fait signe à la fenêtre. Je vis maintenant au rez-de-chaussée. Comme je suis impotente, on m'a fait descendre du premier étage, plus près de la terre, et c'est une bonne chose. Ma petite fenêtre donne à présent sur le cimetière et bientôt, je la verrai depuis ma tombe. Les deux dernières tombes sont celles de deux religieuses, la mère et la fille, elles ont été égorgées il y a un an dans leur cellule par un Arabe dément. Deux tombes côte à côte, c'est intime, on se sent en famille... La mère était bête comme ses pieds, mais elle avait très bon cœur, la fille était plus intelligente, mais avait moins de cœur. J'ai déjà demandé que l'on me réserve une place auprès d'elles.

Je t'embrasse, Micha, mon cher petit filleul ! Je pense toujours à toi, et toi, ne m'oublie pas non plus dans ton labeur de prières. Que le Seigneur te bénisse. Embrasse Nina et les enfants.

Mère IOANNA

37. JUIN 1982, VILLAGE DE TICHKINO

Père Mikhaïl à mère Ioanna

Chère mère Ioanna,

Ta lettre a fait remonter de vieux souvenirs d'enfance. Moi aussi, je me souviens du temps où j'étais dans tes bras, dans ceux de Marfinka, de Maria Kouzminitchna, et de la façon dont le staretz me gâtait. Quelle époque étonnante nous avons connue, et quels gens étonnants ! Je ne me lasse pas de remercier pour vous tous, les vivants et ceux qui s'en sont allés, tous ceux que l'Église m'a fait rencontrer à un âge si tendre. Sur ce point, tu es encore plus riche que moi. Que de gens véritablement saints tu as connus, et quel exploit a accompli ta génération ! Les persécutions d'aujourd'hui n'ont rien à voir avec celles qui vous ont été imparties. Il y a deux semaines, après Pâques, je suis allé à Zagorsk, et je me suis promené du côté de la maison de Marfinka. Il y a un immeuble de quatre étages à présent. Mon cœur s'est serré : c'est dans la cave de cette petite maison que le starets a été enterré. À l'époque, tout cela était angoissant et étonnant : le fait qu'il ait échappé à la police secrète pendant huit ans, le fait que personne ne l'ait dénoncé, le fait qu'il célébrait la liturgie en secret, dans une cave, et que ses disciples se réunissaient autour de lui la nuit, comme dans l'Antiquité — c'étaient surtout des vieilles femmes, mais on lui amenait aussi des enfants. J'ai commencé à servir pendant les offices à l'âge de sept ans, et je n'ai jamais connu depuis une présence d'une plénitude aussi parfaite que celle que j'ai ressentie auprès du père Séraphin. Bien sûr, tous ces prêtres qui n'avaient pas reconnu le pouvoir soviétique et qui s'opposaient alors à la volonté de l'Église affaiblie étaient spirituellement plus forts que ceux qui s'étaient soumis au pouvoir, ils étaient des saints, chacun d'eux, mais maintenant, au bout de toutes ces années et après le testament du père Séraphin qui avait enjoint à ses enfants spirituels de retourner dans le sein de l'Église et de mettre fin à ce petit schisme, je commence seulement à comprendre combien cette décision a dû lui être pénible. Dans ce testament, il exprimait son repentir envers l'Église. Nous tous qui nous souvenons de lui, nous comprenons parfaitement la différence entre le pouvoir de l'État, celui de l'Église et celui de Notre Seigneur Jésus-Christ, et ce dernier est le seul dans lequel nous plaçons notre espérance et auquel nous avons recours.

Mais voilà que mes pensées se sont égarées, et je n'ai pas dit le plus important : avant que la maison de Marfinka soit démolie, le starets a été exhumé et enterré ailleurs, cette fois encore en secret. Ses restes ont été transférés dans le cimetière Alexandrov, près de la cathédrale dont le recteur est le père S., que tu connais bien. Ce cimetière est fermé depuis longtemps. On l'a mis dans une tombe consacrée, et le père S. a célébré un office des morts pendant la nuit. Lui aussi est de la race des justes, un homme lumineux.

Je te remercie pour Térésa. C'est une âme dans la tourmente et qui souffre, tu le vois bien toi-même. Pour ce qui est de ta « forte tête », je lui fais confiance ! Éfim, son compagnon, est un homme très doué, mais qui n'a pas trouvé sa juste place. Peut-être que cette maison d'édition religieuse serait ce qui lui convient. De mon côté, je leur ai écrit une lettre pour le recommander, mais j'ignore quel poids ont mes paroles, là-bas.

Ce que tu me dis sur Fiodor Krivtsov me surprend beaucoup. Je le connaissais il y a une dizaine d'années. C'est un original, un chercheur de vérité. À l'époque où nous nous sommes rencontrés, il avait déjà passé quelque temps chez les bouddhistes, mais n'avait pas trouvé la vérité auprès de Bouddha. Il s'était converti à l'orthodoxie avec ferveur et passion et rêvait de devenir moine. Nous nous sommes fréquentés pendant deux ans, il s'est même installé chez nous, à Tichkino. Puis il a séduit une jeune fille de la région et a pris la fuite. Il a disparu dans la nature. J'avais entendu dire qu'il était novice dans un monastère en Mordovie, ou même dans un ermitage. Si bien que ce que tu m'apprends — qu'il a vécu sur le mont Athos — est pour moi une surprise totale. Nous n'étions pas très intimes, tu sais bien que les gens dont la foi est trop exaltée me font toujours un peu peur, or il brûlait de la flamme des néophytes. Je me souviens aussi qu'il venait d'une famille de communistes, je crois même que son père était un petit dirigeant du Parti, et ses parents avaient rompu avec lui, ils en étaient arrivés à se maudire mutuellement. Je ne savais absolument pas qu'il avait fini par arriver sur le mont Athos. Cela m'intéresserait beaucoup de reprendre contact avec lui. Salue-le de ma part.

J'ai encore une nouvelle agréable et en même temps un peu angoissante : Nina attend un enfant, elle en est au sixième mois et sa tension est très élevée. Elle vient de passer deux semaines à l'hôpital et les médecins voulaient qu'elle se débarrasse de l'enfant, ils estiment qu'une grossesse met sa vie en danger. Elle a refusé et désormais, nous nous en remettons entièrement à Dieu. Elle est presque tout le temps allongée. Les filles font preuve de beaucoup de sollicitude et même d'abnégation, bien qu'elles ne soient pas bien grandes. Tante Pacha habite toujours avec nous, elle fait beaucoup de choses dans la maison mais elle a déjà un certain âge et cela lui est difficile, évidemment. Voilà quelle est la situation, ma chère mère.

Je termine ma lettre, il est plus d'une heure du matin, et je dois me lever à quatre heures et demie. Toujours mon éternel manque d'organisation ! Je n'ai le temps de rien faire. Je voudrais t'écrire une longue lettre bien consistante, mais le temps... Le temps me manque !

Je t'embrasse. Je te donne ma bénédiction pour le travail dont tu m'as parlé. J'attends des photos. Et je t'envoie celles de Katia et de Véra.

Affectueusement.

MIKHAÏL

38. JANVIER 1983, JÉRUSALEM
Fiodor Krivtsov au père Mikhaïl à Tichkino

Cher père Mikhaïl,

Je suis heureux, vraiment très heureux que mère Ioanna m'ait donné ton adresse et m'ait dit de t'écrire pour te raconter quelle a été ma vie durant tout ce temps ! Il est vrai que c'est un peu long, mais je vais essayer de faire court. Que d'années ont passé depuis que j'ai quitté Moscou ! Je suis d'abord allé en Mordovie, j'ai vécu deux ans là-bas comme novice, puis je me suis rendu à Valaam et de là, Dieu m'a accordé la grâce de parvenir jusqu'au mont Athos. À Salonique, on m'a délivré un *diamonitirion*, un laissez-passer pour le mont Athos. Nous avons un consulat là-bas, et ils ont appuyé ma demande, ils avaient des instructions pour ne pas me mettre de bâtons dans les roues. Les Russes ne sont plus très nombreux sur le mont Athos, on trouve plutôt des Bulgares, des Serbes, des Roumains. Et des Grecs, cela va de soi. Il y a beaucoup de terrains appartenant à la Russie et peu de Russes. Pour moi, à l'époque, Russes ou Grecs, c'était tout un. Je ne comprenais pas (j'ai commencé à le comprendre plus tard) que la politique est une chose et que les œuvres spirituelles en sont une autre. La politique n'a rien à voir avec nous.

Au début, je me suis retrouvé dans l'ermitage Karulia, à flanc de montagne, avec en bas le débarcadère, l'*arsana*. Les gens montent et descendent par un sentier avec des mulets chargés de sacs de nourriture, de légumes. De temps en temps, des pêcheurs laissent des poissons. Je suis allé trouver le starets Païssii. Il m'a demandé ce que j'étais venu faire. J'ai dit que je voulais vivre quelque temps sur le mont Athos. « Tu fais du tourisme ? m'a-t-il demandé. — Non, mais j'ai un visa touristique », lui ai-je répondu franchement. Il m'a dit : « Ici, il n'y a pas de touristes. On ne vient pas ici pour faire du tourisme, mais pour faire son salut. Tu es moine ? » En fait, j'étais novice et non moine. C'était peut-être pour cela que j'étais venu sur le mont Athos, parce que je n'arrivais pas à me décider. Mais je n'ai rien dit. Alors il m'a déclaré : « Si un homme a ne serait-ce qu'un pour cent de doute qui le retient dans le monde, ce un pour cent l'emporte. Tu peux vivre ici. »

Et je suis resté. Mon noviciat était très strict, bien qu'extrêmement simple : je fabriquais de l'encens. La Grèce importe de la résine de cèdre du Liban, qui d'ailleurs ne vient pas du Liban mais d'Éthiopie, et c'est sur le mont Athos qu'on la transforme en encens. Écraser cette résine dans un broyeur est un travail pénible. Ce n'est pas un broyeur manuel, mais plutôt une sorte de bétonneuse miniature. On ajoute ensuite des aromates, de l'eau bénite et de l'huile *anpholodo*, et on mélange jusqu'à ce que cela forme une pâte. On y jette une pincée de magnésie. En guise de farine. Puis on étale cette pâte à l'aide d'un rouleau pour en faire une crêpe que l'on découpe en petits carrés avec un couteau à deux manches. Dès qu'ils sont secs, l'encens est prêt. C'est très toxique, on travaillait avec des masques et des gants. On livrait cela au monastère Pantéléimon. J'ai fabriqué de l'encens pendant trois ans. Je ne vivais pas dans le monastère, mais dans une cellule. Il y en a beaucoup autour du monastère, certaines creusées dans la montagne, d'autres bâties avec des pierres. L'une d'elles était à l'abandon depuis le siècle dernier et on m'avait permis de m'y installer. Mais on me laissait rarement parler au starets. Je le voyais surtout aux offices. Parfois, il me faisait signe d'approcher, il me disait quelques mots ou m'offrait quelque chose. Je suis allé le trouver deux fois pour lui demander de m'accepter dans le monastère. Il me répondait toujours la même chose : « Un pour cent ! »

Puis on m'a confié une autre tâche. Les deux dernières années, j'ai vécu auprès du starets. Il dispose d'une « homologation » sur sa cellule, c'est une sorte d'autorisation. La cellule est la propriété du monastère. Le starets y vit et quand il meurt, il la transmet à un autre, généralement elle revient à son disciple. Mais c'est le starets lui-même qui décide qui doit y vivre après lui. Il m'a dit :

« Ce n'est pas toi qui vivras ici. » Et il a transmis son « homologation » à un autre moine qui venait de Novotcherkass. Alors je
suis parti.

En réalité, la maîtresse, sur le mont Athos, n'est autre que la
Mère de Dieu. Ceux qu'elle accepte peuvent y vivre, ceux qu'elle
n'accepte pas s'en vont. Moi, elle m'a supporté pendant cinq ans.
On ne chasse personne du mont Athos. Ceux qui s'y sentent bien
y restent.

Si tu savais tout ce qu'on peut trouver, là-bas ! Leurs zélotes,
par exemple, sont des Grecs, des zélateurs. Ils ont essaimé de nouveaux synodes. Il y a les adeptes de l'ancien style, qui vivent
selon l'ancien calendrier et ne reconnaissent pas le nouveau. Cela
va parfois jusqu'à la bagarre. Ils se lancent des anathèmes d'une
cellule à l'autre, et la Mère de Dieu les supporte. Mais moi, elle
ne m'a pas accepté.

Disons que cela n'a pas marché. J'en ai encore la nostalgie
aujourd'hui. Et maintenant, me voilà à Jérusalem. Je n'arrive pas
à m'y retrouver, tout est tellement embrouillé !

Ah, mon père ! Comme j'étais bien chez toi, à Tichkino ! Ce
que tu disais, je l'acceptais. Alors qu'ici on n'y comprend rien. Il
y a tellement d'Églises, tellement de chapelles... Mais la Véritable
Orthodoxie, où est-elle ? Je suis dans un tel désarroi que je ne saurais le décrire. Les Russes ont autant de schismes que les Grecs.
Je fréquente différentes paroisses, mais je vais surtout chez les
Grecs. Je me suis mis au grec sur le mont Athos. Oh, je ne l'ai pas
vraiment appris, mais j'arrive à le comprendre et je le lis. Je vais
tantôt ici, tantôt là, mon âme erre et ne trouve pas sa place. Mais
je ne peux pas non plus vivre en Russie. Je vais passer quelque
temps ici, en Terre sainte, je me trouverai peut-être un couvent
tranquille, un père spirituel. Sur le mont Athos, il y avait l'Ancien
Joseph l'Hésychaste, il est mort il n'y a pas si longtemps, en
1957. Peut-être rencontrerai-je ici quelqu'un auprès de qui me
fixer. Je vais bientôt avoir quarante ans et je n'arrive toujours pas
à me décider. Je suis incapable de renoncer au monde. L'année
dernière, à Salonique, j'ai failli épouser une Grecque, une femme
bien, une veuve. Mais les choses ont tourné de telle façon que j'ai
pris mes jambes à mon cou.

Je me souviens de ce que tu m'as dit quand je suis parti, père

Mikhaïl : ne deviens pas moine, ne va pas de monastère en monastère, trouve auprès d'une église un travail auquel employer tes talents. Mais j'étais possédé par l'orgueil, je me disais : pourquoi toi, tu es devenu prêtre, et moi, je devrais balayer la cour de l'église ? Si j'avais épousé Véra Stépachina, comme tu me le disais à l'époque, tout se serait arrangé. À propos, comment va-t-elle ? Elle doit être mariée et avoir une douzaine d'enfants...

Écrire cette lettre m'a tellement bouleversé ! J'ai repensé à ma vie à Tichkino, au jour où mon frère était venu de Naltchik et avait tellement bu qu'on l'avait emmené à l'hôpital pour le ranimer...

Saluez votre épouse Nina de ma part. Je vous écrirai encore si vous me donnez votre bénédiction.

Avec mon baiser fraternel.

Le serviteur de Dieu FIODOR KRIVTSOV

C'est ainsi que je me désigne maintenant, je ne suis pas devenu moine et j'ai abandonné le noviciat. Je suis toujours à la recherche de la Vérité. En Terre sainte. Dire qu'il y a tant de lieux saints ici, et je n'arrive toujours pas à la trouver !

39. 1982, KFAR SABA

Térésa à Valentina Ferdinandovna

Ma chère Valentina,

Comme il m'est agréable, quoiqu'un peu difficile, de vous appeler par votre seul prénom ! Mais cette familiarité est la marque d'une intimité que je n'ai jamais connue avec personne. J'ai appris votre dernière lettre presque par cœur tant les pensées que vous y exprimez me paraissent importantes et justes. Surtout vos paroles amères sur la fidélité. Sur le fait que l'homme en est incapable... On pourrait penser que je connais les Évangiles sur le bout du doigt et pourtant, jamais il ne m'était venu à l'esprit que même l'apôtre Pierre a renié trois fois, et c'est là le signe qu'il est impossible pour un homme ordinaire d'être fidèle. Mais si l'on considère les choses depuis les hauteurs où se trouve le Sauveur, peut-être n'y a-t-il pas une grande différence entre la peur qui a incité Pierre à Le renier, et l'envie qui a incité Judas à Le trahir. Triste pensée.

J'ai parlé de votre lettre à Éfim et il la prend très au sérieux. Il m'a fait toute une conférence. Peut-être savez-vous déjà tout cela, mais je vais vous résumer ce qu'il a dit, cela m'a paru important : chez les Juifs, on récite la prière du *Kol Nidré*, qui libère l'homme de ses vœux et de ses serments. Cette office est célébré une fois par an, pendant la fête juive la plus importante, le Jour du Jugement. Ce jour-là s'accomplit le repentir et la rémission des péchés. Une fois que cette prière a été prononcée trois fois, les serments sont pour ainsi dire annulés. Cela témoigne d'une compréhension très pénétrante et très profonde de la nature humaine, et d'une grande indulgence pour les faiblesses de l'homme. Je dirais même que dans ce *Kol Nidré* se réalise la miséricorde divine.

Éfim a encore parlé d'une multitude de détails historiques très intéressants. Par exemple, pendant des siècles, le *Kol Nidré* a servi de fondement à l'idée que les Juifs n'étaient pas « fiables », car des gens qui renient aussi facilement leurs serments ne sauraient être des partenaires auxquels on peut se fier en affaires. Moi, j'ai songé à la grande sagesse et à la compréhension de la psychologie humaine dont ont fait preuve les maîtres qui ont introduit cette prière dans l'usage religieux. La culture d'Éfim est si immense que chaque question posée est pour lui un prétexte à donner tout un cours extraordinairement intéressant. Je pense du reste que sa véritable vocation est d'enseigner. Le travail insignifiant qu'il accomplit en ce moment ne correspond absolument pas à ses dons ni à ses goûts. Tous les deux, nous souffrons beaucoup de notre étrange situation. Mon intention de trouver un monastère qui me convienne est partie en fumée, il n'existe pas sur terre d'endroit où l'on m'accepterait. Je me verrais bien en assistante d'Éfim mais pour l'instant, il n'arrive pas à trouver un emploi approprié et digne de lui.

Mes angoisses nocturnes le gagnent, lui aussi, et il nous arrive de plus en plus fréquemment de passer la nuit à veiller ensemble.

La semaine dernière, je suis retournée à Haïfa chez le frère

Daniel. Il règne autour de lui un esprit étonnamment joyeux. Il me semble qu'il y a vraiment dans sa communauté quelque chose des premiers temps du christianisme.

Mais je me suis laissé entraîner, et j'ai oublié de vous remercier pour m'avoir envoyé votre nouvelle traduction. J'avoue que, pour l'instant, je n'ai lu que votre préface, et elle est en soi d'une grande portée. Vos idées sur la fragilité de la parole, sur son caractère mortel et changeant, c'est très profond. Ces derniers temps, je relis surtout non les Évangiles synoptiques, mais celui de Jean. Et comme toujours, les Actes des Apôtres et les Psaumes.

Transmettez ma gratitude et celle d'Éfim au père Mikhaïl, notre entrevue avec lui, juste avant notre départ, a été très utile. Sa marraine si austère, la mère Ioanna, qui m'avait d'abord accueillie avec méfiance, est à présent devenue plus aimable, elle s'est procuré l'adresse de la maison d'édition. Éfim s'est mis en contact avec Ir. Al., et ils sont en train de discuter pour savoir en quoi il peut leur être utile. Moi, je suis certaine qu'ils feront une énorme erreur s'ils ne lui proposent pas de travail. Mais comment expliquer aux gens où se trouve leur propre intérêt ?

Avez-vous connu cette mère Ioanna autrefois, en Russie ? Elle vit ici depuis de nombreuses années et sa situation dans le monastère est un peu particulière car elle peint des icônes. Je ne comprends pas grand-chose à l'art des icônes, mais cette occupation a beaucoup de charme : elle a une petite table ou un chevalet, je ne sais pas comment cela s'appelle, et une palette avec des peintures en poudre. C'est tellement attirant, tellement fascinant ! Une de ses icônes est presque terminée, « Pierre marchant sur les eaux ». Quand je l'ai regardée, j'en ai eu le souffle coupé : c'est de moi qu'il s'agit ! L'eau le submerge, mais on ne voit pas la main tendue... Ma conversion à l'orthodoxie a été précipitée et s'est faite en partie par la force des choses, mais maintenant que j'approfondis peu à peu ma connaissance de cette religion, j'y vois une grande chaleur que l'on retrouve aussi dans l'art des icônes. Éfim dit qu'il y a une immense richesse dans les offices orthodoxes, mais ce n'est pas simple pour moi d'y assister. Nous ne sommes pas les bienvenus dans les églises du Patriarcat de Moscou, les gens de l'Église Hors-frontières sont un peu plus accueillants, mais bon, là, c'est à Éfim d'en décider... Et aux autorités suprêmes...

Je vais vous faire un aveu bien affligeant : j'ai l'impression de n'être rien. Ni catholique ni orthodoxe. Je me trouve dans une sorte d'espace indéterminé qui n'a plus rien de familier.

Je vous embrasse, ma chère Valentina, et vous demande de prier pour moi.

Votre TÉRÉSA qui pense à vous

40. 1982, HAÏFA

Conversation entre Daniel et Éfim Dovitas

Daniel : Comment dit-on cela en russe... Nous sommes un peu des... Des compères ? Des compatriotes ?

Éfim : Des compatriotes. Oui, la Lituanie et la Pologne, ce n'est pas loin. Tu as le mal du pays ?

Daniel : J'aime la Pologne. Mais elle ne me manque pas. Et toi ?

Éfim : Mmm... Ce qui me manque le plus, c'est l'orthodoxie. Je ne la trouve pas ici. Or c'est elle, ma véritable patrie.

Daniel : Tu es juif. Qu'est-ce que tu as à voir avec l'orthodoxie ?

Éfim : J'ai passé dix ans dans l'Église. J'aime la religion orthodoxe. Je suis prêtre. Mais l'Église n'a pas voulu de moi.

Daniel : Oh, dans ce pays, il y a des dizaines d'Églises orthodoxes, autant de catholiques, et une centaine d'Églises protestantes... Tu as le choix ! C'est un vrai bazar.

Éfim : Je ne savais pas ce qui m'attendait ici. Ce que je cherche, c'est la véritable orthodoxie.

Daniel : Tu cherches la véritable *quoi* ? Et le Christ, tu ne Le cherches pas ? Il est ici, sur cette terre ! Pourquoi Le chercher dans les enseignements d'Églises qui sont apparues mille ans après sa mort ? Cherche-Le donc ici ! Cherche-Le dans les Évangiles !

Éfim : C'est juste. Mais je L'ai rencontré au sein de l'orthodoxie. Dans les offices religieux, que j'aime tant. Je Le rencontre dans la liturgie.

Daniel : Tu as raison. Tout à fait raison ! Excuse ma véhémence. C'est sans doute une corde sensible, chez moi. Tu comprends, j'ai passé la moitié de ma vie parmi des gens qui cherchent Dieu dans des livres et dans des rites qu'ils ont inventés eux-mêmes. Alors qu'on peut Le rencontrer partout. Dans l'orthodoxie, dans la liturgie, au bord d'une rivière, dans un hôpital, dans une étable... Mais là où Il est le plus près, c'est dans notre âme.

Éfim : Oui, oui, père Daniel, bien sûr ! C'est ça, la vie spirituelle : la quête de Dieu dans les profondeurs de notre âme.

Daniel : Oooh ! La vie spirituelle, ça me fait très peur, ça. D'après mes observations, la plupart du temps, c'est cette fameuse vie spirituelle en soi qui fascine les hommes. En tant qu'exercice. J'en ai rencontré tellement, des gens tout petits qui avaient de grandes vies spirituelles, et presque toujours il s'est avéré que cette vie spirituelle se réduisait à farfouiller en soi-même à une profondeur qui, elle, n'était pas grande du tout... Et ils n'arrêtent pas de se chercher des pères spirituels !

Éfim : Oui. Effectivement, c'est un problème. Quelle que soit la vie spirituelle, qu'elle soit profonde ou superficielle, on a besoin d'un père spirituel. Depuis que je suis parti de Vilnius et que j'ai perdu le contact avec mon père spirituel, je ressens un vide. Le vide d'une perte que rien ne comble.

Daniel : Bon, bon... Pardonne-moi... Je pars toujours de l'idée qu'un seul Maître nous suffit. Dis-moi, qu'est-ce que c'est, un père spirituel ?

Éfim : Comment cela ? C'est celui qui dirige notre vie spirituelle, afin que nous ne fassions pas ce dont tu as parlé : farfouiller dans notre moi, nous analyser.

Daniel : Et tu sais déterminer où finit la vie spirituelle et où commence la vie pratique ?

Éfim : Non.

Daniel : Bon, d'accord. Alors dis-moi, qu'est-ce qui te tracasse le plus en ce moment ? Ce qui te tourmente le plus ?

Éfim : Térésa.

Daniel : Ta femme ?

Éfim : Notre union est spirituelle.

Daniel : J'ai toujours pensé que tout mariage est une union spirituelle.

Éfim : Nous vivons comme frère et sœur.

Daniel : Ensemble ? Vous vivez ensemble, comme frère et sœur ? Vous êtes des saints ou quoi ?

Éfim : Non. Seulement nous sommes en butte à des tentations, comme eux. Térésa souffre depuis des années d'épouvantables apparitions, mais je ne peux pas t'en parler. Depuis un an, je sens moi-même ces horribles présences.

Daniel : Tais-toi ! Tais-toi ! Ne me dis rien ! Je ne suis pas un père spirituel ! Mon frère dit toujours que je suis un vulgaire travailleur social, mais qui ne reçoit pas de salaire. Alors comme ça, vous êtes mariés, vous vivez sous le même toit, et vous ne dormez pas dans le même lit ?

Éfim : Nous en avons décidé ainsi dès le début. Térésa avait été chassée de son couvent, elle était au désespoir. Quant à moi, on ne voulait pas m'accepter dans un monastère, et on ne pouvait pas m'ordonner prêtre parce que je n'étais pas marié. Voilà le problème compliqué auquel nous étions confrontés... Et nous nous sommes mariés pour que je puisse devenir prêtre.

Daniel : Alors vous avez fait un mariage fictif ! Pourquoi toutes ces complications ? Couche donc avec ta femme ! Tu as quel âge ?

Éfim : Quarante et un ans.

Daniel : Et Térésa ?

Éfim : Quarante et un.

Daniel : Alors vas-y, et dépêche-toi ! Après, les femmes ne peuvent plus avoir d'enfants. Faites des enfants, et tu n'auras plus aucun problème spirituel.

Éfim : Je ne comprends pas. C'est toi, un moine, qui me dis des choses pareilles ?

Daniel : Je suis moine, et alors ? C'est mon affaire. On m'a fait cadeau de ma vie, et j'ai fait vœu de l'offrir. C'est tout. Mais tu es juif, et les Juifs n'ont jamais connu le monachisme. Même dans la communauté des Esséniens, il y avait des gens mariés, tous n'étaient pas célibataires. Ce sont les Syriens et les Grecs qui ont inventé le monachisme. Ils ont inventé pas mal de choses qui n'ont rien à voir avec nous. Va retrouver ta femme. Tu as besoin d'un père spirituel ? Tu as besoin que quelqu'un prenne la décision pour toi ? Très bien ! Je prends cela sur moi ! Va, et couche avec ta femme...

41. 1983, KFAR SABA

Térésa à Valentina Ferdinandovna

Ma chère Valentina,

Vos lettres me sont d'un grand soutien, et la dernière, dans laquelle vous me parlez de votre voyage en Lituanie chez le père S., m'a remplie de tristesse. Que de choses j'ai perdues ! Mais que de choses j'ai acquises ! Je ne peux pas dire que ma vie présente est pire ou meilleure que ma vie d'autrefois, les changements sont si profonds qu'on ne peut pas comparer. Nous avons enfin trouvé parmi les paroissiens de frère Daniel quelques personnes qui partagent nos idées. Bien sûr, ce n'est pas ce à quoi nous étions habitués chez nous, tout est beaucoup plus varié ici, et les gens aussi, ils viennent de villes et de pays différents, même le russe, ils le parlent chacun à leur manière.

Éfim se sent seul, évidemment, mais quand nous sommes ensemble, la solitude n'est plus aussi difficile. Nous souffrons tous les deux de notre situation bancale vis-à-vis de l'Église, et ce que nous avons à présent ne nous satisfait pas entièrement. Éfim fréquente l'Église russe Hors-frontières, il ne s'entend pas du tout avec l'Église « rouge ». Et nous allons parfois chez les catholiques, dans la paroisse très spéciale du père Daniel, qui célèbre la messe en hébreu. J'ai déjà fait des progrès dans cette langue, je suis capable de me débrouiller. Mais je n'ai personne avec qui parler de sujets vraiment importants et intimes, vous êtes la seule avec qui je peux discuter de ma vie privée.

Chère Valentina, vous avez été mariée pendant vingt ans, et vous avez prononcé vos vœux après la mort de votre mari. C'est la meilleure chose que puisse faire une veuve. Votre expérience est différente de la mienne, mais vous me comprendrez mieux que personne car vous connaissez les deux états, celui de femme mariée et celui de religieuse. Même si l'état de religieuse clandestine, de religieuse dans le monde, est quelque chose de très particulier, mais beaucoup de gens possédant la sagesse de l'expérience estiment que, sous bien des rapports, c'est plus compliqué. Pour moi, votre vie est l'exemple même d'une vie de femme au service des autres : se marier, être une épouse fidèle, avoir un enfant et, une fois veuve, entrer dans les ordres.

Quant à ces traductions des Évangiles en russe moderne, qui révèlent des significations et des nuances nouvelles, et que vous avez faites portée par l'élan de votre cœur, n'est-ce pas là un véritable travail de moine ? Pour ma part, je ne vois dans mon séjour au couvent qu'un exploit relevant de la pure discipline. La croissance spirituelle, qui est la raison d'être du monachisme, ne s'est pas produite dans mon cas. J'ose même penser que depuis que j'ai quitté le monastère, ma vie spirituelle est devenue plus riche, et les souffrances que cela a entraînées sont en soi un véritable apprentissage.

Ma chère Valentina, il y a des choses très intimes dont je n'aurais sans doute jamais pu parler de vive voix, mais je ne sais pourquoi, elles sont plus faciles à aborder par écrit. Notre mariage, qu'Éfim et moi avions voulu purement spirituel, ne l'est pas resté et a pris une dimension nouvelle. Bien sûr, jamais nous n'aurions pu franchir ce pas nous-mêmes, nous sommes tous deux trop timorés pour prendre une décision aussi hardie, mais le frère Daniel nous y a aidés. Lui, on ne peut absolument pas le suspecter d'être timoré ! Il a fait la guerre, il a travaillé parmi les Allemands, et il a accompli des actes héroïques.

Cette vie conjugale toute neuve, avec la bénédiction de Daniel, est assombrie par un obstacle. Peut-être cela vient-il de cette peur, de cette répulsion pour les relations physiques entre l'homme et la femme qui se sont développées en moi dès mon enfance, toujours est-il que ma porte est fermée à double tour, et notre intimité n'est pas totale. Cela m'afflige énormément car je suis en train de vivre les années les plus critiques, et si nous ne pouvons réaliser la principale vocation du mariage en donnant naissance à un enfant, n'aurions-nous pas mieux fait de rester dans l'état où nous étions avant ?

Éfim me console, sa tendresse est sans limite, il ne me laisse jamais seule, et je suis délivrée des visites de l'ennemi qui m'ont tourmentée pendant tant d'années.

336

De temps en temps, la pensée de mon apostasie me remplit de tristesse : j'ai transgressé mes vœux, et la seule chose qui me soutienne est la pensée de la descendance qui pourrait justifier cette transgression.

Comme toujours, je vous demande de prier pour moi. Mais peut-être pourrez-vous également me donner un conseil pratique. Mon pauvre mari, qui se heurte à ma virginité inviolable dans tous les sens du terme, me supplie de ne pas me désoler, il prétend qu'il est parfaitement heureux, mais j'ai peur qu'il ne dise cela uniquement par charité. Je vous demande pardon de vous accabler avec mes problèmes douloureux. J'avais envie de vous en parler depuis longtemps, mais c'était très difficile. Et je n'ai personne d'autre au monde à qui m'adresser.

Votre TÉRÉSA qui vous aime

42. 1983, MOSCOU

Valentina Ferdinandovna à Térésa

Ma chère petite fille,

Nos rapports sont si intenses ces dernières années que j'ai l'impression qu'il s'agit d'une véritable relation à part entière et pas seulement d'une correspondance. Ta dernière lettre m'a beaucoup alarmée. L'idée que tu te fais de mon expérience diversifiée de la vie est tout à fait erronée, ma chère Térésa. Mon mariage avec Arkadi Aristarkhovitch n'a pas été heureux, et j'ai bien peur que la principale expérience que j'en ai retirée ait été celle de la patience. Arkadi ne plaisait pas à mes parents et ils ne m'avaient pas accordé leur bénédiction, mais j'ai passé outre, et par la suite, j'ai mis les difficultés de ce mariage sur le compte de ces circonstances. J'étais follement amoureuse, je n'entendais rien, je ne voyais rien. De fait, c'était un homme brillant et bien plus âgé que moi, ce qui me fascinait. Dès la première année, alors que j'étais enceinte de Kirill, Arkadi a pris une maîtresse, et cette découverte m'a bouleversée. Nous avons passé vingt ans ensemble, et j'ai été obligée de vivre conformément à l'idée qu'il se faisait du mariage : il jouissait d'une totale liberté sexuelle alors que, moi, cela ne m'a jamais effleuré l'esprit. La plus grande amertume de ma vie a été de constater qu'en grandissant Kirill avait tendance à approuver la logique de vie de son père et me blâmait de le servir en silence. Avec une pointe de dédain, sinon de mépris.

La dernière année de la vie d'Arkadi, alors qu'il était déjà très malade, sa maîtresse passait sa vie à la maison, elle m'arrachait littéralement les pots de chambre des mains, et je devais accepter cela avec résignation. Même à l'enterrement, devant le cercueil, cette Marina Nicolaïevna s'est tenue à mes côtés en grand deuil. Je t'écris tout cela pour que tu comprennes, Térésa, que mon mariage a été très pénible, un vrai calvaire, même si je l'ai préservé jusqu'au bout et n'ai jamais accordé le divorce à Arkadi. Je ne l'ai pas laissé détruire notre famille, bien qu'il m'ait suppliée de le faire pendant des années.

Mes parents sont morts depuis longtemps, et on pourrait croire que le fait que je me sois mariée sans leur bénédiction n'a plus aucune importance. Mais maintenant, je peux te le dire : c'est uniquement en prenant le voile que j'ai trouvé ma vraie place. Ce travail que j'accomplis de mon plein gré, et qui n'est guère différent de l'esclavage (tu sais ce que me coûtent ces travaux nocturnes), me procure une grande satisfaction, c'est la seule chose que je fasse pour Dieu, et la seule chose qui soit pour moi une joie.

Ma vie dans la famille de mon fils est loin d'être simple. Pour d'autres raisons, cette fois. Notre appartement est devenu trop petit depuis longtemps. Lorsque mes petits-enfants sont nés, j'ai déménagé dans une chambre minuscule, mais à présent qu'ils sont mariés et qu'ils se multiplient, même cette petite pièce est devenue un luxe. Kirill s'est complètement détaché de moi et je n'ai jamais été proche de sa femme. Je t'écris cela afin que tu comprennes, d'après mon expérience, à quel point il est important de suivre la voie à laquelle on est destiné. Peut-être que si je n'avais pas désobéi à mes parents, si je ne m'étais pas lancée tête baissée dans les pénibles difficultés de la vie de couple et que j'étais entrée au monastère dès ma jeunesse, ma vie aurait été comblée de bénédictions.

Je te dis tout cela pour que tu te demandes si, dans ton étrange situation, il n'y a pas certaines indications, et lesquelles. N'as-tu vraiment pas dans ton entourage une personne d'expérience qui pourrait t'aider à résoudre cette douloureuse situation ? Dans notre vie, les choses spirituelles et les choses matérielles sont étroitement entremêlées, elles ne sont pas indépendantes les unes des autres.

J'ai longuement réfléchi à la façon dont je pourrais t'aider, et j'ai fini par en parler à une vieille amie gynécologue, je lui ai raconté ton problème, sans citer de nom, cela va de soi, d'un point de vue purement médical. Elle m'a dit la chose suivante : ce qui t'arrive n'est pas un trouble si rare que cela, cela s'appelle le vaginisme et, en général, les femmes qui en souffrent ont subi un traumatisme sexuel dans leur enfance ou leur adolescence. Il peut aussi y avoir une autre raison — un épaississement de l'hymen, et dans ce cas, cela nécessite une intervention chirurgicale. La troisième raison de ce trouble peut être une tumeur, mais c'est très rare. En quarante années de pratique, elle n'a rencontré ce cas qu'une seule fois. Elle m'a écoutée avec beaucoup d'attention et a dit qu'elle ne pouvait pas t'aider à distance, mais quand elle a su que tu vivais à l'étranger, elle m'a assurée qu'il te fallait un bon sexologue. C'est une profession peu répandue chez nous, mais à l'étranger il existe certainement des endroits où s'adresser.

En tout cas, d'après elle, cela ne peut pas te faire de mal de prendre des antispasmodiques et un léger sédatif. Il faut seulement trouver comment s'appellent ces médicaments dans vos pharmacies.

Chère Térésa ! Je reviens en arrière, à l'essentiel : quelle que soit la façon dont notre vie peut tourner, il ne faut pas se laisser aller au désespoir. Bien sûr, le fait que tu aies renié tes vœux m'a d'abord causé un choc. Mais ensuite, j'ai compris que cette tentative pour mener une vie laïque pouvait signifier non une capitulation, mais une période nouvelle et féconde. Avec l'aide de Dieu, votre vie s'arrangera, et Il vous enverra une descendance qui donnera un sens et une justification à tout cela.

Courage, chère Térésa ! Je t'envoie mes prières les plus ferventes.

Ta VALENTINA

43. 1984, HAÏFA

Hilda à sa mère

Chère maman,

Pourquoi est-ce que tu ne te décides toujours pas à venir ? La semaine dernière, Daniel a emmené un groupe d'Allemands sur le mont Sinaï et j'y suis allée, moi aussi. Pendant tout le trajet, je me suis dit : quel dommage que tu ne sois pas là ! Dès le début, cela a été un plaisir indescriptible. Un vrai bonheur ! Nous avons eu une chance exceptionnelle — d'abord avec le minibus, car nous n'avons pas eu une seule panne. D'habitude, pendant le trajet, il y a toujours quelque chose qui se casse. Et Daniel ne s'est pas perdu une seule fois. Partout, nous avons rencontré des gens qu'il connaissait, et nous n'avons été bloqués nulle part, pas même à la frontière, quand on a contrôlé nos papiers. Même les douaniers ont été aimables !

Et Daniel est le meilleur guide d'Israël qui soit au monde. Il nous a tout montré, tout expliqué. Il a passé quatre jours à parler, et nous à écarquiller les yeux. Cela a été extrêmement intense, c'est comme si, en quatre jours, j'avais vécu toute l'histoire depuis la création du monde jusqu'à ce soir. Notre pays est minuscule (j'ai oublié de t'écrire que le mois dernier j'ai reçu la nationalité israélienne, c'est pourquoi je dis maintenant « notre » pays), mais tu te rends compte, tout tient sur ce morceau de terre aride, entre le Sinaï et le Kinneret : le puits près duquel Abraham a accueilli de mystérieux visiteurs, le puits de Jacob, l'endroit où il s'est battu toute une nuit contre un adversaire invisible, le puits dans lequel Joseph a été jeté par ses frères et d'où ils l'ont tiré ensuite pour le vendre à des marchands, et aussi le buisson ardent d'où est sortie la voix qui a parlé à Moïse... Et puis le Sinaï lui-même, sur lequel nous avons grimpé une nuit et depuis lequel nous avons vu le lever du soleil, après nous sommes redescendus par le sentier qu'a emprunté Moïse avec les Tables de la Loi... Et encore bien des choses que tout le monde connaît d'après les Écritures, mais quand on les lit, on a l'impression que c'est de l'histoire abstraite, une tradition, une légende, alors que quand on monte dans une voiture et qu'on fait le tour de tous ces endroits en un temps donné, on comprend que ce n'est pas de l'histoire, mais de la géographie : cela s'est produit ici, là, et tout devient vrai. Tu sais d'où vient cette impression ? C'est parce qu'il y a des témoins vivants : les montagnes, les *wadi*, les grottes... Daniel nous a montré celle dans laquelle le jeune David s'est caché avec sa flûte pour échapper au roi Saül devenu fou. Saül est entré et s'est accroupi pour satisfaire un besoin. David s'est faufilé derrière lui, il a coupé un pan de son manteau et ensuite, il lui a dit : « Tu vois, tu étais sans défense, j'aurais pu te tuer, mais je ne l'ai pas fait, parce que je ne suis pas ton ennemi. » Cette grotte est un témoin, de même que les plantes et les animaux qui vivent encore ici aujourd'hui comme en ce temps-là. Nous avons dit une prière à chacun de ces endroits, et tout se remplissait d'un sens si profond, c'est impossible à décrire ! De façon générale, tout cela est difficile à raconter, les mots sont insuffisants et très approximatifs.

Ah, si tu avais été à mes côtés quand Daniel a célébré la messe presque au sommet du mont Sinaï ! Le soleil se levait, et mon plus grand désir était de mourir à l'instant même, parce que si je vis encore longtemps, tout cela va s'effacer, se décolorer, être brouillé par toutes sortes de saletés, alors qu'à ce moment-là, c'était une telle transparence, une telle unité avec le monde ! En tout cas, cela n'avait rien à voir avec la foi, parce que la foi suppose l'existence de quelque chose que l'on ne voit pas, on fait un effort pour mettre au premier plan cette chose invisible et imperceptible, on renonce aux choses visibles pour les invisibles. Tandis qu'ici, on arrive au bout de la foi, parce qu'on n'a pas besoin de faire le moindre effort, on est juste là, on est heureux, on est rempli à ras bord non de foi, mais de certitude. Je t'en prie, pardonne-moi ce torrent de mots, mais si je t'écris, c'est pour ne pas exploser. Peut-être même que je n'enverrai pas cette lettre. Je la relirai demain, et je réfléchirai à ce que j'en fais.

Maman ! Cette année, je vais venir te voir pour les vacances, mais l'année prochaine, il faut absolument que toi, tu viennes ici ! Promets-le-moi ! Je sais bien pourquoi tu ne veux pas venir, je l'ai deviné depuis longtemps. Mais tu sais, la moitié des Allemands qui faisaient partie de ce groupe étaient des enfants de gens qui ont fait la guerre, et même des enfants de SS ou autres. Toi et moi, nous ne sommes pas les seuls descendants de ces hommes pour lesquels il est difficile de prier. Je sais bien que tu n'aimes pas les Juifs, que tu as honte de ce sentiment, mais que cela n'y change rien. S'il te plaît, viens ! Ce n'est ni moi ni Daniel, mais la terre elle-même qui t'en apprendra bien davantage que tu n'en sais sur l'amour, sur l'histoire. Nous ferons ensemble le tour du Kinneret, puis nous irons jusqu'à Tsfata et de là-haut, tu verras à quel point le Kinneret est petit, comme une goutte oblongue entourée de villages : Kfar Nahum, c'est-à-dire Capharnaüm, Magdala, Cana, Guérasa, et tu saisiras toute l'histoire de la Bible d'un seul coup, d'un seul regard. Et ce serait bien que ce soit au printemps, quand tout est vert et couvert de fleurs des champs — des coquelicots, des iris sauvages et de la moutarde sauvage.

Ah, il ne faut pas que j'oublie de te raconter l'incident le plus étonnant de notre voyage. Figure-toi qu'on était sur le chemin du retour, on venait de dépasser l'embranchement vers Zikhron Iaakov, c'est tout près d'Haïfa, quand soudain, Daniel a ralenti, il a fait demi-tour et, sans un mot, il nous a emmenés dans cette petite ville, avec de jolies villas et aussi des immeubles à quatre étages dans lesquels vivent des rapatriés.

Il s'est arrêté sur une petite place ronde, près d'un café, et nous a dit : « C'est le moment de prendre un café. Je m'absente une demi-heure. »

Et il est parti, il s'est littéralement volatilisé parmi les villas qui se ressemblaient toutes. Nous sommes restés là, à l'attendre. Au bout d'une demi-heure, il n'était toujours pas revenu. Il aime à dire que lui et moi, nous sommes des gens très ponctuels, mais moi à l'allemande et lui à la juive. Quand je lui ai demandé quelle était la différence, il m'a répondu : « Les Allemands arrivent à l'heure, et les Juifs arrivent quand il faut ! »

Bref, il est revenu non au bout d'une demi-heure, mais au bout d'une heure, l'air très satisfait. Et il n'a pas ouvert la bouche pendant tout le reste du voyage. Il est vrai qu'il n'avait plus de voix, il ne pouvait plus parler qu'en chuchotant.

À Haïfa, nous avons déposé tous les gens chez eux, et nous sommes rentrés à la maison de la communauté. J'ai mis de l'eau à bouillir. Daniel s'est assis et m'a dit :

« Tu sais, Hilda, c'est un grand jour aujourd'hui ! Il y a cinq ans, j'ai reçu une lettre d'une vieille Juive qui voulait se faire baptiser. Son fils avait été opéré et avait eu un arrêt du cœur. Elle était convaincue que Jésus l'avait sauvé parce que sa belle-fille russe avait prié avec une telle ferveur que le toit avait failli s'envoler. J'étais allé la voir à l'époque. Il y a là tout un quartier peuplé de Juifs venus de Russie. Ils s'espionnent les uns les autres et dès que quelque chose ne va pas, ils écrivent des dénonciations. Enfin, pas tous, bien sûr, mais il y en a qui le font... Sur ce point, qu'ils soient soviétiques ou polonais, c'est la même chose : ce sont de vrais communistes, ils veillent de très près à ce que personne ne reçoive plus que les autres ! La belle-fille Véra est tenue un peu à l'écart à cause de son christianisme... Et cette vieille dame, malgré sa foi, a une peur bleue de ses voisins. "Vous pouvez me baptiser de façon à ce que personne ne soit au courant ?"

« C'est une petite vieille minuscule, à peine plus grosse qu'un chat, mais rayonnante. Elle était pliée en deux et arrivait à peine à marcher. Elle avait pourtant préparé des tas de choses, des pirojki...

« Je l'ai regardée et je lui ai dit :

« "Mais pourquoi avez-vous décidé de vous faire baptiser, Olga Isaakovna ?

« — Mon petit garçon est vivant, et je suis si reconnaissante, si reconnaissante envers le Christ ! Je L'ai vu en rêve, Il m'a dit : 'Viens, viens ici !' Il m'a appelée, et c'était si gai, comme dans mon enfance... Je suis peut-être retombée en enfance ? Mais quand Il a dit : 'Viens ici', de quoi il pouvait bien parler ? J'ai réfléchi — ça ne pouvait être que du baptême. Seulement il faut faire ça en secret, sinon les voisins vont téléphoner partout et mon fils perdra son travail."

« C'était une petite vieille toute décrépite, mais si gaie, si joyeuse ! Une vieille dame aussi gaie, n'importe quel Dieu en voudrait ! Elle fait des pirojki, elle aime sa belle-fille...

« "Bon ! lui ai-je dit. Je vais te baptiser. Pour le moment, prépare-toi, lis l'Évangile avec ta belle-fille, réjouis-toi et remercie Dieu. Je te baptiserai avant ta mort. Mais pas maintenant. Tu pourrais changer d'avis et t'en vouloir d'avoir trahi Abraham !"

« Je lui ai laissé mon numéro de téléphone et je lui ai dit que si elle tombait malade, sa belle-fille n'aurait qu'à m'appeler et je viendrais.

« Cela m'était complètement sorti de la tête. Jusqu'au moment où nous sommes passés devant la route qui va à Zikhron Iaakov. Là, c'est comme si on m'avait donné un grand coup sur le crâne : Mon Dieu, mais j'avais complètement oublié cette vieille dame !

« Pendant que vous preniez un café, je suis passé chez eux. La belle-fille m'a ouvert, une grande femme aussi large que la porte, et elle a levé au ciel ses immenses bras : "Cela fait trois jours qu'on vous téléphone au monastère, ils nous ont dit que vous étiez en voyage ! Heureusement qu'ils vous ont prévenu ! Olga Isaa-kovna est au plus mal."

« Je ne leur ai pas expliqué que c'était un ange du ciel qui m'avait transmis le message en me flanquant un coup sur la tête au carrefour. Olga Isaakovna était parfaitement consciente, mais respirait à peine. Ses yeux brillaient. Quand elle m'a vu, elle a dit d'une voix faible : "Vous m'avez fait attendre ! Je commençais à désespérer !"

« La belle-fille rayonnait. Son énorme mari barbu, David, et leurs deux fils, eux aussi de grands gaillards, se tenaient derrière elle. Je n'avais rien sur moi, même pas de croix. La belle-fille a enlevé la sienne de son cou : Tenez. Et j'ai baptisé Olga Issakovna. »

Cette nouvelle chrétienne est morte dans la nuit. Après son bap-tême, elle s'est endormie et elle est morte pendant son sommeil. Quand on nous a appelés le lendemain matin, Daniel m'a dit : « Ça, c'est une ouvrière de la onzième heure ! »

Il faisait allusion à la parabole des ouvriers de la onzième heure : des ouvriers avaient été engagés et les premiers, qui avaient travaillé depuis le matin jusqu'au soir, ont été payés autant que les derniers qui n'avaient travaillé qu'une heure.

Maman ! Je t'en prie, ne tombe pas malade, fais attention à ta santé. Je veux que nous foulions cette terre ensemble, toi et moi, et pas seulement que tu la voies par la vitre d'une voiture. S'il te plaît, viens en Israël ! La vie est si palpitante, ici.

Embrasse tout le monde.

HILDA

44. 1984

Rapport adressé au Patriarcat latin de Jérusalem par Eldar Khalil (frère Élie)

> *À l'attention de Monseigneur Raphaël Achkouri*
> *Secrétaire du patriarche*

Je vous informe que le 16 du mois dernier, au cours d'une excursion touristique sur le mont Sinaï avec un groupe d'étudiants en théologie venus d'Allemagne, le fr. D. a célébré en plein air, près de la source Tabgha, une messe dans laquelle il s'est permis des modifications, remplaçant le Credo par des prières non conformes en hébreu. Je n'ai pas pu reconnaître lesquelles exactement, mais ensuite, au cours du repas qu'il avait préparé lui-même pour tout le groupe, s'est déroulée une conversation que je n'ai pas comprise car elle était en allemand. Néanmoins, l'assistante de frère Daniel m'en a répété la teneur : il n'est pas d'accord avec le dogme de la Sainte-Trinité, partant du fait que le Christ lui-même n'a jamais parlé de la Trinité et que ce sont les Grecs qui l'ont inventée. J'ai demandé à son assistante Hilda le texte de l'office qu'il a célébré sous le nom de messe, et elle a promis de me le remettre. Je vous le transmettrai dès qu'elle me l'aura donné.

Je vous soumets également un enregistrement d'une conversation que le père Daniel a tenue dans la maison paroissiale peu avant cet office, et dans laquelle il était aussi question de la Trinité.

En ce qui concerne les travaux prévus dans la maison de mon père à Haïfa, je vous demande de m'accorder les subventions pour les mener à bien.

Frère ÉLIE

45. 1984

Lettre du secrétaire du Patriarcat de Jérusalem au prieur du monastère Stella Maris

Révérend Père prieur !
Je vous prie de m'envoyer pour entretien le frère Daniel Stein, membre de votre communauté.

Monseigneur RAPHAËL ACHKOURI
Secrétaire du Patriarcat latin de Jérusalem

Lettre du Patriarcat de Jérusalem au provincial des carmes déchaux

Très Révérend Père !
Je vous prie d'examiner le dossier du frère Daniel Stein, membre de votre ordre. D'après les informations dont je dispose, il commet de graves infractions dans la célébration de la messe. À ma demande de se présenter pour un entretien, il a répondu par un refus, ce qui me paraît contrevenir à la discipline de l'Église. Néanmoins, compte tenu de son appartenance à votre ordre, je vous prie de mener une enquête, et d'avoir avec lui l'entretien qui s'impose.

Le Patriarche de Jérusalem

46. 1984

Lettre du père Laurénis, général des carmes déchaux, au cardinal Rockhaus, préfet de la Sainte Congrégation pour la Doctrine de la Foi

Votre Éminence,
Je suis au regret de devoir vous informer qu'à l'intérieur de l'ordre qui m'est confié s'est produit un différend dogmatique lié à l'activité d'un de nos moines, le prêtre Daniel Stein. J'ai en effet

reçu un rapport du provincial de l'ordre concernant des sermons prononcés par ce prêtre, qui divergent sur certains points des dogmes et des traditions de l'Église. Les prêtres exerçant dans une paroisse ne sont pas très nombreux parmi les membres de notre ordre, et le frère Daniel Stein est en charge d'une paroisse dans la ville d'Haïfa. C'est grâce à son intense activité et aux efforts de ses paroissiens qu'a été restaurée l'église dans laquelle il remplit son office de pasteur depuis maintenant quinze ans.

Selon une loi de l'État d'Israël, l'activité missionnaire est interdite parmi les Juifs ; nous avons cependant reçu plus d'une fois du ministère des Affaires religieuses des notifications nous signifiant que, d'après les sources dont ils disposent, D. Stein baptise des Juifs.

J'ai déjà eu un entretien avec lui à ce sujet en 1981, il m'avait assuré qu'il ne baptisait que quelques rares enfants dont les parents juifs étaient de confession catholique, et qu'il n'avait pas le droit de refuser le baptême à ces gens. Les deux autres cas dont il m'a parlé concernaient des personnes se trouvant à l'article de la mort, et il lui avait été impossible de ne pas accomplir son devoir de pasteur et de chrétien. Dans un de ces cas, il s'agissait d'une femme venue de Russie qui le lui demandait depuis des années, et il lui avait promis d'exaucer sa demande lorsque sa fin serait proche. Ce qu'il a fait la veille de sa mort. Vous m'accorderez que, dans de telles circonstances, je ne puis lui reprocher d'avoir contrevenu à la loi. Il a néanmoins eu droit à des remontrances.

À la fin de l'année dernière, j'ai reçu du provincial de l'ordre une nouvelle lettre concernant un sermon du père Daniel Stein. J'ai reçu parallèlement un courrier officiel du Patriarcat de Jérusalem à propos de son activité. Cette fois, il s'agit d'une situation plus complexe puisqu'elle concerne la non-reconnaissance par Stein de la primauté du Saint-Siège dans le monde catholique, et l'idée aberrante qu'il a exprimée selon laquelle la primauté devrait revenir à l'Église de Jérusalem. Il entendait par là non le Patriarcat de Jérusalem, mais l'Église de Jacob, le frère du Seigneur, dont l'existence a pris fin au début du IIe siècle.

Fort de cette idée, le prêtre Daniel Stein célèbre ses messes en hébreu. Étant donné que depuis Vatican II il est officiellement permis de célébrer les offices dans les langues locales, cela ne peut donner lieu de ma part ni à une condamnation ni à une interdiction. Ses idées sur un christianisme multiculturel me paraissent discutables à moi aussi, mais je préférerais que vous vous entreteniez vous-même de ces problèmes avec lui.

Au cours de notre conversation, me fondant sur les informations confidentielles que j'avais reçues, je lui ai demandé s'il n'omettait pas le Credo dans le rituel de la messe. Il a reconnu que ces dernières années il estime impossible de prononcer ce texte dont il ne partage pas certaines positions. Cette fois, il touche à l'un des dogmes fondamentaux de la Sainte Église, celui de la Trinité. Ses conceptions me paraissent tellement hérétiques que je n'ose même pas les répéter, et c'est là encore un argument justifiant que vous ayez une entrevue avec lui.

Les divergences entre les opinions du père Daniel Stein et les traditions de mise de la Sainte Église catholique sont si nombreuses que je lui ai provisoirement interdit de célébrer la messe, et je laisse à votre Éminence le soin de prendre la décision finale.

La direction de l'ordre est prête à envoyer le père Daniel Stein à Rome pour un entretien, à toute date qui paraîtra convenable à Votre Éminence.

Votre dévoué en Christ.

Père LAURÉNIS
Général des carmes déchaux

47. 1984, HAÏFA
Extrait d'une conversation entre Daniel et Hilda

Daniel : Écoute-moi attentivement et essaye de ne pas m'interrompre ! Tu sais que je n'attendais rien de bon de ce voyage à Rome et que j'étais prêt à tout. En fait, le pire était déjà arrivé : mes supérieurs m'avaient interdit de célébrer la messe, quoique de façon provisoire, et je n'avais guère l'espoir de réussir à faire lever cette interdiction. D'autant que le préfet de la Congrégation pour la Doctrine de la Foi qui m'avait convoqué est quelqu'un d'extrêmement conservateur. Le pape et lui forment un couple bien équilibré, chacun empêche l'autre d'aller trop loin, si l'on peut dire. Mais le pape est capable d'un élan du cœur, c'est ce que j'apprécie chez lui, tandis que le préfet est sec, sans émotion, rationnel et extrêmement cultivé. Il a une douzaine de diplômes, parle une douzaine de langues, et il est très dur, du moins c'est comme ça que je le voyais. Et son physique est à l'avenant. Il a juste le teint un peu trop rose pour un homme qui passe sa vie dans un bureau. Mais bon, je dis ça en passant.

Je suis arrivé à Rome trois jours avant l'audience. Ce n'est pas la première fois que je vais là-bas, je connais assez bien la ville et je ne l'aime pas, malgré son charme. Cette fois aussi, je m'y suis promené, et toute mon âme criait : non, non et non ! Je suis un homme de la campagne, et la majesté de cette cité me rebute. Elle m'a toujours rebuté. C'est une sorte de dérèglement de l'esprit que tout le monde ait envie de vivre dans les villes. Rome, c'est la Ville des Villes, elle dégage une cruauté et une majesté impériales. Même la dernière Rome de l'Histoire, celle de Mussolini, parle toujours de la même chose : le pouvoir de la Force sur les faibles hommes. Et c'est encore plus sensible au Vatican.

La veille de l'audience, j'ai passé la journée à me promener dans la Rome des catacombes. Ça, c'est autre chose : un petit univers clandestin, secret, qui cherche à échapper à la force de la Ville et à se créer une existence indépendante. Personne n'y arrive jamais. Même si cela touche au plus profond de l'âme. On sent une grande foi, de la candeur et de l'audace dans ce refus d'accepter la majesté et la force. Je suis sorti des catacombes parfaitement serein, je ne m'inquiétais plus à propos de l'entrevue du lendemain.

J'avais soudain compris que j'allais confesser ma foi, j'étais prêt à dire tout ce que je pense sans rien cacher et sans rien taire. Et arriverait ce qui arriverait. Je savais néanmoins que mon juge était différent de Ponce Pilate. Jamais il ne poserait la question rhétorique : « Qu'est-ce que la Vérité ? » Lui, il sait très exactement ce qu'est la Vérité.

J'avais déjà rencontré le préfet, une première fois lors d'une rencontre avec des prêtres d'Europe orientale, et encore deux autres

349

fois. Mais pas d'aussi près. Il est grand, je veux dire d'une grande taille. Comme tu le sais, Hilda, de tous les gens grands, tu es la seule qui ne me mette pas mal à l'aise. Les gens très grands et les gens très petits, ce sont des races différentes. Bon. En général, je me sens mieux avec les gens pas trop grands. Toi mise à part, bien sûr.

Il m'a déclaré d'emblée qu'il avait lu des choses sur moi, qu'il était au courant de mon passé pendant la guerre et qu'il considérait que les prêtres comme moi, qui avaient vécu la guerre, étaient particulièrement précieux. Là, je me suis dit que cette conversation ne mènerait à rien. Je n'ai pas essayé de lui parler du sens véritable de toutes les expériences de la guerre. Je me suis dit : il ne sait donc pas que la guerre rend cruel, qu'elle mutile l'homme et le détruit ? Mais c'est un interlocuteur très subtil, il a immédiatement perçu ma réaction et a changé de sujet :

« Vous célébrez la messe en hébreu ? »

Je lui ai expliqué les particularités des chrétiens de ma communauté, pour lesquels l'hébreu est souvent la seule langue commune. J'ai parmi mes paroissiens un couple, elle est hollandaise, lui espagnol, et entre eux, ils parlent hébreu. Et il y en a beaucoup comme ça. Avant, je célébrais la messe en polonais, mais une nouvelle génération a grandi à présent et les enfants des catholiques polonais ne parlent presque plus le polonais. Leur langue maternelle est l'hébreu. En outre, il y a aussi des Juifs baptisés venus d'autres pays.

Il m'a posé des questions sur les traductions. Je lui ai dit que certaines existaient déjà, que nous en avions fait d'autres nous-mêmes, et que les Psaumes, par exemple, nous les prenions dans des sources juives.

Je comprenais parfaitement qu'il avait reçu un rapport dans lequel on avait dû lui écrire que je ne récitais pas le Credo. Quant au reste de ce que disait ce rapport, je ne pouvais que le deviner.

Le préfet m'a inopinément tendu une perche : il a déclaré que le christianisme était multiculturel, que le noyau, le cœur, devaient être communs à tous, mais que l'enveloppe pouvait être différente pour chaque peuple. Les Latino-Américains ne ressemblent pas du tout aux Polonais ou aux Irlandais.

Cela m'a fait extrêmement plaisir, je n'aurais jamais cru que je

350

trouverais en lui un allié. Je lui ai raconté ma rencontre avec un évêque africain qui m'avait dit avec amertume qu'il avait fait ses études en Grèce, qu'il avait exercé son ministère à Rome et assimilé la forme européenne du christianisme, mais qu'il ne pouvait exiger de ses paroissiens africains qu'ils deviennent des Européens.

« Nos traditions sont plus anciennes, d'ailleurs l'Église africaine est extrêmement ancienne. Mes paroissiens dansent et chantent dans l'église comme le roi David, et quand on me dit que c'est de l'impiété, je ne peux répondre qu'une seule chose : nous ne sommes pas des Grecs ni des Irlandais ! » Voilà ce que m'a dit ce prêtre. Et j'ai ajouté que moi non plus, je ne comprenais pas pourquoi les Africains devraient célébrer en grec ou en latin pour comprendre ce que disait un rabbin de Nazareth !

« Mais notre Sauveur n'était quand même pas seulement un rabbin de Nazareth ! a fait remarquer le préfet.

— Non, il n'était pas seulement cela. Pour moi, comme pour l'apôtre Paul, il est le Second Adam, le Seigneur, le Rédempteur, le Sauveur ! Tout ce en quoi vous croyez, j'y crois moi aussi. Mais dans tous les Évangiles, Il est *Rabbi*. C'est ainsi que l'appellent ses disciples, et c'est ainsi que l'appelle le peuple. Ne m'enlevez pas mon *Rabbi* ! Parce que c'est aussi le Christ. Et je veux Lui demander ce qui est important pour moi en hébreu, dans sa langue à Lui ! »

Tu comprends, Hilda, je me disais : c'est vrai, il a raison, les prêtres qui ont vécu la guerre ont quelque chose de différent. Par exemple, je n'ai pas peur de dire ce que je pense. S'il m'interdit de célébrer la messe, je la célébrerai tout seul dans une grotte. Ici, à Rome, il y avait une importante Église juive dans des grottes. Et je lui ai déclaré :

« Je ne peux pas réciter le Credo parce qu'il contient des concepts grecs. Ce sont des mots grecs, de la poésie grecque, des métaphores qui me sont étrangères. Je ne comprends pas ce que les Grecs disent sur la Trinité ! Un triangle équilatéral, m'a expliqué un Grec, tous ses côtés sont égaux, et si on n'utilise pas le *filioque* comme il faut, le triangle n'est pas équilatéral... Traitez-moi de ce que vous voudrez, de nestorien, d'hérétique, mais jusqu'au IVe siècle, personne ne parlait de la Trinité, il n'y a pas un seul mot là-dessus dans les Évangiles ! Ce sont les Grecs qui l'ont inventée, parce que ce qui les intéresse, ce sont les constructions philosophiques et non le Dieu Unique, et parce qu'ils étaient polythéistes ! Et encore, il faut leur dire merci de ne pas avoir institué trois dieux, juste trois personnes ! Quelles personnes ? C'est quoi, une personne ? »

Il a froncé les sourcils et a dit : « Saint Augustin a écrit... » Je l'ai interrompu :

« J'aime beaucoup les *midrachim*. Les paraboles. Et il y en a une sur saint Augustin qui me plaît beaucoup, bien plus que ses quinze volumes sur la Trinité. Selon cette tradition, alors qu'il se promenait au bord de la mer en réfléchissant sur le mystère de la Sainte-Trinité, il a vu un petit garçon qui creusait un trou dans le sable et y versait de l'eau qu'il allait puiser dans la mer avec un coquillage. Saint Augustin lui a demandé pourquoi il faisait cela. Le garçon lui a répondu : "Je veux transvaser toute la mer dans ce trou !" Augustin a souri et lui a dit que c'était impossible. À quoi le garçon a répondu : "Alors pourquoi, toi, tu essaies, avec ton esprit, d'épuiser l'inépuisable mystère de Dieu ?" Et le garçon a aussitôt disparu. Cela n'a pas empêché Augustin d'écrire ses quinze volumes. »

Tu sais bien que j'essaie toujours de tenir ma langue, Hilda, mais là, je me suis laissé emporter. Comment peut-on palabrer làdessus ? Ces élucubrations philosophiques sèment le doute sur le mystère inconcevable du Créateur. Ils sont arrivés à déterminer qu'il y avait trois personnes... Personne ne sait de quoi est constituée l'électricité, mais eux, ils savent de quoi Dieu est constitué ! Les Juifs aussi ont des chercheurs de ce genre, la kabbale s'occupe de ça ! Mais cela ne m'intéresse pas. Le Seigneur dit : « Prends ta croix et suis-moi ! » Et l'homme répond : « Oui. » Ça, je comprends.

« Vous venez de dire, monsieur le Préfet, que le noyau, le cœur, doivent être les mêmes pour tous. Et le cœur de notre foi, c'est le Christ. Il est "le nécessaire et le suffisant". Je vois en lui le Fils de Dieu, le Sauveur et le Maître, mais je ne veux pas voir en Lui un côté du triangle divin. Ceux qui ont envie d'un triangle n'ont qu'à se prosterner devant un triangle ! Nous ne savons pas grand-chose sur Lui, mais ce qui est hors de doute, c'est qu'Il était un maître juif. Alors laissez-Le-nous comme Maître ! »

J'ai dit tout ça en hurlant, bien sûr. Mais j'ai vu qu'il souriait.

« Combien as-tu de paroissiens ? a-t-il demandé.

— Cinquante, soixante. Cent, peut-être... »

Il a hoché la tête. Il a compris qu'il ne m'avait pas vaincu. Et aussi que mes auditeurs n'étaient pas très nombreux...

Nous avons encore bavardé une heure, et la conversation a été intéressante. C'est un homme profond et extrêmement cultivé. Bref, nous nous sommes quittés bons amis.

Je suis sorti de la Congrégation. Je suis entré dans la cathédrale Saint-Pierre, je me suis agenouillé et je lui ai dit en hébreu : « Réjouis-toi, Pierre ! Nous sommes de retour. Nous avons été absents longtemps, mais nous revoilà ! »

Je crois que j'avais le droit de dire cela : notre petite Église est juive et chrétienne. C'est vrai, non ?

Je suis sorti de chez saint Pierre, je me suis assis au soleil sur les marches, et j'ai vu arriver le père Stanislas, le secrétaire du pape. La dernière fois, il y a trois ans, quand j'avais cherché à obtenir une audience auprès du pape, il ne m'avait pas laissé l'approcher. Enfin, j'ai peut-être tort de dire ça, c'était l'impression que j'avais eue... Et voilà que cette fois, il venait me trouver lui-même !

« Sa Sainteté a parlé de toi il n'y a pas longtemps. Attends-moi ici, je reviens tout de suite. »

J'ai attendu. Quelle drôle d'histoire ! Au bout d'un quart d'heure, le père Stanislas est revenu en courant. Et il m'a invité à dîner. Pour le surlendemain.

Je me suis promené dans Rome pendant deux jours. J'aime marcher, tu le sais. Rome est une grande ville et je la connais assez bien, j'y suis venu quatre fois. Tout en marchant, je réfléchissais : il fallait que je dise au pape ce que personne ne lui dirait, l'occasion ne se représenterait peut-être plus jamais. Je ne devais oublier aucune des choses importantes, je me sentais comme à l'école, avant un examen.

Il pleuvait sans arrêt, une pluie tantôt fine, tantôt forte. Puis il s'est mis à tomber des cordes. Mes vêtements étaient complètement trempés, je sentais les gouttes dégouliner le long de mon dos. Je marchais dans une large rue déserte avec, à gauche et à droite, des palissades et des arbres mouillés. La nuit tombait, je voyais au loin le squelette du Colysée, c'était tout. Bon, je me suis dit que j'allais aller jusqu'au Colysée et que je prendrais l'autobus là-bas. À ce moment-là, je suis passé devant une cabine téléphonique. La porte s'est ouverte et une fille toute mouillée m'a crié en anglais : « *Padre*, viens donc avec nous ! »

J'ai regardé dans la cabine : ils étaient deux, des hippies très jeunes, un garçon et une fille, couverts de colliers et de bracelets en coquillages et en pierres colorées. Des gamins très sympathiques. Ils étaient en train de dîner. Une grande bouteille d'eau était posée dans un coin, ils avaient dans les mains des morceaux de baguette et quelques tomates. Je me suis glissé à l'intérieur, il y avait assez de place pour trois.

Ils venaient de Birmingham. La fille te ressemblait beaucoup. Et le garçon aussi. Ils m'ont demandé d'où je sortais. Je leur ai dit que je venais d'Israël. Ils étaient ravis et m'ont aussitôt demandé s'ils pouvaient me rendre visite. Je les ai invités. Ils voyagent en faisant de l'auto-stop, mais quand je leur ai dit qu'on ne pouvait pas aller en Israël en auto-stop parce qu'il fallait traverser la mer, ils se sont mis à rire. « Et si on passe par les Balkans, par la Bulgarie, la Turquie et la Syrie ? » Alors prépare-toi, ma chère Hilda, ils ne vont pas tarder ! La fille s'appelle Patricia, et le garçon... J'ai oublié.

Nous avons mangé le pain et les tomates en bavardant de choses et d'autres, puis je les ai laissés dans leur cabine et je suis allé prendre l'autobus. L'hôtellerie du monastère dans laquelle je logeais était humide et froide, mes vêtements n'ont pas eu le temps de sécher pendant la nuit, et je suis allé à mon rendez-vous avec Karol parfaitement lavé, mais un peu mouillé.

Stanislav m'a accueilli sur l'escalier où nous nous étions rencontrés l'avant-veille, et il m'a emmené dans les appartements du pape, à côté de la cathédrale. Une porte s'est ouverte, et il m'a conduit le long d'un couloir jusqu'à une pièce. Attendez là. J'ai regardé autour de moi : des étagères pleines de livres. Une bibliothèque. Avec une longue table. C'était assez lugubre. Une porte s'ouvre sur le côté, et le pape entre. Il est habillé simplement : une soutane blanche, des chaussures en cuir souple, avec des petits trous. Elles viennent de Cracovie, ça se voit. Et de grosses chaussettes blanches. Il m'a serré dans ses bras et m'a flanqué un coup de poing assez fort dans l'estomac :

« Eh, mais tu as pris du ventre, dis donc ! On te nourrit bien ?

— Pas mal ! Venez nous rendre visite, Votre Sainteté, on vous fera goûter la cuisine du Moyen-Orient !

— Frère Daniel ! Nous nous connaissons depuis plus de quarante ans ! On se tutoyait tous les deux avant, et tu m'appelais autrement !

— Bien sûr, Lolek, nous avions tous un autre nom, à l'époque.

— Eh oui, Dieter ! »

Il a souri, et c'était comme un sauf-conduit pour le passé, une invitation à parler franchement. J'étais tellement content pour lui, Hilda ! Là, il m'a plu encore davantage. Quand un homme s'élève aussi haut, il perd beaucoup de choses. Mais pas Lolek.

Oui, oui, cela s'est passé comme ça, Hilda ! Pourquoi tu fais cette tête-là ? Le pape et moi, on se connaît depuis 1945 ! Il est de Cracovie. C'est là que j'ai fait mon noviciat et mes études. Nous avons été prêtres dans le même évêché. Nous étions amis. Nous nous déplacions beaucoup pour faire des sermons. À l'époque, il n'aimait pas voyager et il m'arrivait de le remplacer. Le secrétaire était à côté de nous, mais c'était comme s'il n'était pas là. Nous sommes allés dans la chapelle, une petite chapelle avec des bancs recouverts de coussins pour s'agenouiller.

Hilda : Des coussins en velours ?

Daniel : Oui, des coussins en velours, avec des armoiries. Il y avait beaucoup de portes. Un diacre est entré par une porte latérale en portant une icône, la Vierge de Kazan. Nous nous sommes agenouillés. Nous avons prié en silence. Ensuite, le pape s'est relevé et m'a emmené dans la salle à manger...

Une longue table, pour une douzaine de convives, et trois couverts. Moi qui croyais que ce serait un dîner de cent personnes !

Il m'a dit que cela faisait longtemps qu'il avait envie de bavarder avec moi, qu'il savait combien la situation d'un prêtre et moine catholique en Terre sainte était compliquée à notre époque. Là, je me suis un peu énervé :

« En Israël ! » ai-je rectifié.

Il est malin, il a tout de suite compris ce que je voulais dire : l'État du Vatican ne reconnaît pas l'État d'Israël. Il a mené la

355

conversation avec beaucoup de précaution. Mais sans aucune duplicité.

« Oh, évidemment, ai-je dit, de façon générale, la situation des chrétiens est très compliquée, elle n'a jamais été simple. Et la situation des Juifs n'est pas simple non plus, Pierre en est témoin. Mais être un Juif chrétien en Israël au XXe siècle... Oh, non ! Cela n'a rien de simple ! Pourtant il y en a, et cela me réjouit, car peu importe combien de personnes il y a dans l'Église juive — dix, cent ou mille —, elles existent, et cela témoigne du fait que des Juifs ont accepté le Christ. C'est l'Église d'Israël. Mais le Vatican ne reconnaît pas Israël.

— Je sais, Daniel ! Nous avons là-bas des chrétiens arabes et en un certain sens, nous sommes des otages. Nous devons pondérer notre politique pour ne pas irriter les Arabes, autant les musulmans que nos frères chrétiens. Les raisons ne sont pas théologiques, mais politiques... Tu le comprends mieux que moi... »

C'était comme s'il attendait de la sympathie de ma part, mais je ne pouvais pas, non, c'était impossible...

« Je n'aimerais pas être à ta place ! La politique va de pair avec l'infamie.

— Attends ! Sois patient ! Nous avançons déjà très vite. Les gens n'ont pas le temps de nous suivre... Les idées changent avec lenteur.

— Mais si tu n'as pas le temps de le faire, un autre pourrait bien ne pas le vouloir ! »

Je disais tout ce que je pensais. À ce moment-là, un diacre a servi le repas. Pas un repas italien, un repas polonais, avec des hors-d'œuvre — du fromage, du saucisson de Cracovie. *Matka Boska !* Je n'avais pas vu du saucisson comme ça depuis que j'avais quitté la Pologne. Il y avait aussi une bouteille d'eau et une carafe de vin. On a apporté de la soupe, puis du *bigos*. Je n'ai pas compris si c'était en mon honneur ou si le Pontife avait gardé ses vieilles habitudes.

« Dis-moi un peu, Daniel, quand tu exerçais dans ta paroisse à la campagne, on ne t'offrait pas de la nourriture ? Ce genre de choses ? » a-t-il demandé, et il a éclaté de rire.

C'est vrai, Hilda, c'était exactement ce que l'on m'offrait. Après la guerre, en Pologne, la vie était très dure. Mais les petites vieilles m'apportaient des œufs, des pirojki, de la crème. Ah, notre chère Pologne...

Cela faisait tant d'années que j'accumulais tout ce que j'avais à lui dire, comme ça, entre la soupe et le *bigos*, et je n'arrivais pas à trouver le premier mot... Mais c'est lui qui a engagé la conversation, et on voyait bien qu'il était prêt à m'écouter. Il a dit :

« Tu sais, Daniel, il est difficile de faire virer de bord ce grand navire. Il existe des habitudes de pensée à propos des Juifs, et de beaucoup d'autres choses... Il faut changer de cap, mais sans faire chavirer le navire.

— Ton navire a jeté les Juifs par-dessus bord, c'est ça, le problème ! » ai-je dit.

Il était assis en face de moi, enfin, un peu en biais, avec ses grandes mains, son anneau de pape, et sa petite calotte blanche sur la tête, on aurait dit une kippa. Il écoutait attentivement. Alors je lui ai parlé de tout ce sur quoi j'avais réfléchi ces dernières années, de ce qui m'empêche de dormir : l'Église a rejeté les Juifs. C'est ce que je pense. Mais peu importe ce que je pense moi, ce qui compte, c'est ce que pensait Paul. Pour lui, c'était l'Église constituée de Juifs et de non-Juifs qui était « une, sainte, catholique et apostolique ». Jamais il n'aurait imaginé l'Église sans les Juifs. C'était elle, l'Église de la circoncision, qui avait le droit de décider qui appartenait au « catholicisme », au christianisme universel. Et Paul n'est pas venu à Jérusalem simplement pour s'incliner devant les apôtres Pierre, Jacob et Jean. Il était l'envoyé de l'Église-fille, l'Église des païens. Il venait trouver l'Église-mère, le christianisme primitif, le judéo-christianisme, parce qu'il voyait en lui la source de l'existence de l'Église. Ensuite, au IVᵉ siècle, après Constantin, l'Église-fille s'est substituée à l'Église-mère. Dès lors, Jérusalem n'a plus été « l'ancêtre » des Églises, et « catholicisme » n'a plus voulu dire « unité », « universalité », mais juste « loyauté envers Rome ». Le monde gréco-romain s'est détourné de sa source, du christianisme des premiers temps qui avait hérité du judaïsme son orientation vers « l'orthopraxie », autrement dit l'observance des commandements et une conduite digne. Maintenant, être chrétien signifie avant tout reconnaître la « doctrine » qui émane du Centre. Depuis ce moment, l'Église n'est plus l'éternelle Alliance des Juifs avec Dieu, renouvelée en

Jésus-Christ en tant qu'alliance avec le Dieu de tous les peuples qui suivent le Christ, et qui est par là même la réaffirmation de la fidélité à la première Alliance, celle de Moïse. Les peuples chrétiens ne sont pas du tout un Nouvel Israël, ils sont un Israël élargi. Nous tous, les circoncis et les incirconcis, nous sommes devenus le Nouvel Israël, non dans le sens où nous avons rejeté l'ancien, mais dans le sens où Israël s'est élargi au monde entier. Il ne s'agit pas d'une doctrine, uniquement d'une façon de vivre.

Dans les Évangiles, nous trouvons une question juive : « *Rabbi*, que dois-je faire pour obtenir le salut ? » Et le Maître ne répond pas : « Crois de telle ou telle façon ! » Il dit : « Va ! Et fais ceci et cela ! » Plus précisément : « Vis selon les commandements de Moïse. » Mais c'est déjà ce que fait le jeune homme. Il ne songe pas une seconde à transgresser les commandements. Alors le Maître lui dit : « Tu fais ce qu'il faut. Mais si tu veux être parfait, distribue tout ce que tu possèdes et suis-moi ! » C'est ça, le christianisme : tout donner à Dieu. Pas un dixième, pas la moitié, tout ! Mais commence par apprendre à donner comme un Juif, un dixième de tes biens... Moïse enseignait à l'homme à remplir ses obligations envers Dieu, et Jésus enseignait à les remplir non par devoir, mais par amour.

Pourquoi Rome serait-elle l'Église-mère ? Elle est une Église-sœur ! Je ne suis pas contre Rome, mais je ne suis pas à ses ordres ! C'est quoi, le Nouvel Israël ? Il abolirait l'ancien ?

Paul comprenait que les peuples païens étaient des branches sauvages que l'on avait greffées sur l'olivier franc (Rm 11, 24). Israël s'est ouvert pour accueillir de nouveaux peuples. Ce n'est pas un Nouvel Israël coupé de l'ancien, c'est un Israël élargi. Paul ne pouvait même pas imaginer qu'il y aurait une Église sans Juifs !

Là, il m'a interrompu et il a dit :

« Excuse-moi, je me trompais. Je suis heureux de le dire. »

Il a dit cela parce que c'est un très grand homme, Hilda, plus grand qu'on ne peut l'imaginer ! Il a dit : « Oui, je me trompais et je veux corriger cette erreur, tu as raison de dire "un Israël élargi" ! »

Mais je ne pouvais plus m'arrêter. Je ne savais pas si je le reverrais un jour, et il fallait que je lui dise tout !

« Chez les Juifs comme chez les chrétiens, c'est l'homme qui est au centre de tout, pas Dieu. Dieu, personne ne l'a vu. C'est dans l'homme qu'il faut voir Dieu. C'est dans le Christ, l'homme, qu'il faut voir Dieu. Tandis que chez les Grecs, ce qui est au centre, c'est la Vérité. Le principe de la Vérité. Et au nom de ce principe, on peut anéantir l'homme. Je n'ai pas besoin d'une vérité qui anéantit l'homme. D'ailleurs celui qui anéantit l'homme anéantit aussi Dieu. L'Église est coupable envers les Juifs ! Dans la ville d'Emsk, on nous abattait entre deux églises, la catholique et l'orthodoxe. L'Église a exilé les Juifs et les a maudits, et elle l'a payé par toutes les divisions qui ont suivi, tous les schismes. Ces divisions couvrent l'Église de honte jusqu'à aujourd'hui. Où sont la catholicité ? L'universalité ?

— Je sais, Daniel, je sais cela ! a-t-il dit.

— Cela ne me suffit pas, que tu le saches !

— Doucement, ne va pas trop vite ! C'est un énorme navire ! »

Voilà ce qu'il a dit. Le serviteur est arrivé et nous a apporté du *kissel*.

Hilda : Il a apporté quoi ?

Daniel : Du *kissel*. C'est un dessert. À base de cerises. Un peu comme le *Grütze* allemand. Ah oui, je me souviens ! Le garçon s'appelle Jonathan.

Hilda : Quel garçon ?

Daniel : Tu sais, les deux hippies dans la cabine téléphonique. La fille s'appelle Patricia, et le garçon Jonathan. Il a un bec de lièvre recousu assez soigneusement. Tu les reconnaîtras.

48.

Extraits de la biographie du pape Jean-Paul II (Karol Wojtyła)

1981. Le 13 mai, sur la place Saint-Pierre, Mehmet Ali Agca, un terroriste turc, attente à la vie du Souverain Pontife et le blesse grièvement.

1986. Le 13 avril, pour la première fois depuis les temps apostoliques, le pape se rend dans une synagogue (à Rome) et salue les Juifs en les appelant « nos frères bien-aimés et d'une certaine manière, nos frères aînés ».

1986. Le 27 octobre, sur l'initiative de Jean-Paul II, une rencontre entre les représentants de quarante-sept Églises chrétiennes et treize représentants de religions non chrétiennes a lieu dans la ville d'Assise, suivie d'une prière en commun.

1992. Le 12 juillet, le pape Jean-Paul II annonce aux fidèles qu'il va être hospitalisé pour se faire opérer d'une tumeur aux intestins.

1993. Le 30 décembre, des relations diplomatiques sont établies entre le Vatican et l'État d'Israël.

1994. Le 29 avril, Jean-Paul II glisse en sortant de sa douche et se casse le col du fémur. Des spécialistes indépendants estiment que c'est à partir de ce moment qu'il a commencé à souffrir de la maladie de Parkinson.

2000. Le 12 mars, au cours d'une messe dominicale dans la cathédrale Saint-Pierre, le pape demande pardon et reconnaît la faute de l'Église pour ses péchés : persécution des Juifs, divisions à l'intérieur de l'Église et guerres de religions, croisades et justification de guerres menées pour des raisons dogmatiques, mépris des minorités et des pauvres, justification de l'esclavage. Il se repent (fait son *mea culpa*) pour les péchés des fils de l'Église.

2000. Le 20 mars débute la visite du pape en Israël, au cours de laquelle il prie au pied du mur des Lamentations à Jérusalem.

2001. Le 4 mai, à Athènes, le pape demande pardon au nom de l'Église pour le sac de Constantinople.

2001. Le 6 mai, à Damas, pour la première fois depuis que l'Église existe, le pape se rend dans une mosquée.

2004. Le 29 juin a lieu la visite officielle au Vatican de Bartholomée Ier, patriarche de Constantinople.

49. 1984, HAÏFA

Extrait du journal d'Hilda

Je suis allée chercher Daniel à l'aéroport de Lod. Il revenait du Vatican. Il a vu le pape. Il m'a tout raconté. J'ai l'impression de me trouver à côté d'un buisson ardent. Cela me fait peur.

50. 1996, *MOCHAV* NOF HA-GALIL, GALILÉE

Extrait d'une conversation entre Ewa Manoukian et Avigdor Stein

QUATRIÈME CASSETTE

Daniel a eu soixante ans le 18 mars 1984. Cela tombait le jour de Pourim. Nous avions décidé de fêter cela en famille. Comme par un fait exprès, la journée était très douce, tout était déjà vert. Tu sais que ma femme Milka vient du ghetto de Varsovie. Et toute femme qui a connu une telle famine fait une légère fixation sur la nourriture. Quand elle prépare un repas de fête, elle multiplie tout par dix. S'il y a une vingtaine d'invités, elle cuisine pour deux cents. Cette fois aussi, elle avait vu grand, comme pour un banquet de mariage. Lors de la fête de Pourim, tu le sais, l'usage veut que l'on serve toutes sortes de pâtisseries, si bien qu'elle avait passé deux jours à faire des gâteaux au miel, aux amandes et au pavot. Notre gendre Adin était arrivé avec un coffre rempli de viande et avait commencé à préparer des brochettes dès le matin : il les avait fait mariner, il avait allumé du feu. Bien entendu, Daniel ne se doutait de rien. Nos petits-enfants — à l'époque, il y avait trois garçons et deux filles — n'avaient pas chômé, eux non plus, ils avaient monté un spectacle. Notre grande maison, quatre pièces et deux terrasses, était une vraie ruche, elle grouillait de marmaille et regorgeait de nourriture. Ça bourdonnait, ça grésillait et ça tintait. On m'avait attribué le rôle d'Aman et dès le matin, on m'avait peinturluré la figure et collé des sourcils roux qui pendouillaient.

Les enfants adorent la fête de Pourim, ils se gavent de sucreries et hurlent à qui mieux mieux. Moshé, notre second gendre, était le metteur en scène. Il avait épinglé une perruque en étoupe sur sa kippa, s'était affublé d'une sorte de sac et avait enfilé des gants de jardinier en caoutchouc rouge : il faisait le bourreau.

Nous avions préparé pour Daniel un cadeau commun de la part de toute la famille : sur le siège d'une vieille chaise, on avait représenté toute sa vie en pâte à modeler. Tout le monde y avait participé. Surtout Ruth, bien entendu. Au centre, Daniel, muni d'une crosse, avec près de lui trois brebis et autour, toute la famille, dont certains très ressemblants — Ruth sculpte à merveille et Aron, son fils aîné, que l'on a même surnommé Betsalel, dessine remarquablement bien, il est devenu peintre par la suite. Donc, au milieu, Daniel, et sur les côtés, toute une procession de petits personnages, des Juifs en châle de prière, des Arabes coiffés de *koufias*, des Éthiopiens, des Allemands avec d'horribles casquettes et même des petites croix gammées sur la manche, ainsi qu'une multitude d'ânes et de chiens. Tous les personnages étaient déjà en place quand Milka s'est écriée : « Regardez, il manque Hilda ! » Et Aron a modelé une Hilda très ressemblante, extrêmement longue, plus grande que tout le monde.

Daniel avait promis d'arriver à sept heures, mais il était très en retard. Milka était furieuse à l'idée que les plats allaient refroidir. Il n'est arrivé qu'à dix heures, il faisait déjà nuit noire, mais les enfants avaient accroché des lanternes dans le jardin et allumé des torches. Si tu avais vu comment on l'a accueilli : le cliquetis des crécelles, des cris, des roulements de tambour... Puis on l'a amené devant la table avec, au milieu, notre cadeau recouvert d'une nappe en soie. Daniel l'a enlevée, et il a été si content qu'il riait aux éclats. Après cela, il a passé toute la soirée à l'examiner, il n'arrêtait pas de découvrir des détails cocasses : David à cheval sur le dos de Shlomo avec un chat sur la tête, Milka tenant une cuillère et une casserole avec un poulet dedans... Tout était tellement minuscule qu'il avait chaussé ses lunettes.

Mes petits-enfants l'adoraient, ils grimpaient sur lui comme sur un arbre.

Le soir, une fois que Milka a eu tout rangé — Daniel l'avait aidée à faire la vaisselle en dépit de ses protestations véhémentes —, nous sommes restés seuls tous les deux, et il m'a dit qu'il était convoqué à Rome par le préfet de la Congrégation pour la Doctrine de la Foi.

« L'Inquisition ? C'est le remplaçant de Loyola sur terre ? » ai-je dit malicieusement.

Mais Daniel n'a pas apprécié la plaisanterie, il m'a regardé avec étonnement et a hoché la tête :

« Non ! Loyola était le préposé général de la Compagnie de Jésus, il n'a jamais dirigé l'Inquisition. On ne va pas m'envoyer sur le bûcher, du moins je l'espère, mais je vais avoir des ennuis. »

Jamais je ne l'avais vu aussi consterné. J'avais envie de lui remonter le moral, et je lui ai dit :

« Ne t'en fais pas ! Au pire, on te trouvera un travail dans notre *mochav*. Il est vrai que nous n'avons pas de brebis et que tu ne pourras plus être pasteur, mais on te donnera une place de jardinier !

— Non, je n'irai pas. Je n'irai pas, un point c'est tout. »

Trois semaines plus tard, il est revenu nous voir, et je lui ai demandé :

« Alors ? Tu ne vas pas à Rome ?

— Si, il va bien falloir, mais j'ai repoussé le voyage autant que je pouvais. À l'automne. Ce n'est pas de querelles dont j'ai besoin, mais de compréhension... »

Et il a soupiré.

Il est allé à Rome à la fin de l'automne, et il est revenu très satisfait.

« Alors, je lui ai dit, on ne t'a pas envoyé sur un bûcher ?

— Non. Au contraire. Je suis allé à Rome et j'ai vu de vieux amis. Des Polonais. J'ai bu de l'hydromel et on m'a servi du saucisson de Cracovie !

— Ah bon ? Ce n'était pas la peine d'aller aussi loin ! En Israël aussi, il y a beaucoup de Polonais. Tu n'as qu'à chercher parmi tes paroissiens !

— C'est vrai, mais c'est quand même bien agréable de revoir un vieil ami d'autrefois.

— Mais tu es ami avec la moitié du monde, Daniel ! »

Il a ri.

« Oui, la moitié du monde... Seulement, c'est la deuxième moitié, pas la première ! »

C'est seulement bien plus tard qu'Hilda m'a appris qui était l'ami qu'il avait revu.

FIN DE LA TROISIÈME PARTIE

8 JUIN 2006, MOSCOU

Ludmila Oulitskaïa à Éléna Kostioukovitch

Ma chère Éléna,

Je viens de m'intoxiquer bêtement. J'ai été malade pendant un jour et demi. Je suis passée par tout un éventail d'émotions. D'abord l'incrédulité — je mange toujours n'importe quoi et il ne m'arrive jamais rien. Ensuite, j'ai été furieuse contre moi-même : pourquoi faut-il toujours que j'avale n'importe quoi ? Ce jus de tomate que j'ai bu sans y penser au déjeuner était sur le buffet depuis je ne sais combien de temps. Je me souviens parfaitement l'avoir acheté la semaine dernière pour faire un Bloody Mary à un de mes visiteurs qui adore ça... Après, j'ai cessé de me faire des reproches parce que je me suis sentie vraiment très mal, je n'arrivais pas à avaler le moindre cachet, je vomissais tripes et boyaux toutes les demi-heures. Tu te rends compte, aujourd'hui encore, j'ai des courbatures dans les muscles du ventre et la gorge qui me brûle.

Ensuite, j'ai pensé à tous les gens de ma famille et à tous mes amis qui ont souffert longtemps, atrocement (et patiemment) avant de mourir, et pour la millième fois, je me suis dit que la prière pour se voir accorder « une fin chrétienne, paisible, sans honte et sans douleur » est la plus importante des demandes que l'on puisse adresser à Dieu. Tout cela en buvant des litres de thé au citron, ensuite de l'eau avec du bicarbonate de sodium, puis juste de l'eau, parce que je n'avais même plus la force d'allumer la bouilloire électrique. Dès que j'arrêtais de boire, les nausées devenaient parfaitement insupportables. Tous ces désagréments se produisaient exclusivement dans la partie supérieure de mon organisme.

Puis Andreï est arrivé et a voulu appeler immédiatement les urgences. J'ignore pourquoi, mais je savais qu'il ne fallait pas le faire. C'est alors que m'est venue à l'esprit l'idée suivante : étant donné qu'à ce moment-là j'avais très certainement déjà vomi tout le jus de tomate, j'ai compris que j'étais en train d'expulser toutes les horreurs que j'avais ingurgitées pendant des mois de lectures éprouvantes — tous ces livres sur l'extermination des Juifs pendant la Seconde Guerre mondiale, sur l'histoire du Moyen Âge, y compris celle des croisades et des premiers conciles de l'Église, les Pères de l'Église depuis saint Augustin jusqu'à saint Jean Chrysostome, et tous les traités antisémites écrits par de saints hommes ultra-cultivés... J'étais en train de vomir toutes les encyclopédies juives et non juives que j'avais lues ces derniers mois, toute la question juive, qui m'avait empoisonnée bien davantage que le jus de tomate.

Ma chère Éléna ! Je déteste la question juive, c'est elle qui m'a intoxiquée, et non le jus de tomate. C'est la question la plus déplorable de l'histoire de notre civilisation. Il faut la déclarer nulle et non avenue. Pourquoi tous les problèmes humains, culturels et philosophiques, sans parler des problèmes purement religieux, n'en finissent-ils pas de danser autour des Juifs ? Dieu s'est payé la tête de son Peuple élu bien plus que de tous les autres peuples. Il savait bien que l'homme ne peut pas aimer Dieu davantage que lui-même. Seuls quelques rares élus y parviennent. Daniel était l'un d'eux. Et encore quelques autres personnes. Pour ces gens-là, la question juive n'existe pas. Elle doit être abolie !

À quatre heures et demie du matin, j'ai arrêté de vomir. Vers deux heures de l'après-midi, je me suis levée tant bien que mal et je me suis remise à travailler sur mon livre.

Je t'envoie la troisième partie. Il ne reste plus grand-chose.

Je t'embrasse.

L.

QUATRIÈME PARTIE

1. 1984, KFAR SABA

Térésa à Valentina Ferdinandovna

Ma chère Valentina,

Décidément, nous avons une chance inouïe ! Alors que nous avions complètement perdu l'espoir qu'Éfim puisse exercer son métier de prêtre, tout s'est soudain arrangé comme par miracle et, chose pour le moins surprenante, c'est Daniel qui a débloqué la situation. Il est allé à une audience auprès du ministre des Affaires religieuses. Figure-toi que leur ministre est une femme. J'ignore quelle était la raison de cette entrevue, je ne sais même pas si on l'avait convoqué ou s'il avait demandé lui-même à être reçu, toujours est-il que la conversation est tombée sur la présence des Églises chrétiennes en Israël, et la ministre a dit : « Nous savons que vous aimez Israël, et nous avons besoin d'une Église chrétienne qui ne se livre pas dans l'ombre à un travail de sape contre nous. » Daniel a déclaré qu'il aimait cette terre, qu'il la faisait visiter et qu'il aidait lui aussi à la construire, même si la ministre pouvait ne pas être d'accord là-dessus. Cette dame est assez jeune et, à ce que dit Daniel, très perspicace et même pleine d'esprit. Elle a remarqué que le christianisme faisait de plus en plus penser à la tour de Babel et que nous, les Israéliens, nous aimerions bien cultiver notre petit jardin à l'ombre de cette grande tour, mais à une certaine distance afin qu'en s'écroulant elle ne recouvre pas de ses décombres nos modestes plates-bandes.

369

Daniel a répondu que le christianisme bâtit les relations entre l'homme et Dieu, et que l'agressivité de la civilisation moderne se manifeste indépendamment des confessions, alors que tout dialogue entre l'homme et Dieu mène à un réfrènement de cette agressivité et à l'apaisement.

Elle a éclaté de rire et a déclaré que la société israélienne représentait précisément la réfutation absolue de ce point de vue car dans aucun pays au monde il n'existe de telles tensions sur le terrain religieux. Daniel a dit qu'il n'avait rien à répondre à cela. Elle lui a alors demandé s'il ne pouvait pas lui recommander des prêtres aussi bien disposés que lui envers Israël, ou tout au moins qui ne nourrissent pas d'hostilité à son égard, comme la plupart des prêtres qu'elle connaissait. Qui soient justement capables d'apaiser et non d'attiser les antagonismes entre les religions. C'est alors que Daniel a parlé d'Éfim ! Je ne sais pas comment fonctionne ce mécanisme, mais au bout de quelque temps, Éfim a été convié à la mission russe, et il s'est rendu au monastère de la Trinité. Il s'attendait à être reçu par l'archimandrite, mais il a été accueilli par un certain Nicolaï Ivanovitch qui s'est entretenu avec lui. Ce Nicolaï Ivanovitch est une sorte de responsable du personnel, et il est probable que la lettre du recteur de Vilnius a fini par jouer un rôle. À présent, Éfim attend qu'on l'affecte à une paroisse.

Il y a une semaine, nous avons fait un voyage de rêve au bord de la mer Morte, et nous avons passé deux jours dans une pension, dans l'un des kibboutz les plus anciens du pays. Ils ont là-bas un merveilleux jardin botanique, de vieilles maisons construites par les premiers colons, et un bâtiment tout neuf pour les visiteurs, dans lequel ils louent des chambres aux hôtes de passage. Tout est très propre, très beau, il y a des plantes rares et même un baobab. Le kibboutz est situé sur une montagne. D'un côté, on a vue sur la mer Morte et par beau temps, quand il n'y a pas de brume, on aperçoit la Jordanie. De l'autre côté, c'est un ravin au fond duquel une rivière coule au printemps, après quoi elle est à sec. Ce ravin pierreux est rempli de grottes, et on nous a montré celle dans laquelle, selon la légende, le jeune David s'est caché pour échapper au roi Saül qui le persécutait.

C'est après ce voyage, qui pourrait être qualifié de voyage de noces, que notre mariage a été consommé. Je sais que je dois vous remercier pour vos conseils, vous et aussi un médecin d'ici que nous avons dû aller consulter, mais je suis surtout reconnaissante envers le Seigneur qui nous a unis dans sa grande miséricorde. Éfim et moi nous sommes très heureux et remplis d'espoir. Bien sûr, nous ne sommes plus tout jeunes, mais nos prières pour recevoir le don d'une descendance sont à présent étayées par les actes nécessaires.

Encore une autre nouvelle importante et agréable : la maison d'édition a proposé à Éfim de revoir les épreuves des *Lectures de la Lecture*, un cycle de conférences privées données par le père Mikhaïl que vous connaissez bien. Cela ne représente pas beaucoup d'argent, mais je suis presque sûre qu'ils vont apprécier Éfim et lui confieront ensuite autre chose. J'espère qu'il finira par publier ses *Réflexions sur la liturgie*. Je pense que le père Mikhaïl est déjà au courant mais s'il ne l'est pas, transmettez-lui cette bonne nouvelle, je vous prie. Son livre va paraître à la fin de cette année ou au début de l'année prochaine.

Dès que nous aurons du nouveau, je vous en ferai part aussitôt.

Affectueusement.

TÉRÉSA

1984, BEER SHEVA
Extrait d'une lettre de Térésa à Valentina Ferdinandovna

... Une chaleur suffocante, malfaisante et desséchante. Le vent vient du désert du Néguev. Maintenant, je sais avec certitude que l'enfer est un lieu de feu et non de glace. Un vent brûlant et abrutissant qui vide le cerveau de toutes les pensées et le cœur de tous les sentiments. On attend la nuit pour avoir un peu moins chaud, mais c'est un espoir trompeur car il y a toujours le *khamsin*, ce vent qui vous transforme en rocher insensible, en tas de cailloux ou en poignée de sable. On avale de l'eau toutes les cinq minutes car sans eau, au bout de deux heures, on n'est plus qu'une plante desséchée. Les gens ne transpirent pas ici, dès que la transpiration arrive à la surface de la peau, elle s'évapore aussitôt et, avec elle, toute l'eau que l'on a bue. Je ne mange presque rien. Parfois, la nuit, je croque une pomme ou des biscuits salés avec du thé sucré.

Cela fait rire Éfim, il dit que le hareng avec du thé sucré a toujours été le grand régal des Juifs ! Nous sommes ici depuis deux mois et jusqu'à présent, j'ai été incapable d'écrire une seule lettre, j'étais hors d'état de me lever pour prendre un stylo. J'ai tellement maigri que mes vêtements flottent sur moi comme sur un cintre. J'ai dû perdre dix kilos. Éfim aussi a maigri, mais il supporte beaucoup mieux la chaleur que moi.

L'église est merveilleuse, c'est une petite chapelle en pierres, personne n'y avait plus célébré d'office depuis longtemps car à la mort du dernier prêtre, un moine grec, les paroissiens se sont dispersés, ils n'étaient pas nombreux. Quel n'a pas été l'étonnement d'Éfim quand il a découvert parmi les nouveaux fidèles plusieurs Juifs venus de Russie, dont un couple qui enseigne à l'université locale. Il y a aussi deux grandes familles de bédouins, quelques Grecs et un Japonais marié à une Israélienne russe.

Le Japonais, un ancien luthérien, s'est converti à l'orthodoxie. On se demande ce qui peut bien se passer dans sa tête ! Éfim m'a raconté leurs discussions cocasses sur l'éthique considérée du point de vue d'un Japonais shintoïste et d'un chrétien d'aujourd'hui.

Ce Japonais était shintoïste dans sa jeunesse, puis il est devenu luthérien alors qu'il vivait encore au Japon. Il est arrivé ici il y a vingt ans comme touriste avec un groupe de protestants, il a rencontré dans la Vieille Ville un moine orthodoxe en qui il a reconnu un maître, et il l'a suivi dans un monastère près de Jérusalem, où il a vécu pendant trois ans. Ce shintoïste sioniste avait décidé de s'installer ici quelque temps, et il est resté pour toujours. Il est architecte de profession et travaille maintenant dans un grand cabinet d'architectes. Il a épousé une jeune Russe qui faisait ses études à l'université où il enseignait. C'est un partisan zélé de l'orthodoxie, Éfim et lui s'entendent parfaitement sur ce terrain.

Il y a encore un autre fidèle, le seul qui connaisse les offices et qui sache chanter, si bien qu'il remplit le rôle de chœur et de chef de chœur à la fois, c'est un médecin de Leningrad, Andreï Iossifovitch, et un père de famille nombreuse — il a quatre ou cinq enfants. Éfim l'a fait venir et il m'a prescrit des médicaments homéopathiques qui ont l'air de me faire du bien. Voilà pour notre petite troupe d'orthodoxes. Ils ont tous eu une vie difficile. Moralement et matériellement. Notre situation à nous ne s'est pas arrangée non plus, elle a plutôt empiré : Éfim ne reçoit plus d'allocations, ses seuls revenus, sporadiques, lui viennent du Patriarcat qui ne lui verse pas de salaire mais lui donne de l'argent « pour ses besoins » de façon imprévisible. C'est le Nicolaï Ivanovitch dont je t'ai parlé qui décide de tout et non l'archimandrite, comme on pourrait le croire. Tu sais quelle est la fonction de ce Nicolaï Ivanovitch au Patriarcat ? Il est chauffeur !

De temps en temps, je suis prise de terribles nausées, et cette chaleur va encore durer au moins trois mois. Comment vais-je survivre ? Ensuite, il fera toujours chaud, mais ce ne sera pas aussi épouvantable...

Hier, j'ai fait un rêve bizarre et très désagréable. Mon ventre s'ouvrait comme une fleur qui s'épanouit, il se divisait en pétales, et du cœur de cette fleur s'envolait un dragon. Il était d'une beauté fantastique, avec des ailes soyeuses et colorées dans les tons vert et rose, il s'élançait dans le ciel et tournoyait, c'était magnifique. Je comprenais qu'il n'était pas juste en train de voler, il écrivait quelque chose dans les airs avec son long corps, et je me suis aperçue que je tenais dans ma main un fil qui dirigeait son vol, que ce n'était pas lui qui écrivait quelque chose, mais moi. Seulement je ne savais pas quoi, même si je me rendais compte que c'était très important et qu'en me concentrant, je pourrais comprendre... C'était très angoissant. J'ai raconté ce rêve à Éfim, il a été étonné et inquiet, car il a l'habitude de considérer mes rêves et mes visions soit comme des hallucinations, soit comme les signes de troubles psychiques. Il m'a dit qu'il avait rêvé quelque chose d'analogue, et que ce rêve l'avait tellement bouleversé qu'il avait décidé de ne pas m'en parler. Il me l'a raconté : il a rêvé que son ventre se divisait en quatre et qu'il en sortait une grosse bulle irisée, comme une bulle de savon, mais plus compacte, qu'elle s'était elle aussi détachée de lui, et qu'elle était montée vers le ciel... C'est le même rêve, non ?

1984, BEER SHEVA

Extrait d'une lettre de Térésa à Valentina Ferdinandovna

... Andreï Ossipovitch est revenu encore une fois, il m'a examinée et m'a demandé quand j'avais eu mes dernières règles. Je n'arrivais pas à m'en souvenir. Je me suis sentie si mal ces derniers temps et j'ai tellement maigri que cela m'est sorti de la tête... Cela fait au moins deux mois, peut-être plus. Il m'a dit d'aller voir un gynécologue. Valentina ! Je ne suis jamais allée chez un gynécologue de ma vie ! Il y a quelques mois, sur vos conseils, Éfim et moi nous avons consulté un sexologue, mais je n'ai pas pu me faire examiner par lui. J'aurais préféré mourir !

Le sexologue n'avait pas insisté, il avait dit que cette réaction négative était naturelle étant donné mon anomalie, et il nous avait prescrit une série d'exercices que nous avons faits. Le problème a été résolu. Mais l'idée de me faire examiner par un gynécologue me terrorisait littéralement.

Je l'ai dit à Andreï Ossipovitch, et il a déclaré qu'il me croyait enceinte. J'en ai pleuré de terreur pendant deux jours. Puis je suis allée voir des médecins. Ma chère Valentina ! Tout est confirmé. Par chance, le médecin était une femme. Quand elle a su que j'avais quarante-deux ans et que c'était ma première grossesse, elle m'a envoyée dans un endroit spécial où on va me faire des analyses génétiques très rares, et encore autre chose que je n'ai pas compris. Lorsque j'en ai parlé à Éfim, il n'a rien dit. Il n'a pas ouvert la bouche pendant deux jours, puis il m'a déclaré qu'il se sentait exactement comme Zacharie. Il éprouve un besoin intérieur de silence : il a peur d'évoquer ce miracle à voix haute. Et je le comprends.

Je vous demande de prier pour moi, ma chère Valentina. Ne vous inquiétez pas si vous ne recevez pas de lettre pendant quelque temps.

2. FÉVRIER 1985, BEER SHEVA

Télégramme d'Éfim Dovitas à Valentina Ferdinandovna

SUPERBE GARÇON 2 KILOS 350 46 CM ÉFIM

3. MARS 1985, BEER SHEVA

Térésa à Valentina Ferdinandovna

Chère Valentina,

Je suis sortie de l'hôpital avec le bébé. Il est minuscule, très mignon, et nous nageons dans le bonheur. Nous l'avons appelé Isaac, quel autre nom aurions-nous pu donner à cet enfant dont on nous a fait cadeau, à notre âge et dans de telles circonstances ? Nous vivons cet événement comme un miracle. Ce n'est pas un enfant ordinaire, il est mongolien, et nous le savions depuis le milieu de la grossesse. Sur la base de ce diagnostic, on nous avait proposé de nous en débarrasser. Nous avons refusé sans hésiter une seconde, et maintenant il est là, avec nous, notre petit garçon ! Il est très calme, très mignon, avec des yeux d'Oriental. On dirait un Japonais. Il a du mal à téter, mais j'ai beaucoup de lait et je le tire car pour l'instant il n'arrive pas encore à prendre le sein. Je le nourris avec mon lait, mais au biberon. C'est une sensation merveilleuse d'être trois ! Éfim a décidé de le faire circoncire avant son baptême. Il s'est adressé à un rabbin qu'il connaît, et celui-ci a fait venir un spécialiste avec un couteau en pierre, comme dans les temps anciens. J'avais terriblement peur, mais tout s'est passé sans complications et quand la plaie a été cicatrisée, l'enfant a été baptisé dans notre église, par Daniel. Il faut dire que c'est grâce à sa bénédiction que notre fils est né ! Daniel a débarqué avec un monceau de cadeaux, il nous a même apporté une poussette. Il prenait tout le temps Isaac dans ses bras, il le serrait contre lui... Je n'ai jamais vu un homme de son âge aussi attendri à la vue d'un bébé ! Peut-être parce que le nôtre est vraiment adorable. Le même jour, on a aussi baptisé la fille d'Andreï Iossifovitch. C'est leur cinquième enfant. Elle est née trois jours après le nôtre. Nous avons demandé à Andreï Iossifovitch d'être le parrain. Comparée à notre petit garçon, sa fille est tout simplement énorme. Une vraie Brunehilde. Mais ses parents sont très grands.

Le temps est magnifique en ce moment, notre printemps si bref n'est pas terminé et les chaleurs n'ont pas encore commencé. Une de mes nouvelles amies me propose de passer l'été chez elle, près de Tel-Aviv. Là-bas, au bord de la mer, il ne fait pas aussi chaud. Mais nous avons décidé de ne pas nous quitter tant que ce n'est pas vraiment indispensable. Nous avons fait un emprunt à la banque et nous avons acheté un climatiseur. Il consomme beaucoup d'électricité, mais nous allons nous débrouiller, le plus important pour nous, c'est de ne pas nous séparer. Isaac a droit à une allocation spéciale, cela nous aidera à payer le crédit. Nous savourons chaque instant : cet enfant a donné un sens nouveau à notre vie. Cela fait à peine un mois qu'il est né, et nous ne pouvons même plus imaginer comment nous avons vécu sans lui ! Je vous écrirai.

Je vous embrasse.

TÉRÉSA

Ah oui, j'ai oublié de vous dire que la mère Ioanna a peint une icône pour notre petit Isaac, *Akeda*, le Sacrifice d'Isaac. L'enfant est allongé sur un autel, Abraham se tient à côté de lui, un couteau à la main, et d'un buisson surgit le museau blanc et souriant d'un bélier aux cornes torsadées. Quand je la regarde, j'en ai les larmes aux yeux. Vous vous rendez compte ! La mère Ioanna est venue au baptême avec cette icône, dans la voiture de son monastère ! À propos, elle a laissé une enveloppe avec de l'argent, exactement la somme qu'a coûtée le climatiseur. Toujours des miracles...

P.-S. J'ai oublié de vous dire que le livre du père Mikhaïl est paru, sous un pseudonyme, bien sûr, et on a envoyé un dossier de presse à Éfim. La meilleure critique est tirée d'un journal russe paraissant à l'étranger. La pire vient elle aussi d'un journal russe de l'étranger. Éfim en a fait des photocopies, je les joins à ma lettre. J'espère que cela arrivera à bon port. Il n'y a aucun écho de

Russie, je pense que le livre n'est tout simplement pas parvenu là-bas.

4. 1985

Extrait du journal Rousski Pout, *éd. Paris-New York*
À propos de Lectures de la Lecture *d'Andreï Biélov, aux éditions*
Poïsk, Munster

... L'auteur pose comme postulat de base que la Bible est avant tout un monument historique et littéraire au même titre que *La Divine comédie* ou *Le Dit de l'ost d'Igor* et, se conformant à ce principe, il attribue dans l'étude de la Bible un rôle décisif à des sciences humaines telles que la philologie, l'histoire, l'archéologie. Il appelle tout cela « la critique biblique », et sa lecture de la Bible se définit précisément par cette orientation. De surcroît, il estime possible de professer un point de vue étrange, en profonde contradiction avec la position de l'Église. Selon le dogme orthodoxe, la Bible est la Parole de Dieu, c'est-à-dire le seul livre au monde dont l'auteur est Dieu lui-même. Le rôle de celui qui écrit les textes, prophète ou apôtre, se réduisait à fixer en langage humain la révélation divine communiquée par l'Esprit-Saint. Mais Andreï Biélov a là-dessus un point de vue personnel.

Il existe dans l'orthodoxie une discipline de l'esprit bien définie dont la règle fondamentale est que les Écritures saintes peuvent être interprétées uniquement selon la sainte tradition de l'Église, en accord avec l'avis des saints Pères. Le dix-neuvième canon du sixième Concile œcuménique stipule : « Les représentants de l'Église doivent (...) instruire le clergé et le peuple dans la vraie foi, en choisissant dans les Saintes Écritures les pensées et les jugements de vérité, sans aller à l'encontre des définitions déjà édictées ou de la tradition des pères inspirés de Dieu. Et s'il s'élève une difficulté à propos d'un passage de l'Écriture, qu'ils ne l'interprètent que selon l'enseignement transmis par les lumières et les docteurs de l'Église dans leurs écrits (...) afin de ne pas dépasser les bornes de ce qui est permis. »

Ce n'est pas de « l'étroitesse d'esprit » ni du « despotisme », c'est le principe de l'inspiration divine des Saintes Écritures. C'est pourquoi toutes les études qui n'ont pas obtenu l'aval de l'Église sont dénuées de fondement et nocives.

Andreï Biélov, l'auteur de ce livre douteux, part d'autres prémisses. Pour interpréter les textes de la Bible, il se réfère, à côté des saints Pères Jean Chrysostome et Grégoire de Nysse, à des hérétiques condamnés par l'Église tels que Théodore de Mopsueste, Pélage, et même des philosophes libres penseurs contemporains, y compris S. Boulgakov, N. Berdiaïev et V. Soloviev, dont l'autorité ne saurait en aucune manière être mise sur le même plan que celle des Pères de l'Église. Mais l'auteur va encore plus loin en faisant appel à des arguments émanant de théologiens catholiques et protestants, et parfois même de scientifiques, physiciens, biologistes et autres.

Les livres de ce genre sont nuisibles et destructeurs pour la pensée orthodoxe, et ne peuvent être approuvés que par des gens profondément hostiles à la véritable Orthodoxie. Toute personne qui se fie aux idées exposées par Andreï Biélov tombe dans l'antichristianisme, ce qui est encore pire que l'athéisme « pur et simple ».

Archimandrite CONSTANTIN (ANTIMINSOV)

5. 1985, JÉRUSALEM

Mère Ioanna au père Mikhaïl à Tichkino

Mon cher Micha,

On m'a envoyé ton livre, *Lectures de la Lecture.* Le titre n'est pas très heureux. J'ai commencé à le lire mais cela avance lentement, je déchiffre avec une loupe, mes yeux ne sont plus bons à grand-chose. C'est intéressant. Je pense à ce que disait si bien notre starets : « Celui qui n'a pas reçu le don de sagesse, qu'il ne joue pas les philosophes et se contente de lire, et celui qui a reçu l'intelligence, qu'il analyse ce qu'il lit. » La Bible est un livre d'une profondeur insondable, mais chacun y puise selon ses capacités. Si, avec l'âge, notre starets était devenu d'une extrême humilité et avait réduit son moi autant qu'il est possible de le faire, il avait été dans sa jeunesse un homme cultivé, avec des opinions et des idées bien à lui. Je me souviens l'avoir entendu dans notre association philosophico-religieuse, c'était un remarquable interlocuteur qui se frottait aux plus grands esprits de notre temps.

Ton livre approfondit et élargit la compréhension de la Bible, il est hardi et parfois impudent. Je suis surtout entourée de gens peu instruits, humbles, pour la plupart des moines, et il me semble qu'à notre époque la tâche des moines est la prière et non l'étude. Nous n'avons plus aujourd'hui de maîtres tels que les comprenait l'Église du Moyen Âge. Eux étaient des savants, des théologiens, des exégètes et des traducteurs, tandis que ceux d'aujourd'hui sont plutôt des archivistes. Et si le pouvoir russe actuel n'a pas complètement anéanti l'orthodoxie, ce n'est pas à de savants théologiens qu'on le doit, mais à des petites vieilles incultes et à des prêtres loyaux qui ont confessé le Christ jusqu'à en mourir. Nous sommes bien placés pour savoir quelle armée a péri dans cette bataille.

Peut-être que les temps changent et que, maintenant, il ne faut plus penser seulement à sauvegarder, mais aussi à approfondir les interprétations.

Tes idées critiques sur les patriarches, la façon dont tu considères leurs actes du point de vue de la morale contemporaine, tout cela me trouble beaucoup. Ta pensée sur l'évolution de l'idée de Dieu dans l'histoire (d'où sors-tu cela ? Tu ne l'as pas inventé tout seul...) me paraît à la fois séduisante et passionnante.

Tu écris aussi, c'est une citation, que ces derniers temps a débuté « une débauche inouïe, celle de l'homme avec la matière ». Tu ne précises pas d'où vient cette citation. Or cette pensée est en soi extrêmement profonde : tous ces robots, toutes ces machines pour maintenir la vie de l'homme alors qu'il est déjà mort, ces organes artificiels et la conception qui se fera bientôt dans des éprouvettes, comme c'est difficile à appréhender et à apprécier du point de vue du christianisme ! Et puis, je n'ai plus la tête aussi claire que dans ma jeunesse. J'ai trouvé aussi que la bibliographie n'était pas très bien faite, ou alors c'est moi qui vois mal. Lire avec une loupe est une véritable torture.

C'est un livre extrêmement riche. Je suis même étonnée que tu gardes un aussi bon niveau dans ta campagne ! Il est vrai que nous savons cela depuis longtemps : il faut rester là où l'on nous a placés, et ce dont nous avons besoin viendra tout seul.

Salue bien ta famille de ma part. Je ne t'enverrai pas d'icône, je ne peux plus travailler du tout. Que Dieu vous bénisse.

Avec toute mon affection.

IOANNA

6. AVRIL 1985

Note adressée par Éfim Dovitas à Nicolaï Ivanovitch Laïko

Cher Nicolaï Ivanovitch,

Conformément à ce dont nous étions convenus, je vous informe que quatre cérémonies de baptême ont été célébrées depuis le Nouvel An. Les baptisés sont mon fils nouveau-né Isaac, la fille nouveau-née du médecin Andreï Iossifovitch Roubine, la cousine de notre paroissienne Raïssa Sémionovna Rapoport, âgée de quarante-sept ans, et un jeune Japonais étudiant à l'université (Yahiro Sumato).

L'accroissement du nombre de nos paroissiens n'est pas dû uniquement à ces baptisés enfants et adultes, mais également à l'arrivée de nouvelles familles de colons : les Lukovitch, venus de Biélorussie, et un jeune couple de Leningrad, les Kajdan. La femme est une Juive baptisée, son mari ne l'est pas encore, mais il est disposé à se convertir à l'orthodoxie. Tout cela me réjouit et me donne des raisons d'espérer que la communauté de Beer Sheva va croître et se fortifier.

Bien sûr, il y a des difficultés. Et, me souvenant de notre conversation, je voudrais vous demander de trouver des fonds pour la réparation du toit. Notre région n'est guère pluvieuse, c'est même le contraire, le taux de précipitations annuel est inférieur à celui du reste du pays, mais une seule averse pourrait abîmer nos modestes fresques. Selon les estimations d'Andreï Roubine, le plus compétent de nos paroissiens, il y en a pour environ cinq mille shekels. Il est également indispensable de réparer le perron. Nous l'avons un peu consolidé grâce à l'aide de nos paroissiens, mais il faut changer l'un des supports et cela, nous ne pouvons pas le faire nous-mêmes.

Je joins un relevé de nos dépenses. Sur la somme qui m'avait été envoyée, j'ai prélevé mille deux cents shekels pour mes besoins personnels. Si l'on parvenait à trouver le moyen de me verser un salaire, même le plus minime qui soit, cela arrangerait notre situation, d'autant que l'accroissement de ma famille entraîne des dépenses supplémentaires et empêche provisoirement ma femme de travailler.

Nous invitons Son Éminence à venir assister à notre office hebdomadaire qui est ordinairement célébré le dimanche à 18 h 30.

Père ÉFIM (DOVITAS)

7. 1ᵉʳ AVRIL 1985
Document 107-M
Tiré d'un dossier portant le cachet « Secret ».

Ministère des Affaires religieuses.

Conformément à notre accord, je vous envoie un rapport trimestriel avec la liste des citoyens de l'État d'Israël ayant été baptisés entre le 1ᵉʳ janvier et le 25 mars 1985 dans les églises du Patriarcat de Moscou.
1. Anichtchenko Piotr Akimovitch, né en 1930. Monastère de la Trinité, Jérusalem.
2. Lvovskaïa Natalia Aaronovna, née en 1949. Ein Kerem, monastère Gorny.
3. Roukhadzé Guéorgui Noévitch, né en 1958. Monastère de la Sainte-Croix à Jérusalem.
4. Roubina Éva, née en 1985, de Roubine Andreï Iossifovitch et

de Roubina Éléna Antonovna (née Kondakova). Église Saint-Jean-le-Guerrier, Beer Sheva.

5. Rapoport Raïssa Sémionovna, née en 1938. Église Saint-Jean-le-Guerrier, Beer Sheva.

6. Dovitas Isaac, né en 1985. Église Saint-Jean-le-Guerrier, Beer Sheva.

En tout, onze personnes ont été baptisées, dont six citoyens israéliens (voir ci-dessus).

Je vous demande de prendre en compte le fait que ma direction attend qu'on lui rende la pareille en ce qui concerne les personnes de la catégorie TT.

Nous espérons recevoir des informations avant le 15 avril.

N. LAÏKO

Document 11/354-E
Tiré d'un dossier portant la mention « Ultra-secret ».

Pour N. Laïko
45 t 77 ine-98-11-danuta
23-34-98/124510 IYR UKL-11

Ir. Al. : Kadomtseva Irina Alexeïevna, citoyenne française, éditions Rousski Pout.
Auteur : Mikhaïl Koulechev, pseudonyme Alexandre Biélov.

Informateur : EF. D

8. 1984, HÉBRON
Extrait d'une lettre de Guershon Shimès à sa mère Zinaïda Heinrichovna

... en détail. J'avais été convoqué pour un *miluim*, c'est un entraînement militaire de six jours pour les réservistes. Déborah était restée seule avec les enfants, mais notre groupe est très soudé, et je savais qu'on l'aiderait. Déborah a horreur de demander quoi que ce soit, c'est dans son caractère. Ce qu'elle peut faire toute seule, elle le fait toujours elle-même. Il fallait s'occuper d'une histoire de crédit à la banque. Elle a embarqué les enfants dans la voiture et elle est allée à Jérusalem. Il y a un autobus qui y va de chez nous, le 160, il met à peu près une heure, il est blindé et accompagné d'une escorte, mais elle avait décidé d'y aller en voiture. Ce n'était pas si urgent que cela, on aurait parfaitement pu attendre un peu pour ces papiers, il aurait juste fallu payer une petite amende. Les enfants étaient à l'arrière, le bébé dormait dans un couffin maintenu des deux côtés par les garçons. Sur le chemin du retour, tout près de la maison, juste avant l'embranchement qu'il faut prendre pour arriver chez nous, à trente mètres du poste de surveillance, on a tiré sur la voiture. Déborah a entendu la vitre arrière se briser, elle a accéléré et cinq minutes plus tard, elle était à la maison. Elle a garé la voiture dans la cour, et elle a regardé sur le siège arrière : Benjamin était couvert de sang, muet, les yeux écarquillés. Mais ce n'était pas son sang, c'était celui d'Arieh. La balle avait touché son cou. Soit c'était un sniper, soit c'est le destin qui en a décidé ainsi. Déborah pense que c'est une vengeance des ouvriers arabes que j'ai flanqués dehors quand on a construit la maison. Je n'ai pas réussi à t'écrire pendant deux mois. Déborah est enceinte. Elle ne dit rien, elle n'ouvre pas la bouche. Ses parents sont venus de Brooklyn et sont déjà repartis.

Voilà. Nous avons enterré notre petit garçon dans le vieux cimetière juif, là où reposent Jessé, le père du roi David, et son arrière-grand-mère Ruth. À l'époque, il n'y avait pas encore d'Arabes. Ensuite, pendant sept siècles, les Arabes ont été les maîtres de ces terres, ils ont tout souillé et profané. Il y a cent quatre-vingts ans, des Juifs les ont rachetées, et les Arabes ont égorgé tout le monde, c'était en 1929. Maintenant, on a un peu restauré ce cimetière. Un de nos amis, un peintre de Moscou, a perdu un enfant nouveau-né et l'a enterré ici, sans la permission des autorités, bien sûr. C'était il y a dix ans. Et Déborah a décidé d'enterrer notre fils dans ce lieu très ancien. D'ici, on a une vue sur toute la Judée. Tous les Juifs d'Hébron sont venus aux funérailles de notre Arieh. Les gens l'adoraient, il souriait tout le temps, le premier mot qu'il a prononcé était *lovely*. Déborah essaye de parler aux enfants en hébreu, mais ils utilisent plutôt l'anglais...

Peu après ce terrible événement, le rabbin de la région, Eliahou, avec lequel nous sommes très liés, nous a proposé de nous installer près du cimetière. Nous avons vendu notre maison toute neuve et nous avons mis une caravane à l'endroit de l'ancien quartier juif Admot Ichaï. Il y a sept wagons, sept familles. Je ne veux pas restaurer une vieille maison, je veux en construire une nouvelle, j'ai déjà une certaine expérience. Et nous ne quitterons cette terre que pour y être ensevelis. Ne crains rien, maman, j'espère que nous allons vivre encore longtemps et avoir de nouveaux enfants, mais jamais je ne partirai d'ici, quoi que tu puisses dire. Je me contrefiche des tombes de nos ancêtres. Adam et Ève peuvent bien être enterrés ici, et Abraham et Sarah, et Isaac, et Jacob... Ce qui nous retient, Déborah et moi, c'est la tombe de notre fils, et tu admettras que des tombes d'enfants, ce n'est pas la même chose que des tombes d'ancêtres vieilles de plusieurs millénaires !

Mais le puits d'Abraham se trouve vraiment tout près de notre maison. Je t'envoie la dernière photo d'Arieh, ainsi que la vue que nous avons de notre caravane sur cette terre que nous ne quitterons jamais...

Inscription sur la photo : C'est notre petite maison.
Derrière, le jardin que nous avons planté nous-mêmes.
Déborah est de dos, on ne voit pas son énorme ventre.

9. 1984, MOSCOU

Zinaïda Heinrichovna à son fils Guershon

Mon cher petit garçon,
Cela fait une semaine que nous pleurons sur la photo de ton Arieh que nous n'avons pas eu l'occasion de connaître. Tu sais quelles pertes nous avons subies : ton frère aîné est mort à l'âge de dix ans à cause d'une terrible erreur médicale, et j'ai perdu un

mari bien-aimé alors qu'il n'avait pas encore cinquante ans. L'histoire de notre famille est épouvantable : des jeunes et des vieux ont péri tragiquement, des femmes et des hommes. Presque personne n'est mort de vieillesse, dans son lit. Mais ce qui vous est arrivé, cela dépasse l'entendement ! Connaissant ton aversion pour le bavardage, je ne vais pas te décrire toutes nos pensées et toutes nos émotions, mais voici ce que j'ai à te dire : Svéta et moi, nous avons pris la décision de venir en Israël. Cela ne se fera pas tout de suite, car bien que Svéta ait quitté Sergueï depuis deux mois et qu'elle habite maintenant à la maison avec Ania, le divorce va prendre un certain temps. Et moi aussi, je vais avoir besoin de temps pour régler mes affaires, mener mes classes jusqu'aux examens de fin d'année et m'occuper de ma retraite. Quelle panique cela va être à l'école quand j'annoncerai mon départ ! Tout l'enseignement de la littérature dans les classes supérieures repose sur moi, l'autre professeur n'est pas très calée. Je n'arrive pas à imaginer comment cette bonne à rien de Tamara Nikolaïevna va pouvoir enseigner la littérature russe du XIXe ! Elle est totalement inculte. Toi, de ton côté, renseigne-toi pour savoir quels papiers sont nécessaires ici. Quant à ceux qu'il faut recevoir d'Israël, tu t'en occuperas toi-même.

Je pense tout le temps à ce qu'aurait dit mon défunt Micha dans cette situation, et je sens qu'il aurait approuvé notre décision. Même si, ton père et toi, vous passiez votre temps à discuter et à vous quereller, et bien que tu sois parti de la maison avant tes dix-huit ans, tu as toujours été son préféré. J'ai même l'impression que ce qui lui plaisait le plus chez toi, c'étaient les traits de caractère qu'il ne possédait pas lui-même.

Ce que tu appelais de la lâcheté était en fait un amour sans limite pour sa famille, pour nous tous. Il était prêt à tout pour protéger la vie de ses enfants. Quand notre petit Victor est mort d'une banale appendicite, il m'a raconté (c'est la seule fois de sa vie où il s'est permis d'en parler) quelle lourde malédiction pèse sur notre famille : son grand-père avait enterré un fils, et maintenant, c'était son tour... Qui pouvait supposer qu'une telle chose allait se reproduire une troisième fois ?

1984, MOSCOU

Zinaïda Heinrichovna à son fils Guershon

Mon cher Gricha,

Je vous félicite pour la naissance de votre fils, Déborah et toi. Comme j'ai envie de connaître tes enfants ! Dire que te voilà à la tête d'une si grande famille... Bien sûr, il ne nous serait jamais venu à l'idée, ni à ton père ni à moi, que tu choisirais un tel genre de vie. Je me réjouis de toute mon âme. J'imagine combien il est difficile d'élever tant d'enfants à la fois. Du temps de ma jeunesse, tous nos amis n'en avaient qu'un seul, deux, c'était presque considéré comme de l'héroïsme ! Je crois que la seule famille nombreuse que j'aie connue était celle de notre concierge Roustam, un Tatare. Tu dois te souvenir d'eux, leur fils Ahmed était dans la même classe que toi en primaire, et Raïa était dans la classe de Svéta. Je n'arrive même pas à me rappeler combien ils en avaient ! C'est seulement maintenant, en vieillissant, que je comprends quel bonheur et quelle richesse c'est d'avoir beaucoup d'enfants.

Svéta et Sergueï ont divorcé mais, malheureusement, il a refusé catégoriquement d'autoriser Ania à émigrer. Quand Svéta a essayé de lui expliquer que la petite aurait là-bas de tout autres perspectives, tant pour ses études que pour son avenir, il a déclaré de façon péremptoire qu'il ne lui donnerait jamais aucune autorisation et que ce n'était pas la peine de compter dessus. Svéta est très déprimée, elle n'ouvre pas la bouche, elle n'arrête pas de pleurer, et les rapports avec elle sont très pénibles. Je crois que, moralement, je n'ai pas le droit de partir sans elle. Elle n'est pas très débrouillarde et, en dépit de ses grandes qualités de cœur, elle a du mal à s'en sortir dans la vie quotidienne. Je suis partie trois jours à Leningrad pour les soixante-dix ans d'Alexandre Alexandrovitch et quand je suis rentrée, j'ai découvert qu'un radiateur avait fui après mon départ. Trois jours plus tard, il y avait encore de l'eau par terre ! Maintenant, il va falloir faire quelque chose pour le parquet, il est tout gondolé. Cela coûte cher de le changer, on va sans doute devoir le recouvrir de linoléum. Si au moins elle avait éponge l'eau, au lieu d'attendre mon retour ! Elle était là, à pleurer... Tu vois bien, comment pourrais-je partir et abandonner un être aussi démuni ?

Bref, Gricha, pour l'instant, il va falloir attendre. Je ne peux pas déposer une demande de départ sans elle. Et puis j'espère que lorsque Sergueï aura d'autres enfants (il s'est marié avec une collègue), il finira par donner son autorisation pour Ania.

Envoie-moi des photos, s'il te plaît, c'est une joie pour moi de regarder ces merveilleux visages d'enfants. Ils sont tous si beaux !

Ne m'en veux pas de ne pouvoir me résoudre à venir seule. Bien sûr, je comprends que ma place est auprès de mes petits-enfants. Je pourrais aider Déborah, enseigner aux enfants le russe et la littérature russe. Je leur apprendrais à lire Pouchkine et Tolstoï. C'est justement ce que je sais faire ! Cela me chagrine beaucoup que tes enfants ne parlent pas russe. Si tu savais combien ta nièce est intelligente et douée ! Elle écrit même des poèmes !

Je t'embrasse, mon cher Gricha. J'attends tes lettres avec impatience. Depuis que tu es parti, la boîte aux lettres tient une grande place dans ma vie, c'est comme le chat ou le chien de la maison dans d'autres familles !

Maman

10. 1985, HÉBRON

Guershon Shimès à Zinaïda Heinrichovna

Inscription sur une photo :
Maman ! Voilà une petite fête familiale. Cette année, pour la première fois, nous avons fait une récolte dans notre potager, près de la maison. Les enfants y ont travaillé avec ardeur. À part eux, on voit les deux fils du rabbin Eliahou et la fille du voisin.

11. 1987, MOSCOU

Zinaïda Heinrichovna à son fils Guershon

Mon cher Gricha,

Je vous félicite pour la naissance de votre fils, Déborah et toi !
J'aimerais tant connaître tes enfants ! Ta famille s'agrandit, et c'est
une immense joie. J'ai du mal à t'imaginer dans le rôle d'un patriarche !

Remercie Déborah pour les photos, quels enfants merveilleux !
Vous formez un si beau couple ! Svéta a immédiatement remarqué
que tous les garçons ont hérité des cheveux roux de leur mère,
tandis que la fille te ressemble. D'après une croyance russe, cela
porte bonheur à une fille de ressembler à son père. Ania a montré
les photos de ses cousins à l'école. Elle en est très fière. C'est une
gentille petite fille et une excellente élève. Svéta et moi, nous lui
avons pris un professeur d'anglais, Lioubov Sergueïevna. Tu te
souviens peut-être d'elle, elle travaillait avec moi à l'école dans
les années soixante-dix, et puis elle est partie ailleurs.

Moi aussi, je donne des cours particuliers, si bien que nous
nous en sortons très bien sur le plan matériel. J'aime beaucoup
mon métier, mais je dois avouer que le travail de répétitrice ne me
procure pas autant de satisfaction que les cours à l'école. Même si
j'ai de bons résultats, bien sûr. L'année dernière, j'avais huit
élèves, ils ont tous eu d'excellentes notes en littérature et tous ont
été admis dans des établissements d'études supérieures. Comme
cela me désole que tes enfants ne parlent pas russe !

Ces jours-ci, on a dit à la radio qu'il y avait des troubles à
Hébron, et je tremble pour vos vies. Dis-moi, Gricha, mon chéri,
vous ne pouvez vraiment pas déménager dans un endroit plus sûr ?
Si tu étais seul, cela se comprendrait, mais comment une famille qui
a vécu une telle tragédie peut-elle rester dans une région aussi dangereuse ? Tu disais toi-même que les Juifs allemands qui n'avaient
pas voulu quitter l'Allemagne quand Hitler est arrivé au pouvoir
étaient des fous. Je me souviens parfaitement de tes paroles, tu
disais qu'ils étaient fascinés par la culture allemande, qu'ils avaient
fait le mauvais choix, et qu'ils l'avaient payé de leur vie et de celle

de leurs enfants. Alors pourquoi, toi, tu t'accroches aussi obstiné-
ment à cet endroit alors que tu vois qu'il est si dangereux ?

Je sais que tu as tes convictions et tes raisons, mais il y a des circonstances plus fortes que nos raisons, et la vie nous oblige parfois
à faire des compromis. Ne m'en veux pas de te dire ça, comprends-
moi bien, je me fais tant de souci pour toi et tes enfants.

Je t'embrasse.

Maman

12. 1987, HÉBRON

Guershon Shimès à Zinaïda Heinrichovna

Chère maman,

Comment n'as-tu pas encore compris que ce qui est en jeu,
c'est ma vie, et non le choix de l'endroit où j'habite ? La vie d'un
Juif ne peut se réaliser que sur la terre d'Israël. Et il ne s'agit pas
de regroupement familial, il s'agit de la renaissance du destin et
de l'Histoire au sens le plus élevé du terme. Tu ne comprends pas
pourquoi nous sommes ici !

Il y a vingt ans, Shlomo Goren, général et rabbin des Armées
d'Israël, est entré dans le caveau de Makhpela, le Tombeau des
Patriarches, avec un rouleau de la Torah, et il a prié là pour la première fois depuis sept cents ans. L'accès à ce lieu saint était interdit aux Juifs et aux chrétiens depuis 1226. Le rabbin Goren a fait
son entrée dans Hébron en jeep, avec juste son chauffeur, devant
toute l'armée. Depuis, les Juifs sont revenus. Je ne partirai jamais.

Nous vivons ici et nous continuerons à y vivre. Alors, je t'en
prie, pas de jérémiades, sinon je vais perdre le peu d'affection qui
me reste pour ma famille. Tes âneries à propos de Svéta et de ses
problèmes avec son ex-mari sont tout simplement ridicules. Mon
avis, c'est que tu dois venir ici afin que ta petite-fille puisse vivre
sur cette terre. Selon la loi juive, un enfant né de mère juive est
juif. J'ai fait cinq années de camp pour pouvoir émigrer ici. En
restant en Russie, vous vous privez d'avenir.

Cela me fait rire quand tu dis que tu vas apprendre le russe à

mes enfants. Ils parlent deux langues, l'hébreu et l'anglais. Déborah trouve indispensable qu'ils connaissent l'anglais, et je n'ai
rien contre. Mais tous mes enfants reçoivent ou vont recevoir une
éducation religieuse. Le rabbin Eliahou leur donne des cours.
Dans notre village, il y a cinq fois plus d'enfants que d'adultes.
Tous sont nés près des tombes de leurs ancêtres, et il est peu probable qu'ils aient un jour besoin de la langue de Pouchkine et de
Tolstoï, comme tu dis. Quand mes fils fêteront leur *bar mitzvah* à
l'âge de treize ans, ils liront la Torah en hébreu. Et crois-moi,
l'aîné réussit déjà très bien dans ses études. Cette génération doit
savoir aussi bien lire la Torah que tenir un fusil. Nous avons
appelé notre dernier fils Yéhouda.

Si tu veux que je réponde à tes lettres, je te prie de ne plus
m'écrire de bêtises et de me donner moins de conseils. Pour ça, tu
as ta fille Svéta.

Ton fils GUERSHON

13. 1989, MOSCOU

Zinaïda Heinrichovna à son fils Guershon

Mon cher Gricha,

Je ne sais si ma nouvelle va te réjouir ou, au contraire, te cha-
griner. Svéta se remarie. D'un côté, je suis très heureuse pour elle,
d'un autre côté, je comprends que cela chamboule de nouveau
tous nos plans. Tu dois te souvenir de son nouvel élu, c'est Slava
Kazakov, un de ses anciens camarades de classe. Il est amoureux
d'elle depuis la troisième, mais elle n'avait jamais fait attention
à lui. Figure-toi qu'il y a eu une soirée à l'école, ils se sont retrouvés, et leur relation est repartie d'un nouveau pied. Il a déjà
emménagé chez nous. Svéta s'est littéralement épanouie, il est
incroyablement attentionné et plein de sollicitude. Et puis, il a
aussi beaucoup d'affection pour Ania. Tu sais combien la vie est
difficile en ce moment, je passe mes matinées à faire la queue
pour acheter quelque chose à manger, car l'après-midi il n'y a
plus rien dans les magasins. Heureusement qu'à son travail Svéta

reçoit de temps en temps des colis de nourriture. Et puis la sœur de Slava est responsable des marchandises dans un grand magasin, elle connaît des gens dans des boutiques d'alimentation, si bien qu'une fois par semaine Slava revient avec des sacs pleins : de la viande, du fromage, du sarrasin. Cela me soulage en partie de mes équipées matinales.

Ania a été admise à l'école de danse, et je la conduis là-bas depuis le mois de septembre. Cela la passionne, elle n'arrête pas de danser et d'écouter de la musique. On s'est rendu compte qu'elle était très musicienne. Tu m'as écrit que Shoshana aussi faisait de la musique. Elles doivent tenir cela de leur grand-père. Micha était très doué, il maîtrisait n'importe quel instrument en un rien de temps, il avait même appris à jouer de l'accordéon.

Je t'envoie une photo d'Ania pour que tes enfants sachent comment est leur cousine de Moscou.

On a trouvé un cancer du sein à tante Rimma, dont tu ne demandes jamais de nouvelles. Elle a été hospitalisée, on l'a opérée, et maintenant elle suit une chimiothérapie. Il paraît que la médecine est excellente en Israël et qu'ils font des miracles. Si on pouvait l'envoyer se faire soigner en Israël ! Tu m'as écrit que tu avais un ami chirurgien dans la colonie. Tu pourrais peut-être lui demander s'il ne peut pas faire quelque chose pour Rimma ? Elle a dix ans de moins que moi, et elle a toujours eu une excellente santé.

Je t'embrasse, mon cher fils.

Ta maman

P.-S. Est-ce que Déborah a reçu les jouets que j'ai envoyés par la poste il y a deux mois ?

14. 1990, HÉBRON

Guershon Shimès à sa mère

Mais qu'est-ce que tu me racontes, maman ? Franchement, je ne veux même pas le savoir ! Oui, je me souviens de cet abruti de

Slava, il convient parfaitement à ma sœur pour ce qui est du niveau de crétinerie ! La danse, l'accordéon, les colis alimentaires, la pauvre Rimma qui a toujours été une belle garce, quand j'étais en camp, elle avait peur de vous téléphoner, non, mais c'est vraiment n'importe quoi ! Vous habitez sur une autre planète qui ne m'intéresse absolument pas. Vivez comme vous l'entendez. Chez nous, tout va très bien. Déborah va t'envoyer des photos de notre deuxième fille qui est née il y a deux semaines. Portez-vous bien.

GUERSHON

15. DÉCEMBRE 1987, HAÏFA
Extrait du journal d'Hilda

Moussa est arrivé après la messe. Pour parler avec Daniel. Livide, l'air sombre. Je ne l'avais jamais vu comme ça. Et j'ai soudain compris qu'il avait vieilli, tout simplement. Ses cheveux ont blanchi et son teint est devenu plus foncé. Pas à cause du soleil, à cause de l'âge. Même sa bouche, qui a toujours été vermeille, a perdu ses couleurs et s'est affaissée. Et j'ai eu un coup au cœur : nous avons vieilli tous les deux, et nous avons étouffé notre pauvre amour... Une fois tout le monde parti, Moussa et Daniel se sont installés dans notre petite pièce et j'ai préparé du thé. Moussa a refusé. J'ai voulu m'en aller, mais Daniel m'a dit de rester. Je n'ai pas compris pourquoi. J'avais l'impression que Moussa avait envie de lui parler seul à seul. Bon, je suis restée. Moussa a sorti de sa poche un journal arabe et l'a tendu à Daniel. Daniel l'a regardé et a dit : « Lis-le à voix haute, moi, je ne lis pas bien l'arabe... »

Moussa a lu un passage du discours d'Arafat : « Ô fils héroïques de Gaza ! Fils orgueilleux de la rive ouest ! Courageux fils de Galilée ! Fils déterminés du Néguev ! La flamme de la révolution qui se lève contre les envahisseurs sionistes ne s'éteindra pas tant que notre terre ne sera pas délivrée de ses occupants cupides !

Tout homme qui aura l'intention d'arrêter l'Intifada avant qu'elle ait atteint son but final, je lui mettrai dix balles dans le cœur... »

Il a posé le journal et a déclaré que cela ne pouvait pas être pire.

Le visage de Daniel aussi s'était assombri. Il secouait la tête, et il a mis sa main devant ses yeux.

« Il faut que nous partions, a dit Moussa. J'ai un oncle en Californie, peut-être qu'il me trouvera du travail ou qu'il me prendra avec lui.

— Tu es israélien.

— Je suis arabe. Que peut-on y faire ?

— Tu es chrétien.

— Je suis un tas de chair et d'os, et j'ai quatre enfants.

— Prier et travailler..., a murmuré Daniel.

— Mes frères musulmans prient cinq fois par jour ! s'est écrié Moussa. Cinq fois par jour, ils accomplissent le *namaz* ! Je ne peux pas faire plus qu'eux. Et nous prions le même Dieu ! Le seul Dieu !

— Ne crie pas, Moussa, essaie plutôt de te mettre à Sa place : les Juifs Le prient pour l'anéantissement des Arabes et les Arabes pour l'anéantissement des Juifs. Que veux-tu qu'Il fasse ? »

Moussa a éclaté de rire.

« Ça, Il n'avait qu'à pas se commettre avec des imbéciles !

— Il n'a pas d'autres peuples, ils sont tous comme ça... Je ne peux pas te dire de rester, Moussa. Durant toutes ces années, la moitié de mes paroissiens ont quitté Israël. Moi-même, je me dis que Dieu ne connaît pas la défaite. Mais ce qui se passe aujourd'hui, c'est une véritable victoire de la haine réciproque. »

Moussa est parti. Je l'ai accompagné jusqu'à la porte. Il m'a caressé la tête et a dit : « J'aurais aimé que nous ayons encore une autre vie... »

Comme sa voiture était en réparation, Daniel m'a demandé de le conduire chez le frère Roman, le curé de l'église arabe dans laquelle on lui avait permis de dire la messe au début des années soixante. J'ai été étonnée : il est brouillé avec Roman, il ne lui a plus adressé la parole depuis que ce dernier a mis un nouveau cadenas sur le portail du cimetière. Je l'ai emmené là-bas. Ils se sont embrassés sur le seuil, et j'ai vu que Roman était content.

Daniel savait que lorsque le patriarche avait essayé de nous enlever l'église Élie-de-la-Source, Roman était allé le trouver de lui-même et lui avait déclaré qu'aucune communauté chrétienne arabe d'Haïfa n'occuperait cette église. Le patriarche avait haussé les épaules et avait dit : « Voyons, voyons ! C'est un malentendu, les choses n'ont qu'à continuer comme avant ! » À l'époque, Daniel n'était pas allé remercier Roman de son intervention, mais je sais que cela lui avait fait très plaisir. Ils se revoyaient pour la première fois depuis des années...

Je suis rentrée à la maison en pensant : « Si jamais les massacres recommencent ici comme en 1929, je retournerai en Allemagne. Je ne veux pas vivre de mon plein gré dans un bain de sang ! Il est vrai que Daniel dit que l'homme s'habitue à n'importe quelles horreurs, à la captivité, au camp, à la prison... Mais doit-on s'y habituer ? Moussa a sans doute raison, il faut qu'il parte d'ici pour que ses enfants ne prennent pas de telles habitudes. »

Mais moi ?

16. 1988, HAÏFA
Extrait du journal d'Hilda

Je pensais ne plus jamais revoir ce cimetière. Hier, on a enterré Moussa, son frère, son père et sa femme. Et encore quelques autres membres de leur famille. Il faisait gris, il pleuvait. Quel endroit terrible, Israël ! Ici, la guerre fait rage à l'intérieur de chaque personne, elle n'a ni règles ni frontières, ni sens ni justification. Il n'y a aucun espoir qu'elle se termine un jour. Moussa venait d'avoir cinquante ans. Tous ses papiers pour partir travailler en Amérique étaient prêts, les billets étaient déjà achetés. Son oncle avait envoyé une photo de la maison avec jardin dans laquelle il devait habiter avec sa famille. Il avait été engagé comme jardinier chez l'un des hommes les plus riches du monde. Maintenant, cet homme va devoir se satisfaire d'un autre jardinier.

Le cercueil était fermé. Je n'ai vu ni son visage ni ses mains. Je ne possède pas une seule photo de lui. Je n'ai pas de famille, pas d'enfant, pas de patrie, je n'ai même pas de langue maternelle, cela fait longtemps que je ne sais plus si ma langue la plus maternelle est l'hébreu ou l'allemand. Nous avons été amants pendant presque vingt ans, et puis cela s'est terminé. Pas parce que j'avais cessé de l'aimer, mais parce que mon cœur m'avait dit que cela suffisait. Et il avait compris. Ces dernières années, on ne se voyait plus qu'à l'église. Parfois, nous nous retrouvions l'un à côté de l'autre, et nous savions tous les deux que nous n'avions personne au monde de plus proche. La tendresse était toujours là, mais nous avions enseveli notre désir au plus profond de nous-mêmes. Je me souviens de lui tel que je l'ai vu la dernière fois, il y a trois semaines, vieilli avant l'âge, avec son visage plus foncé, ses cheveux gris, et une dent en or qui étincelait quand il souriait.

Ce jour-là, il ne m'a pas proposé de me raccompagner, et il a eu raison. Je me suis retournée et je lui ai dit au revoir de la main, il me suivait des yeux, et je suis partie le cœur léger parce que je sentais que ma vie avait changé, j'étais délivrée de cette folie amoureuse contre laquelle nous avons lutté tous les deux sans gloire, mais dont nous n'avons pas triomphé, nous avons juste rendu les armes parce que nous étions mortellement fatigués de ce combat. Je me sentais intérieurement vide et libre, et j'ai pensé : « Grâce au ciel, voilà encore un peu de place qui s'est libéré dans mon cœur, que ce vide soit rempli non par un amour humain, intéressé et avide, mais par une autre sorte d'amour qui ne cherche pas son propre intérêt. » Et j'ai senti aussi que mon « moi » avait beaucoup diminué.

Daniel est resté pour la réception après l'enterrement. Moi, je suis partie. L'odeur de poulet grillé qui flottait au-dessus des tables me dégoûtait.

Ce matin, Daniel et moi nous sommes allés dans un supermarché pour acheter des assiettes en carton, des couches pour vieillards et encore d'autres choses. Alors que nous avions déjà tout chargé dans la voiture et que nous étions sur le point de partir, il a dit tout à coup :

« C'est très important que ton "moi" diminue, qu'il se réduise, qu'il prenne moins de place. Comme ça, il en reste davantage pour Dieu dans ton cœur. De façon générale, c'est une bonne chose qu'avec les années un homme occupe de moins en moins de place. Je ne parle pas de moi-même, bien entendu, car je ne fais que grossir en vieillissant. »

Une fois que nous avons eu tout déchargé et tout rangé sur des étagères dans la réserve, il m'a dit :

« Tu penses vraiment que tu pourrais partir d'ici ? Ce serait comme fuir le champ de bataille à un moment décisif.

— Parce que tu crois que c'est un moment décisif ? ai-je demandé avec un certain agacement, car la pensée du départ me travaillait.

— Ma petite fille, c'est cela, le choix chrétien : se trouver tout le temps au moment décisif, au cœur même de la vie, éprouver à la fois de la douleur et de la joie. Je t'aime énormément. Je ne te l'avais jamais dit ? »

En cet instant précis, j'ai ressenti ce dont il venait de parler : une violente douleur au cœur, et une joie tout aussi poignante.

17. 1991, BERKELEY

Ewa Manoukian à Esther Hantman

Ma chère Esher,

Depuis que tu es partie, tu me manques encore plus. Je voulais te le dire, mais je n'ai pas osé. Et puis, d'ailleurs, tu le sais déjà. J'ai toujours souffert de ne pas avoir de mère, lorsqu'elle n'était pas là et lorsqu'elle est apparue. Jamais je n'ai pu obtenir satisfaction. J'ai l'impression que si ma vie est tellement compliquée, c'est parce que je n'ai pas eu de mère à mes côtés. Tu es devenue pour moi une mère, bien plus que Rita. Tu es la seule personne avec laquelle se soit forgé un lien qui me nourrit et me rend plus forte, plus sage.

Peu après ton départ, Enrique s'est installé à la maison. Tu l'as vu, c'est l'un des deux amis avec lesquels Alex a passé toute l'année dernière. Il m'a demandé ce que je préférais : qu'Enrique et lui se louent un appartement en ville, ou qu'ils habitent tous les deux ici. J'ai dit que je préférais qu'ils vivent ici. Maintenant, ils viennent prendre le petit déjeuner ensemble — ils sont joyeux, ils sont beaux. C'est comme si j'avais deux fils. Je souris et je fais du café. Enfin, seulement le samedi et le dimanche, c'est vrai. Les jours de semaine, je pars de la maison avant tout le monde. Enrique est un très gentil garçon. Il est serviable et aimable, il n'y a aucune agressivité en lui. Bien qu'il ait cinq ans de plus qu'Alex, ils ont l'air d'avoir le même âge. Ils ont la même taille et adorent échanger leurs vêtements. Il a quitté le Mexique il y a quatre ans, il avait des problèmes avec ses parents. Il y a fait allusion en passant, comme pour me complimenter d'être aussi tolérante. Il termine des études de graphisme et a déjà été contacté par une société assez connue. Alex s'est définitivement tourné vers la sociologie, mais la seule chose qui l'intéresse dans ce domaine, c'est ce qui touche à l'homosexualité.

Gricha s'entend merveilleusement bien avec eux, quand je rentre du travail, ils sont toujours en train de rire aux éclats dans le salon. Je souris, et je leur demande de m'accepter parmi eux. Je suis exactement telle que veulent me voir mon fils et mon mari : bienveillante et TOLÉRANTE, TERRIBLEMENT TOLÉRANTE. Je les laisse tous faire ce qu'ils veulent : je laisse mon fils coucher avec un jeune homme, et je laisse mon mari coucher avec une jeune fille. Je suis l'incarnation même de la grandeur d'âme. Tout le monde m'adore, Gricha est attentif et tendre comme jamais il ne l'a été. Je ne dis pas un mot sur Lisa, et il m'en est très reconnaissant. Ses étreintes sont toujours aussi passionnées, et quand j'ai cessé d'aller à leurs soirées d'universitaires, il a tout simplement été enchanté de ma délicatesse : j'ai cédé à Lisa ma place auprès de lui dans sa vie sociale. Il y a encore deux couples d'universitaires chez qui je l'accompagne comme autrefois. Une situation ambiguë et des relations jamais formulées, mais acceptées d'un commun accord. Le temps approche où nous allons sortir à trois, semble-t-il. C'est ce que souhaite Gricha. Même s'il n'en montre rien. Mais je crois que ma tolérance n'ira pas jusque-là. Je peux enfin te l'avouer en toute franchise : j'ai terriblement peur qu'il me quitte. Je suis d'accord pour n'importe quelles relations, du moment qu'il reste. Tu peux me retirer ton estime.

Bon, ça suffit sur ce sujet, je crois qu'on s'est tout dit. Ah, encore une nouvelle ! J'ai parlé au téléphone avec Rita. Elle a un nouveau projet grandiose. L'année prochaine, cela fera cinquante ans qu'elle s'est enfuie du ghetto d'Emsk. (Et deux mois et demi après, je fêterai mes cinquante ans !) On a décidé d'organiser à Emsk une rencontre entre les survivants, et figure-toi que ma mère a l'intention d'aller là-bas, elle aussi. L'idée est délirante, mais tout à fait dans ses cordes ! En fauteuil roulant, en prenant trois moyens de transport différents : d'Haïfa à Odessa en bateau, de là en avion jusqu'à Minsk, et de Minsk à Emsk en train. Au début, j'étais furieuse : bon sang ! Mais elle ne peut donc pas rester tranquille ! Ensuite, j'ai réalisé tout à coup que c'était là encore une manifestation de son stupide héroïsme : elle ne veut tenir compte de rien, et surtout pas de son propre état. J'ai ordre de venir la chercher à Haïfa et de faire le voyage avec elle.

Et je veux y aller ! J'ai compris que j'avais envie de voir tout cela de mes propres yeux, ce sera bien plus efficace qu'une séance de psychanalyse sur un divan. Non un coup d'œil freudien glissé dans le lit de mes parents au moment de ma conception, mais un contact vivant avec le passé de ma famille et de mon peuple. Pardonne cette grandiloquence. Dis-moi, s'il te plaît, est-ce que tu as reçu une invitation pour cette rencontre ? Est-ce que tu vas y aller ? Je ne sais pas pourquoi, mais la seule pensée que tu seras là-bas rend ce voyage infiniment important pour moi.

Tu sais comment je vis ? Comme sur un champ de mines. Je contourne les endroits dangereux — ne pas penser à ça, ne pas parler de ça, ne pas faire allusion à ça... Et de façon générale, penser le moins possible ! Il n'y a qu'avec toi que je peux parler sans risquer de détruire le fragile équilibre de ma vie stupide.

Je t'embrasse.

EWA

18. DÉCEMBRE 1991, HAÏFA

Rita Kowacz à Paweł Kociński

Cher Paweł,

Nous avons vécu toute notre existence côte à côte, nous avions les mêmes idéaux, les mêmes buts, les mêmes amis. Mais voilà que, sur la fin de ma vie, j'ai découvert le Seigneur et maintenant je n'ai plus qu'une envie : partager ma joie avec tous ceux qui me sont proches. Quand l'homme fait un pas vers Dieu, Dieu, Lui, en fait aussitôt deux. Il y a juste une petite chose à faire : reconnaître que, sans Dieu, l'homme ne peut rien. Quand je pense à l'énergie, aux forces et à l'héroïsme que nous avons déployés pour atteindre non des buts divins, mais des buts humains, cela me rend malade. Je ne t'invite pas à venir à Haïfa, je sais combien il t'est difficile de laisser cette pauvre Mirka, mais je voudrais te proposer un petit voyage en Biélorussie. En fait, j'ai reçu une lettre d'un vieux schnock avec lequel nous étions dans le ghetto et avec lequel nous en sommes sortis, alors voilà, ils organisent un rassemblement de tous les rescapés, et il y aura ce prêtre juif qui nous a aidés à nous procurer des armes pour l'évasion. Ce sera intéressant de le rencontrer. Je te propose d'aller à Emsk, où nous nous verrons sans doute pour la dernière fois. C'est Ewa qui m'emmènera, mais il est possible qu'Agnès, mon amie anglaise, vienne aussi avec moi. Je n'irai bien sûr ni à Lodz ni à Varsovie, mais toi, tu pourrais y aller. Tu as encore tes jambes.

Et puis, je ne te cache pas que j'ai TRÈS envie de partager avec toi ce que j'ai acquis. Je regrette que cette RENCONTRE se soit produite si tard, mais tant qu'on est en vie, il n'est jamais TROP TARD. Je prie avec ferveur pour que ces rencontres aient lieu — ma rencontre avec toi, et ta rencontre avec Dieu.

Que le Seigneur te bénisse, toi et tes proches.

Ta vieille amie MARGARITA (RITA) KOWACZ

19. JANVIER 1992, JÉRUSALEM

Ewa Manoukian à Esther Hantman

Ma chère Esther,

Je n'ai même pas eu le temps de t'appeler avant de partir tellement tout s'est passé en catastrophe. On m'a téléphoné d'Haïfa le matin du 5 janvier pour me dire que Rita était morte dans la nuit. Gricha m'a tout de suite emmenée à l'aéroport. J'ai débarqué à

Haïfa après un voyage épouvantable, deux escales et huit heures d'attente à Francfort. L'enterrement de ma mère a eu lieu le lendemain. Beaucoup de choses m'ont surprise, touchée et même bouleversée ce jour-là. Il fait nuit à présent, mais avec toutes ces émotions, je n'arrive pas à dormir, et puis il y a aussi le décalage horaire. Alors j'ai décidé de t'écrire.

Ma mère avait un visage magnifique. Elle l'a mérité à la fin de sa vie ! Cette expression crispée et méfiante qui a été la sienne toute son existence était remplacée par une grande sérénité et une profonde satisfaction. Elle s'était fait couper les cheveux peu avant sa mort, ils étaient tout blancs, avec une jolie frange, au lieu de ce chignon de maîtresse d'école qu'elle a porté toute sa vie. Cela paraît ridicule, mais cela lui allait très bien.

Pour la cérémonie des obsèques, on lui a fait un grand honneur, son cercueil avait été transporté à la mission anglicane à Jérusalem, et je me suis retrouvée dans un endroit dont je ne soupçonnais même pas l'existence.

Avant le début de l'office, un Juif tout ce qu'il y avait de plus authentique, avec une kippa et un châle de prière, est entré dans le bâtiment extrêmement austère de la mission et a récité les prières des morts juives sur le cercueil fermé.

J'étais assise sur un banc, Agnès était à côté de moi. Au début, je voulais lui poser des questions, et puis j'ai renoncé. Autant laisser les choses suivre leur cours.

Ensuite, un pasteur est arrivé et a célébré l'office des morts.

Nous sommes sortis dans le jardin. Il était magnifique, les citronniers étaient en fleur, comme en Sicile à cette époque. Plusieurs arbres fruitiers étaient encore nus, sur l'un d'eux il y avait des grenades et pas une seule feuille. Mais le jardin était tout vert, avec des arbustes qui ressemblaient à des genévriers, et des cyprès, des palmiers... Le soleil était éclatant et froid, tout était très calme, éblouissant.

« Nous allons au cimetière, maintenant ! » a dit Agnès, et elle m'a entraînée vers une clôture. Derrière, j'ai vu un rocher de schiste solitaire très pittoresque, érodé par le vent.

« Nous pensons que c'est le Golgotha. Cela ressemble vraiment à un crâne, tu ne trouves pas ? »

Elle a souri en découvrant ses longues dents d'Anglaise. Je n'ai pas compris. Alors elle m'a expliqué.

« C'est un Golgotha alternatif. Tu comprends, ici, à la fin du siècle dernier, en creusant pour dégager une citerne, on a trouvé les vestiges d'un jardin très ancien. Celui-ci est tout jeune, il a été planté il n'y a pas très longtemps. En trouvant la citerne, on a aussi découvert le Golgotha, même s'il ne s'était jamais caché. Ce rocher a toujours été là, mais personne n'y faisait attention. Ensuite, on a également trouvé une tombe dans une grotte. On dirait tout à fait le tombeau que Joseph d'Arimathie avait préparé pour lui-même et pour sa famille. »

Et là, je me suis rendu compte que le rocher faisait effectivement penser à un crâne humain, avec ses grottes-orbites vides et son nez creux.

Elle m'a emmenée par un sentier latéral jusqu'à un trou pas très grand dans le rocher — une porte. Une petite fenêtre avait été percée au-dessus. Par terre, devant l'entrée, il y avait une longue pierre taillée avec une rainure qui ressemblait à un rail. Et un peu plus loin, une pierre ronde.

« Cette pierre vient d'ailleurs, elle est plus petite que celle qui fermait l'entrée de la grotte. Celle-là a disparu il y a deux mille ans. Si la pierre ronde qui ferme l'entrée est emboîtée sur ce rail de pierre, elle est facile à bouger. Elle roule, tout simplement. Mais pour des femmes, c'est quand même difficile. Elles ont appelé un jardinier pour les aider. Entre, va voir à l'intérieur ! »

Je suis entrée comme dans un rêve. Je suis déjà allée au Saint-Sépulcre, et plus d'une fois. On pénètre dans le chaos d'un énorme édifice avec des églises accolées les unes aux autres, tout est désarticulé, hétéroclite, il y a une foule de petites vieilles en noir, des touristes, des employés... Et à l'emplacement du tombeau, une chapelle. On fait la queue pour entrer dans la grotte. Les touristes photographient à tour de bras. Les guides jacassent dans toutes les langues. Et cela ne parle absolument pas à mon âme.

Tandis qu'ici il n'y avait personne, et j'ai été soudain saisie par le sentiment extrêmement fort que j'allais voir le linceul abandonné là. La grotte est divisée en deux cryptes, et dans celle du fond il y a une niche en pierre. J'avais la chair de poule, j'étais reprise par mes éternels frissons.

Agnès était dehors, elle souriait.

« Cela y ressemble beaucoup, non ? »

C'est vrai, cela y ressemblait énormément.

Deux femmes en jupes longues étaient assises sur un banc sous un figuier, leurs longues mains croisées sur leurs genoux. L'une d'elles a sorti une *pita* de son cabas, elle l'a rompue et en a tendu une moitié à sa voisine. Celle-ci a fait le signe de croix sur sa bouche avant de mordre dedans.

Quatre hommes ont porté le cercueil de ma mère jusqu'à l'autobus, et nous sommes allés au cimetière anglican. Il n'y avait pas de fleurs. Je n'avais pas eu le temps d'en acheter. Les autres assistants, des frères anglicans, ont posé des pierres blanches à la tête de la tombe, comme c'est l'usage chez les Juifs.

Après l'enterrement, le pasteur est venu me trouver, il ressemblait à Agnès avec ses longues dents et ses yeux pâles (je pensais qu'ils étaient frère et sœur, mais j'ai appris par la suite qu'ils étaient mari et femme). Il m'a serré la main et m'a remis deux papiers. Sur l'un d'eux, il y avait les paroles d'une prière et une portée avec un essaim de notes noires. Le second était l'attestation de l'absoute. Rita, dont les papiers étaient toujours dans un ordre parfait, peut être pleinement satisfaite.

Esther, ma chérie ! Il s'est produit ce que je n'avais jamais espéré : je me suis complètement réconciliée avec elle.

À présent, je vais avoir beaucoup de temps devant moi pour regretter, culpabiliser et me reprocher mon cœur de pierre. Mais aujourd'hui, je suis parfaitement en paix avec elle.

Je rentre chez moi après-demain. Je t'embrasse. Bonne nuit. Le jour se lève déjà, ici.

Ton EWA

20. NOVEMBRE 1991, JÉRUSALEM

Ruwim Lakisz à Daniel Stein

Cher Daniel,

Je suis passé te voir deux fois à ton monastère, mais on n'est pas allé te chercher. La deuxième fois, je t'ai laissé un mot avec mon numéro de téléphone, mais tu n'as pas appelé. Tes moines ont été tellement désagréables que je ne suis pas sûr qu'ils t'aient transmis le message. Sais-tu que j'entretiens une vaste correspondance avec les rescapés de Czarna Puszcza ? Il restait pas mal de monde sur tous ceux qui ont quitté le ghetto le 11 août 1942 et qui ont survécu jusqu'à la libération. Mais ils sont de moins en moins nombreux chaque année, alors quand on s'est vus avec David (il vit à Ashkelon), on s'est dit que ce serait bien d'organiser une manifestation en l'honneur du cinquantième anniversaire du jour où tu as monté cette opération. Je suis en correspondance avec Berl Kalmanovitch à New York, avec Jacob Svirski en Ohio, et avec encore quelques anciens partisans. Il y a très peu de Juifs en Biélorussie à présent. À Emsk, d'après ce que je sais, il ne reste plus personne, mais les ossements de nos parents et de nos familles y sont toujours. Tu sais, moi, j'ai deux sœurs et des neveux qui sont morts là-bas. J'organiserai tout. Tu comprends bien que, pour nous, tu es un personnage central, c'est toi qui présideras notre table. On boira et on évoquera le passé.

À présent, venons-en à l'aspect pratique : qui vois-tu encore, et avec qui as-tu gardé des liens, parmi les partisans ? Envoie-moi leurs adresses. Nous en avons discuté, David et moi, et nous nous sommes dit qu'on pourrait très bien emmener les enfants, pour leur montrer comment on vivait à l'époque. Je pense que je vais y aller en éclaireur cette année, voir s'il reste au moins une pierre tombale là-bas. Tu n'es pas de la région, tu ne sais pas combien le cimetière juif était magnifique avant la guerre — si tu avais vu ces stèles ! Du marbre, du granit... Tout cela existe-t-il toujours ? Je ne le pense pas. Ce que les Allemands n'avaient pas saccagé, les Soviétiques s'en sont chargés. Il va falloir rassembler de l'argent pour un monument. Bref, téléphone-moi ou écris-moi.

Au nom de l'Association des anciens citoyens d'Emsk
RUWIM LAKISZ

403

21. 1984, JÉRUSALEM

Fiodor Krivtsov au père Mikhaïl à Tichkino

Cher père Mikhaïl,

Je suis allé souhaiter sa fête à la mère Ioanna, et elle m'a remis une lettre de toi. J'étais tout content ! Elle m'a dit de te répondre.

Ça y est, Dieu m'a conduit là où je le Lui avais demandé dans mes prières. J'ai trouvé un véritable starets. Il vit dans une grotte, comme les Syriens autrefois. Je ne sais pas de quoi il se nourrit. Il y a bien une source, mais même pour un jeune homme, c'est un exploit de grimper là-haut pour aller chercher de l'eau. Il se débrouille Dieu sait comment pour monter avec une citrouille. Il se lave, remplit sa citrouille d'eau et redescend, comme un lézard. Il n'y a pas d'herbe, ni podagraire ni autre, rien que des cailloux. Est-ce un corbeau qui lui apporte à manger ou un ange qui le nourrit, je n'en sais rien. Il vit dans cette grotte depuis des temps immémoriaux, une centaine d'années, m'a dit un Grec. Je le crois. À moins que ce ne soient des histoires ? Quand il fait jour, il lit, quand il fait nuit, il prie. Il n'a pas de couche, juste une pierre qui ressemble à un siège, c'est là qu'il dort. Pendant assez longtemps, il ne m'a pas laissé approcher, il ne m'adressait pas la parole. Un jour, je lui ai apporté une galette. Il n'est pas sorti. Je l'ai laissée devant l'entrée de la grotte et quand je suis revenu le lendemain, elle n'y était plus. Ou alors les bêtes l'avaient mangée. Il s'appelle Aboun, mais c'est un surnom, cela veut dire « père ». Personne ne connaît son nom. Près de sa grotte, il y a une petite plate-forme avec une pierre qui fait office de table, il pose son livre dessus et s'agenouille devant. Il lit en grec. Quand je monte le voir sur son rocher, l'Esprit souffle en moi, ce lieu aride et hostile me semble être un paradis. Père Mikhaïl ! S'il m'accepte auprès de lui, s'il me permet de vivre à ses côtés, je quitterai le monde à cent pour cent parce que, s'il y a un pour cent qui me retient dans le monde, comme disait le père Païssii du mont Athos, ici, ce un pour cent n'existe pas, c'est sûr ! C'est là que je désire rester à jamais, auprès d'Aboun.

Je viens de rendre visite à la mère Ioanna et maintenant, je vais retourner sur le rocher. S'il m'accepte, je resterai.

Je t'envoie mon baiser fraternel.

Le serviteur de Dieu FIODOR

22. 1988, JÉRUSALEM

Mère Ioanna au père Mikhaïl à Tichkino

Cher père Mikhaïl,

Je te souhaite une bonne fête ! Tu pensais sans doute qu'il était temps de m'inscrire sur la liste des défunts, mais me voilà, je suis toujours vivante ! J'étais déjà prête à mourir, je m'étais recueillie, j'avais communié, mais ma nouvelle compagne de cellule, la sœur Nadia, m'a emmenée à l'hôpital. Ils m'ont posée sur une table, ils m'ont découpée, et ils m'ont enlevée ma tumeur, une tumeur très grosse, mais bénigne. Je t'avoue que cela va beaucoup mieux depuis l'opération, je me sens toute légère avec mon ventre vide, c'est bien agréable. Avant, j'avais constamment une sensation de lourdeur. Bon, je me dis que la volonté de Dieu se manifeste en toutes choses, et dans les médecins aussi. Cette Nadia appartient à la nouvelle génération, c'est une jeune fille qui a fait des études supérieures et a reçu une éducation laïque. Elle a pris sur moi un tel ascendant qu'elle insiste maintenant pour que je me fasse opérer de la cataracte. La semaine prochaine, on m'emmène au service d'ophtalmologie du Hadas, c'est l'hôpital régional. D'abord un œil, puis l'autre.

Il y a sur mon chevalet une icône *Louez le Seigneur...*, qui n'est pas terminée, elle est recouverte d'un drap. Nadia me dit : « Le Seigneur veut que vous la finissiez, ma mère ! » Depuis bientôt trois ans, c'est tout juste si je distingue la fenêtre, je ne vois plus du tout ce qu'il y a dehors. À vrai dire, je ne sais pas. Quand tu recevras ma lettre, soit j'aurai recouvré la vue, soit je serai condamnée à rester dans les ténèbres jusqu'au bout.

Mon cher petit garçon ! Je t'ai déjà envoyé ma bénédiction,

mais je te l'envoie encore une fois. À mon âge, on attend sa fin à tout moment. Nous avons eu chez nous une religieuse, la mère Vissarionia, qui avait complètement perdu la tête, cela a duré deux ans. Elle pouvait encore se déplacer, mais elle était gâteuse. Je ne voudrais pas que cela m'arrive ! La lumière de la raison est plus précieuse que la lumière du jour. Comme l'a écrit Pouchkine : « Dieu me préserve de la folie, mieux vaut la besace et la prison, mieux vaut le travail et la faim... » Enfin, cela aussi, c'est idiot ! Le travail est une bonne chose, c'est une joie.

Si l'opération réussit, je t'écrirai moi-même car, ainsi que tu le vois, cette lettre est écrite par une main étrangère. C'est Nadia qui s'en charge.

Que le Seigneur soit avec toi.

J'envoie ma bénédiction à Nina et aux petites Ekaterina, Anastasia et Véra.

IOANNA

23. 1988

Mère Ioanna au père Mikhaïl à Tichkino

Mon très cher ami Micha,

Je suis en train de t'écrire moi-même ! Des pattes de mouches incompréhensibles... Ma main a perdu l'habitude d'écrire, mais mon œil, lui, voit ! On m'a dit qu'on allait me faire faire des lunettes et que je verrai tout à fait bien. Le médecin était un Russe très gai, il m'a fait des compliments sur ma cataracte, il a dit qu'elle s'était décollée toute seule, comme un papier de bonbon ! Il a promis de s'occuper de la deuxième dans deux mois.

Dimanche, je suis allée à l'église : tout resplendit ! C'est plein de lumière ! Et tout me paraît doré, l'iconostase, les fenêtres. Ah, qu'il était donc triste de vivre sans soleil !

Comme je suis contente que ta famille s'agrandisse, mon garçon ! Je sais que tous les hommes veulent des fils, les filles ne les réjouissent guère. Et voilà, tu as fini par avoir un garçon ! Dieu soit loué ! Tu ne m'as pas écrit comment vous l'avez prénommé. Tu as oublié ? Ou bien tu voulais que je devine ? Pas Séraphin, tout de même ? Autrefois, on donnait beaucoup ce prénom en l'honneur de Séraphin de Sarov, mais maintenant, j'ai l'impression qu'il n'est plus à la mode. Je n'ai pas le temps de continuer, on a sonné pour la liturgie.

Dieu soit avec toi !

IOANNA

24. 1ᵉʳ AOÛT 1992, JÉRUSALEM

Mère Ioanna au père Mikhaïl à Tichkino

Toutes mes félicitations, Micha ! J'ai reçu ta lettre ainsi que *Le Messager de l'Église*. Vingt-cinq ans de prêtrise, ce n'est pas rien ! Tu m'enverras une photo, que je voie comment on t'a rendu honneur. Est-il vrai que l'évêque est venu te voir en personne à Tichkino ? Crainte et tremblement ! Comme on dit : Accueille d'une âme égale le blâme et la louange !

Ah, Micha ! Comme les choses ont changé ! Qui aurait pu imaginer cela ? Ce maudit pouvoir s'est écroulé, et l'Église t'accroche des décorations sur la poitrine ! Nous avons lu ici que votre nouveau gouvernement fraternise avec l'Église, mais je me méfie, je n'ai jamais aimé aucun pouvoir quel qu'il soit. Enfin, n'écoute pas la vieille femme que je suis ! D'ailleurs moi aussi je vais me vanter un peu : j'ai également eu droit à des honneurs. Je ne sais pas qui s'en est souvenu, cela m'était sorti de l'esprit, mais je viens de changer de dizaine : j'ai fêté mes quatre-vingt-dix ans. Et tu sais à quoi j'ai pensé ? À mes anniversaires. Je m'en souviens si bien ! Surtout celui de mes neuf ans. Cette année-là, nous n'étions pas encore partis pour l'été dans notre propriété de Gridnevo parce que maman avait donné naissance à Volodia, l'accouchement avait été difficile, on l'avait opérée et sauvée de justesse. Elle était toujours souffrante et notre départ était continuellement remis, nous n'avons déménagé qu'après ma fête, le 11 juillet. Je me souviens de tous les invités, ils n'étaient guère nombreux car

407

tout le monde avait quitté la ville, et j'avais peur de ne pas recevoir beaucoup de cadeaux. Nous n'étions pas des enfants gâtés mais cette année-là, maman m'a offert une poupée française qui fermait les yeux, avec des boucles, un costume de marin et des bottines en cuir boutonnées. Nous vivions nos dernières années de bonheur, ensuite la guerre a commencé. Papa était amiral. Tu ne le savais pas, j'imagine. Bon, voilà que je me mets à parler du bon vieux temps, comme les vieillards, et il n'y a personne pour m'arrêter !

À part les félicitations, je voulais te dire encore une chose. C'est à propos de ton ami Fiodor Krivtsov. Il s'est trouvé un starets et a disparu de la circulation. Il y a des gens heureux comme ça, qui n'arrêtent pas de chercher quelqu'un à qui se donner. Il a trouvé je ne sais trop quel ermite. Il y en a toujours eu à ne savoir qu'en faire, ici, de toutes les couleurs : des jeûneurs, des stylites, des guérisseurs, des faiseurs de miracles. Toute une collection de charlatans et de fous. Un saint, c'est un être tranquille qui passe inaperçu, il dort sous l'escalier et s'habille de façon discrète. Il faut chercher longtemps pour le voir. Enfin, bon... Fiodor est passé hier. À Jérusalem, personne ne s'étonne de rien. À mon arrivée, quand je me suis promenée dans la Vieille Ville, j'ai vu des lépreux, des possédés, des gens affublés de toutes sortes d'oripeaux. Mais là, Fiodor m'a surprise ! D'une maigreur squelettique, vêtu d'une chemise crasseuse, des yeux brûlant d'une flamme démentielle qui ne te voient pas, une barbe qui lui descend jusqu'à la taille et le crâne tout pelé. Recouvert d'une calotte, il est vrai.

Son starets a rendu l'âme. Il lui fallait un prêtre pour dire l'office des morts. Je connais notre Kirill, jamais il ne grimpera sur cette montagne, il est obèse et n'a pas de souffle. Le deuxième, Nicodème, est agile et sec, lui, il arriverait peut-être là-haut, mais il est absent, il est parti sur le mont Sinaï.

Je lui ai dit : « Va donc chez les Grecs, ils ont beaucoup de prêtres. » Il a secoué la tête : « Non, le starets était brouillé à mort avec les Grecs. — Alors va chez les Syriens, chez les Coptes ! » Il a de nouveau secoué la tête : « Ils ont déjà dit non. » C'est là que j'ai pensé au frère Daniel. « Il y a bien un carme, il ne refuse jamais rien à personne, seulement il ne te conviendra peut-être pas. » Et le pauvre Fédia s'en est allé. Ah, oui, en partant, il m'a dit que son starets Aboun était évêque de la Véritable Église du Christ, qu'il en était le patriarche. Je lui ai demandé si cette Église était importante. Autrefois, elle était constituée de trois personnes : Aboun, avant lui, un autre qui avait été son maître, et notre Fiodor. À présent, il est tout seul. Quant à nous, eh bien, vois-tu, nous ne sommes pas de véritables chrétiens... Tu as entendu parler de cette Église, Micha ? Je l'ai envoyé chez Daniel à Haïfa, à la grâce de Dieu. Lui, il ne refusera sûrement pas. Il enterre tout le monde, les patriarches comme les mendiants. C'est un homme qui passe inaperçu, il a vécu toute sa vie sous un escalier...

Bon, je suis trop bavarde ! Que le Seigneur soit avec toi, mon cher ami Micha.

25. 1992, JÉRUSALEM

Télégramme de Nadiejda Krivochenaïa au père Mikhaïl à Tichkino

MÈRE IOANNA S'EST ÉTEINTE DEUX AOÛT
DANS SA QUATRE-VINT-ONZIÈME ANNÉE.
NADIEJDA KRIVOCHENAÏA.

26. JANVIER 1992, JÉRUSALEM

Lettre de Lakisz à tous les participants

Cher(e)...

Le comité chargé de préparer la rencontre des survivants du ghetto d'Emsk vous fait part des informations suivantes :

1. La rencontre aura lieu le 9 août de cette année dans la ville d'Emsk. Un accord a été passé avec la municipalité. Étant donné que les deux seuls hôtels de la ville (L'Aube et Octobre) ne peuvent recevoir plus de soixante personnes, et que la liste de nos

participants se monte à ce jour à quatre-vingts (que Dieu leur accorde la santé !), la municipalité met à notre disposition le bâtiment du foyer de l'institut pédagogique technique, dans lequel on peut loger cent vingt personnes.

2. Des représentants d'organisations internationales juives ainsi que des représentants des gouvernements russe, biélorusse, polonais et allemand ont été invités à participer à cette rencontre mémorable. Certains ont déjà répondu. On peut d'ores et déjà dire avec certitude que des journalistes allemands se déplaceront avec leur équipement. Les autorisations de prises de vue n'ont pas encore été accordées, mais je suis en rapport avec les organismes responsables.

3. En réponse à une demande adressée aux autorités de la ville d'Emsk concernant l'érection d'un monument aux Juifs ayant péri dans le ghetto, on m'a déclaré qu'il y avait déjà en ville un monument à ceux qui sont morts pendant la libération de la Biélorussie par les soldats russes, et qu'ils n'avaient pas besoin d'un deuxième. Il semble néanmoins qu'il serait possible d'en placer un dans le vieux cimetière juif miraculeusement resté intact. Si bien que nous utiliserons dans ce but l'argent que nous avons recueilli.

4. Les autorités municipales nous fourniront un discours du maire ainsi qu'un concert d'amateurs.

5. Je vous communiquerai au fur et à mesure toutes les informations concernant les billets, les visas et les déplacements, mais chacun de vous peut m'envoyer ses questions.

RUWIM LAKISZ

27. 4 AOÛT 1992, HAÏFA
Extrait du journal d'Hilda

Nous sommes partis à quatre heures du matin et au bout de deux heures, après avoir roulé à toute allure sur une route déserte, nous sommes arrivés à l'embranchement en direction de Qumrân. Pendant tout le trajet, Daniel m'a parlé d'un nouveau manuscrit de Qumrân qui vient d'être publié. Apparemment, il tient cela de l'archéologue qui a découvert cette merveille. On a trouvé dans la grotte numéro 4 un nouveau manuscrit qui date (cela donne des frissons) du premier siècle avant notre ère et dans lequel l'auteur, qui écrit à la première personne, se donne le nom de Messie et déclare qu'il a connu des souffrances et des chagrins, mais qu'il a été élevé plus haut que les anges, qu'il siège à présent sur un trône céleste, et qu'il est plus proche du Très-Haut que les anges... D'après le texte, on peut supposer que c'est une lettre envoyée de l'autre monde à ses adeptes restés sur terre.

« Je parie qu'aujourd'hui nous allons voir un de ces hommes élevés plus haut que les anges ! » a dit Daniel.

J'ai éclaté de rire, mais il ne plaisantait pas du tout, il a déclaré avec le plus grand sérieux que cela faisait longtemps qu'il avait entendu parler de ce starets et des divers miracles qu'il avait accomplis jadis, mais ensuite, il avait brusquement cessé d'en faire.

Nous avons vu alors sur la route une longue silhouette. J'ai d'abord cru que c'était un bédouin. Il était enveloppé de chiffons. Puis j'ai vu sa coiffe de prêtre. C'était donc le fameux Fiodor. Nous avons arrêté la voiture et nous sommes sortis. Il nous a salués. Daniel lui a tendu la main, mais il a eu un mouvement de recul.

« Tu es prêtre ? a-t-il demandé.

— Tu peux en être sûr, mon frère. Depuis plus de trente ans. Tu ne me crois pas ? »

Il a ouvert sa serviette et a sorti son étole.

« Alors, tu me crois, maintenant ? J'ai aussi une croix. Il est vrai qu'elle n'est pas aussi grande que la tienne ! » a-t-il ajouté en souriant.

Mais l'autre ne souriait pas du tout. Il avait effectivement une très grande croix sur la poitrine, en bois.

Nous sommes passés devant l'entrée du parc national, nous avons pris à gauche par le vieux cimetière, puis nous avons commencé à grimper sur la montagne en laissant les célèbres grottes de Qumrân sur notre droite. Nous avons marché assez longtemps, jusqu'au bout du sentier. Là, Fiodor nous a dit que nous devions maintenant le suivre et poser les pieds exactement là où il posait les siens, en nous tenant aux mêmes prises que lui. C'était une véritable escalade : certaines pierres cédaient sous nos pieds, mais d'autres tenaient solidement, et il les connaissait toutes. On voyait qu'il grimpait souvent là-haut. Nous nous sommes hissés ainsi jusqu'à une petite plate-forme. Elle n'était pas tout en haut, mais un peu en contrebas et à l'ombre. Le matin, en tout cas. L'après-midi, c'est en plein soleil. L'entrée de la grotte était minuscule, et Daniel a eu du mal à s'y faufiler. Je voulais jeter un coup d'œil, moi aussi, mais Fiodor ne m'a pas laissée entrer. J'ai juste vu qu'une lampe à huile brûlait à l'intérieur.

Daniel et Fiodor ont discuté du service funèbre, ils se sont mis d'accord pour savoir qui allait lire quoi. Fiodor voulait que Daniel célèbre l'eucharistie sur le corps du défunt comme sur des reliques de saint. Daniel a accepté. Il a mis sa croix, il a prié. Il est entré dans la grotte, et Fiodor l'a suivi. Il n'y avait pas de place pour moi à l'intérieur, et je suis restée dehors. Je me suis dit que je chanterais avec eux si je connaissais les chants.

Le paysage est très aride, d'une beauté à couper le souffle. La mer Morte, en bas, luisait comme du mercure. On ne voyait pas la Jordanie, il y avait de la brume. Comment un être humain avait-il pu vivre ici tout seul pendant aussi longtemps ? Quatre-vingts ans, avait dit Fiodor. C'est impossible, bien sûr... Il avait demandé à Daniel de dire l'office en arabe. Daniel a souvent célébré en arabe avec le père Roman, mais il m'avait dit de prendre le texte avec moi. Je le lui ai fait passer par le trou, et j'ai jeté un coup d'œil à l'intérieur de la grotte : une momie enveloppée d'un linceul blanc, la tête couverte, reposait sur une pierre nue. Une lampe brûlait. Daniel était à genoux devant la pierre, même lui, il ne pouvait pas se tenir debout là-dedans. Fiodor était sur le côté, plié en trois. Moi, il aurait fallu que je me mette à quatre pattes. Daniel m'a demandé de lire l'Évangile de Matthieu. Je suis restée debout et j'ai commencé à lire à voix basse.

Et soudain, j'ai été prise de tremblements comme jamais je n'en avais eu de ma vie. Il était déjà près de midi. Il faisait dans les quarante degrés, et moi je grelottais tellement je me sentais mal. Et je devinais que Daniel aussi se sentait mal. C'était moi qui avais la bouteille d'eau. J'ai voulu la lui passer, mais Fiodor ne se retournait pas. J'ai bu une gorgée (quand il fait une chaleur pareille, il faut boire tout le temps), et j'ai de nouveau essayé de faire passer la bouteille à Daniel. Fiodor ne la prenait toujours pas. Sur la plate-forme, le soleil tapait tellement fort qu'on avait l'impression de se trouver dans une fournaise. Mais je continuais toujours à frissonner.

J'ai recommencé à lire. J'ai terminé Matthieu, j'ai commencé Marc. J'entendais dans la grotte des prières en arabe et des lectures en slavon. Je lisais comme si j'avais perdu conscience. En fait, j'étais consciente, mais dans un état second. Il se passait quelque chose avec le temps, il ne s'écoulait pas, il s'était enroulé sur lui-même et figé autour de moi. Puis tout s'est terminé, Fiodor est sorti le premier, et Daniel l'a suivi. C'est alors que j'ai remarqué un gros tas de pierres près de l'entrée de la grotte. Fiodor a commencé à boucher l'entrée avec. La grotte était devenue un tombeau. Daniel et moi, nous avons voulu l'aider, mais il a refusé. Nous avons attendu qu'il ait condamné le passage. Puis nous avons entamé la descente. Elle a été encore plus difficile que la montée. Je ne me souvenais pas du chemin. Jamais je ne l'aurais retrouvé toute seule.

Nous sommes arrivés à la voiture. Daniel a proposé à Fiodor de l'emmener, mais il a dit qu'il fallait qu'il retourne là-bas. En partant, nous l'avons vu s'éloigner en direction de la montagne. Au pas de course. Nous avons roulé une quarantaine de kilomètres sans rien dire, et j'ai fini par demander : « Qu'est-ce qui s'est passé ? » Daniel a dit : « Je ne sais pas. Mais cela grouillait de serpents dans cette grotte. Enfin, c'est l'impression que j'ai eue... »

28. JUILLET 1992, BERKELEY
Ewa Manoukian à Esther Hantman

Chère Esther,

C'est vraiment surprenant, mais tout s'arrange à merveille ! J'arrive à Boston le vendredi soir, nous passerons le samedi ensemble, je t'aiderai à faire tes bagages, et le dimanche matin, nous nous envolerons pour Francfort, où nous ferons escale avant de reprendre l'avion pour Minsk. Nous aurons trois heures d'attente là-bas, mais c'est le seul itinéraire possible et le plus simple. De Francfort, il n'y a que deux vols par semaine pour Minsk, et tout autre variante aurait impliqué deux escales. À Minsk, nous passerons une nuit à l'hôtel, et le lendemain matin, nous partirons pour Emsk dans un autocar spécial. Je te jure qu'aucun autre lieu au monde n'a jamais suscité en moi autant d'émotion que cette petite ville oubliée de Dieu. Paweł ne pourra pas venir, malheureusement, car sa femme est gravement malade et il ne la laisse jamais seule depuis deux ans. Rita lui a toujours beaucoup reproché son goût immodéré pour le sexe féminin. De fait, je crois qu'il a eu un nombre incalculable de liaisons à droite et à gauche, mais à présent que Mirka est si malade, sa conduite est irréprochable. C'est dommage que je ne puisse pas vous présenter l'un à l'autre.

Je t'en prie, surtout, ne t'en fais pas ! Ne va pas croire pas que tu seras la plus âgée des participants ! Les organisateurs m'ont envoyé une liste et d'après certains indices, tu fais partie des plus jeunes. Il y a un Juif qui est né en 1899 ! Tu n'as qu'à faire le calcul...

Je t'embrasse. Je ne t'écrirai plus. À bientôt.

29. SEPTEMBRE 1992, HAÏFA
Journal mural de la maison paroissiale

RAPPORT DE RUWIM LAKISZ SUR LE VOYAGE

Le 9 août 1992, quarante-quatre ressortissants de neuf pays différents qui s'étaient évadées du ghetto d'Emsk il y a cinquante ans, en 1942, ont pris part à un voyage dans la ville d'Emsk. Sur les trois cents personnes qui s'étaient échappées du ghetto, cent vingt-quatre avaient survécu jusqu'à la fin de la guerre. Un grand nombre d'entre elles sont mortes après la guerre, mais quarante-quatre étaient venues à Emsk afin de commémorer cet événement. Nous remercions tous Dieu de nous avoir gardés en vie, et nous pleurons ceux qui ont péri d'une mort atroce et douloureuse entre les mains des fascistes. Parmi nous se trouvait l'homme auquel nous devons tous la vie. C'est lui qui, risquant la mort, avait organisé l'évasion du ghetto. Il s'agit de notre compatriote Daniel Stein, aujourd'hui prêtre de l'Église catholique.

Nous sommes arrivés à Emsk le 9 août vers midi et nous sommes aussitôt allés visiter la ville. Le château est toujours là, aussi délabré que lorsque l'on nous y avait enfermés en 1941. Des habitants de la ville étaient venus, mais il ne reste plus beaucoup de gens qui se souviennent des événements. Les jeunes, ainsi que nous nous en sommes rendu compte, ne sont même pas au courant de ce qui s'est passé ici il y a cinquante ans.

En revanche, il s'est produit une rencontre qui nous a tous beaucoup émus. Parmi les participants se trouvait Esther Hantman, venue d'Amérique. Avant la guerre, elle travaillait à Emsk comme dentiste et après l'évasion, dans le détachement de partisans, elle assistait son mari Isaac pendant ses interventions chirurgicales. Isaac est mort, que la terre lui soit légère ! Un vieil habitant de la région, un Biélorusse, s'est approché d'elle et lui a demandé si elle se souvenait de lui. Il lui a dit qu'il avait toujours les couronnes qu'elle lui avait posées avant la guerre ! À l'époque, il avait perdu trois dents de devant au cours d'une bagarre, et ces couronnes étaient si solides qu'à présent toutes ses autres dents sont tombées, sauf ces trois-là !

Tout le monde était très abattu : certains ont eu des proches, des membres de leur famille tués ici, tous ont perdu des amis et des voisins. Les habitants du ghetto ont été fusillés non dans le château, mais à deux kilomètres de la ville, dans un ravin. Nous y sommes allés. Des ouvriers étaient déjà en train d'installer la pierre que nous avions apportée. L'endroit n'est pas très bien choisi, c'est jonché de détritus. Mais nous n'avions pas pu nous résoudre à poser cette pierre sur le territoire du château d'Emsk. Tout d'abord, aucun des nôtres ne repose là, et puis les autorités auront peut-être besoin de ce château un jour, et on se débarrassera alors de notre pierre. Tandis que dans le ravin, au moins, on ne construira jamais rien.

Notre héros principal, Daniel Stein, est arrivé dans la soirée, il avait pris l'avion jusqu'à Moscou, puis le train. C'est également dans la soirée que sont arrivés les journalistes et les cameramen allemands. Ils se sont précipités sur Daniel et sur son assistante, une Allemande, et sont restés à l'interroger dans le hall de l'hôtel jusque tard dans la nuit.

Le lendemain 10 août, un rassemblement avait été organisé sur la place Lénine, au cours duquel Rymkévitch, le maire, et Savva Nikolaïtchik, un héros et un partisan, ont pris la parole. Le discours de Rymkévitch nous a procuré autant de satisfaction que la lecture des journaux soviétiques — cela vous guérit de toute sympathie pour le socialisme. Il est vrai qu'il y avait parmi nous un certain Leib Rafalski de Tel-Aviv qui, s'il est revenu de son adoration pour Staline, n'a toujours pas renoncé à son amour pour Lénine et Karl Marx. Puis Savva a prononcé quelques mots. Je me souviens de lui, à l'époque de Czarna Puszcza, il était à la tête d'un autre détachement plus occidental, mais nous étions en contact avec lui. C'est un très brave homme, plus tard il s'est battu sur le front et a perdu un bras, mais à ce moment-là il avait encore ses deux bras. Et une excellente tête !

Ensuite c'est moi, Ruwim Lakisz, citoyen d'Israël, qui ai fait un discours. J'ai remercié les autorités de la ville et la population locale d'avoir conservé une moitié du cimetière juif. Sur l'autre, ils ont construit un superbe stade. Après les discours, des fleurs ont été déposées devant le monument aux héros qui ont libéré la Biélorussie et la ville d'Emsk des envahisseurs fascistes allemands.

Puis, toujours au même endroit, sur la place, s'est déroulé un spectacle d'amateurs au cours duquel se sont produits un groupe d'écoliers qui a chanté des chants populaires biélorusses et dansé des danses folkloriques, des artistes de l'orchestre philharmonique de Minsk qui ont joué en plein air quelques arias tirées des opéras de Verdi, après quoi des comédiens ont récité des vers de Pouchkine, de Lermontov, ainsi que des poèmes sur la guerre de Constantin Simonov et de Mikhaïl Issakovski. Un ensemble d'instruments populaires de la Maison de la Culture a interprété des chants populaires, cela aussi, c'était très bien.

Pour finir, un des participants à notre voyage, Noël Schatz, a chanté *Lomïr allé in eïnem...* ainsi que *Toum balalaïka*, et tout le monde a repris avec lui.

Des repas ont été servis dans le restaurant La Vague, et nous étions tous très émus, car ni en Israël ni au Canada on ne trouve des pommes de terre aussi savoureuses que celles qui poussent en Biélorussie.

C'est le lendemain qu'a eu lieu la cérémonie la plus importante, l'inauguration du monument. On a lu la liste des morts, plus de cinq cents, en les nommant un par un. Là aussi, cela avait été un gros travail d'établir cette liste sans oublier personne.

J'ai prononcé quelques mots, puis une femme de la région, Elizavéta Fominitchna Koutikova, a pris la parole. Elle a caché Raïa Ravikovitch et sa fille Véra pendant toute la guerre et leur a sauvé la vie à toutes les deux. Véra est elle-même grand-mère à présent. Elles sont tombées dans les bras l'une de l'autre. Raïa, elle, est morte l'année dernière en Israël. Tout le monde pleurait, évidemment. Dans le musée-mémorial de Yad Vashem, à Jérusalem, on a planté des arbres en l'honneur de ces justes qui ont sauvé des Juifs, comme elle. Un arbre par personne. Mais il n'y en a pas pour Elizavéta. C'est Raïa la coupable, bien sûr. Elle envoyait de l'argent à Elizavéta, c'est vrai, mais on ne lui a pas rendu honneur. Alors voilà, cela fait encore un autre juste en ce monde. On va arranger cela dès qu'on sera rentrés, bien sûr. On l'invitera, on lui plantera un arbre, on la recevra bien, on lui montrera le pays. Tous ceux qui ont sauvé des Juifs pendant la guerre sont honorés comme des justes, mais elle, on l'avait oubliée.

Cette fois, Rymkévitch s'était fait remplacer par son assistante, une très belle femme qui a pris la parole, elle aussi. À la fin est intervenu notre rabbin, Haïm Zousmanovitch, le fils de Berl Zousmanovitch qui s'était évadé du ghetto mais qui n'a pas survécu jusqu'à aujourd'hui, il est mort en 1985.

Haïm est né en Israël, en 1952. Il a commencé par prononcer un discours, puis il a célébré un *kaddish*.

Il y a eu encore un autre événement, une messe dans une église catholique, mais je n'y ai pas assisté, je ne fréquente pas les églises. Ceux qui y sont allés vous en parleront.

Comment décrire ce mélange d'affliction et de gratitude ? Six millions de tués, quelle désolation ! Le peuple des Juifs européens qui parlaient le yiddish n'existe plus. Nos enfants parlent l'hébreu, d'autres Juifs parlent l'anglais, le russe ou d'autres langues. Sur les cinq mille Juifs qui vivaient à Emsk avant la guerre, il ne reste qu'une seule femme. Je ne parlerai pas d'elle, elle s'en chargera elle-même.

Remercions notre destin, ou Dieu, ou je ne sais pas ce qu'il faut dire, que quarante-quatre personnes soient toujours en vie, et que nous ayons donné naissance à un grand nombre d'enfants et de petits-enfants. J'ai compté : les descendants de ceux qui ont été sauvés à Emsk, de ceux qui ont fui le ghetto, sont plus de quatre cents.

Et il y a encore une personne envers laquelle nous sommes tous reconnaissants, c'est Daniel Stein. Merci à cet homme qui nous a fait sortir, comme Moïse.

DISCOURS D'HAÏM ZOUSMANOVITCH

Août 1992

Savez-vous qu'aujourd'hui, c'est le 9 Av, le plus grand jour de deuil pour les Juifs ? Par un hasard inimaginable, le jour de notre commémoration tombe justement un 9 Av. C'est le jour de l'évasion du ghetto, le jour où ont péri ici des centaines de nos parents et de nos proches. C'est un jour de jeûne : ce jour-là, on ne mange pas, on ne boit pas, on ne porte pas de chaussures en cuir. Le jeûne commence le soir du 8 Av, quelques minutes avant le coucher du soleil, et se termine le soir du 9, après l'apparition de la première étoile dans le ciel.

Initialement, le jeûne du 9 Av est lié au « péché des explorateurs » : lorsque Moïse eut amené les Hébreux aux frontières de la Terre promise, ils eurent peur d'y pénétrer tout de suite et lui demandèrent d'envoyer des explorateurs afin qu'à leur retour ils décrivent le pays qui se trouvait devant eux. Bien que cette demande trahît le manque de confiance du peuple en la parole de Dieu, Moïse accepta d'envoyer des hommes en éclaireurs. À leur retour, au bout de quarante jours, ces explorateurs déclarèrent que le pays était « fortifié » et peuplé de géants auprès desquels les Juifs étaient « comme des sauterelles » (Nb 13, 33). Seuls deux d'entre eux déclarèrent que la Terre promise était magnifique, mais on ne les crut pas. Durant toute la nuit du 8 au 9 Av, les Hébreux se lamentèrent en disant que Dieu les avait conduits dans ce pays pour leur perte, et qu'ils auraient mieux fait de mourir dans le désert... Alors Dieu se mit en colère, il déclara que les Hébreux avaient pleuré pour rien mais que, désormais, ils auraient une multitude de raisons de le faire cette nuit-là. Tel serait leur châtiment pour leur manque de foi.

Le premier châtiment, c'est qu'il ne fut pas donné à la génération qui était partie d'Égypte de pénétrer en Terre promise. Ils errèrent dans le désert pendant quarante ans (une année pour chaque journée passée à explorer), et y moururent, ainsi qu'ils l'avaient demandé dans un moment de découragement. Seuls leurs enfants purent entrer en Terre promise.

Le second châtiment : parce que les Hébreux avaient eu peur des peuples qui peuplaient Canaan et qu'ils avaient refusé d'entrer en Israël au moment indiqué par Dieu, il leur faudrait maintenant subir des années de guerres pénibles sur cette terre, alors que s'ils avaient obéi à Dieu, ils auraient pu la recevoir de façon miraculeuse, sans le moindre effort.

Mais même une fois entrés en Terre promise, les Hébreux continuèrent à pécher. Ils ne croyaient toujours pas dans le Vrai Dieu, ils avaient besoin d'idoles et de statues, d'objets matériels.

Le prophète Jérémie, témoin de la destruction du Premier Temple, disait que les hommes avaient fait du Temple lui-même un objet d'adoration. Ils pensaient que c'était le Temple qui les sauvait, et non Dieu, et que ce temple rachèterait n'importe quel crime. C'est pour cela que le Temple a été détruit : Dieu leur a enlevé cette tentation.

Ce que Dieu attend des Juifs, c'est la foi, et tant qu'ils ne se seront pas repentis de leur manque de foi, ce châtiment les accompagnera et il y aura toujours de nouvelles raisons de pleurer ce jour-là.

Voici une liste des tristes événements qui, au cours des siècles, se sont produits un 9 Av :

Le 9 Av 2449 depuis la création du monde (l'an 1313 avant notre ère), l'Éternel prononça la sentence condamnant la génération qui avait quitté l'Égypte à errer dans le désert pendant quarante ans et à mourir sans avoir vu le pays d'Israël.

Le 9 Av 3338 depuis la création du monde (l'an 422 avant notre ère), le Premier Temple construit par Salomon au IXe siècle avant notre ère fut incendié et détruit par le roi Nabuchodonosor.

Le 9 Av 3828 depuis la création du monde (l'an 68 de notre ère), le Second Temple construit au IVe siècle avant notre ère a été détruit par le général romain Titus Vespasien (qui deviendra empereur par la suite).

Le 9 Av de l'an 135 de notre ère, la dernière forteresse des insurgés juifs tomba et le chef de l'insurrection, Shimon Bar-Kokhba, fut tué. Selon le témoignage de l'historien romain Dion Cassius, au cours des batailles de cette guerre, cinq cent quatre-vingt mille Juifs périrent, cinquante villes fortifiées et neuf cent quatre-vingt-quinze colonies furent détruites ; presque toute la Judée fut transformée en un désert de cendres.

Un 9 Av, quelques années après la défaite de Bar-Kokhba, le gouverneur romain Turnus Rufus fit labourer la terre à l'emplacement du Temple et autour. Ainsi se sont accomplies les paroles du prophète : « À cause de vous, Sion sera labourée comme un champ, et Jérusalem deviendra un monceau de ruines, et la montagne du Temple une hauteur boisée[1]. » Les envahisseurs interdirent aux Juifs de vivre à Jérusalem. Tous ceux qui transgressaient cet interdit étaient passibles de mort. Jérusalem devint une ville païenne sous le nom d'Aelia Capitolina.

Le 9 Av 1095, le pape Urbain II annonça le début de la première croisade, au cours de laquelle « les soldats du Christ » tuèrent des dizaines de milliers de Juifs et anéantirent un grand nombre de communautés juives.

Le 9 Av 1290 marque le début de l'expulsion massive des Juifs hors d'Angleterre, et le 9 Av 1306, hors de France.

Le 9 Av 1348, les Juifs d'Europe furent accusés d'être les instigateurs d'une des plus importantes épidémies de peste de l'histoire (la Mort noire). Cette accusation entraîna une terrible vague de pogroms et d'assassinats.

Le 9 Av 1492, le roi d'Espagne Ferdinand II d'Aragon et la reine Isabelle de Castille promulguèrent un décret chassant les Juifs d'Espagne.

Le 9 Av 1555, les quartiers de Rome occupés par les Juifs

---

1. Mi 3, 12, traduction du rabbinat, éditions colbo.

furent entourés par des murs et transformés en ghettos. Deux ans plus tard, également un 9 Av, les autres Juifs d'Italie furent transférés dans des ghettos.

Le 9 Av 1648, des massacres de dizaines, de centaines de milliers de Juifs eurent lieu en Pologne, en Ukraine et en Bessarabie, organisés par Khmelnitski et ses partisans.

Le 9 Av 1882 débutèrent en Russie des pogroms de communautés juives à l'intérieur de leurs zones de résidence.

Le 9 Av 1914, la Première Guerre mondiale a éclaté.

Le 9 Av 1942 a commencé la déportation des Juifs du ghetto de Varsovie, le même jour, le camp d'extermination de Treblinka est entré en fonction et, toujours le même jour, cinq cents de nos proches et de nos parents ont été abattus dans la ville d'Emsk.

Mais ce jour-là aussi, trois cents personnes sont sorties du ghetto et ont été sauvées.

Le 9 Av est le jour le plus triste du calendrier juif. Mais, malgré cela, les Juifs croient que viendra le temps où ce jour sera la plus grande des fêtes : lorsque tous les Juifs se repentiront de leurs péchés et se tourneront vers Dieu, c'est ce jour-là que naîtra le Messie.

INTERWIEW DE LEÏA SPIELMAN

— Dites-nous, je vous prie, Leïa Peïssakhovna, comment se fait-il que vous soyez la seule Juive de la ville d'Emsk ?

— Après la guerre, quelques dizaines de Juifs ont refait surface. Ils étaient tous très pauvres, il ne leur restait rien, plus de maison, plus de biens. Leurs affaires avaient brûlé, ou alors des gens avaient mis la main dessus... Chez nous, les Juifs ne vivaient pas seulement en ville, il y en avait beaucoup qui habitaient dans des villages, dans des hameaux. Ceux-là, ils ont presque tous été massacrés. Mon frère a été tué en 1942 avec toute sa famille. Les Juifs de la ville étaient plutôt dans le ghetto. Mais moi, je n'y suis pas allée. Avant la révolution, on avait une domestique, Nastia, elle avait une fille de mon âge, Sima. On était très amies depuis qu'on était toutes petites. Quand la guerre a commencé et que les Allemands sont arrivés, Nastia m'a emmenée chez elle, dans son village. J'avais onze ans. Elle m'a coupé les cheveux et m'a fait porter un fichu pour me cacher la tête parce que j'avais des cheveux de Juive, mais quand ils étaient coupés, ça ne se voyait pas. À l'époque, il y avait beaucoup d'enfants rasés à cause des poux. On n'avait pas de pétrole pour les traiter.

— Comment se fait-il que vous soyez maintenant la seule Juive ?

— Je vous dis, au début, il y en avait quelques dizaines. La cousine de ma mère est revenue, elle était prête à me prendre, mais moi, j'ai pas voulu quitter Nastia et Sima. Oh, j'étais une vraie petite sauvageonne, j'avais peur de tout le monde. Je crois que j'étais un peu dérangée. Peut-être bien que je le suis encore. C'est ce que dit ma fille : « Ma mère, elle est piquée ! » Après, Tolia, le fils de Nastia, est revenu du front, il était invalide, bien sûr. On s'est mariés, mais il est mort très vite. J'ai élevé ma fille. Elle est partie en Amérique en 1970. Tous les gens partaient où ils pouvaient, les uns en Occident, d'autres vers l'est, vers le nord ou vers le sud. Au début, beaucoup ont quitté la Biélorussie pour aller en Russie. Il y en a un, un ingénieur, il est parti sur un chantier à Norilsk. Et puis en Israël et en Amérique, bien sûr. Ma fille, elle, elle est allée faire ses études à Minsk, elle a rencontré un Juif et ils ont décidé d'émigrer tous les deux. Mais Sima et moi, on est restées ici. Ma fille n'arrête pas de nous inviter à venir chez elle. Mais pourquoi on partirait ? On a tout ce qu'il nous faut ici, une maison, un potager... Sima s'est pas mariée, elle est restée vieille fille. Nastia, elle, on l'a enterrée depuis longtemps. Toutes mes tombes sont ici, maman, papa, mes huit frères et sœurs, mes grands-parents... Ils ont tous été tués le même jour. Et voilà, maintenant, je suis toute seule.

— Pourquoi vous ne voulez pas aller vous installer chez votre fille ?

— La question se pose même pas ! Pourquoi j'irais là-bas, qu'est-ce que j'en ai à faire, de leur Amérique ? C'est ma fille qui l'aime bien, qu'elle y vive, si ça lui plaît ! Mais moi, il n'y a rien qui me plaît, là-bas. La dernière fois, elle m'a apporté un tailleur, eh bien, je ne l'ai pas mis une seule fois. Avec un col comme ça... Et vert, en plus ! Et des chaussures, elles sont tellement molles qu'on se tort les pieds dedans. Bon, je dis ça pour rire, bien sûr. Toutes mes tombes sont ici, j'y vais chaque jour, je les nettoie, je les entretiens. On a notre maison à nous, Nastia nous l'a léguée à toutes les deux. Et puis Sima a ses crises, comment je pourrais partir ?

— Leïa Peïssakhovna, vous êtes au moins allée rendre visite à votre fille en Amérique, non ? Dans quelle ville habite-t-elle ?

— Non, je n'y suis jamais allée. C'est très loin. Si c'était plus près, j'aurais fait le voyage. Mais vous savez, j'ai jamais mis les pieds à Minsk de ma vie, je ne suis jamais allée plus loin que Grodno. Avec tous les changements qu'il faut faire pour arriver là-bas ! Et les bagages qu'il faut trimbaler... Non, non, pas question que j'y aille, pour rien au monde ! Si je lui manque, elle n'a qu'à venir me voir. Sa ville, elle s'appelle Austin, ça ressemble à un nom de chez nous...

— Donc, Leïa, vous allez sur les tombes, mais savez-vous qui est enterré où ? On nous a dit qu'on avait fusillé cinq cents personnes, ici.

— Parce que vous croyez que je vais dans le ravin ? Jamais de la vie ! Non, non, vous mélangez tout, je vais jamais de ce côté-là. Je vais juste au vieux cimetière juif, dans la partie qui est toujours là. Bien sûr, il y a beaucoup de tombes cassées. Mais je dégage le sentier, je nettoie les grilles quand il y en a encore, j'arrache les mauvaises herbes. Faut dire que notre ville, ce n'était pas rien, il y avait beaucoup de savants et de rabbins, on avait une *yeshivah*. Le frère de mon grand-père était très savant, lui aussi. C'est ces tombes-là que j'entretiens. La langue juive, je m'en souviens pas très bien, juste un peu, mais je connais toutes les lettres, j'arrive à lire les noms et je sais qui repose où. Évidemment, je ne sais pas traduire les chiffres, les années de notre calendrier.

— Vos compatriotes ne vous manquent pas ?

— Pourquoi ils me manqueraient ? Tous mes proches sont ici, les uns sont sous terre, les autres se promènent dans la rue. Les gens m'aiment bien, même si je suis juive. Ils ne me disent jamais rien de désagréable. Oh, bien sûr, je suis contente que des Juifs soient venus. Mais j'ai pas de parents, pas d'amis parmi eux. Tous mes amis sont ici. Les vivants et les morts. Venez donc me voir à la maison, je vous présenterai Sima. Elle est plus qu'une sœur pour moi.

— Et matériellement, comment vivez-vous ?

— Très bien ! On a nos deux retraites, un potager, des poules et tellement de choses à se mettre qu'on n'a pas le temps de les user. La moitié de la rue s'habille avec nos vêtements. Avant, on avait une chèvre, mais plus maintenant.

— On nous a dit qu'ici, en Biélorussie, la population avait aidé les Allemands pendant la guerre. Qu'on avait livré des Juifs. Qu'est-ce que vous en pensez ?

— Oh, vous savez, il y a toutes sortes de gens. Il y en a qui ont aidé contre les Juifs, bien sûr. Et d'autres non. Les Juifs, on les aime pas trop par ici. Enfin, nous, on nous aime pas trop. Mais moi, Nastia m'a sauvée. Elle avait une sœur, Nioura, pendant toute la guerre, elle venait la voir et elle disait :« Je vais la dénoncer, ta youpine ! » Et Nastia lui répondait : « Eh bien vas-y, t'as qu'à y aller ! On nous tuera, Sima et moi, et toi, on t'embarquera dans la foulée... Je leur dirai que ton mari s'est engagé dans l'Armée rouge. » Elle lui fourrait dans les mains quelque chose à manger, ou un vêtement, et Nioura s'en allait. La vie a toujours été très dure pour les gens en Biélorussie, surtout pendant la guerre. Ceux qui dénonçaient un Juif recevaient vingt marks allemands, et les vêtements du Juif. On avait un voisin, Mikeï, il a livré Noukhman le tailleur pour sa pelisse. Ils cherchaient aussi les Polonais, mais moins.

Si tous les gens étaient bons, il n'y aurait pas de guerre, c'est moi qui vous le dis ! Au revoir.

RÉCIT DE DANIEL STEIN SUR LA MESSE À EMSK

Aucune messe catholique n'avait été prévue. Tous les anciens prisonniers du ghetto étaient des Juifs, le christianisme leur est totalement étranger. On a commencé par célébrer un office commémoratif, on a dit un *kaddish* près de la pierre que l'on avait posée à l'endroit où sont ensevelis nos frères. Ensuite nous sommes tous allés en ville, je voulais montrer l'église catholique à mes amis chrétiens venus d'Allemagne. Elle était entourée d'un mur en pierres, mais le portail était ouvert. Nous sommes entrés dans la cour. C'était un vrai chantier, il y avait des échafaudages et des matériaux de construction entassés partout. Ici aussi, c'était la perestroïka ! Des femmes assises sur des dalles en pierre nous ont dit qu'elles attendaient le prêtre et qu'une messe était prévue pour cinq heures du soir. Je voulais entrer pour voir s'il était possible de la célébrer avec lui, mais un diacre est sorti et a déclaré qu'il n'y aurait pas de messe : le prêtre avait téléphoné pour dire qu'il était malade et ne pourrait pas venir.

Je lui ai expliqué que la dernière fois que j'étais entré dans cette église, c'était pendant la guerre. Que j'étais resté en vie, que j'étais devenu un prêtre catholique et que j'aimerais célébrer une messe. Il a ouvert l'église et nous sommes tous entrés. À l'intérieur aussi, il y avait des échafaudages partout, mais on pouvait officier dans l'une des chapelles. J'ai mis mon étole et j'ai commencé à dire la messe. La lecture du jour était tirée du prophète Nahum. Je ne peux pas ne pas citer ce texte, car il est impossible d'imaginer quelque chose qui soit plus approprié à ce jour :

« Voici venir sur les montagnes les pieds du porteur de bonnes nouvelles, qui annonce la paix. Célèbre tes fêtes, ô Juda, acquitte-toi de tes vœux, car le malfaiteur ne passera plus sur toi, il est totalement exterminé... Car le Seigneur rétablit la grandeur de Jacob comme la grandeur d'Israël, puisque des pillards les avaient dépouillés et avaient ruiné leurs sarments... Malheur à toi, ville de sang, qui n'es que mensonge, qui es remplie de violence et ne cesses de faire des victimes ! On entend le fouet qui claque, les roues qui tournent avec fracas, les chevaux qui galopent, et les chars qui bondissent. Les cavaliers s'élancent, les épées flamboient, les lances étincellent : une multitude de tués ! un monceau de cadavres ! Des morts à perte de vue ! On bute contre leurs corps[1] ! »

J'ai célébré la messe, puis j'ai prononcé un sermon. Hilda l'a enregistré sur un magnétophone. Le voici :

« Frères et sœurs ! Il y a cinquante ans, j'étais assis ici, sur un banc, pendant que des gens se confessaient, et j'avais peur que le prêtre se rende compte que je n'étais pas catholique. Les circonstances ont fait que j'ai dû fuir cette ville, mais j'y suis revenu ensuite, et j'ai été recueilli par des religieuses. Elles m'ont caché

---

1. Na 2, 1 et 3, 1-3, traduction du rabbinat.

pendant quinze mois. Quelques jours après qu'elles m'avaient accueilli, je me suis fait baptiser.

« Aujourd'hui, je voudrais remercier le Seigneur pour trois choses : pour avoir sauvé les gens qui sont sortis du ghetto à l'époque et m'avoir sauvé moi, pour les cinquante années que j'ai vécues dans la foi chrétienne, et pour les trente-trois années durant lesquelles j'ai travaillé dans le pays où le Christ est né et a accompli sa mission, en Galilée, car il était galiléen et parlait la langue des Juifs. Aujourd'hui, en Israël, nous avons de nouveau une Église juive.

« Ce n'est pas moi qui ai choisi le texte qui a été lu aujourd'hui. Si vous avez bien écouté, c'est la description de ce qui s'est passé ici en août 1942.

« Nous sommes venus aujourd'hui d'Israël pour évoquer nos disparus. Leur sang versé a servi à faire jaillir une vie nouvelle, comme il est dit dans cette lecture : "Car le Seigneur rétablit la grandeur de Jacob comme la grandeur d'Israël..."

« En novembre 1941, avant mon arrivée à Emsk, ici même, entre ces deux églises, mille cinq cents Juifs ont été abattus. Leur sang est ici. En août 1942, non loin d'ici, dans un ravin, on a massacré cinq cents autres Juifs, des vieillards et des enfants qui ne s'étaient pas décidés à fuir le ghetto. Le sang de nos frères polonais, biélorusses, russes et allemands a lui aussi été versé ici. Dans mon cœur, je prie toujours pour chacun de ceux qui ont été bons envers moi, la famille polonaise des Walewicz, l'Allemand Reinhold, les Biélorusses Kharkevitch et Lébeda.

« Je tiens à vous remercier tous, car les religieuses qui m'ont caché appartenaient à votre communauté. Que Dieu vous récompense pour ce que vous avez fait pour moi et pour mes concitoyens. »

Hilda a chanté de sa petite voix flûtée les paroles que le patriarche Jacob a prononcées à Béthel : « Vraiment, le Seigneur est en ce lieu, et je ne le savais pas ! » Puis nous avons récité une dernière prière.

« Réconfortés par Ta nourriture, Seigneur, nous Te demandons que Tes serviteurs, nos frères et nos sœurs, qui ont quitté ce monde dans cette ville au milieu des souffrances, soient délivrés

426

de toute faute et ressuscitent avec nous tous pour la vie éternelle. Amen. »

Puis nous sommes sortis de l'église, et une vieille femme en larmes s'est approchée de moi. Je les connais bien, ces petites vieilles biélorusses, avec leur fichu, leurs bottes de feutre en plein été, leur bâton et leur besace... Elle m'a fourré dans la main une grosse pomme verte. « Tiens, mon père, prends-la, notre pomme empoisonnée ! » Elle s'est agenouillée et a ajouté : « Demande à ton Dieu de nous pardonner et de ne plus être en colère contre nous ! Pour tous ces Juifs innocents massacrés, Il nous a envoyé son étoile Absinthe... »

Je n'ai pas compris tout de suite, mais un journaliste allemand m'a expliqué que, dans le peuple, la catastrophe de Tchernobyl est associée aux prédictions de l'Apocalypse sur l'étoile Absinthe qui doit tomber sur la terre et l'empoisonner.

« Ne pleure pas, ai-je dit. Dieu ne garde pas rancune à ses enfants. »

Elle s'est penchée sur ma main, celle qui tenait la pomme. Chez les orthodoxes, les gens du peuple ont l'habitude de baiser la main des prêtres. Je lui ai fait embrasser la pomme. Et elle est partie comme elle était venue, en larmes.

Non, non, je ne peux pas admettre l'idée que Dieu punit les peuples ! Que ce soit le peuple juif, le peuple biélorusse ou un autre. Cela ne peut pas être.

Toutes les photos ont été prises par Hilda Engel. Légendes sous les photos :

1. Voici à quoi ressemble le château d'Emsk cinquante ans après avoir servi de ghetto. À droite, on voit les deux autocars dans lesquels nous sommes venus de Minsk.
2. Stèle commémorative posée par ceux qui se sont évadés du ghetto en mémoire de ceux qui n'ont pas pu s'en aller.
3. Groupe de participants.
4. Rassemblement sur la place principale de la ville d'Emsk. Discours de Rymkévitch, le maire de la ville.
5. Le spectacle d'amateurs. Chœur d'enfants. Groupe de danse. Ensemble d'instruments populaires.
6. Le *kaddish*. Au centre, le rabbin Haïm Zousmanovitch.

7. Leïa Spielman, la seule Juive de la ville d'Emsk, avec sa sœur adoptive Séraphima Lapina.
8. Place sur laquelle a eu lieu une extermination massive de Juifs en novembre 1941 (mille cinq cents personnes, il n'existe pas de liste nominative). À droite, l'église catholique sous des échafaudages, à gauche, l'église orthodoxe russe.
9. Ruwim Lakisz, organisateur du voyage.
10. Frère Daniel avec Ewa Manoukian, née pendant l'hiver 1942 à Czarna Puszcza. Sa mère Rita avait quitté le ghetto avec les autres le 10 août, mais quelques mois plus tard, elle est partie avec ses enfants et a combattu contre les fascistes dans la *Gwardia Ludowa*.
11. Esther Hantman, veuve d'Isaac Hantman, médecin qui soignait les partisans et les évadés vivant dans la forêt. Elle était médecin, elle aussi, et aidait son mari pendant les opérations.
12. Jeunes nés après la guerre de parents qui se sont évadés du ghetto. Leurs enfants et petits-enfants.
(Ces photos sont à la disposition des participants.)

30. AOÛT 1992

Conversation entre Ewa Manoukian et Esther Hantman dans l'avion allant de Francfort à Boston

C'est fou, ça ! Dire que Daniel n'était même pas au courant de mon existence ! Il ne connaissait pas ma mère, et il ignorait qu'il y avait une femme enceinte parmi les gens qui étaient partis du ghetto. Je lui ai raconté tout ce que je savais. Et ce que je ne savais pas, mais qui m'a été raconté par Naphtali, un petit vieux tout guilleret venu d'Israël, qui avait aidé ma mère et qui se souvient de mon frère Witek. Il n'en revenait pas que j'aie survécu. Comme toi autrefois.

J'ai raconté toute mon histoire à Daniel. Il ne disait rien, mais de temps en temps il posait sa main sur ma tête, il me caressait les cheveux et soupirait : « Ah, ma petite fille... » Pour lui, le fait que je me suis convertie au catholicisme était très important. Je lui ai dit que, depuis mon adolescence, je ne faisais qu'entrer de temps en temps dans une église pour mettre des cierges, mais que je ne communiais plus. Je lui ai raconté que, toute ma vie, j'avais été en très mauvais termes avec ma mère et que je ne m'étais vraiment réconciliée avec elle qu'après sa mort. Il m'a demandé si mon père était vivant. Je lui ai répondu qu'il était resté dans le ghetto avec ceux qui avaient refusé de partir. Il était électricien, et il pensait que son métier lui permettrait de survivre. Daniel s'est immédiatement souvenu de lui : Bauch ! Je lui ai posé des questions, mais il a dit qu'il n'avait vu mon père que très rarement, et la dernière fois, le matin du jour où il avait été lui-même arrêté. Il suppose qu'il a été fusillé en même temps que les autres. Pendant une seconde, j'ai éprouvé un chagrin absurde : on venait de m'annoncer la mort d'un père qui, en fait, n'a jamais existé pour moi !

Ensuite, après t'avoir raccompagnée à l'hôtel, je suis allée à l'église avec lui. Il a célébré une messe, très vite et avec ferveur, en partie en polonais et en partie en hébreu. J'ai trouvé cela très beau. Puis tout le monde s'est précipité sur lui, les gens l'accaparaient, mais il me tenait par la main comme une enfant et ne me lâchait pas. Ensuite, nous nous sommes assis sur le banc où il était assis il y a cinquante ans, et il m'a dit : « Pourquoi as-tu des yeux aussi tristes ? » De moi-même, je ne l'aurais sans doute jamais importuné avec une telle confession... Je lui ai raconté combien le problème d'Alex me tourmentait : je n'arrive pas à accepter ses choix en matière de sexualité. Daniel était navré, et il m'a dit des paroles étonnantes :

« Ah, mon enfant ! C'est une chose que je ne comprends absolument pas ! Les femmes sont des êtres si merveilleux, si attirants, je ne comprends vraiment pas comment on peut se détourner d'une telle beauté et prendre un homme à la place d'une femme. Pauvre garçon ! »

Voilà ce qu'il a dit ! Aucun psychologue n'a jamais dit une chose pareille ! Ils essayent d'analyser, ils font des suppositions, ils cherchent à relier l'homosexualité d'Alex à ma vie de couple, à mes problèmes personnels...

Il a dit que, comme moi, ce penchant l'horrifiait, qu'il lui était arrivé plus d'une fois de rencontrer des homosexuels. Il a ajouté qu'il vaudrait mieux qu'Alex vive de son côté, sans me mêler à ses relations amoureuses. Parce que je devais me protéger moi-même de la destruction. Il a aussi poussé les hauts cris et s'est désolé quand il a appris mes problèmes avec Gricha. Puis il a fermé les yeux et il est resté longtemps silencieux. Il a dit que nous ne savons jamais quelles épreuves nous attendent, quelles maladies, quelles difficultés, et qu'il serait bon que j'apprenne à me réjouir de choses qui ne sont pas liées à ma famille et à mes relations avec les autres. Que je ferais mieux de regarder ailleurs — les arbres, la mer, toute la beauté qui nous entoure, et qu'alors les liens détruits se reconstitueraient tout seuls, que je pourrais retourner à l'église et recevoir de l'aide de cette source qui reste toujours à notre disposition. Qu'il fallait que je pense moins à mes propres sentiments et, de façon générale, à moi-même. Et que je sois prête pour des épreuves sérieuses. Il veut que je vienne le voir un jour en Israël. Il a promis de me montrer tout ce qu'il connaît là-bas, tout ce qu'il aime. Il m'a demandé de lui écrire en précisant que soit il ne me répondrait pas, soit il le ferait de façon très brève. Il a dit qu'il prierait toujours pour moi. Et il m'a recommandé de prier moi aussi, d'imaginer que je tenais tous les gens que j'aime au creux de ma main et que je les élevais vers le Seigneur. C'est tout.

Je lui ai dit alors que j'avais perdu la foi à l'adolescence et que je ne savais pas aujourd'hui si j'étais catholique. Il m'a souri avec beaucoup d'affection, il m'a caressé les cheveux et m'a dit :

« Mon enfant, tu crois donc que Dieu n'aime que les catholiques ? Fais ce que te dit ton cœur, sois miséricordieuse, et le Seigneur ne t'abandonnera pas. Et prie. »

Dès que je suis rentrée à l'hôtel, j'ai essayé, j'ai rassemblé entre mes mains tous ceux que j'aime, et ceux qu'aiment ceux que j'aime, Rita aussi, bien sûr. Et j'ai dit : « Seigneur, n'oublie pas les gens que j'aime... »

Alors, qu'est-ce que tu en dis, Esther ?

31. AOÛT 1992, BERKELEY

Ewa Manoukian à Esther Hantman

Esther, ma chérie !

Cela fait maintenant une semaine. Gricha est toujours en réanimation, dans le coma. Le fou qui lui est rentré dedans est mort sur le coup avec sa femme et sa belle-mère qui se trouvaient à l'arrière. Le fait que Gricha soit en vie est un pur hasard. Après un choc pareil, il n'y a jamais de survivant, même avec les airbags.

Je l'ai attendu une heure à l'aéroport, puis j'ai pris un taxi et je suis rentrée à la maison. Alex était là. Gricha devait passer le prendre pour aller me chercher, mais il avait téléphoné pour lui dire qu'il n'avait pas le temps et qu'il se rendait directement à l'aéroport. J'ai remercié Dieu qu'il ne soit pas passé prendre Alex : la place à côté du conducteur est la plus dangereuse. Mais ça, j'y ai pensé après. La première chose qui m'est venue à l'esprit, c'est que pendant que j'étais en Biélorussie il n'habitait pas à la maison... Maintenant, cela n'a plus aucune importance.

Le pronostic des médecins est très mauvais. Mais hier, on m'a dit qu'il allait un peu mieux. On lui a enlevé la rate et opéré les poumons car les tissus avaient été déchirés par les côtes. Toutes les autres blessures ne sont pas graves. L'opération la plus lourde a été celle de la colonne vertébrale, et ils ne peuvent pas dire s'il va retrouver ses fonctions motrices. Pour l'instant, ses jambes sont paralysées. Je n'arrête pas de penser à ce que m'a dit Daniel, que je devais être prête pour des épreuves sérieuses. Je ne suis pas prête du tout.

On ne me laisse pas l'approcher, et je ne l'ai toujours pas vu depuis mon arrivée. Ou plutôt, depuis mon départ.

Je vis comme une automate. C'est seulement maintenant que je comprends à quel point je tiens à lui, je me suis même dit : tant pis s'il me quitte pour aller vivre avec sa rouquine, du moment qu'il reste en vie ! Pour l'instant, je ne te téléphone pas, j'ai peur d'éclater en sanglots. Quand j'écris, c'est différent. J'ai l'impression que notre voyage a eu lieu il y a trois ans. Alors que c'était il y a seulement une semaine.

J'ai tout le temps l'idée bizarre ou plutôt l'impression que quelque chose de ce genre devait arriver, que c'est la fixation que je faisais sur mes problèmes intérieurs qui ne m'a pas permis de le conjurer. Ma mère m'avait parlé un jour de sa grand-mère, c'était une véritable sorcière, elle savait tout d'avance. Un jour, elle a déchiré le billet de train de mon grand-père et lui a sauvé la vie car le train a eu un accident et il y a eu beaucoup de morts. Une autre fois, juste avant le début d'une épidémie de scarlatine, elle est partie à la campagne chez une cousine avec ses trois enfants. Et dans leur rue, à Varsovie, la moitié des enfants sont morts de cette scarlatine.

Mais qu'est-ce que je suis en train de te raconter ? Excuse-moi, s'il te plaît.

Je t'embrasse.

EWA

32. AOÛT 1992, REDFORD, ANGLETERRE
Béata Sémionovitch à Marysia Walewicz

Ma chère Marysia,

Je ne peux pas te dire à quel point j'ai été désolée que tu aies refusé d'aller à Emsk ! Franchement, je ne comprends pas : si moi, la veuve d'un *polizeï*, je me suis résolue à faire ce voyage, pourquoi toi, tu n'as pas voulu ? Cela fait deux jours que je suis rentrée à la maison, et je n'arrête pas de tourner en rond en réfléchissant sur mes impressions. La ville n'a pas oublié notre famille. Le lycée de papa est toujours à la même place, notre maison a été reconstruite, c'est un musée historique maintenant. Tu te rends compte, j'ai trouvé là un portrait de papa avec notre oncle, et une photo de notre famille prise cinq ans avant la guerre ! Tu es en robe courte et moi, je suis déjà une jeune fille. Il y a aussi une photo de grand-père Adam. Il ne reste presque plus de Polonais à Emsk. Ils ont d'abord été fusillés par les Allemands, ensuite les Russes sont arrivés et se sont chargés de ceux qui restaient. De toutes nos anciennes connaissances, il n'y a plus que Sabina Rjewska.

La rencontre la plus importante a été celle avec Dieter Stein. Nous nous entendions très bien durant ces années-là, il partageait nos repas et m'aidait beaucoup avec Ivan : quand il buvait trop, il savait s'y prendre pour le calmer. Mais lorsqu'on a découvert que c'était un Juif et un partisan, j'ai pensé qu'il m'avait manifesté de l'amitié non par affection véritable, mais par nécessité, pour cacher sa véritable identité. J'avais été la première à dire qu'il était juif quand Ivan l'avait amené à la maison. Et c'est seulement quand j'avais vu la façon dont il se tenait en selle que j'avais été convaincue qu'il était vraiment polonais. Mais maintenant, tout a changé : Dieter est un héros et, pour tout le monde, Ivan est un criminel de guerre. Il était recherché et si on l'avait trouvé, on l'aurait fait passer en jugement. Il est mort à temps. Après son décès, il y a eu en Angleterre plusieurs procès contre des Biélorusses qui avaient travaillé pour les Allemands pendant la guerre, et l'un d'eux a été condamné.

Mais moi, bon, qu'est-ce que j'étais pour lui ? La femme de son affreux patron. Et la sœur de la jeune fille pour laquelle il avait un faible. Il est vieux, grisonnant, il n'est pas habillé en moine mais en civil, avec un pull. Il se déplaçait entouré d'une foule de gens. Un jour, je suis entrée dans l'église dont notre oncle était le curé. Il y avait des travaux, des échafaudages partout, tout était couvert de bâches, et quelqu'un était en train de célébrer une messe dans une des chapelles. Je n'en ai pas cru mes yeux : c'était Dieter ! J'avais bien entendu dire qu'il était devenu prêtre, mais le voir de ses propres yeux, c'est autre chose ! Il est carme, c'est le frère Daniel.

Il a prononcé un sermon, il a dit qu'il était venu dans cette église il y a cinquante ans. Et figure-toi que parmi les gens qu'il a évoqués, il a cité notre nom... Tout le monde se bousculait autour de lui, il y avait des femmes qui s'accrochaient à ses basques, mais j'ai guetté le moment où il s'est retrouvé seul, je me suis approchée et je lui ai demandé :

« Tu me reconnais ?

— Béata ! Béata ! Tu es vivante ! Quelle joie ! »

Et il m'a sauté au cou comme si j'étais sa sœur. J'ai fondu en larmes, évidemment. Il pleurait, lui aussi.

« Toute ma vie, j'ai prié pour vous comme pour des défunts, et voilà que tu es vivante !

— Marysia aussi, tu pries pour elle ? lui ai-je demandé.

— Bien sûr ! Ah, c'est vieux tout ça... Mais je l'aimais beaucoup, tu sais.

— Elle aussi, elle est vivante. Elle a passé toute une nuit sous des cadavres au fond d'une fosse, et elle est sortie de là le lendemain matin. Moi aussi, pendant des années, je l'ai crue morte. Mais elle est vivante, bien vivante.

— Jésus Marie ! a-t-il murmuré. Comment est-ce possible ? Où est-elle maintenant ?

— Dans un monastère, comme toi.

— Où ? »

C'était comme dans un film. Je lui ai répondu :

« Comme toi. En Israël. À Jérusalem. Chez les Sœurs de Sion.

— À Ein Kerem ? Dans la maison d'Alphonse de Ratisbonne ?

— Oui.

— Ne t'en va pas, Béata, surtout ne t'en va pas ! C'est comme une résurrection des morts, que Marysia et toi soyez restées en vie ! C'est exactement comme ça que nous retrouverons nos parents et nos proches ! »

Et ses joues ruisselaient de larmes.

Figure-toi qu'il n'a absolument pas changé ! Il a toujours ce visage d'enfant, cette âme d'enfant... Je t'avoue que je me suis dit : « Ah, si vous vous étiez mariés alors, quel beau couple vous auriez fait ! » Et juste à ce moment-là, il m'a déclaré :

« Voilà comment nous étions destinés à être unis, elle et moi — en Dieu. »

Ma chère petite sœur ! Cela m'a fait tellement chaud au cœur, même si j'ai trouvé cela un peu dommage pour vous. Je crois qu'il viendra bientôt te rendre visite, vous allez vous revoir. Mais pour toi, ce n'est pas aussi important, tu savais depuis longtemps qu'il avait survécu et qu'il était devenu moine, et si tu avais voulu, tu aurais pu facilement le retrouver. Mais pour lui, c'est l'accomplissement d'un miracle. Pendant cinquante ans, il a prié pour toi comme si tu étais morte, et voilà que tu es vivante ! Nous savons maintenant que tout est possible ici-bas — se cacher comme se retrouver.

Ensuite, je l'ai raccompagné, il partait ce jour-là.

J'ai aussi revu Sabina, tu te souviens, la fille d'un agronome, elle était dans la même classe que moi. Une des rares Polonaises à avoir survécu ici. Elle m'a raconté combien la vie avait été difficile pour eux après la guerre. Beaucoup de gens qui s'étaient trouvé de la famille en Pologne sont partis là-bas. Les autres ont été expédiés en Sibérie. Les Polonais ont toujours été considérés comme des nationalistes. Et c'est bien le cas, nous sommes des patriotes ! Ivan avait beaucoup de respect pour les Polonais, il estimait que, contrairement aux Biélorusses, nous étions un peuple fort. Il est vrai qu'il avait encore plus de respect pour les Allemands. Mais bon, on ne va pas parler de ça. Mieux vaut prier pour lui. Tu sais, Marysia, il était mauvais, cruel, c'était un ivrogne, mais il m'aimait. Il est peut-être coupable envers tout le monde, mais moi, je suis coupable envers lui : je l'ai épousé sans amour, et je ne suis jamais arrivée à l'aimer. Il est vrai que je ne l'ai pas trompé. Pour être franche, toute ma vie, je n'ai jamais aimé que Czesław, mais ce n'était pas notre destin...

Au début, j'ai été désolée que tu aies refusé d'aller à Emsk, je nous voyais déjà en train de nous promener ensemble sur les lieux de notre enfance. Mais maintenant, je me dis que cela vaut mieux comme ça. Cela m'a ouvert le chemin vers toi. Peut-être que je reviendrai l'année prochaine. On s'installera toutes les deux près de la grille, sur votre petite colline d'où l'on a une si belle vue.

Finalement, je suis très contente d'être allée à Emsk. Il s'est produit une sorte de réconciliation. Pendant de longues années, quand je regardais le passé, je ne voyais auprès de moi que le pauvre Ivan avec tous ses crimes — ont-ils vraiment existé ? Je ne sais pas exactement, mais sa présence à mes côtés a toujours été pénible. Maintenant, je me sens libre. On m'a reconnue. Et on a vu en moi la fille Walewicz bien plus que la femme de Sémionovitch.

Et puis bien sûr, il y a Daniel. C'est surtout lui qui me réconcilie avec la vie : on peut sortir gai et lumineux de cette terrible expérience.

J'attends tes lettres. Réfléchis à quel moment cela t'arrange que je vienne, peut-être au printemps, après Pâques ? Ou au contraire pour Pâques ?

Ta sœur BÉATA

33. SEPTEMBRE 1992, TEL-AVIV
Naphtali à Esther Hantman

Très chère Esther,

C'est Naphtali Leïzerovitch qui t'écrit, si tu te souviens de lui ! Moi, je me souviens parfaitement de ton mari Isaac qui m'a tranché la jambe dans la forêt, et il a très bien fait, car la gangrène avait déjà commencé à se répandre et il m'a ainsi sauvé de la mort. Pour toute anesthésie, j'ai eu un verre d'alcool et un bout de bois à ronger, jusqu'au moment où la douleur m'a fait perdre conscience. Et vous, ma très chère Esther, vous passiez les instruments à votre mari, il m'a coupé l'os avec une simple scie à main. En revanche, il m'a fait un moignon si magnifique que j'ai déjà usé pas mal de prothèses sans qu'il me joue jamais le moindre tour, il est comme neuf. Dieu a donné à Isaac (que la terre lui soit légère) des mains de fée, et à vous aussi !

Maintenant, quelques mots sur moi. Je suis arrivé en Israël sur une jambe en 1951 et avant cela, j'avais bourlingué un peu partout, en Italie, en Grèce, à Chypre. Dans différents camps, tantôt de prisonniers de guerre, tantôt de personnes déplacées, ou juste des camps, tout simplement. En 1951, j'ai fini par arriver chez moi, j'ai fait la connaissance de nos compatriotes, j'ai trouvé un emploi dans l'industrie militaire, je te dis ça sous le sceau du secret. Je travaillais dans un bureau de construction et on m'estimait beaucoup, même si je n'avais pas fait d'études supérieures. J'ai épousé une Juive hongroise, c'était une belle femme avec un sacré caractère, Dieu me pardonne ! J'ai eu trois enfants avec elle, deux fils et une fille très gentille. Un de mes fils a marché sur mes traces, il travaille dans l'électronique en Amérique (je te dis ça sous le sceau du secret), le deuxième est dans la banque, mais en Israël. À propos, ma fille est médecin, elle aussi. Ma femme est morte il y a neuf ans, et au début j'ai hésité, je me suis demandé si je n'allais pas me remarier. Ensuite, je ne me suis plus rien demandé : je me suis rendu compte que j'étais très bien tout seul.

J'ai une retraite convenable en tant qu'ancien combattant, invalide, etc., et un bel appartement. Ma fille passe me voir une fois par semaine, je n'ai pas besoin de plus. Je te dirai franchement qu'au début on a essayé de me remarier, une fois, deux fois, trois fois. Mais j'ai décidé que je n'avais pas besoin de ça. J'ai une infirmière qui vient d'Holon, je la voyais déjà du vivant de Jouja. Si bien que je n'avais besoin de rien.

Très chère Esther ! Vous m'avez tellement plu que j'ai immédiatement décidé de vous épouser ! Je vais bientôt avoir quatre-vingts ans, c'est vrai. Mais nous pourrions passer ensemble les années qui nous restent à vivre. Réfléchissez bien, mais pas trop longtemps. On a beau dire, nous n'avons plus beaucoup de temps pour réfléchir, même si mon grand-père est mort à cent trois ans. Que puis-je encore vous dire sur moi ? Je suis un peu dur d'oreille. Je n'ai pas d'autres défauts. Vous me convenez parfaitement. Pour être franc, vous me plaisez beaucoup. Et nous avons un passé commun, vous aussi, vous étiez à Czarna Puszcza à l'époque. Si vous voulez, vous pouvez commencer par me rendre visite. J'irai vous chercher à l'aéroport en taxi. Écrivez-moi à l'adresse qui figure sur l'enveloppe. J'attends une réponse positive.

NAPHTALI LEÏZEROVITCH

Ah, j'ai oublié de vous dire que j'ai cinq petits-fils et une arrière-petite-fille.

34. 1994, BEER SHEVA
Térésa à Valentina Ferdinandovna

Chère Valentina,
Je pense que ce sera ma dernière lettre. Téléphonez-moi avant votre départ afin que nous puissions aller vous chercher à l'aéroport. Toute la famille se prépare pour votre arrivée. J'ai l'impres-

sion que Sossik comprend très bien que nous vous attendons et qu'il est ému, lui aussi. C'est un être d'une extrême subtilité, avec des réactions toujours très justes. Il faut seulement savoir les interpréter. Mais Éfim et moi, nous lisons dans son âme à livre ouvert. Il passe des heures à jouer avec des cailloux. Il y a ceux qu'il aime et ceux qu'il n'aime pas, et il leur attribue différentes qualités. Quand il est inquiet ou contrarié, il nous apporte une petite pierre d'un jaune rosé de forme biscornue et nous la met très délicatement dans la main. Un galet noir avec un filet blanc est la pierre du succès, et c'est particulièrement bon signe quand il se la met dans la bouche. De façon générale, son comportement révèle un lien étonnant avec le monde spirituel et le monde de la nature. C'est un médiateur idéal entre différentes forces et il sait apaiser les gens autour de lui. Il y a quelques jours, par exemple, un jeune couple, des paroissiens d'Éfim, sont passés chez nous, ils venaient d'avoir une violente dispute. Éfim a essayé de les raisonner pendant une heure et demie, mais cela n'a fait que les braquer encore davantage. Sossik est arrivé, et il les a immédiatement réconciliés. Il a juste dit un mot. Je dois vous prévenir, ma chère Valentina : ce que vous allez voir n'est pas ordinaire. Notre petit garçon parle, mais sa langue est incompréhensible pour les gens. Son langage est celui des anges. Il prononce des mots qui nous sont inconnus sur une fleur desséchée et au bout de quelques jours, elle refleurit. Il émane de lui un rayonnement extraordinaire. Mais il ne dit presque rien en langage humain. Enfin, juste « maman », « papa » et « tout seul ».

Il sait marcher, mais ses mouvements sont assez maladroits. Les médecins trouvent qu'il devrait faire de la gymnastique, mais il n'aime pas ça. Nous avons décidé dès sa naissance de l'élever sans aucune contrainte et de ne pas le forcer à faire ce qui lui est difficile, ou ce dont il n'a pas envie. C'est pour cette raison que nous ne l'emmenons pas dans une école spéciale pour les enfants atteints du syndrome de Dawn, où des pédagogues et des psychologues s'occupent d'eux. Il nous est difficile d'expliquer aux médecins que c'est un être supérieur et non un infirme.

Je vous donne tous ces détails afin de vous préparer un peu à cette rencontre. Il y a chez cet enfant tant de choses énigmatiques et mystérieuses, tant de choses cachées qui ne se sont pas encore manifestées, qu'Éfim et moi, nous gardons cela pour nous et nous n'en faisons part à personne. Même si, à en juger par la réaction de beaucoup de gens, il est clair que nous ne sommes pas les seuls à voir son étrange singularité. Vous aussi, vous allez bientôt pouvoir partager le sentiment de vénération que cet enfant suscite chez nous, qui sommes ses parents.

Chère Valentina ! Je ne voudrais pas vous accabler de demandes, mais il y a une chose que je vous prie de m'apporter : ce sont des cassettes de chansons pour enfants. En Russie, il y avait une multitude de merveilleux dessins animés mais nous ne pouvons pas nous les procurer ici. Nous n'avons pas de lecteur vidéo, et Éfim ne trouve pas nécessaire d'acheter un téléviseur, ce en quoi je suis entièrement d'accord avec lui, mais j'aimerais bien que Sossik puisse entendre de la musique et des chansons pour enfants. De façon générale, j'ai l'impression qu'il comprend beaucoup mieux le russe que l'hébreu. J'avoue que nos relations avec lui se font sur un mode non verbal que j'ai du mal à définir, mais vous sentirez cela tout de suite, dès que vous le rencontrerez.

Éfim s'est entendu avec une religieuse que nous connaissons et qui vit dans la Vieille Ville, elle va vous trouver une place dans son couvent pendant quelques jours, afin que vous puissiez passer un peu de temps dans cette atmosphère incomparable.

Éfim et moi, nous vous avons préparé tout un programme d'excursions. Celle à la mer Morte, nous la ferons en famille, avec Sossik. Il adore se baigner dans la mer, et les médecins disent que le sel a une action bénéfique sur ses muscles atrophiés.

Je brûle d'impatience de vous voir, ma chère Valentina.

Affectueusement,

TÉRÉSA

35. 1994, MOSCOU
Valentina Ferdinandovna à Térésa et Éfim Dovitas

Chère Térésa, cher Éfim,
Je n'ai pas pu vous écrire tout de suite tant j'étais submergée par les impressions. Au téléphone, il est impossible d'exprimer un

centième de ma gratitude envers vous et envers le destin qui m'a accordé le bonheur de me rendre en Terre sainte sur mes vieux jours. Deux semaines, ce n'est qu'une miette de temps, et elles ont passé comme deux minutes. À présent, j'essaie de m'y retrouver dans mes souvenirs et dans mes notes, et je tente de formuler ce qui m'a le plus marquée — je ne parle pas de ce que j'ai vu chez vous, ça, c'est un sujet à part.

Je crois que la découverte la plus étonnante a été l'immense diversité des courants chrétiens en Israël. Moi qui ai passé toute ma vie à traduire de la littérature chrétienne pour le samizdat, et qui ai vu seulement ces derniers temps mes traductions publiées officiellement, sur du beau papier, avec mon nom dessus, je connaissais fort bien, en théorie, la grande variété d'opinions qui existent sur n'importe quelle question théologique. Mais durant ces deux semaines, j'ai réellement pris conscience de la diversité des chrétiens — Grecs, Coptes, Éthiopiens, Italiens et Latino-Américains, Églises messianiques, baptistes, adventistes, pentecôtistes... L'histoire de tous ces schismes, de toutes ces divisions, est soudain devenue vivante pour moi. Il n'y a ni vaincus ni vainqueurs — monophysites et ariens, pharisiens et sadducéens, tous coexistent à l'intérieur d'un même temps et d'un même espace.

Je suis à la fois heureuse et perplexe. Ce qui me trouble le plus, c'est que le brasier de cette diversité se trouve au cœur d'un judaïsme actif qui se suffit à lui-même et qui semble ne pas remarquer l'immense monde chrétien. Et tout cela s'inscrit à l'intérieur de l'islam, pour lequel Israël est aussi un des centres de la vie et de la foi. C'est comme si ces trois univers coexistaient dans un même espace presque sans se croiser.

J'ai assisté à une longue liturgie célébrée par Éfim, puis je suis allée chez Daniel à Haïfa, et sa messe n'avait absolument rien de commun avec l'office d'Éfim. À propos, j'ai oublié sur la table de nuit de ma chambre deux feuilles de papier avec le texte de la liturgie célébrée par le père Daniel. C'était un office magnifique, joyeux et d'une grande plénitude, dans lequel tout tenait en une demi-heure, mais je n'ai pas trouvé dans ces textes la moitié des prières qu'on récite à la messe. Il n'y avait même pas le Credo !

Que de sujets de réflexion ! Ici, à Moscou, on m'a toujours trouvée trop émancipée, beaucoup de représentants du clergé orthodoxe m'ont dit plus d'une fois que j'étais contaminée par « l'hérésie latine », et j'ai consacré beaucoup de forces à insuffler une dimension culturelle à ce milieu rétrograde par le seul moyen dont je dispose : de nouvelles traductions en russe des textes du Nouveau Testament. Je voyais là une façon de servir l'unité de l'Église. En tout cas, c'était ce à quoi j'aspirais. Comme vous le savez, ma situation est singulière : enfant, j'ai été baptisée dans la religion orthodoxe par une grand-mère russe, mais j'ai été élevée par une tante lituanienne, une catholique. Toute ma vie, je me suis ainsi trouvée à cette croisée des chemins et, en me rapprochant des dominicains qui soutiennent mon travail de traduction, je réalise l'idée œcuménique. Ce n'est pas moi qui ai choisi, c'est le destin qui m'a mise à cette place.

Il m'a toujours semblé qu'une certaine étroitesse d'esprit propre à beaucoup de gens dans notre pays était due aux interdits que l'État a fait peser sur les échanges intellectuels et spirituels durant les soixante-dix dernières années de notre histoire. Mais il n'existait aucun interdit dans le monde occidental, alors d'où vient cette obstination à ne pas se « mélanger », ce refus de s'accepter les uns les autres ? J'aimerais savoir ce qu'en pense Éfim.

À présent, parlons d'Isaac. Ma chère Térésa ! Mon cher Éfim ! Au risque de vous blesser et de susciter votre indignation, je ne peux pas ne pas vous dire la chose suivante : votre petit garçon est absolument merveilleux. Il est touchant et infiniment adorable, mais vos pressentiments et vos espoirs que c'est précisément lui qui est... (Ma main n'arrive pas à écrire ce mot...) Celui qui est Promis, disons-le comme ça, me semblent être une illusion de parents animés d'un profond amour.

Si je me trompe et qu'il possède vraiment une « seconde » nature (encore une fois je n'ose même pas répéter vos paroles), dans ce cas, elle se manifestera indépendamment de la façon dont vous le traiterez. Je crois qu'il serait beaucoup mieux, à tous points de vue, de lui donner la possibilité de fréquenter cette école spéciale que vous refusez si catégoriquement. Vous m'avez dit vous-mêmes que les enfants affligés de ce syndrome ne sont absolument pas des arriérés mentaux, que c'est juste une race particulière de gens qui se développent selon d'autres lois. Mais il faut qu'ils parlent, qu'ils lisent, qu'ils aient des rapports avec les autres. Le fait que, sous la direction de pédagogues spéciaux, ils puissent jouer dans des spectacles, faire de la musique, du dessin et d'autres activités épanouissantes, c'est magnifique, et cela ne ferait aucun mal à Sossik. S'il est réellement celui pour lequel vous le prenez, ces acquisitions ne sauraient lui nuire dans la mission qu'il doit accomplir.

Mes chéris ! Je suis pleine d'admiration devant l'héroïsme et même l'abnégation de votre vie. La voie que vous avez choisie est digne du plus profond respect. Bien sûr, je comprends que la voie de chaque être humain est unique, et que chacun se fraye son propre chemin vers la Vérité. Mais pourquoi tant de gens préoccupés exclusivement par la quête de la Vérité vont-ils dans des directions totalement opposées ?

Voilà un sujet de réflexion !

Mes chéris ! Je vous remercie encore une fois pour ce séjour. Je vais avoir soixante-treize ans le mois prochain, et je ne pense pas que je pourrai revenir vous voir un jour. Cette rencontre n'en était pour moi que plus précieuse. Je prierai toujours pour vous. Et je vous demande de prier pour moi.

VALENTINA

36. 1995, BEER SHEVA
Éfim Dovitas à Valentina Ferdinandovna

Chère Valentina Ferdinandovna,

Nous avons bien reçu votre lettre, et Térésa m'a demandé de vous répondre. Il y a une question dont nous ne discuterons pas, c'est la mission d'Isaac. Cela relève d'instances qui ne sont pas de ce monde. Tout ce qu'on nous demande, c'est d'être attentifs et de savoir écouter la voix intérieure venue d'en haut qui résonne dans nos cœurs. Le discernement des esprits est un don particulier que Térésa possède à un très haut degré, c'est indubitable. Quant à mes faibles capacités personnelles, je n'en parle même pas.

J'ai été chagriné par le passage de votre lettre dans lequel vous évoquez avec tant de légèreté le pluralisme qui envahit de plus en

442

plus l'Église. Ce qui vous semble moderne et important, et que vous appelez de la compréhension mutuelle, est une chose absolument impossible. Je ne doute pas que cela soit lié au caractère contre-nature de votre situation — je veux parler votre appartenance à l'orthodoxie qui va de pair avec de longues années de collaboration avec les catholiques. C'est certainement un malentendu, j'ai du mal à imaginer qu'un évêque puisse accorder à une orthodoxe sa bénédiction pour travailler pratiquement à l'intérieur de l'ordre des Dominicains.

Personnellement, mon chemin est passé par l'Orient. Dans ma jeunesse, j'ai été fasciné par le bouddhisme, et la liberté bouddhiste m'apparaissait comme le bien suprême. J'ai beaucoup pratiqué et je suis allé assez loin dans cette voie. C'est le vide qui m'a arrêté. Dans le bouddhisme, il n'y a pas de Dieu, et je me suis rendu compte que Dieu était plus important pour moi que la liberté. Je ne voulais pas être libéré de Dieu, j'aspirais à un Dieu personnel, et il s'est révélé à moi dans l'orthodoxie. La voie principale et la plus féconde est celle qui est conforme au dogme. Je ne veux pas d'un christianisme allégé. Ceux dont vous parlez ne sont qu'un ramassis de réformateurs, d'« allégeurs », de gens qui cherchent non Dieu, mais un chemin commode pour aller vers Lui. Seulement les chemins commodes ne mènent nulle part. Je trouve ridicules les tentatives pour établir une édition bilingue des Évangiles, et plus encore les efforts pour traduire en russe les offices en slavon. À quoi bon ? Pour ne pas faire l'effort d'apprendre cette langue divine, un peu artificielle, peut-être, mais solennelle et spécialement modelée à cet effet ? Cette langue incarne aussi le lien avec une tradition qui se réalise à une profondeur que la langue russe contemporaine ne saurait atteindre !

Nous connaissons mal les canons, or c'est justement à travers eux que se manifeste toute la profondeur de l'Orthodoxie.

Vous parlez de l'enthousiasme que vous inspire la diversité. Valentina Ferdinandovna ! Comment pouvez-vous ne pas comprendre qu'ils prennent une étoffe somptueuse d'une extrême richesse, qu'ils en découpent un petit morceau et disent : « Tenez, cela suffit amplement ! » C'est pour cette raison que j'ai totalement rompu avec le père Daniel Stein. Sa quête d'un christianisme « étroit », minimaliste, est une voie pernicieuse. Le petit morceau qu'il a déclaré « nécessaire et suffisant » contient un millième, un millionième du christianisme. Je ne vous ai pas retenue quand vous avez décidé d'aller assister à une de ses messes. Je me suis dit que vous constateriez vous-même ce brigandage, cette indigence. Et vous avez rapporté chez moi un papier avec quelques textes tronqués qu'il considère comme une liturgie ! Je n'avais jamais vu ce texte et de moi-même, jamais je ne l'aurais regardé de près. Notre rupture s'est produite à une époque où il n'en était pas encore arrivé à un tel « minimalisme » ou à un tel « populisme », appelez cela comme vous voudrez. Je viens d'étudier ce texte. Daniel n'a absolument pas le droit de se dire prêtre, et un tel scandale ne peut être dû qu'à une négligence de la part des autorités de l'Église.

Personnellement, j'éprouve de la gratitude envers lui : il a joué un grand rôle dans la vie de notre couple, il nous a aidés, Térésa et moi, à concrétiser notre mariage (c'est également grâce à vous, et je vous en serai toujours reconnaissant dans mes prières !), et le miracle de la naissance de notre fils s'est accompli avec sa bénédiction. Mais ses façons de voir me semblent parfaitement inadmissibles.

Le Fils de Dieu est venu dans le monde à travers la chair. En hébreu, les mots « bonne nouvelle », *bessora,* et « viande », « chair », *bassar*, sont de la même famille. Et c'est cela, la plus grande nouvelle : Dieu dans notre chair. Il en est véritablement ainsi. Dans la chair de mon fils Isaac. Cet enfant nous a unis à Dieu d'une façon particulière : ma chair a reçu la nature divine à travers lui. Je l'ai fait circoncire non pour qu'il soit de religion judaïque, mais pour qu'il devienne le Messie.

Le combat fait rage au ciel et sur la terre, il est de plus en plus féroce, et il faut rester là où l'on nous a placés, et non rechercher le confort et la commodité. C'est uniquement ainsi que l'on peut revenir aux sources de l'Église, à ses ascètes, à son essence la plus profonde.

Bien sûr, il est plus facile de discuter avec les réformateurs, ils sont prêts à accepter n'importe quoi, les avortements, l'amour homosexuel, même l'ordination des femmes. Et ils sont prêts à abandonner n'importe quoi, même la Sainte-Trinité !

Chère Valentina Ferdinandovna ! Nos désaccords sont si grands que nos relations ne me paraissent plus possibles. En tant qu'époux responsable de sa femme devant Dieu, j'ai interdit à Térésa tout rapport avec vous et j'espère que vous ne me demanderez pas d'explications supplémentaires.

Bien sincèrement.

Le prêtre ÉFIM DOVITAS

37. 1995, BEER SHEVA

Éfim Dovitas au Patriarche latin de Jérusalem

Copie destinée au prieur du couvent des carmes Stella Maris

Votre Éminence,

Ce sont des circonstances graves qui m'incitent à vous adresser cette lettre dont le caractère me peine profondément. Mon devoir de chrétien m'a néanmoins poussé à l'écrire, car l'information qu'elle contient exige (j'en suis intimement persuadé) un examen attentif de la part des autorités du Patriarcat latin.

Arrivé en Israël en 1980, je remplis depuis 1984 la charge de pasteur dans l'église orthodoxe de Beer Sheva. Dans la communauté que je dirige, les offices sont célébrés en slavon d'église, ce qui est conforme à l'esprit de l'Église orthodoxe. La majorité de mes paroissiens sont des Russes ou des russophones. Il n'y a que le jour de Pâques que nous proclamons notre joie par une exclamation prononcée dans les nombreuses langues des Églises chrétiennes.

Depuis des temps très anciens, la tradition de l'Église orthodoxe admet deux liturgies, celle de Basile le Grand et celle de saint Jean Chrysostome, auxquelles nous nous tenons.

Étant un spécialiste dans le domaine liturgique, je connais également fort bien la structure de la messe latine dans sa variante communément admise.

Je sais que dans les Églises locales, une certaine diversité est autorisée en ce qui concerne l'ordre dans lequel sont lus les psaumes et les hymnes. Néanmoins, que ce soit dans les Églises de rite oriental ou celles de rite occidental, il existe un canon liturgique immuable.

Il y a quelque temps, j'ai eu par hasard entre les mains le texte de la messe célébrée sur le mont Carmel, dans l'église Élie-de-la-Source qui relève de votre juridiction. Ce texte, établi par le responsable de cette église, m'a rempli d'une perplexité si profonde que j'ai estimé de mon devoir de le communiquer à Votre Éminence afin qu'elle en prenne connaissance. Le Credo n'y figure pas, et ce seul fait suffit à éveiller l'attention.

Je ne puis imaginer qu'une telle messe soit approuvée par le Saint-Siège.

ÉFIM DOVITAS
prêtre de l'Église orthodoxe russe

38.

Texte du prétendu « Repas du Souvenir » (liturgie) de la communauté chrétienne juive d'Haïfa, établi par le frère Daniel Stein

(Après avoir allumé les cierges et récité les bénédictions)
Daniel : Que la miséricorde et la paix de Dieu, notre Père et notre Seigneur Jésus-Christ, soient avec vous !
Tous : Amen.
Psaumes 43 et 32, ou prière pour le pardon
Lecture : psaumes et chants
Sermon

Berakha (bénédiction)

Daniel : Béni soit le Seigneur notre Dieu, Roi du monde, qui a créé le ciel et la terre.
Tous : Béni soit le Seigneur notre Dieu, lui seul accomplit des merveilles ! (Ps 72, 18)
Daniel : Tu es béni, Seigneur notre Dieu, Roi du monde, qui as

446

créé les hommes à Ton image, et qui as créé le ciel et la terre. (Gn 1, 27)

Tous : Béni soit le Seigneur notre Dieu, lui seul accomplit des merveilles ! (Ps 72, 18)

Daniel : Tu es béni, Seigneur, Toi qui as conclu l'alliance avec Abraham et ses descendants.

Tous : Béni soit le Seigneur...

Daniel : Tu es béni, Seigneur bienveillant et miséricordieux, Toi qui libères et qui sauves, Toi qui nous as délivrés de l'esclavage d'Égypte et qui as réuni aujourd'hui les fils d'Israël deux mille ans après leur dispersion.

Tous : Béni soit le Seigneur...

Daniel : Tu es béni pour Ta Torah que Tu nous as donnée par l'intermédiaire de Moïse, Ton serviteur, et de Tes prophètes venus après lui.

Tous : Béni soit le Seigneur...

Daniel : Tu es béni, Seigneur, Toi qui nous as envoyé le temps venu Ton fils unique, Jésus de Nazareth.

Tous : Béni soit le Seigneur...

Daniel : Tu es béni, Seigneur, car Tu as jugé bon de renouveler en Lui Ton alliance avec nous et d'associer toutes les races de la terre à l'héritage de Tes enfants.

Tous : Béni soit le Seigneur...

Daniel : Tu es béni, Seigneur, père de Notre Seigneur Jésus-Christ, qui dans Ta grande miséricorde, nous as créés de nouveau en ressuscitant Jésus d'entre les morts.

Tous : Béni soit le Seigneur...

Daniel : Tu es béni, Seigneur, Toi qui as déversé sur nous Ton Esprit pour le pardon des péchés et qui nous as conduits sur le chemin de notre héritage.

Tous : Béni soit le Seigneur...

Daniel : Tu es béni, Seigneur notre Dieu, Toi qui es fidèle à chacune de Tes paroles.

Tous : Béni soit le Seigneur notre Dieu, Dieu d'Israël ! Lui seul accomplit des merveilles, que Son nom glorieux soit béni à jamais ! Que la terre soit remplie de Sa gloire. Amen, Amen, Amen !

Daniel : Que le Seigneur soit avec vous !

Tous : Que le Seigneur soit avec toi !

Daniel : Exaltez le Seigneur avec moi !

Tous : Ensemble célébrons Son nom ! (Ps 34, 4)

Daniel : Rendons grâce au Seigneur notre Dieu !

Sanctus (trois fois)

Tous : Saint, saint, saint le Seigneur, Dieu des Armées ! Le ciel et la terre sont remplis de Sa gloire. Hosanna au plus haut des cieux ! Béni est Celui qui vient au nom du Seigneur, Hosanna au plus haut des cieux !

Tous : Que le Seigneur entende nos prières et nous envoie Son Esprit-Saint, afin que nous ne fassions plus qu'un en Jésus-Christ, son Fils, en cette heure où nous célébrons le repas de l'Alliance, ainsi qu'il nous l'a été prescrit.

Commémoration

Daniel : Quand l'heure fut venue, Jésus se mit à table avec ses disciples. Il prit le pain et, ayant rendu grâces, il le rompit et le donna à ses disciples en disant : « Ceci est mon corps, livré pour vous. Faites ceci en mémoire de moi. » (Lc 22, 19)

Béni soit le Seigneur notre Dieu, Roi du monde, qui a permis au pain d'être produit par la terre.

Tous : Amen.

Ils mangent le pain.

Daniel : Après le repas, Il prit la coupe en disant : « Cette coupe est le sang de la nouvelle Alliance qui sera versé pour vous. Faites ceci en mémoire de moi. » (Lc 22, 20)

Béni soit le Seigneur notre Dieu, Roi du monde, qui a créé les fruits de la vigne !

Tous : Amen.

Ils boivent le vin.

Daniel : Chaque fois que vous mangez ce pain et buvez le vin de cette coupe, souvenez-vous de la mort de Notre Seigneur jusqu'à ce qu'Il revienne.

Tous : Nous célébrerons Ta mort, et nous témoignerons de Ta résurrection jusqu'à ce que Tu reviennes. *Maranatha !*

Ou bien :

Daniel : Chaque fois que nous mangeons ce pain et que nous buvons à cette coupe, le Messie est avec nous et nous sommes avec Lui.

Louanges (Ps 23 ou un autre)

Daniel : Chantez à l'Éternel un cantique nouveau, car Il a accompli des merveilles !

Tous : Sa droite l'a secouru, ainsi que Son saint bras ! (Ps 98, 1)

Daniel : Béni sois-Tu, Seigneur, Créateur et Gardien de toute chose. Grand est le Seigneur, et digne de louanges, et Sa grandeur est insondable.

Tous : Qu'un âge à l'autre vante Tes œuvres, que l'on proclame Tes hauts faits ! (Ps 145,4)

Daniel : Le Seigneur est bon pour tous, Sa miséricorde s'étend sur toutes Ses œuvres.

Tous : Les yeux de tous espèrent en Toi, et Tu leur donnes leur nourriture en son temps.

Daniel : Tu ouvres Ta main et Tu rassasies à souhait tout vivant. (Ps 145, 16)

Tous : Tu es béni, Seigneur notre Dieu, Roi du monde qui nourris tous les êtres.

Chant d'action de grâces

Daniel : Bénissez le Seigneur. Car Il est bon !

Tous : Sa grâce est éternelle, Sa bienveillance s'étend de génération en génération ! (Ps 100, 5)

Daniel : Il se souvient à jamais de Son alliance, de la parole engagée pour mille générations, de l'alliance qu'Il a conclue avec Abraham, de Son serment à Isaac. Il l'a érigé en loi pour Jacob, pour Israël en alliance perpétuelle. (Ps 105, 8-10)

Tu nous as délivrés de l'esclavage dans Ta grande miséricorde, Tu ne nous as pas abandonnés dans le désert et Tu nous as donné, Seigneur notre Dieu, la manne que ni nos pères ni nous ne connaissions.

Nous Te glorifions pour le pain dont Tu nous rassasies, et pour Ta parole que Tu as mise dans nos cœurs, nous Te glorifions Seigneur, père de notre Maître Jésus-Christ, Toi qui nous as comblés à travers Lui, à travers le Messie, de toutes les bénédictions célestes.

Que le Seigneur soit béni pour la vie éternelle qu'Il a implantée en nous par Jésus, Son serviteur.

Sois béni, Seigneur, Père de miséricorde qui nous a conduits dans le royaume de Ton fils bien-aimé en nous donnant par Lui la rémission et le pardon des péchés. (Col 1, 13)

Tous (*chant*) : Celui qui parle de la force de Dieu, qu'il célèbre Sa gloire !

Daniel : Que le Seigneur notre Dieu ait pitié de Son peuple et de Sa création : déploie sur nous la tente de Ta paix et accorde à tous tes enfants de vivre en paix. Regarde la communauté chrétienne et dirige-la par Ton Esprit, et rassemble-nous des quatre coins de la terre dans Ton Royaume que Tu as préparé pour Tes enfants. Seigneur, écoute cette prière, souviens-Toi de... (*On place ici des demandes particulières et des noms de personnes.*)

Tous : Entends notre voix et sauve-nous !

Daniel : À travers Jésus nous avons reçu le nom d'enfants de Dieu et nous disons tous ensemble : Notre Père... (*Debout, comme il est attesté dans la* Didakhè.)

Daniel : Que la paix du Seigneur soit avec vous tous !

Il s'incline et salue.

Daniel : Que Dieu aie pitié de nous et nous bénisse. Qu'Il nous éclaire de la lumière de Sa face.

Tous : Afin que sur la terre on connaisse Ta voie, dans toutes les nations Ton salut. (Ps 67, 2-3)

Les assistants s'inclinent et saluent.

Bénédiction d'Aaron (ou bien II Th 3, 16 et autres).

39. NOVEMBRE 1990, FRIBOURG

Dernier entretien de Daniel avec des lycéens

J'habite en Israël depuis 1959. Vivre sur cette terre est un grand bonheur. C'est la terre de notre Maître qui l'a parcourue tout entière à pied. Moi aussi, je l'ai parcourue à pied presque entièrement. Il n'est pas très grand, notre pays. Et bien qu'il y ait en Israël des villes modernes, des laboratoires scientifiques, des cliniques médicales, des centrales nucléaires et même des tanks et des avions, bref, tout ce qu'un État moderne se doit de posséder, on peut quand même le parcourir à pied. En Europe centrale, il est devenu presque impossible de se promener dans une forêt : tout est clôturé, le moindre lopin de terre est surveillé, tandis qu'en Israël, où il y a beaucoup de terrains déserts, montagneux et arides, on peut se promener dans des endroits sauvages, sur des sentiers, sans rencontrer personne. La nature n'a pas changé depuis le temps où notre Maître s'y promenait. C'est peut-être en cela que consiste la force d'attraction de ces lieux. Surtout la Galilée. Notre terre attire l'amour, et elle attire aussi la haine. Elle ne laisse personne indifférent. Même ceux qui ne reconnaissent pas l'existence d'un Dieu créateur. J'ai senti dès mon enfance la Force Divine qui maintient notre univers. Et quand ce sentiment faiblissait, je recevais des témoignages et des confirmations du fait que l'homme n'est pas seul au monde. L'homme a parfois besoin de preuves de l'existence de Dieu, même de grands philosophes se sont penchés là-dessus. Pas seulement saint Augustin, mais aussi Kant.

En Israël, il existe des endroits qui sont des témoins. Les rives du Kinneret, par exemple, le lac de Tibériade, comme on l'appelle dans le Nouveau Testament. L'embarcadère est toujours au même endroit, ce sont les mêmes broussailles sur la berge, les mêmes galets. Voilà l'endroit d'où est partie la barque avec le Maître, et celui où Il a prononcé le sermon des Béatitudes. Cinq mille personnes, presque la moitié de la population de la région, s'étaient installées sur la montagne où s'est produit le miracle de la multiplication des pains... Ici, la terre elle-même porte témoignage. C'est fou de penser que ce petit lac, situé dans une province perdue aux confins des terres connues, est devenu célèbre dans le monde entier. C'est d'ici qu'a été annoncée au monde, il y a deux mille ans, la nouvelle que tous les hommes — les mauvais, les fous, les méchants, les idiots, et aussi ceux qui ne croient absolument pas au Sauveur —, tous sont pardonnés, parce que le meilleur des hommes, celui qui est véritablement le Fils de Dieu, s'est chargé de leurs péchés. Il a déclaré que les hommes étaient désormais délivrés du péché, et il a affirmé que l'Esprit de Dieu peut être présent dans la nature humaine, si l'homme le souhaite.

Je connais plusieurs dizaines de personnes qui sont venues en Israël pour une semaine et qui y sont restées définitivement. J'ai un ami japonais arrivé il y a vingt ans comme touriste, il s'est installé ici pour toujours. Maintenant, il sert de guide à ses compatriotes. Je connais un Hollandais qui a retrouvé au fond du Kinneret une barque, exactement la même que celle de l'apôtre Pierre, il a passé dix ans à la réparer, il l'a débarrassée de je ne sais trop quels vers qui s'acharnaient dessus et depuis, il vit sur la berge, à côté de cette barque. Je connais plusieurs Allemands qui n'ont pas pu repartir parce que leur cœur s'était attaché à Israël. C'est un pays où l'histoire est vivante et continue à se mesurer à l'aune biblique. Ce qui s'y produit aujourd'hui pourrait parfaitement figurer dans la Bible.

Toute l'histoire de l'humanité est concentrée ici. Ce n'est pas un hasard si l'explosion qui a changé la conscience du monde, en tout cas des mondes européen et arabe, a eu lieu ici. C'est ici, au sein d'un tout petit peuple, qu'est apparu notre Grand Maître Yeshoua. Il parlait une langue que comprennent les Israéliens d'aujourd'hui. Il vivait dans cette culture, il portait les mêmes vêtements, il mangeait la même nourriture, il observait tous les préceptes de la religion judaïque selon laquelle il vivait. En un certain sens, ses premiers disciples ont été des Juifs protestants. Le christianisme (un mot que ne connaissaient pas les premiers disciples du Christ, ses douze apôtres) était à l'origine un judaïsme réformé. Ce n'est qu'au bout d'un siècle qu'il a rompu le cordon ombilical en gagnant le monde grec, romain, et le Moyen-Orient. La communauté de Jérusalem des adeptes de Yeshoua, à la tête de laquelle se trouvait l'apôtre Jacob, a existé pendant quelques décennies. C'est cette communauté qui a été l'Église-mère de toutes les communautés chrétiennes qui ont suivi, c'est dans sa langue, un mélange d'hébreu ancien et d'araméen, que s'est déroulée la soirée pascale du Maître avec ses disciples, qui porte le nom de Cène dans le monde chrétien.

Sur la croix de Yeshoua, l'inscription INRI, Jésus de Nazareth Roi des Juifs, était gravée en trois langues : en hébreu ancien, en grec et en latin. Pendant le premier siècle, les chrétiens célébraient la liturgie en hébreu. Et aujourd'hui, en Israël, nous officions de nouveau dans cette langue ancienne, la première langue des chrétiens. Celle que parlait notre Maître.

Quand je suis arrivé en Israël, je trouvais très important de comprendre en quoi croyait notre Maître. Au fur et à mesure que j'approfondissais l'étude de cette époque, je prenais de plus en plus clairement conscience que Jésus était un véritable Juif qui, dans ses sermons, exhortait à observer les commandements, mais il estimait que cette observance seule ne suffisait pas, que l'amour était l'unique réponse de l'homme à Dieu, et que l'essentiel, dans la conduite d'un homme, était de ne pas faire de mal à autrui, d'être compatissant et charitable. Le Maître appelait à donner une dimension plus large à l'amour. Il n'énonçait pas de dogmes nouveaux, la nouveauté de son enseignement était qu'il plaçait l'Amour au-dessus de la Loi... Et plus je vis sur cette terre, plus cette vérité devient pour moi évidente.

Je vous remercie pour la patience et l'attention avec laquelle vous m'avez écouté. Je suis prêt à répondre à toutes vos questions.

Elke Rauch : Quel est votre souvenir le plus terrible de ces années de guerre ? Et le plus heureux ?

Daniel Stein : Pendant des années, j'ai commis beaucoup d'actes stupides et mauvais. Il y en a un dont je ne cesse de m'affliger. C'est mon souvenir le plus terrible. Un jour, on a téléphoné au commissariat pour nous informer que des partisans avaient attaqué deux soldats allemands qui vérifiaient une ligne téléphonique. L'un avait été tué, mais le deuxième avait réussi à s'échapper. En s'enfuyant, il avait remarqué que des gens qui travaillaient dans les champs indiquaient à quelqu'un la direction qu'il avait prise. Nous avons alors reçu l'ordre de procéder à des représailles dans ce village. Cela voulait dire fusiller un habitant sur dix, et tout brûler. Des forces importantes avaient été mobilisées, des détachements de l'armée allemande et de la gendarmerie, à peu près deux cent cinquante soldats et policiers. Ils ont encerclé le village et fouillé les maisons. Ils ont fait sortir tout le monde et ont conduit les gens dans un champ. Sur deux cents personnes, il fallait en choisir vingt pour les fusiller. Je me suis alors approché du major Reinhold et je lui ai dit :

« Monsieur, nous ne sommes pas sur le front. Vous êtes le maître absolu de cette région, vous êtes responsable de la vie et de la mort de ces gens. Pourquoi tuer des innocents ? Ce sont des paysans qui ravitaillent votre armée tout autant qu'ils se nourrissent eux-mêmes. »

Nous avions de bonnes relations, le major et moi, si bien que je pouvais me permettre ce genre de choses. Il m'a répondu :

« Bon, dans ce cas, trouvez ceux qui ont aidé les partisans dans les champs. Ce sera suffisant. »

J'étais extrêmement ennuyé. Je suis allé voir le doyen du village et je lui ai expliqué que quelqu'un devait mourir. Et que s'il trouvait deux personnes, cela pourrait sauver la vie de vingt autres. Il fallait désigner des gens.

Le doyen m'a tout de suite compris. Il a fait venir l'idiot du village, un arriéré mental de dix-sept ans, et le forestier. Quelques semaines auparavant, ce forestier avait dénoncé un garçon qui tirait sur les Allemands depuis sa maison, un peu à l'écart du village. Sur les indications de ce forestier, les policiers avaient trouvé l'arme chez lui et l'avaient fusillé. J'étais présent ce jour-là, c'était moi qui avais dû traduire la condamnation à mort. « Au nom du grand Reich allemand... »

Et voilà que, maintenant, ce traître était devenu lui-même une victime. Je me souviens avoir pensé à ce moment-là que la justice finissait quand même par triompher...

Le forestier s'est mis à genoux et m'a supplié :

« Monsieur, dites-leur que je ne suis pas coupable ! Je suis prêt à leur montrer où se cachent les partisans... »

La situation était épouvantable, pour lui comme pour moi. Pour lui, parce que les paysans avaient entendu ses paroles et qu'ils se seraient sûrement vengés. Pour moi, parce que je devais traduire, et il pouvait y avoir parmi les soldats allemands des hommes originaires de Silésie qui avaient compris ce qu'il avait dit. J'ai risqué le tout pour le tout. Il fallait absolument que j'emploie le mot « partisan » dans ma traduction. Et j'ai déclaré au chef de la police :

« Il dit qu'il n'est pas coupable et qu'il n'a pas montré aux partisans la direction dans laquelle le soldat s'était enfui. »

Le chef de la police s'est écrié : « Qu'on l'exécute ! »

Le forestier s'est alors mis à le supplier, il promettait de le conduire sur-le-champ au camp des partisans... Cette fois encore, j'ai fait une traduction mensongère. On les a fusillés tous les deux, le forestier et l'idiot. Et on a brûlé la maison du forestier. Mais juste une maison, et non tout le village.

Par la suite, j'ai appris que ce forestier avait onze enfants. Et l'idiot du village, qui n'était coupable de rien... Aujourd'hui encore, ces souvenirs pèsent d'un poids terrible sur ma conscience.

Un souvenir heureux... Pardonnez-moi, mais je n'arrive pas à me rappeler quoi que ce soit... Peut-être les heures que j'ai passées avec Marysia Walewicz. C'était un premier amour... Une impression de joie intense devant la beauté féminine, le charme féminin... Oui, sans doute ça.

Christoph Ecke : Notre ville vous plaît ?

Daniel Stein : Fribourg m'a beaucoup ému. Le jour où je suis arrivé, j'ai remarqué un ruisseau qui serpente à travers toute la ville dans une rigole en pierre. Et je me suis dit que ce modeste ruisseau embellissait la cité. J'ai pensé qu'il datait du Moyen Âge. Puis je suis arrivé sur la grand-place, on m'a montré la nouvelle synagogue construite à l'emplacement de celle qui a été détruite pendant la guerre, et je me suis rendu compte que le ruisseau prenait sa source dans une fontaine près de la synagogue, une fontaine qui symbolise les larmes de ceux qui pleurent les Juifs de votre ville. Ils étaient près de deux mille, on les a emmenés en France et ils ont péri dans un camp de la mort. Je pense que c'est le plus beau monument en mémoire de la Shoah que j'aie jamais vu. Il embellit beaucoup la ville de Fribourg.

Andreas Wiegel : Pouvons-nous venir passer des vacances en Israël, pour que vous nous montriez vous-même vos endroits préférés ?

Daniel Stein : Oui, bien sûr ! Je fais visiter Israël à des groupes de touristes. Être moine, ce n'est pas un métier. Ma profession, en ce moment, c'est guide. Je vais vous laisser mon adresse, écrivez-nous à l'avance et nous pourrons vous accueillir. Seulement, prévenez-nous assez tôt, parce qu'il y a parfois beaucoup de touristes qui arrivent en même temps, et je n'aime pas tellement travailler avec des groupes trop importants.

Elisabeth Bauch : Quels sont vos rapports avec les Juifs ? Je veux dire — quelle est leur attitude envers vous ?

Daniel Stein : Les Juifs sont mes frères. J'ai là-bas la famille de mon propre frère, ils sont habitués depuis longtemps à l'idée d'avoir un oncle bizarre — un prêtre catholique. J'ai des rapports très intimes et très affectueux avec mes neveux (j'ai trois nièces et un neveu). Il y a des savants juifs et même des rabbins avec lesquels j'ai des relations amicales et très profondes. Quand je suis arrivé en Israël, j'ai été accueilli comme un champion de la lutte contre le fascisme et même comme un héros. Certains ont accepté le fait que je sois chrétien. Il y en a d'autres que cela agace. Mais je ne ressens aucune hostilité envers moi personnellement, bien qu'il y ait dans l'histoire du christianisme des pages que j'aimerais effacer. Malheureusement, c'est impossible... La peur et la méfiance des Juifs envers les chrétiens ont des fondements historiques, l'Église a souvent joué un rôle d'instigatrice dans les pogroms contre les Juifs...

Fatima Adachi : Que pensez-vous des non-croyants ?

Daniel Stein : Chère Fatima ! Je vous avoue que je n'en ai jamais rencontré. Ou disons, presque pas. La plupart des gens, à part ceux qui acceptent intégralement et sans restriction la foi qu'ils ont choisie ou celle qu'ils ont reçue de leurs parents, ont une certaine conception de la Force suprême, de cet Horloger que nous, les croyants, nous appelons le Créateur. Il y a aussi des gens qui déifient une idée qui leur est propre, qui en font une divinité qu'ils servent et vénèrent. Cela peut être n'importe quoi : les communistes convaincus et les fascistes appartiennent à cette race. Parfois, il s'agit d'une idée qui n'a rien de grandiose, comme par exemple les extraterrestres ou les régimes végétariens, mais l'homme est capable de déifier n'importe quelle idée. Dans le cas des régimes végétariens, ce n'est pas dangereux pour leur entourage, mais dans le cas du fascisme, ça l'est.

J'ai connu un médecin qui niait la présence de Dieu dans le monde, mais il se dévouait à ses malades avec une telle abnégation que le fait qu'il refusait Dieu en paroles n'avait absolument aucune importance. Je considère de la même façon les croyants et les non-croyants. La seule différence, c'est que lorsque des chrétiens commettent un crime, j'ai particulièrement honte pour eux.

Thomas Lutow : Dans quelle ville vous rendrez-vous la prochaine fois que vous viendrez en Allemagne ? J'aimerais vous entendre encore une fois. J'ai l'impression d'avoir beaucoup de questions à vous poser, mais là, maintenant, je ne sais pas pourquoi, je n'arrive pas à les formuler. Ah, si ! J'en ai une ! Vous n'avez pas écrit de livre sur toutes vos aventures ?

Daniel Stein : Je ne sais pas quand je reviendrai en Allemagne. J'ai beaucoup à faire chez moi et, chaque fois, j'ai du mal à m'arracher à mon travail. C'est une bonne chose d'avoir beaucoup de questions. Quand une question mûrit à l'intérieur d'un homme et commence à le hanter, il finit toujours par recevoir une réponse, d'une façon ou d'une autre. Non, je n'écris pas de livre, je suis un très mauvais écrivain. Et puis, j'ai si souvent l'occasion de parler que je n'ai absolument pas le temps d'écrire. C'est tout juste si j'arrive à répondre au courrier que je reçois !

40. 1994, HAÏFA
Extrait du journal d'Hilda

Il y a quelques jours, j'étais en train de ranger après les activités des enfants — gratter la pâte à modeler, faire la vaisselle — et j'étais sûre d'être seule à la maison. Je suis entrée dans le cagibi pompeusement baptisé « bureau », et j'ai vu dans un coin Daniel assis sur une chaise, dans la pénombre, les yeux fermés, il bougeait les lèvres et ses doigts remuaient à toute vitesse : il était en train de tricoter ! Ma parole, mais j'avais des visions ! Il ne m'avait pas entendue entrer. Il entend de moins en moins bien, cela fait longtemps que je l'ai remarqué. Je suis ressortie sans faire de bruit. C'était un peu triste. Et drôle en même temps. Comme si je l'avais surpris en train de faire quelque chose d'inconvenant.

Hier, on a fêté mes cinquante ans. On avait décidé d'organiser un pique-nique près de l'église, en souvenir du bon vieux temps. Le dimanche, après la messe, il y a toujours beaucoup de monde, presque toute la paroisse était là. Il y avait aussi des invités, quelques personnes venues de Jérusalem, Béba de Tveria, le père

Vsévolod, Friedman, Kopeïchtchikov, Nina et Sioma Tsigler, et beaucoup d'enfants. Notre cher « petit frère » Julien Sommier était venu d'Acco, ainsi que Sophia, une « petite sœur » un peu toquée qui vit sur une armoire parce que son minuscule appartement est bourré à craquer de tous les SDF sur lesquels elle arrive à mettre la main. Et aussi une Américaine, un professeur, une écrivain russe, et un mendiant hongrois qui s'est installé près de notre église.

Cela devait faire dans les cinquante à soixante personnes. On avait disposé des tables.

Les enfants ont chanté *Happy birthday*, et le père Vsévolod a chanté *Mnoguié Leta* en russe de sa voix de basse. Ensuite, on m'a fait des cadeaux, une foule de petits bibelots ridicules, je ne sais pas où je vais mettre tout ça. Les meilleurs cadeaux, ce sont les dessins d'enfants, ils sont beaux et ne prennent pas de place. Le docteur Friedman m'a offert un livre fantastique sur l'art des Cyclades rempli de splendeurs marines, des dauphins, des coquillages. On considère que c'est l'art de l'Atlantide disparue. J'aimerais être artiste dans ma prochaine vie ! Et puis Daniel est arrivé avec un gros paquet dont il a sorti un magnifique pull rouge. C'était le cadeau le plus inattendu ! Il l'a tricoté lui-même. Il l'a déplié, il l'a posé sur la table et il a dit : « Je croyais que je ne savais plus tricoter, mais mes mains n'ont pas oublié. J'ai beaucoup tricoté chez les religieuses, c'est elles qui m'ont appris. Elles vendaient des chaussettes et des pull-overs sur le marché. C'était la guerre, bien sûr. Elles filaient leur laine elles-mêmes, et elle n'était pas aussi belle. Porte-le, le rouge va bien aux blondes ! »

Un grand pull rouge avec un col roulé...

Une fois tout le monde parti, j'ai trié mes cadeaux et j'ai découvert un paquet qui n'avait pas été ouvert. Il contenait un miroir rond dans un cadre en tissu brodé, le genre de choses qu'on trouvait chez les Bédouins et qu'ils accrochaient à une paroi de leur tente. Je me suis regardée dedans. J'ai vu un visage rouge tout ridé et brûlé par le soleil, des cheveux clairs, bien plus clairs qu'autrefois parce qu'à moitié blancs, et des petits yeux pâles sous des paupières roses. Des lèvres sèches, sombres. C'était moi. Je ne me suis pas reconnue tout de suite.

Comment aurais-je fêté ce jour si, il y a trente ans, j'étais restée en Bavière, dans la banlieue de Munich, au bord du lac de Starnberg ?

FIN DE LA QUATRIÈME PARTIE

JUIN 2006, MOSCOU
Ludmila Oulitskaïa à Éléna Kostioukovitch

Chère Éléna,
Je pleure à chaudes larmes en t'écrivant. Je ne suis pas un véritable écrivain. Les véritables écrivains ne pleurent pas. Les gens réels que j'ai vus auprès du vrai Daniel étaient différents, les miens sont des personnages imaginaires. Et Daniel aussi est en partie inventé. Hilda n'a jamais existé, à sa place, il y avait une femme dure et dominatrice dont la vie m'est totalement inaccessible. Ni Moussa, ni Térésa, ni Guershon n'ont existé. Ce sont tous des fantômes. Il y avait d'autres gens que j'ai rencontrés, mais je n'ai pas le droit de parler de leur vie réelle.

Cette Allemande merveilleuse, ce personnage angélique que j'ai placé auprès de Daniel, a quitté son Allemagne natale pour s'installer dans une petite communauté orthodoxe de Lituanie. Le supérieur est un Géorgien doué d'un talent phénoménal pour la musique, des sœurs viennent parfois le voir de Géorgie et ils donnent alors de tels concerts de musique sacrée que mon « Hilda », avec sa sensibilité musicale d'Allemande, en pleure comme une madeleine. Mais moi, qu'est-ce que j'ai à pleurer comme ça ?

Je ne citerai pas son véritable nom, mais je ne peux me refuser le plaisir, ma chère Éléna, de te raconter qu'il n'y a pas longtemps cette femme (un ange du ciel et non un être humain) a fait tout le voyage depuis l'Allemagne jusqu'en Lituanie sur un tracteur, parcourant cinq cents kilomètres de petites routes de campagne à la vitesse de dix kilomètres-heure. Une blonde maigre comme un clou aux cheveux grisonnants avec un sac à dos, juchée sur un tracteur. La communauté est pauvre et ils avaient besoin d'un tracteur. Ça, c'est une chose que je n'aurais jamais pu inventer !

Je ne suis pas un véritable écrivain et ce livre n'est pas un roman, c'est un collage. Je découpe avec des ciseaux des petits morceaux de ma propre vie et de celle d'autres personnes, et je colle « sans colle / une histoire vivante sur les lambeaux des jours[1] ».

Je suis morte de fatigue. De temps en temps, j'entre dans la chambre d'Andreï, on voit de sa fenêtre un tourbillon de feuillage. Depuis le cinquième étage, nos tilleuls, nos érables et nos bouleaux malades ont bien meilleure allure que vus d'en bas. Je regarde tout ce vert, la verdure est encore fraîche et lustrée, et cela me repose les yeux...

Je t'envoie la quatrième partie. En fait, elle constitue un cinquième de l'ensemble.

Je t'embrasse.

L.

---

1. Citation d'un poème de Pasternak.

CINQUIÈME PARTIE

1. 1994, ISRAËL

Extrait d'un journal

Le pays tout entier a été bouleversé par l'événement survenu le 25 février 1994, veille de la fête juive de Pourim. Aujourd'hui encore, beaucoup de détails demeurent inconnus. La veille de la fête, le responsable de la mosquée de Makhpela et les autorités de la ville d'Hébron étaient parvenus à un accord donnant aux Juifs la possibilité de prier dans la salle Abraham à l'intérieur du Tombeau des Patriarches, dans le Caveau de Makhpela.

Pendant la prière nocturne de Pourim, un grand nombre de musulmans étaient rassemblés à côté, dans la salle Isaac. Les calendriers juif et musulman coïncidaient de telle sorte que la veille de Pourim tombait le premier jour du Ramadan. Il y avait donc des gens qui priaient dans les deux salles.

Un colon juif d'origine américaine, le docteur Baruch Goldstein, a fait irruption dans la salle Isaac et a tiré à l'arme automatique sur la foule des fidèles musulmans, tuant vingt-neuf personnes et en blessant environ cent cinquante.

Baruch Goldstein a été abattu sur place par des Arabes fous furieux. On a trouvé sous le tapis de la salle du sanctuaire des barres de fer (avec lesquelles a d'ailleurs été tué Goldstein), ainsi qu'une grande quantité d'armes blanches.

La commission gouvernementale constituée pour enquêter sur cet incident a publié un rapport se référant à des indications émanant des services secrets sur la préparation d'un pogrom juif dans la ville d'Hébron.

La commission dispose d'informations selon lesquelles la fusillade perpétrée par Baruch Goldstein dans le caveau de Makhpela avait un caractère préventif, qu'elle avait été préméditée et planifiée. Deux colons d'un quartier voisin ont été appréhendés en tant que suspects, le rabbin Éliahou Plotkine et Guershon Shimès.

Le rapport représente déjà plusieurs volumes, et la commission ne pourra rendre publiques toutes ses conclusions avant au moins trois mois.

L'opinion publique du pays n'est pas unanime à propos de ce crime, et la personnalité même de Goldstein est appréciée par différents groupes de façon diamétralement opposée : pour les uns, c'est un héros national qui, au prix de sa vie, a sauvé la population juive d'Hébron d'un massacre imminent, pour d'autres, c'est un provocateur et un fou. De ce fait, les interrogatoires de ses amis proches, le rabbin Éliahou Plotkine et Guershon Shimès, n'en présentent que plus d'intérêt. Mais leurs témoignages n'ont toujours pas été rendus publics.

2. 25 FÉVRIER 1994, HÉBRON

Extrait du procès-verbal de l'interrogatoire de Guershon Shimès

— C'est toi qui as amené Baruch Goldstein au Caveau de Makhpela ?

— Oui.

— À quelle heure ?

— Vers cinq heures du matin.

— Tu ne peux pas être plus précis ?

— Je me souviens avoir quitté la maison à cinq heures moins vingt. J'ai regardé l'heure.

— Qui était dans la voiture, à part toi ?

— Mon fils Benjamin. Baruch est monté ensuite.

— Cela ne t'a pas étonné qu'il soit en uniforme et qu'il ait une mitraillette ?

— Si. Mais il m'a dit qu'il allait suivre un entraînement militaire.

— Quand aviez-vous décidé que tu passerais le prendre pour aller à Makhpela ?

— Il m'avait téléphoné la veille à neuf heures du soir, et on s'était mis d'accord.

— Il t'avait parlé de ses intentions ?

— Non. Il n'a pas été question de cela.

— Où vous êtes-vous quittés quand vous êtes arrivés au Tombeau des Patriarches ?

— Nous sommes entrés ensemble dans la salle Abraham. C'était la veille de Pourim, il y avait une dizaine de personnes. Je ne l'ai pas vu sortir.

— Que s'est-il passé ensuite ?

— Dix minutes plus tard, j'ai entendu une rafale de mitraillette, puis une autre. J'ai tout de suite compris que l'on tirait dans la salle Isaac. Je me suis précipité là-bas, mais le service d'ordre ne laissait passer personne.

— Tu y es allé avec ton fils ?

— Oui. On ne nous a pas laissés entrer.

— Qu'avez-vous fait ensuite ?

— Mon fils et moi, nous sommes sortis de la salle et nous sommes allés sur le parking, mais tout était bouclé. Nous sommes restés là, près des barrages, et nous avons attendu qu'on les enlève pour partir.

— Que s'est-il passé sur le parking ? Qu'avez-vous vu ?

— On a sorti les morts. Il y en avait beaucoup. Et beaucoup de blessés aussi, ils ont été emmenés dans des ambulances.

— As-tu vu des gens que tu connaissais dans la foule ?

— Des gens que je connaissais ? Il n'y avait que des Arabes, et nos soldats à nous. C'est le Ramadan aujourd'hui, et une foule de gens se trouvaient dans la salle Isaac. Mais personne que je connaissais.

— Bon. Maintenant, tu vas aller reconnaître le corps avec un officier.

— Quel corps ?

— Celui de Baruch Goldstein.

25 FÉVRIER 1994, HÉBRON

Extrait du procès-verbal de l'interrogatoire de Benjamin Shimès

— Tu as fait le trajet jusqu'à Makhpela dans la voiture de ton père avec Baruch Goldstein ?

— Oui.

— Tu le connaissais bien ?

— Bien sûr ! Il est médecin, il venait souvent chez nous. Des fois pour nous soigner, des fois juste comme ça. Mes parents sont très amis avec lui.

— À quelle heure êtes-vous partis de chez vous ?

— Vers cinq heures du matin.

— Tu ne peux pas être plus précis ?

— Non. En fait, je n'étais pas très bien réveillé. Mon père m'a dit qu'on partait, et j'ai fait ma toilette en vitesse.

— À part toi, qui se trouvait dans la voiture ?

— Mon père et Baruch.

— Cela ne t'a pas étonné que Baruch soit en uniforme militaire et qu'il ait une mitraillette ?

— Je n'y ai pas fait attention.

— De quoi avez-vous parlé pendant le trajet ?

— Je n'ai pas écouté. Je crois que mon père lui a dit qu'il le prendrait au retour.

— Tu n'as pas de souvenirs plus précis ? Où exactement ? Quand ?

— Il me semble que Baruch devait aller quelque part, puis revenir ensuite dans la salle Abraham. Quelque chose comme ça.

— Il a dit ça dans la voiture ?

— Je crois.

— Donc, vous êtes arrivés ensemble au Caveau et vous êtes entrés ensemble ?

— Oui.

— Baruch a-t-il parlé de ses intentions ?

— Non. Il a un peu discuté avec mon père, mais je n'ai pas vraiment écouté. Il n'a pas parlé de ses intentions.

— À quel endroit vous êtes-vous quittés quand vous êtes arrivés à Makhpela ?

— On est entrés ensemble dans la salle Abraham. Je ne l'ai pas vu sortir.

— Que s'est-il passé ensuite ?

— Au bout de quelques instants, j'ai entendu une rafale de mitraillette, puis une autre. J'ai tout de suite compris que cela venait de la salle Isaac. On a couru là-bas, mon père et moi, mais tout était déjà bouclé. Alors on est sortis et on est allés sur le parking. Cela grouillait de soldats et il y avait des milliers d'Arabes. De là où on était, on voyait évacuer les morts. Il y avait du sang partout... Et beaucoup de blessés.

— Vous avez vu des gens que vous connaissiez dans la foule ?

— Non.

— Tu sais que Baruch Goldstein est entré dans la salle Isaac et qu'il a tiré sur beaucoup de gens ?

— Oui.

— Tu sais qu'il a été tué sur place, dans la salle Isaac ?

— Oui.

— Maintenant, il va falloir que tu viennes reconnaître le corps de Baruch Goldstein.

3. MARS 1994, KFAR SHAUL

Hôpital psychiatrique
Extrait d'un entretien entre Déborah Shimès et le docteur Freudin

— Nous lui avons parlé, Déborah. Nous avons du mal à établir un contact avec lui. Et sans contact, il va nous être difficile de le sortir de cet état. Je voudrais que tu nous parles de son comportement après ce qui s'est passé.

— On m'a déjà fait subir un interrogatoire !

— Ce ne sont pas vos opinions politiques qui m'intéressent ni dans quelle mesure ton mari a participé aux événements. Pourquoi tu me regardes comme ça ? Je soigne des maladies, pas des opinions politiques. À partir de quel moment le comportement de Benjamin t'a-t-il paru anormal ?

— Je ne sais pas ce qu'on peut considérer comme normal ou anormal. Convoquer un adolescent pour lui faire reconnaître le corps mutilé d'un homme qu'il voyait presque tous les jours, est-ce que l'on peut qualifier cela de normal ? Quel droit avait-on de l'emmener là-bas ? Il n'avait pas encore seize ans !

— Moi aussi, je m'y serais opposé si on m'avait demandé mon avis. Mais on ne me l'a pas demandé. Alors maintenant, il faut remettre ce garçon sur pied. Si je comprends bien, cette reconnaissance lui a été très pénible ?

— Oui. Il n'était plus lui-même. Il est monté dans sa chambre, il ne voulait plus voir personne. Pas même sa petite sœur.

— Cela a duré longtemps, ce refus de communiquer ?

— Si cela a duré longtemps ? Mais ça dure toujours ! Il ne veut pas nous parler, ni à son père ni à moi. Il ne descendait pas pour les repas. Même le samedi. Je lui montais à manger et à boire dans sa chambre, mais je ne le voyais jamais toucher à la nourriture. Quand il a maigri au point d'avoir le visage décharné, j'ai compris qu'il jetait tout dans les toilettes.

— Son père essayait de lui parler ?

— Au début, oui. Il lui criait dessus. Ensuite, il a arrêté, il n'essayait même plus. Une fois, il lui a proposé d'aller sur la tombe de Baruch, il est enterré à Kiryat Arba, dans le parc Kahane, mais Benjamin a refusé catégoriquement.

— Et avec toi, comment était-il ?

— Il ne me répondait pas non plus. Il se tournait vers le mur. Il passait toutes ses journées allongé, le visage contre le mur.

— Pourquoi n'avez-vous pas fait venir un médecin ?

— On n'avait pas le temps, tout simplement. Son père estimait qu'il était trop sensible et que cela allait passer tout seul. Nous avons sept enfants, et chacun d'eux a ses problèmes. À ce moment-là, justement, les deux derniers étaient malades et ensuite, l'aînée a eu une gastrite. Je passais mes journées à conduire à l'hôpital tantôt l'un, tantôt l'autre.

— Et pendant tout ce temps, Benjamin n'est pas allé à l'école ?

— Non. Il refusait, et nous n'avons pas insisté. Nous pensions qu'il valait mieux qu'il perde une année scolaire plutôt que de le forcer.

— Avait-il exprimé des intentions suicidaires ?

— Il n'exprimait rien du tout. Il ne nous adressait pas la parole.

— Parlait-il avec quelqu'un ? Avec ses frères, des amis ?

— Quand ses amis venaient le voir, il refusait de sortir de sa chambre.

— Que s'est-il passé le jour où il a tenté de s'ouvrir les veines ?

— J'étais partie de la maison à sept heures du matin, j'avais conduit les petits au jardin d'enfants et les grands à l'école, puis j'étais allée faire des courses. Quand je suis rentrée, il y avait de l'eau qui coulait du plafond. La douche est au premier, et il avait vidé tout le chauffe-eau. Je me suis précipitée à l'étage, il était recroquevillé dans la cabine de douche, les veines ouvertes, mais il n'y avait pas beaucoup de sang. Il était presque inconscient. Plutôt en état de choc qu'évanoui. Je l'ai relevé. Il s'est laissé faire. J'ai tout de suite appelé les urgences. Voilà, c'est tout. Et maintenant, j'aimerais le ramener à la maison le plus vite possible.

— Non, étant donné son état, il lui faut des soins.

— Ce sera long ?

— Au moins six semaines, je pense. Peut-être plus. Nous ne pouvons pas le laisser sortir tant que nous ne serons pas certains que sa vie n'est plus en danger.

4.

Conclusion du psychiatre

Diagnostic :
Grave dépression consécutive à un choc, comportement révolté dans le cadre d'une crise affective de l'adolescence. Tentative de suicide.
Remarque complémentaire :
En raison d'une attitude extrêmement négative à l'égard du

traitement prescrit après sa tentative de suicide, le patient inspire des craintes sérieuses quant au risque de fugue et de nouvelles tentatives de suicide. Nécessite une surveillance permanente. En informer le personnel.

5.

Conclusion du psychiatre

Le patient reste sur la défensive. Contact extrêmement difficile. Taciturne. Attitude négative. Préfère ne pas réagir aux questions, ne répond que rarement et de façon laconique, sans regarder son interlocuteur. Refuse de se prêter à des examens psychiatriques. A manifestement besoin d'un rééquilibrage psychologique. Pour commencer, il paraît judicieux d'avoir recours à une psychothérapie non verbale.

6. 1994, KFAR SHAUL

Ordre du jour de l'hôpital psychiatrique

À la suite de la fugue le 12 avril 1994 de Benjamin Shimès, patient du service n° 2, des blâmes ont été infligés au médecin Mikhaïl Epstein, ainsi qu'aux infirmières Taïssira Badrane et Brakha Iossefa.

Le chef de la sécurité Uzi Rafaeli a été licencié sur ordre du directeur de la clinique.

ÉLIEZER HANOR,
médecin-chef de l'hôpital

7. 1994, KFAR SHAUL

Déclaration de l'hôpital psychiatrique de Kfar Shaul à la police, département des personnes disparues

Le 12 avril 1994, un de nos malades, Benjamin Shimès, âgé de 16 ans, s'est enfui du service n° 2. Signalement : taille 1 mètre 79, cheveux roux, yeux bleus, visage allongé, mauvaise occlusion, appareil dentaire à la mâchoire supérieure, petite cicatrice sur l'avant-bras gauche. L'adolescent ne représente aucun danger, sinon pour lui-même. Nous demandons que soit lancé un avis de recherche. Ci-joint une photographie.

ÉLIEZER HANOR
médecin-chef de l'hôpital de Kfar Shaul

8. 1995

Extrait du journal d'Hilda

Il y a quelque temps, un adolescent étrange est arrivé chez nous, sur la montagne. Très maigre, une allure de vagabond, mais un beau visage. Il a demandé en anglais s'il pouvait trouver refuge ici pendant quelques jours. Daniel était parti en excursion avec un groupe, d'ailleurs, d'habitude, je ne lui demande jamais la permission pour laisser quelqu'un passer la nuit chez nous. Je l'ai autorisé à dormir dans la maison communautaire. Il a été très déçu car il avait envie de rester ici, sur la montagne. Mais il est tout de même redescendu avec moi. Je lui ai demandé comment il s'appelait. Il a répondu qu'il n'avait rien volé, mais qu'il aimerait mieux ne pas donner son nom. J'ai beaucoup travaillé avec des enfants, et je me suis dit que c'était un adolescent qui avait fait une fugue, qui en voulait à ses parents de lui avoir refusé de l'argent pour se payer une glace ou une chaîne hifi. Parfait, lui ai-je dit, dans ce cas, je t'appellerai docteur Hyde ! Il a ri, et a répondu qu'il préférait mister Jekill. Du coup, nous sommes devenus bons amis.

Je l'ai conduit dans la petite chambre de Daniel et je lui ai dit qu'il pouvait rester ici jusqu'au retour de son occupant. À ce moment-là, la pompe était cassée et il fallait trimbaler des litres d'eau pour laver toutes nos petites vieilles. Dr Hyde portait docilement des seaux d'eau du matin au soir sans prononcer un mot. La nuit, il lisait ou, en tout cas, il n'éteignait pas la lumière dans sa chambre. Quand Daniel est rentré au bout de deux jours, il m'a remerciée très poliment, il a pris une tasse de thé avec nous et il est parti. Daniel a froncé les sourcils : « Tu as eu tort de le laisser partir, tu vois bien qu'il va très mal. Il lui est arrivé quelque chose, à ce garçon. »

J'étais déjà en train de me faire moi-même des reproches : il avait beau être robuste et très costaud, il avait l'air perdu et sans défense. J'ai pensé à lui pendant quelques jours, puis je l'ai oublié.

Deux semaines plus tard, il est revenu, chaussé de baskets éculées, complètement déguenillé et très sale. Quand je suis arrivée un matin à la maison communautaire, il était assis dans le jardin, il dormait les yeux ouverts ou il méditait. Je l'ai appelé : « Docteur Hyde ! » Il m'a demandé s'il pouvait rester quelque temps.

Là, j'ai pensé que c'était peut-être un drogué. Il y a en ville des gens remarquables qui travaillent avec les jeunes drogués, je les ai contactés à plusieurs reprises quand nous avons eu des ennuis avec des adolescents de la paroisse. Je lui ai posé la question, mais il m'a répondu qu'il n'avait aucun problème de drogue. Que la vie le dégoûtait, même sans drogue.

J'ai préparé du café, et nous avons un peu bavardé. Je ne lui ai plus rien demandé. C'est un garçon sympathique. J'ai pensé qu'il devait être américain car il parlait très bien anglais.

Ensuite, Daniel est arrivé, et mon Dr Hyde s'est aussitôt refermé sur lui-même. Bon, il a un petit grain, c'est évident. À un moment, j'ai dit quelque chose qui ne lui a pas plu, et il a immédiatement cessé de m'adresser la parole, il est devenu muet. Mais il nous a bêché tout le jardin, et on voit qu'il sait s'y prendre avec les arbres. De façon générale, il est assez habile de ses mains.

Au bout de quelques jours, Daniel est parti en voiture avec lui. Cela m'intrigue beaucoup, bien sûr, mais je ne pose pas de question, je me dis que Daniel me racontera tout lui-même. Seulement pour l'instant, il ne dit rien.

9. 1995

Benjamin Shimès à sa mère Déborah

Chère maman,

Excuse-moi de m'être enfui. Je n'avais pas d'autre issue. Je vous demande de ne pas me rechercher. Je vais bien. Je ne suis pas sûr que je rentrerai à la maison. Mon père m'a dit qu'il s'était enfui de chez lui à l'âge de seize ans parce qu'il avait décidé de construire sa vie selon son propre modèle. Moi aussi, j'ai seize ans, mais pour l'instant, je ne sais pas selon quel modèle je veux construire ma vie. Certainement pas selon le vôtre. Je vous trouve trop étouffants. Je vous demande de ne pas vous inquiéter, je vous donnerai de mes nouvelles quand je serai fixé.

Je ne voulais pas vous écrire, mais quelqu'un m'a conseillé de me montrer charitable. Alors je l'ai fait.

BENJAMIN

10. 1995, HAÏFA

Conversation entre Daniel et Hilda

Daniel : Je l'ai emmené chez Raphaël. C'est tranquille, là-bas, il pourra réfléchir, rassembler ses idées. Ce garçon me fait de la peine. D'un autre côté, il y a ses parents... Il m'a dit qu'il leur avait écrit pour qu'ils ne s'en fassent pas. Mais ils sont sûrement fous d'inquiétude. Il m'a raconté qu'il s'était enfui d'une clinique psychiatrique. Qu'il était en train de traverser une crise. Qu'est-ce que tu en dis ?

Hilda : Tu as pris une grosse responsabilité en le conduisant chez Raphaël !

Daniel : Que veux-tu que je fasse ? Que j'aille le rechercher et que je le lâche dans la nature ? C'est ça ?

Hilda : Je ne sais pas. Si on le trouve là-bas, cela va faire un scandale.

Daniel : Ça, c'est sûr !

Hilda : Mais le mettre dehors... À la rue ?

Daniel : Je ne sais pas. Dis-moi, Hilda, tu n'as jamais fait de fugue quand tu étais jeune ?

Hilda : Si, une fois. On m'a retrouvée le soir-même, et mon beau-père m'a passé un sacré savon. Et toi ?

Daniel : Quand j'avais à peu près son âge, nous nous sommes enfuis de chez nous tous ensemble, toute la famille. Les Allemands approchaient...

Hilda : Si on allait le chercher chez Raphaël et qu'on le plaçait dans une bonne famille ? Chez Adam, ou chez Joseph ?

Daniel : Il faut en parler avec lui.

11. 1994

Extrait d'une conversation téléphonique

— Je suis chez les Shimès ? Ici le commissariat de police. On a retrouvé votre fils. Il ne veut faire aucune déclaration, on ne peut rien en tirer. Nous n'avons aucune raison de le garder, à part votre avis de recherche. Ce n'est pas à nous de décider s'il faut le placer dans un asile psychiatrique. Nous avons demandé un psychiatre et un fonctionnaire du ministère de l'Éducation. Venez le plus vite possible.

12. 1995

Tableau d'affichage de la maison paroissiale

Hourra ! Nous partons !

Que tous ceux qui le peuvent viennent avec leurs enfants et leurs amis, nous partons deux jours sur le Kinneret !

La mission allemande nous autorise à dresser nos tentes sur son territoire.

Nous allons nous baigner, alors n'oubliez pas vos maillots de bain.

Nous rassemblons de l'argent pour la nourriture, que chacun donne ce qu'il peut. Hilda, Janna et Anastasia Nicolaïevna se chargeront des courses.

Des jeux et des compétitions seront organisés pour les enfants.

Une messe sera célébrée au coucher du soleil, puis nous dînerons ensemble autour d'un feu.

Le lendemain matin, on célébrera le baptême du petit Siméon et de son père Nicolaï.

Nous passerons la journée à fêter l'événement et à nous amuser.

Et avant de partir, nous nettoierons tout derrière nous !

Deux autocars seront garés devant la maison paroissiale à 8 heures du matin. N'ayez pas plus de dix minutes de retard, un quart d'heure au pire !

HILDA

13. 1996, *MOCHAV* NOF HA-GALIL

Extrait d'une conversation entre Avigdor Stein et Ewa Manoukian

Pour être franc, c'était la première fois que je participais à une de leurs sorties. Premièrement, Milka était partie chez Ruth en Amérique, et Noémi m'avait confié mes deux petits-fils pour les fêtes. Elle était en train de terminer son doctorat et voulait passer trois jours à travailler dessus. Bon. Deuxièmement, Daniel organisait des excursions, et tout Israël disait que c'était un guide incomparable. Autant que mes petits-enfants écoutent ce que raconte leur grand-oncle ! Je lui faisais confiance, il ne dirait rien de mal. Et puis, quand il se mettrait à brandir son crucifix, on pourrait toujours aller jouer au foot ou faire de la barque. Finalement, il venait nous voir chaque année pour la Pâque, et il ne se passait jamais rien, il lisait la Haggadah et il faisait ça mieux que personne dans la famille, d'ailleurs. Et puis, c'était mon frère aîné, quand même ! Comme tu le sais, Ewa, ces histoires de religion ne m'intéressent absolument pas. Enfin, quand j'étais jeune, je m'intéressais à tout ça, bien sûr, mais c'était surtout à cause de Daniel. Une fois adulte, j'étais beaucoup plus intéressé par les tracteurs. À vrai dire, j'avais de très bonnes idées dans ce domaine, si j'en avais eu le temps et les moyens, j'aurais inventé un petit tracteur sur roues qui se serait vendu dans le monde entier ! Mais bon, je m'y remettrai quand j'aurai un peu de temps libre.

Bref, nous sommes montés dans un autocar, et nous sommes partis pour le Kinneret.

Nous n'avons pas emprunté le chemin le plus court, nous avons suivi la vallée de Jézreel jusqu'à Afula, où nous avons pris au passage une certaine Irina avec ses trois filles, nous avons longé le mont Gilboa et le mont Thabor, puis nous avons continué vers Tveria. Qu'est-ce que je peux te dire ? Il nous racontait des histoires sur chaque village, chaque arbuste, chaque âne qu'on croisait. C'était comme si je voyageais pour la première fois dans cette région. Tu aurais entendu la conférence qu'il nous a faite sur les ânes ! Je ne plaisante pas. Il connaissait tout sur les ânes et les ânesses d'Israël ! Il nous en a fait un de ces éloges ! Surtout de l'ânesse qui a reconnu l'Ange alors que son maître Balaam, lui, ne l'avait pas identifié. Et toutes ces histoires sur des ânes disparus, sur ceux qui transportaient des trésors, et je ne parle pas de celui sur lequel Yeshoua a fait son entrée dans Jérusalem ! Bref, les enfants écoutaient de toutes leurs oreilles, les petits comme les grands. Il avait toute une cargaison d'histoires. Il pouvait parler sur n'importe quoi pendant une heure. Il nous a aussi raconté quelque chose sur les serpents, mais là, je me suis endormi et j'ai raté le plus intéressant.

Nous nous sommes arrêtés à Tveria, mais il a tout de suite déclaré qu'on n'y resterait pas longtemps. J'avais beau être déjà venu là plusieurs fois, il nous a montré des endroits que je n'avais jamais vus, et cette fois encore, il a raconté des choses passionnantes, je me demande d'où il tenait tout cela ! Moi qui ai vécu toute ma vie ici, je ne le savais pas. À propos, il a dit qu'il avait des doutes quant aux ruines de la synagogue. Il pensait que c'était un temple romain d'une époque plus tardive, et il argumentait comme un architecte. Où allait-il chercher tout ça ? Mes petits-fils l'écoutaient bouche bée. Ensuite, nous sommes arrivés à Tabgha. Il y a une rivière, une piscine et un magnifique jardin, tout cela sur les rives du Kinneret. Un Allemand nous a montré où installer nos tentes et nous a donné quelques chambres pour les vieilles dames. Puis nous sommes allés sur la rive, il y avait un embarcadère. Daniel s'est retourné et a dit : « Voilà l'endroit d'où Pierre et son frère partaient pêcher en barque. » Eh bien, tu sais quoi, Ewa ? Je l'ai cru ! C'est vrai, c'était de là que partaient les pêcheurs...

Il avait tout organisé à la perfection : on s'est assis sur l'herbe, on a bu, on a grignoté quelque chose, après quoi ils sont partis vaquer à leurs occupations sur la berge. Ils ont une croix là-bas, ils célèbrent leurs offices sur un autel en pierre. Moi, je suis allé au débarcadère avec mes petits-fils, je leur ai fabriqué des petits bateaux qu'ils ont fait flotter sur l'eau. Une fois que les autres en ont eu terminé avec leurs prières, on s'est tous assis à une grande table dans le jardin, il y avait du pain, du vin, des poulets rôtis, tout le monde était ravi. Les gens n'arrêtaient pas de sourire, ils s'aimaient les uns les autres... Il avait quand même un don particulier, mon frère ! Il aurait fait un si bon pédagogue ! Il aurait pu enseigner l'histoire ou la botanique... La tradition judaïque aussi d'ailleurs, il connaissait tout à fond.

Le lendemain, une famille est arrivée, des gens venus de Russie pour faire baptiser leur enfant en Terre sainte. J'ai trouvé cette idée pleine de bon sens : quitte à baptiser, autant le faire ici ! À propos, avant, en Russie, les croyants étaient persécutés, on pouvait perdre son travail pour avoir baptisé son enfant, tandis que, maintenant, on fait ce qu'on veut. Tu sais, Ewa, quand on a circoncis mes petits-fils, ils ont pleuré, surtout Jacob, et cela me fendait le cœur : pourquoi couper ? On pourrait faire cela symboliquement. En ce sens, le baptême, c'est mieux, ça ne fait pas mal du tout.

L'enfant était ravi, il faut dire que Daniel s'y est pris très adroitement. Moi, j'aurais eu peur, un si petit bébé, ça peut vous glisser des mains !

Après cela, tout le monde a fait la fête, une fête tout à fait ordinaire, rien de particulièrement chrétien. On a même organisé des compétitions, il y en avait qui lançaient des cailloux, d'autres qui faisaient des ricochets sur l'eau. Je dois dire que là, je n'ai pas mon pareil, personne n'est arrivé à me battre !

Tu sais, Ewa, il s'occupait de tout le monde, des adultes et des enfants, comme un bon grand-père, et je me suis dit qu'il faisait vraiment du bon boulot. Nous, les Juifs, nous n'avons pas réellement besoin de ça, mais pour les autres, c'est très bien d'avoir un professeur, un guide, un conseiller tel que lui. Et je me suis dit que notre Daniel était un homme de Dieu. Il n'a jamais fait de mal à personne, uniquement du bien, il n'a jamais dit de mal de personne, et il n'avait besoin de rien. De rien du tout. Si tous les chrétiens étaient comme lui, les Juifs les trouveraient très bien ! Je regrette tellement de ne pas lui avoir dit tout cela. Je ne l'ai plus jamais revu vivant.

Mais pourquoi tu pleures, mon enfant ? C'est vrai, il aurait pu vivre encore longtemps...

14. 1995, HÉBRON, COMMISSARIAT DE POLICE
Interrogatoire de Déborah Shimès après le suicide de Benjamin

— Je comprends ton chagrin, mais je te demande d'arrêter de crier. Il s'agit d'une formalité, il est indispensable de remplir un procès-verbal. Tu crois que cela me fait plaisir de t'interroger ? Je t'en prie, arrête de crier, tu vas finir par accoucher !

— Ce n'est pas ton problème !

— Bon, bon... C'est vrai, ce n'est pas mon problème. Dis-moi qui a trouvé Benjamin dans le grenier ?

— Sarah, notre fille.

— Quand ?

— Ce matin.

— À quelle heure ?

— À six heures et demie. J'avais fait du café, et j'ai demandé à Sarah de lui en porter une tasse.

— Je t'en prie, arrête de crier ! Je t'en conjure ! Ce sera bientôt fini. Cela va être très rapide. Donne-moi plus de détails.

— Sarah est entrée dans sa chambre. La porte était ouverte alors que, d'habitude, il s'enfermait à clé. Il n'était pas là. Elle a posé la tasse sur une table, et elle est montée au grenier, il lui arrivait de s'y réfugier.

— Et alors ?

— Elle est revenue en disant que Benjamin avait les pieds froids.

— Tiens, bois un peu d'eau.

— Je n'ai pas compris. Au bout de dix minutes, elle m'a dit qu'il fallait le décrocher parce qu'il était suspendu et qu'il ne répondait pas. Guershon, qui était dans la cour, est entré à ce moment-là, et il a foncé au grenier. Benjamin était mort. Il avait fait cela pendant la nuit. Il était déjà trop tard.

— Déborah, nous savons que ce garçon était malade. Dis-moi, il s'était disputé avec toi ou avec son père ?

— Oui. Il voulait partir, et son père l'en empêchait.

— Il voulait quitter la maison ?

— Non. Il voulait aller voir sa grand-mère en Russie. Nous avions l'intention de l'envoyer en Amérique chez mes parents et mes frères, mais lui, il voulait aller en Russie. Son père refusait. C'est pour cela qu'ils s'étaient disputés.

— Quand s'est produite cette dispute ?

— Elle était permanente.

— Son père le frappait ?

— Laisse-moi tranquille...

— Déborah ! Tu te sens mal ? Tu veux que j'appelle un médecin ?

— Oui. Oui, appelez un médecin. Je commence à avoir des contractions...

15. 1995, HÉBRON, COMMISSARIAT DE POLICE

Enregistrement de l'interrogatoire de Guershon Shimès après le suicide de Benjamin

— Je comprends ton chagrin, mais il s'agit d'une formalité, il faut remplir un procès-verbal.

— Pose tes questions.

— Qui a trouvé Benjamin dans le grenier ?

— Ma fille Sarah.

— Continue.

— J'étais dans la cour. Quand je suis rentré dans la maison, elle était en train de dire qu'il fallait décrocher Benjamin parce qu'il ne voulait pas descendre. Je me suis précipité au grenier. Il s'était pendu au seul endroit possible, il avait accroché une corde aux chevrons...

— Pourquoi l'as-tu décroché ? Il était mort, et la règle est d'appeler la police...

— À ce moment-là, je ne pensais pas aux règlements de la police !

— Voilà des objets : un short, une chaîne en argent avec une breloque représentant la lettre *chin*, et un chapelet en laine. Ce sont ses affaires ?

— Oui.

— Pourquoi avait-il un chapelet entre les mains ?

— J'aimerais bien le savoir, moi aussi ! C'est ce qui m'intrigue le plus. En avril, après sa première tentative de suicide, il s'est enfui de l'hôpital et s'est caché pendant deux mois avant d'être rattrapé par la police. Il n'a pas dit où il était. Je pense qu'il s'agissait d'une sorte de secte chrétienne, et qu'ils l'ont retenu de force.

— Pourquoi penses-tu cela ? Tu as des informations quelconques ?

— Non. Il n'a rien dit. Mais maintenant, je vais me renseigner. Il serait toujours vivant s'ils ne s'en étaient pas mêlés !

— Tu en es sûr ?

— Sûr et certain. C'est la police qui devrait s'occuper de ça, pas moi !

— Vous aviez fait une déclaration à la police ?

— À l'époque, on me gardait en prison sans le moindre chef d'accusation. Je n'avais pas la possibilité de faire une déclaration.

— Je sais. Tu avais été appréhendé dans le cadre de l'affaire Baruch Golstein.

— Oui. On m'a gardé sans le moindre fondement.

— Maintenant, nous sommes confrontés à un autre problème. Tu t'étais disputé avec ton fils ?

— Oui. Seulement, je ne le considérais pas comme fou. Enfin, il était fou, mais pas dans ce sens-là.

— L'aspect médical ne nous concerne pas. Tu t'étais disputé avec lui peu avant son suicide ?

— Oui. Nous avions eu une violente dispute, mais il avait obtenu ce qu'il voulait. Je lui avais permis d'aller voir sa grand-mère en Russie. Je n'ai rien à cacher : avant cela, je lui avais flanqué une gifle.

— Il a une ecchymose fraîche sur la lèvre. C'est la trace de ta gifle ?

— Je pense que oui. Je n'ai rien à cacher. C'est mon fils, et nos relations ne regardent personne !

— Elles ne regardaient personne, Guershon. Maintenant, il faut que tu signes le procès-verbal. Tu comprends que dans un cas pareil, la police doit exclure la thèse de l'assassinat.

— Quoi ? Comment oses-tu me dire cela à moi, son père ? Tu me soupçonnes d'avoir tué mon propre fils ? Mais je...

— Du calme ! Ne monte pas sur tes grands chevaux ! Je ne te prends pas pour un assassin. Et j'en ferai part à qui de droit.

— Bande de salauds ! (*Suivent des mots non dactylographiés.*) Vous êtes partout les mêmes ! (*Texte non dactylographié.*) Vous feriez mieux de chercher qui a gardé cet enfant prisonnier, qui lui a fourré dans la tête de se rebeller contre ses parents ! Votre police de... (*mots non dactylographiés*) n'a qu'une seule chose en tête : ménager les Arabes ! Vous ne vous occupez pas de vos compatriotes, vous ne défendez pas vos propres citoyens ! Vous ne pensez qu'à garer vos fesses ! Vous feriez mieux de chercher ces débiles qui ont bourré le crâne à mon garçon ! Vous n'êtes jamais là ! Allez tous vous faire... (*Texte non dactylographié.*) Je les trouverai moi-même ! Je me vengerai ! Ton gouvernement de... Ton Rabin de...

La fin de l'interrogatoire est en russe et a été traduit par V. Tsypkine.

16. NOVEMBRE 1995, HAÏFA
Extrait d'une lettre d'Hilda à sa mère

Ma chère maman,

Tu dois déjà savoir qu'Yitzhak Rabin a été assassiné. Tout le monde ne parle que de ça, les journaux, la télévision, les gens dans les magasins, et même nos paroissiens. Daniel est bouleversé, lui aussi. Il a toujours été convaincu que seul un État judéo-arabe avait une véritable chance d'exister, et que la création de deux États indépendants est impossible parce que les frontières ne passent pas sur terre, mais dans les profondeurs de la conscience humaine. C'est en guérissant cette conscience que l'on pourra survivre. Moi, je regarde tout cela de l'extérieur. Ou plutôt de mon point de vue : je ne suis ni juive ni palestinienne. Quel que soit mon amour pour Israël, j'éprouve au fond de mon cœur une grande compassion pour les Arabes, des gens ordinaires et paisibles dont la situation devient de plus en plus pénible d'année en année. Moi, je suis une « travailleuse indépendante », je peux rentrer en Allemagne à tout moment pour y faire ce que je fais ici : m'occuper de vieilles personnes malades, travailler avec des enfants en difficulté, répartir des aides caritatives.

Je ne me souviens pas si je t'ai déjà dit que les psychiatres d'ici ont créé un nouveau terme, « le syndrome de Jérusalem ». C'est une forme de démence à caractère religieux. Depuis l'histoire de Baruch Goldstein, le pays tout entier fait une crise aiguë de cette maladie : les gens de droite et les colons se déchaînent contre la gauche. Les uns souhaitent passionnément la paix à n'importe quel prix, les autres souhaitent tout aussi passionnément la victoire sur leurs ennemis.

L'atmosphère est chauffée à blanc et terriblement tendue.

Je vais prendre des vacances. Daniel et moi, nous pensons que je devrais aller passer deux semaines en Allemagne début décembre, de façon à être rentrée pour Noël. Enfin, quelques jours avant, afin d'avoir le temps de préparer la fête. Je te téléphonerai dès que la date de mon départ sera fixée...

17. 1er DÉCEMBRE 1995, JÉRUSALEM

Extrait du journal Hadachot ha-erev

Selon une information parue dans la presse, quatre mois avant l'assassinat d'Yitzhak Rabin, le 22 juin 1995, l'ancien rituel de malédiction mortelle *pulsa de nura* a été célébré dans le vieux cimetière de Rosh Pina, en Galilée. Une vingtaine d'extrémistes de droite, tous des hommes barbus de plus de quarante ans, ni divorcés ni veufs, avec un rabbin à leur tête, ont prié pour que « les anges de la destruction » tuent « le pécheur Yitzhak Rabin ».

La malédiction rituelle a été prononcée sur la tombe de Shlomo Ben Yossef, membre du mouvement ultra-nationaliste Betar. Ben Yossef a été pendu en Palestine en 1938 pour avoir tenté de faire sauter un autobus arabe.

Des rumeurs sur cette cérémonie avaient déjà filtré dans les journaux avant l'assassinat, mais c'est seulement après le tragique événement qu'elles ont éveillé l'intérêt de l'opinion publique.

Notre correspondant a rencontré certaines personnes qui possèdent là-dessus plus de renseignements que la majorité de nos lecteurs. Il a réussi à poser quelques questions au rabbin Meïr Dayan, qui a célébré cette cérémonie. Le rabbin a déclaré que *pulsa de nura*, que l'on appelle « la malédiction des prêtres », est lancée dans des circonstances exceptionnelles contre des personnes représentant un danger pour l'intégrité de la Torah, et qu'elle ne peut être dirigée que contre des Juifs. C'est pourquoi l'hypothèse selon laquelle des sages juifs auraient prononcé cette malédiction contre Hitler est totalement dénuée de fondement. À sa connaissance, *pulsa de nura* n'a été utilisée que deux fois au cours du XXe siècle : contre Trotski, et contre Rabin.

En ce qui concerne Rabin, cela peut se comprendre. Mais en ce qui concerne Trotski, les explications données par ceux qui ont participé au rituel semblent parfaitement ridicules : ils estimaient que Trotski avait causé un tort immense au peuple juif tout entier en substituant au culte de la Torah celui de l'idole qu'était pour lui la révolution sociale.

Une autorité en matière de judaïsme, le rabbin Eliahou Lourié, descendant d'un grand rabbin et kabbaliste, s'est exprimé de façon catégorique et laconique : si ce rituel a été réellement célébré, c'est l'acte de militants incultes.

Alors que l'opinion publique est plongée dans des débats passionnés pour savoir si l'atroce assassinat du Premier ministre est lié à l'ancienne malédiction ou si les deux événements n'ont aucun rapport entre eux, nous venons de recevoir une autre information selon laquelle une nouvelle réunion nocturne aurait eu lieu dans le cimetière de Rosh Pina. Cette fois encore, un groupe de Juifs barbus vêtus de noir se serait rassemblé sur la tombe de Ben Yossef. Le meneur était en blanc.

Le gardien du cimetière, témoin involontaire de cette cérémonie secrète, en a informé sa hiérarchie, mais il a demandé que son nom ne soit pas cité dans la presse. Bien qu'il se soit trouvé à proximité du lieu de la cérémonie, il n'a pas jugé bon de rendre public le nom de la personne ayant fait l'objet de la malédiction. Le numéro du minibus ayant amené les visiteurs nocturnes de Rosh Pina a été enregistré sur le parking. Notre correspondant Adik Shapiro a déployé des trésors d'ingéniosité et a fini par découvrir que ce bus est immatriculé à Hébron, et que son propriétaire est Guershon Shimès, un colon extrémiste assez connu qui a été mêlé à l'affaire Baruch Goldstein.

Les kabbalistes se représentaient cette malédiction comme un coup porté avec une lance enflammée sur laquelle sont enfilés des anneaux de feu.

On voudrait bien savoir sur qui va s'abattre le prochain coup de cette « lance de feu ».

18. 1996, HAÏFA

Extrait d'une conversation entre Hilda et Ewa Manoukian

Au retour, nous sommes passés par le mont Thabor. Daniel y a célébré une action de grâces. Tout le monde était épuisé, et je me suis dit qu'il exagérait un peu ! Il a récité une courte prière, puis il a dit :

« Regardez-vous les uns les autres ! Vous voyez combien nos visages sont ordinaires : nous ne sommes pas tous beaux ni jeunes, certains d'entre nous n'ont pas une très bonne tête... Eh bien, imaginez qu'un jour viendra où nous aurons tous un visage rayonnant d'une Beauté divine, où nous serons tous tels que Dieu nous a créés. Regardez le petit Siméon : nous serons tous aussi purs et aussi beaux que des bébés, peut-être même encore mieux ! »

Pendant tout le voyage, Nicolaï, le père du petit Siméon, qui vient lui aussi de se faire baptiser, a bombardé Daniel de questions théologiques sur le péché originel, sur la chute d'Adam. Je n'ai pas tout compris parce qu'ils passaient de temps en temps au russe, mais je voyais que Daniel, lui, essayait de parler de l'Annonciation, de la Transfiguration. Il souriait, il rayonnait, mais ce casse-pieds ne s'intéressait qu'au péché originel et à l'enfer. Je sais bien, moi, que Daniel ne croit pas à l'enfer. Il hausse toujours les épaules en disant : « Le Christ est ressuscité, comment voulez-vous qu'il y ait un enfer ! Ne vous en créez pas un vous-mêmes, et il n'y en aura pas ! »

Mais cette nuit-là, un mal épouvantable s'est abattu sur nous.

JUIN 2006, MOSCOU
Ludmila Oulitskaïa à Éléna Kostioukovitch

Ma chère Éléna,
Je suis en train de terminer cette histoire, avec l'aide de Dieu.
Elle a commencé en août 1992, le jour où Daniel Rufeisen est
entré chez moi. Je ne me souviens pas si je te l'ai raconté. Il était
de passage à Moscou, il se rendait à Minsk. Il s'est assis sur une
chaise, ses pieds chaussés de sandales touchaient à peine le sol.
Un homme très gentil, très ordinaire. Et pourtant je sentais qu'il
se passait quelque chose — le toit s'était envolé au-dessus de
nos têtes, ou il y avait une boule de feu qui flottait au plafond. Et
puis j'ai compris : c'était un homme qui vivait en présence de
Dieu, et cette présence était si forte que les autres la ressentaient
aussi.
Nous avons mangé, nous avons bu et bavardé. On lui posait des
questions et il répondait. Heureusement, quelqu'un avait branché
un magnétophone, et j'ai pu ensuite réécouter toute la conversation. Je me suis servie de certains passages dans ce livre. De façon
générale, j'ai utilisé pas mal de renseignements puisés dans des
ouvrages qui lui sont consacrés, celui de l'Américaine Nechama
Tec, *Dans la fosse aux lions*, celui de l'Allemand Corbach, et
d'autres. Tout ce qui a été écrit sur lui me paraissait bien en dessous de ce qu'il méritait. J'ai essayé d'écrire quelque chose moi-
même, je suis allée en Israël, il n'était déjà plus de ce monde à ce

moment-là, j'ai rencontré son frère et beaucoup de personnes de son entourage. Comme tu le sais, ce projet n'a abouti à rien.

Ces années-là, j'avais beaucoup de griefs non tant envers l'Église qu'envers Dieu lui-même. Toutes les découvertes d'autrefois auxquelles je tenais tant me paraissaient soudain usées jusqu'à la corde — un tas de vieilleries ennuyeuses. Le christianisme avait quelque chose de si étouffant, il me donnait la nausée.

Ah, vous avez de la chance, vous les athées ! La seule aune à laquelle vous mesurez toute chose, c'est votre conscience. Dans votre Italie catholique, l'Église est toujours triomphante. Et puis il n'y a rien à faire, en Occident l'Église se confond avec la culture tandis qu'en Russie elle se confond avec l'absence de culture. Mais c'est quand même drôle : les athées italiens cultivés comme Umberto Eco, une dizaine d'autres et toi, une « auto-Italienne », vous dédaignez le catholicisme moderne, tout en comprenant parfaitement que si on le retranchait de votre admirable culture, il n'en resterait rien. En Russie, l'Église n'est pas aussi inextricablement mêlée à la culture, elle est plutôt liée au paganisme primitif. Là, je vais me mettre sur le dos tous les anthropologues de la terre : j'ose déprécier le monde païen ! Mais tout de même, il serait intéressant de voir ce qui resterait du christianisme en Russie si l'on en retranchait le paganisme...

Pauvre christianisme ! Il ne peut être que pauvre : toute Église triomphante, qu'elle soit d'Orient ou d'Occident, renie complètement le Christ. On ne peut pas échapper à ça. Crois-tu que le Fils de l'Homme chaussé de sandales éculées et vêtu d'une misérable tunique admettrait dans le cercle de ces amis cette meute byzantine de courtisans cupides et cyniques qui constituent aujourd'hui les milieux dirigeants des Églises ? Puisque même un honnête pharisien, il le trouvait suspect ! D'ailleurs quel besoin ont-ils de Lui ? Ils passent leur temps à se lancer des anathèmes, à s'excommunier les uns les autres et à se reprocher de ne pas « croire » de façon correcte. Daniel, lui, s'est acheminé toute sa vie vers une idée toute simple : croyez de la façon que vous voulez, c'est votre affaire personnelle, mais observez les commandements, et conduisez-vous dignement. D'ailleurs on n'est pas obligé d'être chrétien pour bien se conduire. On peut même n'être rien du tout. Le dernier des agnostiques, un athée tout ce qu'il y a de plus terre à terre. Mais Daniel, lui, avait choisi Jésus, il croyait que Jésus ouvrait les cœurs et que, par Son nom, les hommes se libèrent de la haine et de la méchanceté...

En Russie, pendant l'époque soviétique, l'Église avait perdu l'habitude d'être triomphante. Cela lui va mieux d'être persécutée et humiliée. Seulement voilà, avec le changement de pouvoir, notre Église orthodoxe s'est aplatie devant le gouvernement et s'est mise à ronronner : « Soyez gentils avec nous, et nous serons gentils avec vous. On pillera, on partagera... » Et nos fidèles ont accepté cela allègrement. Moi, j'ai été prise de dégoût... Si tu savais quels chrétiens extraordinaires j'ai rencontrés dans ma jeunesse, des gens d'une génération aujourd'hui disparue, des émigrés rapatriés qui n'avaient pas été touchés par la corruption soviétique — le père Andreï Serguienko, Éléna Iakovlevna Vedernikova, Maria Mikhaïlovna Mouravieva, Nina Bruni, et puis tous les gens d'ici, toutes ces petites vieilles qui ont tenu bon envers et contre tout — une autre Maria Mikhaïlovna, pas une aristocrate, celle-là, une modeste Koukouchkina, qui gardait mes fils Aliocha et Pétia pendant que je filais le parfait amour avec Andreï dans son atelier, la liftière Anastasia Vassilievna qui nous faisait cadeau de ses images touchantes avec des coqs et des chiens... Et enfin, le père Alexandre Men, le père Serguei Jeloudkov, Anatoli Emmanuilovitch Krasnov-Lévitine, les Vedernikov... Pour moi, l'Église, c'étaient ces gens-là.

Je me rends compte que je suis en train d'énumérer les magnifiques figures des prêtres d'aujourd'hui, les pères Alexandre, Vladimir, Guéorgui, Victor (Mamontov). On peut encore en trouver une dizaine. Mais qui a dit qu'il devait y avoir beaucoup de justes ? Peut-être que trente-six, cela suffit pour sauver le monde ?

Daniel était un juste. D'un point de vue humain, il a subi une défaite : après sa mort, sa paroisse s'est dispersée, et l'Église de Jacob n'existe toujours pas. Mais dans un certain sens, Jésus aussi a subi une défaite : d'abord, il n'a pas été compris ni accepté par son propre peuple, ensuite, il a été accepté par beaucoup d'autres peuples, mais pas compris. S'il a été compris, alors où sont l'homme nouveau, la nouvelle histoire, les nouveaux rapports entre les êtres humains ?

Aucune de mes questions n'a trouvé de réponse. Pire encore, je me retrouve définitivement projetée hors des schémas commodes auxquels je me suis référée au cours de ma vie.

Mais Daniel est là, assis sur sa chaise, il rayonne, et les questions cessent d'exister.

En particulier la question juive. Le gouffre insurmontable qui sépare le judaïsme du christianisme, Daniel l'avait recouvert de son corps, et tant qu'il était vivant, à l'intérieur de l'espace de sa vie, tout était indissociable, la blessure sanglante était guérie par la seule force de son existence. Pas pour longtemps. Juste le temps de sa vie.

J'ai beaucoup pensé à cela durant toutes ces années, et j'ai deviné certaines choses qui m'étaient autrefois cachées. Qu'on n'est pas obligé de juger. Qu'il n'est pas indispensable d'avoir un avis sur tout. Porter un jugement, ce n'est pas une bonne réaction. Que le christianisme a hérité du judaïsme la tension qui caractérise les relations entre l'homme et Dieu. L'image la plus éclatante de ces relations, c'est la lutte nocturne de Jacob avec l'Ange. Le Dieu hérité du judaïsme lance un défi à l'homme : Vas-y ! Lutte ! Il joue avec l'homme comme un père condescendant avec son fils adolescent, l'incitant à bander ses forces et faisant subir un entraînement à son âme. Et bien sûr, il sourit dans sa barbe métaphysique.

Seulement, on ne comprend pas très bien ce qu'il faut faire des cinq cents vieillards et enfants qui ont été abattus une nuit à Czarna Puszcza tandis que Daniel, alors âgé de dix-huit ans, se cachait dans la forêt... Ni de quelques millions d'autres...

Quand je me retrouve en Israël, je ne sais plus où donner de la tête, je m'étonne, je suis horrifiée, je me réjouis, je m'indigne, j'admire. J'ai tout le temps les yeux qui me piquent, c'est typiquement juif, ça, cette façon aigre-douce de ressentir la vie. Il est difficile de vivre ici, tout est trop concentré, l'air est trop dense, les passions trop incandescentes, il y a trop de pathos et de cris. Mais on n'arrive pas non plus à s'en arracher : ce petit État provincial, cette bourgade juive, ce gouvernement autoproclamé restent aujourd'hui encore le modèle du monde.

Que veut le Seigneur ? L'obéissance ? La collaboration ? L'autodestruction des peuples ? J'ai totalement renoncé à porter des jugements de valeur : je n'y arrive pas. Je sens au fond de mon âme qu'avec Daniel j'ai reçu une leçon essentielle, mais quand j'essaie de définir ce que j'ai appris de si crucial, tout se réduit au fait que ce en quoi l'on croit n'a absolument aucune importance, ce qui compte, c'est uniquement la façon dont on se conduit. Tu parles d'une sagesse ! Mais Daniel me l'a enfoncé droit dans le cœur.

Tu m'as beaucoup aidée, ma chère Éléna. Je ne sais pas comment je serais venue à bout de cette entreprise sans toi. J'y serais sans doute arrivée, mais le livre aurait été différent. C'est idiot de remercier, c'est comme remercier pour l'amour que l'on reçoit.

Ces gros livres, quand on les termine, ils vous arrachent la moitié de l'âme, on tient à peine debout. Et en même temps, il se produit des choses étonnantes, les personnages que l'on a en partie inventés se mettent à accomplir des actes que l'on n'aurait jamais pu imaginer. La communauté de Daniel Rufeisen a été dispersée.

La communauté de Daniel Stein, le personnage de mon livre, qui est un mélange de fiction et de souvenirs, a été dispersée, elle aussi : l'église Élie-de-la-Source n'est plus que ruine, la maison de la communauté est condamnée, mais on ne va pas tarder à en faire quelque chose, elle est en bon état, cette maison, et le jardin est superbe. Le foyer pour personnes âgées a fermé. Le pasteur s'en est allé et ses brebis se sont éparpillées. L'Église de Jacob, la communauté de Jérusalem des Juifs chrétiens, n'existe toujours pas. Mais la Lumière, elle, brille encore.

Voilà, Éléna, je t'envoie les derniers épisodes. Je suis mortellement fatiguée des lettres, des documents, des encyclopédies et des ouvrages de références. Si tu voyais les montagnes de livres qui se sont accumulés dans mon bureau !

À présent, place au texte.

L.

19. DÉCEMBRE 1995, JÉRUSALEM-HAÏFA

Le moteur ne démarra ni au premier tour de clé ni au deuxième.

Daniel sortit la clé de contact et ferma les yeux. Il fit une petite prière pour arriver jusqu'à chez lui tout en songeant qu'il faudrait passer le lendemain chez le garagiste Ahmed, dans la Ville Basse. Et quelque part, mais très loin, la pensée l'effleura que cette automobile avait dix-huit ans et qu'il était grand temps qu'elle repose en paix. Puis il tourna la clé encore une fois, et la voiture démarra. Bon, il était probable qu'elle ne lui ferait pas faux bond en chemin, l'important était de ne pas noyer le moteur. C'était le 17 décembre, un peu après huit heures du soir.

Neuhaus allait mourir d'un jour à l'autre, peut-être même aujourd'hui. Quelle noblesse, quelle beauté dans les adieux qu'il faisait à ses amis ! Et lui, Daniel, avait eu cet honneur : ce matin-là, le fils du professeur l'avait appelé pour l'informer que son père était au plus mal et qu'il voulait lui dire adieu.

Daniel avait pris sa voiture et était allé à Jérusalem. Le fils du professeur, coiffé d'une kippa tricotée et vêtu d'un vieux veston lustré, l'avait conduit dans le cabinet de son père.

« Je tiens à vous prévenir : il y a quelques années, on lui a mis un stimulateur cardiaque, on avait longuement hésité parce que le cœur était usé et le risque était grand. Il a dit : Allez-y ! C'était il y a neuf ans. Maintenant, le stimulateur s'est enrayé, l'arythmie a commencé et on n'arrive pas à la stopper. On a appelé les urgences cette nuit, il a demandé combien de temps il lui restait et les médecins lui ont répondu qu'il n'en avait plus pour longtemps. Il a refusé d'aller en réanimation. Il souffre de douleurs au cœur. Par moments, elles se calment un peu, et il demande à voir quelqu'un. »

Daniel avait attendu une quarantaine de minutes dans le bureau avant que la femme du professeur, Herda, le fasse entrer. Une vraie poupée, minuscule, elle avait été considérée comme la plus belle fille de Vienne dans les années vingt, à une époque où l'on ignorait encore que la beauté, chez une femme, commence à partir d'un mètre quatre-vingts. « Cinq minutes ! » murmura-t-elle, et Daniel hocha la tête.

Le vieil homme était assis sur son lit, adossé à de gros oreillers blancs. Mais ses cheveux et son visage étaient encore plus blancs.

« C'est bien que tu sois venu. Herda m'a dit que tu avais parlé à la télévision. Mais elle avait oublié de quoi il était question dans l'émission.

— On m'a posé des questions sur la guerre, sur mon travail d'interprète chez les Allemands, répondit Daniel.

— Justement, tiens, moi aussi, je voulais te poser une question : tu n'allais pas aux bains avec eux ?

— J'y suis allé une fois. C'était une étuve, il y avait beaucoup de vapeur. Ils n'ont rien vu. J'étais tellement recroquevillé de peur qu'ils ne se sont aperçus de rien. Mais je m'étais déjà préparé à être démasqué, avoua Daniel.

— Oui... Je voulais te dire adieu. Tu vois, je m'en vais... » Il sourit de tout son visage intelligent au grand nez et ferma les yeux. « Je vais retrouver mon Maître, ton Dieu. »

Le fils du professeur était déjà sur le seuil. Herda, tournée vers la fenêtre, regardait fixement un grand acacia. Puis elle raccompagna Daniel en bas, le remercia et lui serra la main.

On raconte que lorsque Neuhaus a rencontré sa femme une auréole dorée est apparue au-dessus de sa tête, et il a compris que c'était celle qui lui était destinée.

On raconte qu'un jour leurs deux enfants, un fils et une fille, ont eu une méningite et qu'ils étaient sur le point de mourir. Neuhaus s'est mis d'accord avec Dieu pour qu'ils restent en vie. Ils ont survécu, mais ils n'ont pas eu d'enfants. Ils ont passé toute leur vie à travailler avec les enfants des autres : leur fils est directeur d'une école pour handicapés mentaux et leur fille apprend à parler à des sourds-muets.

On dit que lorsque Neuhaus a été opéré du cœur, un de ses amis, un homme riche, a fait le vœu que si le malade survivait, il distribuerait toute sa fortune aux pauvres. Neuhaus l'a ruiné.

On raconte que pendant ses cours il enlevait sa kippa, l'agitait au-dessus de sa tête et la posait sur la table. « C'est du textile ! Du textile, vous comprenez ? Cela n'a aucun rapport avec les problèmes de la foi. Si vous êtes venus à mon cours pour que je vous apprenne la foi, vous vous êtes trompés de porte. Je peux apprendre à penser. Et encore, pas à tout le monde ! »

On racontait sur lui des histoires et des paraboles, comme sur le rabbin Yohanan Ben Zakkaï...

C'était dommage qu'Hilda n'ait suivi ses cours que pendant deux semestres. Quelque chose l'avait empêchée de continuer... Ah, oui, on était en train d'organiser un jardin d'enfants pour la communauté, et elle ne pouvait pas se rendre assez souvent à Jérusalem.

Le moteur ronronnait doucement, sans à-coups, et Daniel dépassa Latroun. Emmaüs était juste en face. C'était sans doute à cette heure-ci, pendant le bref crépuscule, que deux voyageurs avaient partagé ici le repas du soir avec un inconnu. Ils lui avaient parlé, et ils ne l'avaient pas reconnu. Maintenant, il y avait là un petit monastère, on y cultivait des vignes et des oliviers et sur les étiquettes de leur production, il était écrit : « Emmaüs ».

Le soir tombait. Il avait laissé Latroun derrière lui et roulait maintenant sur la route de Tel-Aviv. Il se représentait parfaitement le trajet : il dépasserait Tel-Aviv et, dix kilomètres avant d'arriver à Haïfa, il tournerait en direction du kibboutz Beit Oren. Des endroits magnifiques, les plus beaux paysages de montagnes d'Israël. C'était déjà le Carmel. Encore vingt kilomètres, et il serait au monastère. La prière du soir. Quatre heures de sommeil. Neuhaus serait-il encore vivant au matin ? Ou serait-il déjà parti retrouver « mon Maître, ton Dieu », comme il avait dit ? Quel beau départ, entouré de sa famille, de ses amis et de ses disciples ! Et quelle épouse lui avait été envoyée... Et moi, est-ce que j'ai vu une auréole dorée au-dessus de la tête de Marysia ? Bien sûr que oui.

Ce n'était pas une auréole, c'était le rayonnement de l'amour que j'avais pour elle. Hilda aussi rayonnait de cette lumière, toute de féminité et de candeur... Combien il en avait connu, de ces femmes merveilleuses, et aucune d'elles ne lui était destinée ? Pas de Marysia ni d'Hilda ni d'Herda pour lui... Des cheveux tressés ou relevés en chignon, ou bien des boucles tombant sur des épaules, et ces gorges, ces poitrines, ces ventres... Comme c'est bien de vivre avec une femme, avec sa femme, en ne faisant avec elle qu'une seule chair, comme le professeur Neuhaus avec sa Herda... Même ces fous d'Éfim et de Térésa se réconfortaient l'un l'autre... Mais moi, je suis avec Toi, Seigneur, loué sois-Tu...

La route était presque déserte, c'était un jour de semaine et les gens étaient déjà rentrés de leur travail. Aux guirlandes et aux grappes de lumière avaient succédé des ténèbres transpercées par les aiguilles lumineuses et sautillantes des phares.

L'expérience de la mort est sans fin. Impossible de compter le nombre de gens qui sont morts et qui ont été tués sous mes yeux. J'ai creusé des tombes, j'ai fermé des yeux, j'ai confessé, j'ai donné la communion, j'ai tenu des mains, j'ai embrassé et consolé des familles, j'ai célébré des enterrements, des enterrements, et encore des enterrements... Des milliers de morts.

Il y en a deux qui ne m'ont jamais quitté, ces deux-là se tiennent à ma droite et à ma gauche : le grand forestier décharné et le débile mental que j'ai fait fusiller en 1942... J'ai dit : ceux-là. J'ai fait un faux témoignage. Une vingtaine d'hommes jeunes et en bonne santé ont été sauvés, mais un traître a été fusillé et avec lui un idiot du village qui n'était coupable de rien du tout... Qu'est-ce que j'ai fait là ? Qu'est-ce que j'ai fait ce jour-là ? Encore un saint pour Dieu, voilà ce que j'ai fait...

Jamais je n'ai connu des adieux aussi légers que ces adieux avec Neuhaus : c'était tout naturel, comme des amis qui se séparent pour quelque temps et qui vont bientôt se retrouver. Quel grand homme, ce Neuhaus ! Je l'ai pourtant entendu plus d'une fois se moquer de l'idée du Salut. Il disait : « Il faut commencer par s'entraîner ici-bas, sur terre, apprendre à surmonter les difficultés terrestres — les moustiques, le mal au ventre, la colère de ses supérieurs, le caractère acariâtre de sa femme, les caprices de ses enfants, les voisins qui mettent leur musique trop fort, et si on arrive à quelque chose ici, on a l'espoir d'arriver aussi à quelque chose là-bas. »

Avec qui me suis-je battu toute ma vie ? Pour quoi ? Contre quoi ? Apparemment, j'y ai mis beaucoup de passion, beaucoup de moi-même. Mon zèle a sans doute été extravagant. Je suis peut-être trop juif ? Je sais tout mieux que tout le monde ? Non, non... Ce n'est pas cela ! C'est juste que je voyais très exactement où Tu étais et où Tu n'étais pas... Seigneur, prends pitié, Seigneur, prends pitié, Seigneur, prends pitié...

Tout s'harmonisait si bien — le ronronnement régulier du moteur, le murmure familier de la prière, les éclairs intermittents des lampadaires faisant écho à la lueur des phares, et même l'alternance de lumière et d'obscurité. Il y avait dans tout cela un vrai rythme en accord avec tout le reste : les sons, les bruits, les mouvements... Même les battements de son propre cœur s'inscrivaient très exactement dans cette partition. C'est sans doute ce que ressentent les jockeys et les pilotes d'automobiles ou d'avions quand ils ne font qu'un avec une entité d'une autre nature.

Il repensa à Neuhaus : le monte entier était parfaitement accordé, seul son cœur avait des ratés, il avait oublié le cycle sacro-saint, systole-diastole, un conducteur invisible s'embrouillait dans le nœud sinusal, l'onde d'activation ne se propageait plus à travers l'oreillette en direction du ventricule, et voilà que ne s'accomplissait plus ce qui s'était accompli pendant des années, minute après minute, à l'insu de celui qui portait ce cœur dans sa poitrine sans réfléchir une seconde à ce battement qui ne s'arrête jamais durant toute la vie...

Il avait dépassé Tel-Aviv depuis longtemps, et il tourna sur la route qui montait vers Beit Oren. C'était une route étroite à une seule voie et il ralentit, bien qu'il n'y eût pas de voiture en face. Du coup, il se produisit une légère rupture dans le rythme qui s'était instauré, car le moteur descendit son ronronnement d'un ton. Dans la côte, il fit un effort, hoqueta et parut sur le point de caler. Mais il ne s'arrêta pas, et la voiture poursuivit sa route. Le petit col était tout près, il apparaissait déjà, découvrant un vaste espace sombre avec des lumières au loin et la voie qui longeait le littoral, ourlée d'une double rangée de lampadaires. Ensuite, la route redescendait doucement, mais en serpentant. Daniel ralentit et freina légèrement, quand il sentit soudain que les freins répondaient mal. Il appuya à fond sur la pédale, mais la voiture ne cessait de prendre de la vitesse. La route tournait et il négocia adroitement le virage. Il avait beau être passé en première, la voiture allait de plus en plus vite et elle ne parvint pas à prendre le virage suivant. Brisant la rambarde comme une brindille sèche, elle fut projetée dix mètres plus bas et se fracassa sur la pente pierreuse. Le feu fusa en deux flammes denses, la voiture se retourna lentement, trouva la seule crevasse entre deux rangées de pierres et dévala la pente dans un bruit de tonnerre, laissant derrière elle une traînée rouge et frétillante. Les flammes se répandirent alors en direction de la route depuis l'endroit où elle avait atterri, l'herbe sèche s'enflammait immédiatement et, en un clin d'œil, le feu atteignit la chaussée. À présent, il s'étalait de plus en plus en largeur, la route constituait le seul obstacle naturel. Au-delà, il y avait un escarpement sur lequel rien ne poussait... Le feu se répandit en contrebas de la route, des deux côtés. C'était magnifique et très angoissant.

Hilda fut réveillée en plein milieu de la nuit comme par la sonnerie d'un réveil : c'est le moment de se lever. Elle regarda l'heure. Il était une heure et demie. Elle n'avait pas sommeil. Elle sortit dans la cour et s'assit dans un fauteuil de jardin. Elle éprouvait une drôle d'impression : tout était en suspens, comme si quelque chose de terrible et d'immense devait s'accomplir. Quelqu'un avait oublié des allumettes sur la table en plastique. Elle en alluma une, contempla le cône bleu de la flamme, et regretta soudain de ne pas fumer. L'allumette s'éteignit lorsque la flamme toucha ses doigts. L'angoisse ne se dissipait pas, mais rien ne se passait.

Elle s'approcha de la barrière du minuscule jardin et elle eut le souffle coupé : au loin, le mont Carmel brûlait. Une langue de feu descendait le flanc de la montagne. Elle était d'un rouge éclatant, lumineuse et vivante. Hilda retourna dans la maison et appela les pompiers. Leur téléphone était occupé. Elle se dit que quelqu'un était déjà en train de les appeler, et elle comprit ce qui l'avait réveillée : c'était l'incendie. Elle se recoucha sur son lit de camp étroit et se rendormit immédiatement.

20. DÉCEMBRE 1995, HAÏFA, ÉGLISE ÉLIE-DE-LA-SOURCE

Lettre adressée au frère Daniel Stein et délivrée après sa mort

> *Au père Daniel Stein,*
> *de la part du général des carmes déchaux*
> *5 décembre 1995*

Sur décision du général des carmes déchaux, il est désormais INTERDIT au prêtre Daniel Stein, membre de l'ordre, de célébrer la messe. Tous les papiers concernant la location et l'exploitation de l'église Élie-de-la-Source doivent être remis avant le 31 décembre de l'année en cours à une commission constituée d'un représentant des carmes, d'un représentant de la Curie romaine, et d'un représentant du Patriarcat de Jérusalem.

Général des carmes déchaux

Cette lettre ayant été délivrée après la mort du père Daniel Stein dans un accident de voiture le 17 décembre 1995, elle n'a jamais été remise à son destinataire.

21. 14 DÉCEMBRE 1995

Environs de Qumrân — église Élie-de-la-Source

Au-dessus de l'entrée de la grotte condamnée, Fiodor sculpta dans la pierre une petite croix et grava dessous en lettres hébraïques, mais de gauche à droite, le nom ABOUN avec, plus bas, un petit F. En cyrillique.

Il se sentait enfin l'âme légère. Et cette légèreté, cette sensation de planer étaient le signe qu'il avait agi comme il le fallait. Il prit congé de la tombe et quitta la montagne.

Il marchait le long de la route. Des voitures s'arrêtèrent plusieurs fois pour le prendre. Alors il s'éloigna de la route et, quand c'était possible, il cheminait dans la montagne. Lorsque le sentier s'interrompait ou déviait, il revenait sur la route. Il alla vers le nord jusqu'à Jéricho. Il suivit la vallée du Jourdain pendant un certain temps et, arrivé près de Jiftlik, prit la direction de l'ouest. Il traversa la Samarie sans se presser et arriva à la mer, près de Netanya. Il marchait avec plaisir. Il dormait n'importe où, tantôt sur un tas de branches mortes, tantôt sur un banc dans le square d'un village sans nom. Une fois, des garçons un peu éméchés lui payèrent à manger dans un café, une autre fois, un commerçant arabe lui donna une *pita*. Dans les champs, il arrivait à survivre avec du raisin.

Il avait pris depuis longtemps l'habitude de manger très peu et ne ressentait presque pas la faim. Sa soutane noire était blanchie par le soleil, il avait sur le dos un sac contenant trois livres et une bouteille d'eau. Et aussi un encensoir et une petite provision d'encens. Ses mains sèches serraient un long chapelet en laine.

À Netanya, il prit la direction d'Haïfa, suivant la route des croisés et des pèlerins.

Ça y est, maintenant, il avait compris toute la profondeur de la mystification. Les Juifs avaient berné le monde entier, ils avaient abandonné aux autres le hochet du christianisme, se gardant pour eux-mêmes à la fois le grand secret et la vraie foi. Il n'existait pas d'autre Dieu que le Dieu juif. Et ils le garderaient éternellement, tant qu'on ne leur aurait pas arraché leur secret de force. Et ce petit Juif qui faisait semblant d'être chrétien connaissait le secret. Aboun l'avait bien dit : ils possèdent un savoir secret, ils sont les maîtres de Dieu, Dieu les écoute. Mais le plus important, ce n'est pas le savoir secret dont ils se sont emparés, non, c'est le vol lui-même. Ils ont volé notre Dieu, et ils ont laissé au monde une babiole sans valeur. Aboun avait tout compris. Ils nous ont laissé des images coloriées, un conte à dormir debout sur la Vierge, des vies de saints et des milliers de livres abscons, mais Dieu, ils l'ont gardé pour eux !

Fiodor trébucha. La lanière de sa sandale s'était détachée de la semelle. Il jeta la sandale abîmée et continua avec une seule. Une brise soufflait de la mer, mais la côte, contrairement à celle du mont Athos, était plate et banale, la mer n'avait pas l'odeur forte et grisante qu'elle avait en Grèce. Il passa une nuit et une demi-journée dans les ruines de Césarée. Le matin, il avait eu un soudain accès de paresse et était resté allongé à l'ombre d'un vieux mur à somnoler jusqu'à midi. Puis il se remit en marche. Au bout de deux jours, il atteignit Haïfa. Ce n'était plus très loin.

Il arriva à l'église Élie-de-la-Source vers le soir. Il n'y avait personne à part le gardien Ioussouf, un Arabe engagé par Hilda huit ans plus tôt, un lointain parent de Moussa qui était jardinier, lui aussi. Il était sourd, et Daniel taquinait toujours Hilda en disant qu'elle avait le don de trouver des professionnels : son gardien était sourd, son coursier boiteux, et il ferait mieux de se mettre lui-même à la plonge, car elle allait sûrement engager un manchot pour faire la vaisselle...

Fiodor s'allongea derrière la tonnelle et s'endormit. Il se réveilla alors qu'il faisait déjà nuit et se dirigea vers l'église. Il fallait qu'il examine les livres pour voir si ceux qu'il cherchait, les ouvrages secrets, ne se trouvaient pas ici. Mais l'église était fermée à clé. Il s'approcha d'une fenêtre, enleva sa tunique, la plia en quatre, et cassa soigneusement la vitre. Puis, sans se presser, il se rhabilla. À l'intérieur, il regarda autour de lui, trouva un cierge et l'alluma. Il perçut immédiatement l'agencement intérieur des lieux et se dirigea vers la sacristie. Il poussa la porte, elle était ouverte. Mais le bureau et l'armoire étaient fermés à clé.

Le couteau était fixé à sa ceinture, il avait senti le fourreau rigide contre son ventre pendant tout le voyage. Il le sortit. Un couteau arabe avec un manche en corne noire et une incrustation en bronze entre la corne et la lame. Ce n'était pas un couteau pour égorger le bétail.

L'armoire s'ouvrit du premier coup. Fiodor empila soigneusement les livres, puis se mit à les feuilleter les uns après les autres.

Ce que je peux être bête ! songeait-il, accablé, en examinant les titres. Un missel en grec, un psautier en slavon, et quelques livres en polonais. Tous les autres étaient dans des langues que Fiodor ignorait : l'hébreu, le latin, l'italien.

Même si le secret était écrit ici noir sur blanc, il ne pourrait pas le déchiffrer...

Il mit les livres de côté et s'attaqua au bureau. Le tiroir du milieu était fermé à double tour et la serrure ne voulait pas céder.

Il la força avec son couteau, cherchant à faire sauter le pêne. Il n'entendit pas Ioussouf entrer dans la pièce. Ce dernier, ayant aperçu de la lumière, avait cru qu'Hilda ou Daniel étaient rentrés. En voyant le voleur, il poussa un cri et se jeta sur lui. Fiodor se retourna brusquement. Il avait le couteau à la main. Sans réfléchir, il le passa sur la gorge du gardien. Le sang jaillit à flot. Il y eut un étrange gargouillis.

Au même moment, Fiodor comprit que tout était fichu. À présent, il ne pourrait plus pousser Daniel dans ses retranchements et le forcer à lui révéler le secret des Juifs. Ce couteau, il ne l'avait pas pris pour tuer, juste pour obtenir le grand secret. Le gardien qui s'était affaissé dans une mare de sang avait tout gâché, tout détruit. Maintenant, il ne pourrait plus connaître ce maudit secret juif. Plus jamais. Et il fut saisi d'une immense colère. Il balaya les livres d'un revers de la main, retourna dans l'église et saccagea tout ce qui pouvait l'être. La force de sa démence était si grande qu'il démantela l'autel constitué d'énormes pierres apportées là par quatre jeunes et robustes gaillards, puis il brisa les bancs et les lutrins, fracassa le tronc près de l'entrée, et creva d'un coup de poing la dernière icône de la mère Ioanna, qui avait été placée dans l'église Élie-de-la-Source en attendant d'être transportée à Moscou pour s'y fixer définitivement, selon les dernières volontés de l'artiste.

Puis Fiodor se calma et s'accroupit près d'un mur, à l'extérieur de l'église. Personne ne vint ce jour-là, car on était en train d'enterrer Daniel dans l'église arabe où il célébrait la messe autrefois, et c'était le père Roman qui officiait, le prêtre avec lequel il s'était brouillé jadis à cause des places au cimetière.

Cet affreux saccage ne fut découvert que le lendemain des funérailles, lorsque Hilda arriva à l'église tôt dans la matinée. Fiodor était toujours là, accroupi près du mur. Elle appela la police et les urgences psychiatriques.

« Le syndrome de Jérusalem », se dit-elle.

Et Ioussouf fut enterré auprès de Daniel.

En Occidentale bien disciplinée, elle n'avait touché à rien avant l'arrivée de la police.

Elle avait juste mis l'icône dans sa voiture. Le sujet était magnifique : « Louez le Seigneur du haut des cieux ». Sur l'icône, représentés avec une joyeuse liberté par le pinceau de la mère Ioanna, figuraient un Adam barbu et moustachu, une Ève pourvue d'une longue tresse, et des lièvres, des écureuils, des oiseaux et des serpents, toutes les créatures qui ont un jour fait la queue pour embarquer sur l'arche de Noé et qui maintenant gambadaient allégrement en louant le Seigneur. Les fleurs et les feuilles rayonnaient, les palmiers et les saules agitaient leurs branches. Sur le sol serpentait un train miniature, un minuscule panache de fumée jaillissait gaiement de sa cheminée, et dans le ciel volait un avion suivi d'une fine traînée blanche. Cette vieille femme était un vrai génie : elle avait deviné que toutes les créatures loueraient le Seigneur — les pierres, les plantes, les animaux et même les objets en métal fabriqués par l'homme.

FIN DE LA CINQUIÈME PARTIE

JUIN 2006, MOSCOU
Ludmila Oulitskaïa à Éléna Kostioukovitch

Ma chère Éléna,

Aujourd'hui, j'ai fait un rêve bizarre et très volumineux, qui a duré extrêmement longtemps. Un temps immense, bien plus long qu'une nuit, et, comme cela arrive souvent dans des cas pareils, je n'ai pas réussi à tout ramener au grand jour. Beaucoup de choses sont restées intraduisibles, indicibles.

C'était tout un système de pièces, pas des enfilades, une structure beaucoup plus complexe, avec une logique interne que je n'arrivais pas à élucider. Il n'y avait pas d'êtres humains, mais une multitude de créatures non humaines, pas très grandes et attirantes, d'une nature indescriptible, des sortes d'hybrides d'anges et d'animaux. Chacune d'elles était porteuse d'une pensée ou d'une idée, ou d'un principe, là, les mots me manquent. Et au milieu de cette multitude de pièces et de créatures, j'en cherchais une qui était la seule à pouvoir me donner la réponse à ma question. Seulement cette question, je ne savais pas la formuler, et j'avais peur, parmi cette foule de créatures qui se ressemblaient toutes, de ne pas reconnaître celle dont j'avais tant besoin. Deux inconnus m'obligeaient à errer d'une pièce à l'autre dans une quête sans espoir...

Les salles avaient des contours assez fluctuants, mais elles avaient une destination bien précise, elles n'étaient pas faites pour y manger ni pour y tenir des réunions ni pour y célébrer des services religieux (cela, j'en prenais conscience peu à peu, au fur et à mesure de mes déambulations), c'étaient des lieux destinés à l'étude. L'étude de quoi ? De tout. Le monde du Savoir. C'est drôle, on dirait un nom de librairie. Tu sais bien que, chez nous, il est assez courant d'appeler les magasins comme ça : il y a « le Monde de la Chaussure », « le Monde du Cuir », et même « le Monde des Portes ».

Nous avons l'habitude de considérer la connaissance, le processus d'acquisition du savoir, comme un domaine qui se situe en dehors des lois morales. Le savoir et la morale relèvent de systèmes de valeurs différents, mais, ici, on se rendait compte que ce n'était pas comme ça. Ces concentrés de savoir concernant des objets, des idées, des phénomènes étaient chargés de potentialités morales. Enfin, ce n'est pas tout à fait cela, encore une fois, c'est intraduisible. Il s'agissait d'un potentiel créatif plutôt que moral. Mais le principe créateur est en corrélation avec la moralité.

Excuse-moi d'être si confuse, mais je n'arrive pas à exprimer cela plus clairement car, ici, tout se fait à tâtons, à l'intuition, à l'aide d'un navigateur intérieur. Si on simplifie les choses au risque de les dénaturer, notre opposition démodée entre la science et la religion est une absurdité totale. Ici, dans cette dimension, il n'y avait pas le moindre doute que la science et la religion proviennent d'une seule et même racine.

Bref, je déambulais à travers ces salles, je cherchais je ne sais qui, mais je le cherchais avec beaucoup de ferveur, j'en avais un besoin vital. Et le voilà qui approche, il se frotte à moi comme un chien, et je comprends immédiatement que c'est lui ! Et tout à coup, cette créature petite, compacte et molle se déploie, s'élargit, et se transforme en quelque chose d'énorme, l'édifice disparaît, les autres créatures aussi, et je me rends compte que c'est bien plus grand que toutes ces salles, cela renferme un univers entier, et je me retrouve moi aussi à l'intérieur de cet univers. Le contenu de cet univers, c'est la Victoire. Mais sur un mode actif qui se prolonge. C'est plutôt le Processus de la Victoire.

Et je devine alors quelle était cette question qui me tourmentait tellement, et pourquoi je cherchais cet Ange du Processus de la Victoire. J'avais eu l'impression que mon cher Daniel avait été vaincu. Parce que le but concret qu'il avait poursuivi, faire renaître l'Église de Jacob en Terre sainte, n'avait pas été atteint. Cette Église n'existait pas plus qu'avant. Elle a réussi à exister durant les quelques années où il a vécu là-bas, où il a été prêtre, où il a chanté Yeshoua dans sa langue maternelle, où il a confessé un christianisme « minimaliste », personnel, une religion de charité et d'amour de Dieu et du prochain, et non une religion des dogmes et du pouvoir, de la puissance et d'une pensée totalitaire. Quand il est mort, il s'est avéré que le seul et unique pont entre le judaïsme et le christianisme était celui de son corps vivant. Maintenant qu'il est mort, il n'y a plus de pont. Et je ressentais cela comme une triste défaite.

La créature qui s'était transformée en un univers avait une épée, des yeux, une flamme, mais elle contenait aussi en elle Daniel tout entier, non pas avalé, comme Jonas par la baleine, mais inclus dans sa structure même. Je percevais très nettement le sourire de Daniel, et même quelques particularités de son corps physique, son petit menton, sa façon enfantine de vous regarder de bas en haut, l'air étonné, avec une question toute simple, du genre : « Alors, Ludmila, comment ça va ? »

À l'instant où j'ai compris qu'il s'en était allé invaincu, je me suis réveillée.

C'était le matin, assez tard, et j'étais séparée de la soirée de la veille non par huit heures de sommeil, mais par le temps immense d'un savoir qui m'était venu de façon totalement imméritée. Quelle sorte de savoir, je ne peux pas le dire avec précision. Je sais quelque chose que je ne savais pas auparavant sur la victoire et sur la défaite. Sur leur relativité, leur caractère provisoire, leur instabilité. Sur notre totale incapacité à déterminer une chose aussi simple que de savoir qui a gagné.

Alors je suis allée fouiller dans les notes que j'avais prises pendant mon dernier voyage en Israël. Mes amis Lika Noutkevitch et Sérioja Ruzer m'avaient emmenée faire le tour du Kinneret, et nous sommes passés devant le kibboutz d'Haon, où on élève des autruches. De part et d'autre de la route fleurissaient des pavots et du colza, que Lika appelle de la moutarde sauvage. Nous avons traversé Guérasa, Koursi en arabe. À Capharnaüm, nous avons trouvé un monastère avec un seul moine. Un prêtre vient y célébrer la liturgie un samedi sur deux. C'est ici qu'a eu lieu le miracle du paralytique. Et aussi la multiplication des pains et des deux poissons.

Nous sommes allés voir l'église des Apôtres. Il y avait des travaux, on réparait le débarcadère. Les ouvriers étaient un Grec et un Yougoslave. L'église était fermée à clé. Un moine grec est arrivé, il nous a ouvert la porte et nous a parlé de choses et d'autres. Il s'exprimait assez couramment en russe. D'ailleurs ils célèbrent les offices en russe car il y a beaucoup de Russes qui viennent de Tveria. Il n'aime pas que l'on mélange l'hébreu avec d'autres langues, comme cela se fait partout maintenant. Il est persuadé qu'à la prochaine génération les offices seront entièrement en hébreu, parce que les enfants auront grandi et oublié le russe.

Nous nous sommes regardés, Lika, Sérioja et moi : mais c'est elle, l'Église de Jacob ! Ici, en Israël, il y aura des orthodoxes et des catholiques qui parleront avec Dieu en hébreu. Mais y aura-t-il des Juifs parmi eux ? Était-ce cela dont avait rêvé Daniel ? Ou peut-être que cela n'a pas d'importance ?

Ensuite, le moine a dit qu'il serait plus profitable pour Israël de christianiser les Arabes, parce qu'il est plus facile de s'entendre avec des Arabes chrétiens qu'avec des Arabes musulmans. Ils ne comprennent pas ça ! a-t-il ajouté avec regret. De façon générale, le gouvernement fait tout pour mettre des bâtons dans les roues aux chrétiens, pour les visas, les séjours, la naturalisation, les assurances... Il a dit que les Juifs ne voulaient pas la paix. Les Arabes encore moins, d'ailleurs.

Puis la conversation a dévié sur la vente des terres de l'Église, un sujet délicat. Ensuite, je ne me souviens plus de rien, parce qu'avec tout ce que j'avais appris ces derniers temps, cela faisait un peu trop pour un seul cerveau !

C'est tout. Je t'embrasse.

L.

FIN

POSTFACE

Mis à part les personnages que j'ai inventés, certains protagonistes de ce livre sont encore vivants, des témoins, des enfants spirituels et des amis du véritable Daniel : le père Michael Aksenov-Meerson est prêtre à New York, sa femme Olga Shnitke enseigne la littérature russe à l'université de Georgetown, le brillant Henri Volohonski, qui travaillait autrefois au laboratoire de limnologie du Kinneret, vit aujourd'hui à Tübingen, il paraît qu'il étudie des textes juifs. Quant aux autres, je ne citerai pas leur nom pour ne pas leur porter préjudice. L'un est devenu rabbin, un autre ingénieur, certains sont entrés dans des monastères. Je salue très affectueusement tous ces gens remarquables.

Je remercie tous mes amis, proches et lointains, qui m'ont soutenue et aidée dès le début de ce travail et jusqu'au dernier jour : mes très chers Éléna Kostioukovitch, Alexandre Borissov, Pavel Men, Sasha Hawiger, Sacha Bondarev, Paweł Pinkhas Kozhetz, Mikhaïl Gorelik, Hugh Baran, Alexeï Ioudine, Ioura Freidine et Éléna Smorgounova, Tania Safarova, Judith Kornblatt, Natalia Trauberg, Mark Smirnov, Mikhaïl Alchybaïa, Ilya Rybakov, Daniela Schulz.

Je suis particulièrement reconnaissante à mes amis israéliens Sergueï Ruzer et Lika Noutkevitch, Moshé Navon, Alik Tchatchko, Sandrik et Liuba Kaminski, Sacha Okoun, Igor Kogan et Marina Guenkina, qui ont très généreusement partagé avec moi

513

toutes les connaissances dont j'avais besoin, qui m'ont accompagnée et guidée dans mes pérégrinations à travers Israël.

Je remercie Arieh Rufeisen, Elisheva Hemker et les autres héros anonymes de cette histoire pour les longs entretiens détaillés qu'ils m'ont accordés.

Je suis profondément redevable au professeur Nehama Tec de l'université du Connecticut et au professeur Dieter Corbach, dont les travaux ont tenu une place extrêmement importante dans la préparation et la rédaction de cet ouvrage.

Je remercie Natacha Gorbanevskaïa pour l'aide héroïque qu'elle m'a apportée pendant les dernières relectures de mon texte.

Je demande pardon à tous ceux que je vais décevoir, à tous ceux chez qui mes opinions catégoriques susciteront de l'agacement ou une franche hostilité. J'espère que mon travail ne représentera pour personne une pierre d'achoppement, mais incitera chacun à prendre personnellement ses responsabilités dans les affaires de la vie et de la foi.

Mes seules justifications sont le désir sincère qui m'anime de dire la vérité telle que je la comprends, et l'extravagance de cette intention.

517

TROISIÈME PARTIE

CINQUIÈME PARTIE

Composition Graphic Hainaut.
Achevé d'imprimer
sur Timson
par Normandie Roto Impression s.a.s.
61250 Lonrai.
Dépôt légal : novembre 2008.
Numéro d'imprimeur : 083369
ISBN 978-2-07-078564-3 / Imprimé en France.

152733